Klaas T. Nordhuis

GARTENPFLANZEN-ENZYKLOPÄDIE

Klaas T. Nordhuis

GARTENPFLANZEN-ENZYKLOPÄDIE

DÖRFLER
FAUNA & FLORA

Zeichenerklärung:

- * Die Pflanze ist normalerweise in einem Gartenzentrum nicht vorrätig, aber dort zu bestellen
- ** Die Pflanze ist nur bei spezialisierten Händlern erhällich
- (g) Blüte gefüllt
- (hg) Blüte einfach

Internet: www.rebo-publishers.com
E-mail: info@rebo-publishers.com

Titel der Originalausgabe: Tuinplanten Encyclopedie
Übertragung aus dem Holländischen: Dr. Christina Vogel-Bauer
Umschlaggestaltung: Andreas Dorn

ISBN 3-89555-111-2

1 2 3 4 5 7 6 5 4 3

Inhalt

	Vorwort	7
1.	Bäume	8
	Bäume für große Gärten	9
	Bäume für kleine Gärten	22
2.	Sträucher	33
	Immergrüne Ziersträucher	33
	Laubwerfende Sträucher	53
3.	Heckenpflanzen	87
4.	Nadelgehölze	101
5.	Rosen	114
6.	Schling- und Kletterpflanzen	131
7.	Stauden	143
8.	Bambusse, Farne und Gräser	213
9.	Zwiebel- und Knollengewächse	227
10.	Wasser- und Sumpfpflanzen	252
11.	Ein- und Zweijährige	273
12.	Kübelpflanzen und einige Kalthauspflanzen	301
	Register – deutsch/lateinisch	317/320
	Danksagung	319
	Bildquellen	320

Vorwort

Ein Buch, das die Namen vieler Pflanzen zusammen mit einer Kurzbeschreibung aufzählt, liefert eine Fülle an Information. Aber es hat auch einen Nachteil: Nicht alle erwähnten Pflanzen sind in einem Gartencenter unbedingt erhältlich. Man kann nun mal nicht von einem Lieferanten erwarten, daß er alle Pflanzen, die ein Kunde unbedingt kaufen möchte, vorrätig hat. Dafür ist das Pflanzensortiment zu groß und die Zeit der Lieferanten zu knapp. Nach einigen Pflanzen müssen Sie auf die Suche gehen. Man kann sie finden; fast alle in dieser Gartenpflanzenenzyklopädie genannten Pflanzen kann man bei uns kaufen, einige natürlich nur bei spezialisierten Händlern. Für einen schönen, aber auch besonderen Garten muß man eben einige Mühe auf sich nehmen. Achten Sie auf die Sternchen, die in einigen Fällen nach den lateinischen Pflanzennamen stehen. Ein Sternchen (*) bedeutet, daß die Pflanze normalerweise in einem Gartenzentrum nicht vorrätig ist, daß man sie aber bestellen kann. Zwei Sternchen (**) nach dem Pflanzennamen bedeuten, daß man diese Pflanzen nur bei spezialisierten Händlern bekommt; dies erhöht dann natürlich ihren Preis.

Teuer oder preiswert ist natürlich nur ein relativer Begriff; in Deutschland liegen die Preise für Gartenpflanzen doppelt so hoch wie in den Niederlanden, und in England sind sie sogar dreimal höher.

In folgender Reihenfolge haben wir charakteristische Merkmale nahezu jeder Pflanze verzeichnet: Art/Sorte – Blütenfarbe – Blütezeit – Wuchshöhe in Metern oder Zentimetern. In einigen Fällen sind statt der Blütenfarbe Besonderheiten vermerkt; meist betreffen sie die Wuchsform der Pflanze.

Klaas T. Noordhuis

Links: *Sedum kamtschaticum*

1. Bäume

BÄUME FÜR GROSSE GÄRTEN

Es ist nicht einfach, für einen großen Garten einen typischen Hausbaum auszuwählen. Man sieht dabei leicht „den Wald vor lauter Bäumen" nicht mehr. Gerade bei den langlebigen Gehölzen ist eine sorgfältige Wahl von Bedeutung, denn mit Gehölzen läßt sich weniger leicht experimentieren als mit Gartenpflanzen. Sie sind nach einigen Standjahren nur noch schwer zu verpflanzen. In alten Gärten oder auf Höfen findet man häufig einzelne Bäume oder Baumgruppen, die eine deutliche Beziehung zu Haus und Hof haben. Ist der Garten groß genug, verträgt er auch einen oder mehrere der typischen großkronigen und weitausladenden Hausbaumarten wie Eiche, Linde oder Ahorn. Die richtige Auswahl des Baumes, der sowohl mit den entsprechenden Standortbedingungen zurechtkommt als auch vom Wuchscharakter in Ihr Grundstück paßt, ist recht schwierig, und meist ist die Hilfe eines Fachmanns heranzuziehen. In diesem Kapitel wollen wir Ihnen eine Art Wegweiser durch das große Sortiment geben, so daß Sie Ihre Auswahl bewußter treffen können: Schließlich bestimmen die Bäume schwerpunktmäßig den Charakter Ihres Gartens.
Wenn wir keine Angaben zu Blütenfarbe und Blütezeit gemacht haben, so bedeutet dies, daß die Blüten der entsprechenden Gattung keinen dekorativen Wert haben. Die Wuchshöhe der Bäume geben wir in Metern an.

GEHÖLZGRUPPEN

Oft werden größere Flächen nicht nur mit freistehenden Bäumen oder Solitärgehölzen bepflanzt, sondern viele Gartenfreunde finden an Gehölzgruppen Gefallen. Das besondere Kennzeichen von Gehölzgruppen ist die abwechslungsreiche Auswahl der Arten. Arten, die hierfür in den unterschiedlichsten Kombinationen in Frage kommen, sind in nachstehender Liste aufgeführt. Natürlich muß man bei der Zusammenstellung der Arten, neben ihren Eigenschaften und Verwendungsbereichen, besonders die Ansprüche an Boden und Klima beachten. Am besten besprechen Sie die Zusammenstellung der Arten für Ihre Gehölzgruppe mit einem Fachmann, er kennt Bodenart und die Wasserversorgung des Bodens ihres Grundstücks und kann Ihnen entsprechende Ratschläge geben. Auch auf die Wuchshöhe der Bäume müssen Sie gut aufpassen: Einige Bäume werden sehr hoch, andere bleiben um 3 m. Die Beschreibung nachfolgender Arten finden Sie entweder unter „Bäume" oder im Kapitel Sträucher.

Links: *Aesculus hippocastanum*

Acer campestre	Feldahorn
A. pseudoplatanus	Bergahorn
Alnus glutinosa	Schwarzerle
A. incana	Weißerle
Amelanchier lamarckii	Kanadische Felsenbirne
Betula pendula	Sandbirke
B. pubescens	Moorbirke
Carpinus betulus	Hainbuche
Castanea sativa	Eßkastanie
Cornus albus	Tatarischer Hartriegel
C. mas	Kornelkirsche
C. sanguinea	Roter Hartriegel
Corylus avellana	Haselnuß
Crataegus laevigata	Rotdorn
C. monogyna	Weißdorn
Euonymus europaeus	Pfaffenhütchen
Fagus sylvatica	Buche
Hippophae rhamnoides	Sanddorn
Ilex aquifolium	Stechpalme
Larix kaempferi	Japanische Lärche
Ligustrum vulgare	Gemeiner Liguster
Picea abies	Fichte
P. sitchensis	Sitkafichte
Pinus nigra var. *nigra*	Österreichische Schwarzkiefer
Pinus sylvestris	Waldkiefer
Populus alba	Silberpappel
P. tremula	Zitterpappel
Prunus avium	Vogelkirsche
P. padus	Traubenkirsche
P. spinosa	Schlehe
Pseudotsuga menziesii	Douglasie
Quercus robur	Stieleiche
Q. rubra	Roteiche
Rhamnus catharticus	Kreuzdorn
R. frangula	Faulbaum
Robinia pseudacacia	Robinie
Rosa canina	Hundsrose
R. rubiginosa	Weinrose
Salix alba	Silberweide

S. aurita	Ohrweide
S. capraea	Salweide
S. cinerea	Grauweide
S. pentandra	Lorbeerweide
S. purpurea	Purpurweide
S. repens	Kriechweide
S. viminalis	Korbweide
Sambucus nigra	Schwarzer Holunder
Sorbus aucuparia	Eberesche
Taxus baccata	Eibe
Tsuga heterophylla	Amerikanische Hemlockstanne
Viburnum opulus	Gemeiner Schneeball

Acer campestre

Acer

AHORN

Die hohe Schnittverträglichkeit von *A. campestre* (Feldahorn) machen ihn auch zu einer brauchbaren, stark wachsenden Heckenpflanze. *A. platanoides* (Spitzahorn) ist besonders wegen seiner schönen Herbstfärbung ein dekorativer Parkbaum. Der oft malerisch gewachsene *A. pseudoplatanus* (Bergahorn) hat tiefreichende Wurzeln, die ihn besonders für die Befestigung von Bachufern und Hängen geeignet machen. Die Blätter von *A. rubrum* (Rotahorn) verfärben sich im Herbst scharlachrot und gelb, er ist ein hervorragender Parkbaum für feuchte, anmoorige Lagen, der zwar noch auf trockenen Standorten gedeiht, aber keinen Kalk verträgt. Der Silberahorn, *A. saccharinum,* wächst sehr rasch bis 20 m hoch; er eignet sich für windgeschützte Stellen und feuchte Böden großer Gärten.

A. campestre	unregelmäßige Krone, 8-10
A. c. 'Elsrijk'	kegelförmig, 8-10
A. c. 'Queen Elizabeth'	breit pyramidal, 8-10
A. negundo	breit überhängend, 15
A. platanoides	eiförmig, 15
A. p. 'Cleveland'	kompakt rund, 8-15
A. p. 'Crimson King'	Blatt dunkel braunrot, 8-15
A. p. 'Drummondii'	Blatt weißgerandet, 15
A. p. 'Emerald Queen'	wüchsig, 15
A. p. 'Globosum'	breitkugelig, 8-15
A. p. 'Olmsted'	breite Säulenform, 8-15
A. p. 'Royal Red'	kegelf., Blatt dunkelbraun, 8-15
A. p. 'Schwedleri'	breit pyramidal, 15
A. pseudoplatanus	breite Krone, 30
A. p. 'Atropurpureum'	Blattunterseite purpur, 15+
A. p. 'Atrosel'	Blattunterseite purpurrot, 15+
A. p. 'Bruchem'	Zweige schräg auswachsend, 15+
A. p. 'Erectum'	breit pyramidal, 15+
A. p. 'Leopoldii'	Blatt gelbgefleckt, 8-15
A. p. 'Negenia'	breit pyramidal, 15+
A. p. 'Rotterdam'	verbesserter 'Erectum'
A. p. 'Worlei'	gelbblättrig, 8-15
A. rubrum	lockere Krone, 15
A. r. 'Scanoin'	dichte breite Säule, 15
A. r. 'Tilford'	breit auswachsend, 15
A. rufinerve	buschig wachsend, 10
A. saccharinum	locker, unregelmäßig, Zweige überhängend, 20+
A. s. 'Born's Gracious'	gerade wachsend, 15+
A. s. 'Laciniatum Wieri'	tief eingeschnittenes Blatt, 15+
A. s. 'Pyramidale'	breit säulenförmig, 15+
A. x *zoechense*	Austrieb rot, 8-15

Acer negundo

Aesculus

KASTANIE

Die Kastanie stellt wenig Anforderungen. Die genannten Roßkastanien wachsen rasch und sind absolut winterhart. Sie bevorzugen frische, tiefgründige Böden. Sie sollten wegen des herbstlichen Laubfalls und wegen der Früchte unter diesen Bäumen keine Terrasse anlegen.

A. carnea	rot, Mai, 15+
A. c. 'Briotii'	dunkelrot, kompakte Kugel, 8-15
A. flava	hellgelb, Mai-Juni, 8-15
A. hippocastanum	weiß, gelbrot gefleckt, Mai-Juni, 20+
A. h. 'Baumannii'	weiß, säulenförmig, 15+
A. h. 'Pyramidalis'	weiß, doppelt, breit, 8-15

Aesculus carnea 'Briotti'

Ailanthus

Der Götterbaum ist unempfindlich gegenüber Schmutz und deshalb für Industriegebiete geeignet. Die großen Bäume wirken gut in Einzelstellung in Parkanlagen. Sie haben keine Ansprüche an die Bodenqualität und gedeihen noch auf extremen Sand- oder Kalkschotterböden.

A. altissima	lockere, breite Krone, 15+
A. a. 'Pendulifolia'**	groß, hängende Bl., 15+

Alnus

ERLE

Die Erle eignet sich für feuchte bis nasse Gärten. Nur *A. incana,* deren Sorte 'Laciniata' eine schönere Wuchsform hat, verträgt trockenen Boden und hat wie 'Imperialis' eingeschnittene Blätter. Die Blätter von *A. cordata* sind glänzend dunkelgrün, sie kleben nicht so stark wie die von *A. glutinosa. A. g.* 'Imperialis' wächst relativ langsam und eher strauchförmig (für die Sorten von *A. incana* siehe: Bäume). *A.* x *spaethii* hat eine wunderschöne violettrote Herbstfärbung.

A. cordata	15
A. glutinosa	März-April, 15+
A. g. 'Imperialis'	überhängende Zweige, 10
A. g. 'Incisa'	kleines Blatt, 10
A. g. 'Laciniata'	breite Krone, 10-15
A. incana	15+
A. x *spaethii*	spitz pyramidal, 8-15

Alnus glutinosa 'Incisa'

Ailanthus altissima

Betula

BIRKE

Die beiden einheimischen Arten, Sand- und Moorbirke, sind seit Jahren geschätzte Parkbäume. Seit einiger Zeit ist *B. nigra* mit ihrem in der Jugend recht bunten Stamm zu einem „Modebaum" geworden. Birken stellen keine Ansprüche an den Boden, sie ertragen tiefe Temperaturen, sind ziemlich rauchhart, stellen aber hohe Lichtansprüche. Als Lichtholzarten entwickeln sie nur im freien Stand ihre volle Schönheit.

B. costata	Bast cremef., 12-20
B. ermannii	rosaweißer Stamm, 8-15
B. nigra	rauher Bast, 8-15
B. papyrifera	weiß, papierartiger Bast, 15+
B. pendula	schmutzigweißer Bast, 15+
B. p. 'Crispa'	gekräuseltes Blatt, 8-15
B. p. 'Fastigiata'	stark auswachsend, 8-15
B. p. 'Tristis'	stark hängend, 8-15
B. p. 'Youngii'	breit überhängend, 5
B. pubescens	rötlicher Bast, 15+
B. utilis ssp *jakemontii*	kupferfarbener Bast, 8-15

Betula utilis

Carpinus

HAINBUCHE

Die als Waldbaum und Heckenpflanze allgemein bekannte Hainbuche wird zu einem 25 m hohen Baum mit unregelmäßiger, oft bis zum Stamm beasteter Krone und glattem Stamm. Sie wächst fast auf jedem Boden im Schatten oder in voller Sonne. Sie meidet lediglich heiße und trockene Südhänge und Böden mit stauender Nässe.

C. betulus	hellgrünes Blatt, 8-15
C. b. 'Fastigiata'	dunkelgrünes Blatt, 8-15
C. b. 'Purpurea'	dunkles Blatt, 8-15
C. b. 'Quercifolia'	eiförmiges Blatt, 8-15

Carpinus betulus 'Fastigiata'

Castanea

EDELKASTANIE

Die Edelkastanie wird zu einem stattlichen Baum, der in laublosem Zustand an Eichen erinnert. Sie gedeihen nicht auf Kalkböden und brauchen für ein gutes Wachstum eine möglichst lange Vegetationszeit und genügend hohe Luftfeuchtigkeit. Zur Blütezeit im Juni tragen sie gelbliche männliche Blüten, die aufrecht stehen. Ihre großen, eßbaren Früchte werden von einer stacheligen Hülle umgeben.

C. sativa	gelbgrün, Juni, 20

Castanea sativa

Catalpa

TROMPETENBAUM

Auffallend sind die großen hellgrünen, oft dreilappigen Blätter und die ansehnlichen Blüten in großen, endständigen Rispen oder Trauben. Im Jugendstadium ist der Trompetenbaum frostempfindlich. Er bevorzugt frische, nährstoffreiche Böden.

C. bignonioides	weißlich, Juni-Juli, 15
C. b. 'Nana'	weißlich, kleiner, 10

Catalpa bignonioides

Cercis

JUDASBAUM

Wenn dieser Baum auch nicht sehr hoch wächst, so wird der Judasbaum doch relativ breit und eignet sich deshalb weniger für kleine Gärten. Pflanzen Sie den Judasbaum möglichst an einen schattigen Platz.

*C. siliquastrum***	rosa-lila, Mai, 8

Cercis siliquastrum

Corylus

HASELNUSS

Haselnüsse stellen an den Boden nur geringe Ansprüche und wachsen auch in schattigen Lagen. Sie sind nicht gerade sehr schöne Blütensträucher, aber ein weit verbreitetes Fruchtgehölz.

C. avellana 'Pendula'	breit, 1,5
C. colurna	regelmäßige Krone, 15

Corylus avellana 'Pendula'

Fagus

BUCHE

Für unsere Gärten und Parkanlagen kommen in der Regel nur die in Mitteleuropa heimische Rotbuche und ihre Gartenformen in Betracht. Die Buche stellt an den Boden keine besonderen Ansprüche, sie wächst in ihren natürlichen Verbreitungsgebieten auf Kalk und Urgestein. Durch direkte Sonneneinstrahlung entsteht ein Rindenbrand, der die Rinde vertrocknen und abfallen läßt.

F. sylvatica	dunkelgrünes Blatt, 30
F. s. 'Asplenifolia'	tief eingeschnittenes Blatt, 20
F. s. 'Pendula'	Hängeform, 25
F. s. 'Purpurea'	braunblättrig, 20
F. s. 'Purpurea Latifolia'	braunes Blatt, 25

Fagus sylvatica 'Pendula'

F. s. 'Purpurea Pendula'	Hängeform, rot, 20
F. s. 'Purpurea Tricolor'	braunes Blatt, rosa Rand, 20
F. s. 'Zlatia'	langsam wachsend, 10

Fraxinus

ESCHE

In unsere Gärten wird meist neben der einheimischen Esche *(F. excelsior)* nur die Blumen- oder Mannaesche *(F. ornus)* gepflanzt. Die schmalblättrige Esche *(F. angustifolia)* verträgt trockene Standorte und hohe Sonneneinstrahlung und soll sich unter anderem auch als Straßenbaum eignen. Von der gemeinen Esche gibt es eine Reihe von Gartenformen, die Abweichungen im Habitus, in der Blattfärbung und -gestalt, in der Rindenausbildung und der Wuchsfreudigkeit umfassen.

F. angustifolia 'Monophylla'	einfaches Blatt, 15
F. a. 'Raywood'	rund und breit, 15+
F. excelsior	unregelmäßig, 15+
F. e. 'Althena'	breit kegelförmig, 15
F. e. 'Aurea'*	gelbe Herbstfärbung, 15+
F. e. 'Diversifolia'	einfaches Blatt, 15+
F. e. 'Eureka'	breit kegelförmig, 15+
F. e. 'Jaspidea'	hellgrün nach gelb, 15+
F. e. 'Westhofs Glorie'	breite Kegelform, 15+

Fraxinus excelsior

Gleditsia triacanthos

Ginkgo

JAPANISCHER TEMPELBAUM

Eigentlich kein Nadelgehölz, jedoch zu den nacktsamigen Pflanzen, den Gymnospermen, gehörend, gilt der Japanische Tempelbaum als ein Relikt prähistorischer Baumarten, die vor etwa 180 Millionen Jahren weit verbreitet waren, auch auf dem europäischen Kontinent. Er bildet einen hohen, sommergrünen Baum mit fächerförmigen, parallelnervigen, im Herbst goldgelben Blättern und unscheinbaren zweihäusigen Blüten. Die Ginkgofrüchte bestehen aus einem steinfruchtartigen eßbaren Samen und einer fleischigen äußeren Schale, die nach der Reife relativ schnell gären kann und dann sehr übel riecht. In der Jugend wächst der Baum schlank aufrecht, im Alter entwickelt er unterschiedliche, schmale, breite oder fächerförmige Kronen. Er ist anspruchslos an Boden und Klima, dazu rauchhart und frei von Krankheiten.

G. biloba	15-20
G. b. 'Fastigiata'*	Säulenform, 20
G. b. 'Pendula'	hängende Äste, 15

Gleditsia

GLEDITSCHIE

Alle Arten besitzen ein sehr dauerhaftes Holz und sind ausgezeichnete schnellwüchsige, krankheitsresistente Solitärbäume mit lockeren und lichten Kronen, die auf jedem Gartenboden wachsen und auch mit sandigen Böden fertig werden können. Ihre duftenden, honigreichen Blüten werden gerne von Bienen besucht. *G. t.* 'Inermis' unterscheidet sich von der Art durch das Fehlen von Dornen. Als Straßenbaum ist deshalb die Varietät interessanter als die Art.

G. triacanthos	creme, Juni, 20
G. t. 'Inermis'	stachellos, 15
G. t. 'Moraine'	stachellos, 15-20
G. t. 'Shademaster'	breit auswachsend, stachellos, 15-20
G. t. 'Skyline'	pyramidal, 8-15
G. t. 'Sunburst'	gelbes Blatt, langsam, 15

Gymnocladus

GEWEIHBAUM

Die Verzweigung seiner Äste erinnert tatsächlich an ein Geweih, und der Baum ist auch in blattlosem Zustand äußerst dekorativ. Der Baum wächst relativ langsam und sollte nicht in zu trockenen Boden gepflanzt werden.

G. dioicus	grünweiß, Mai-Juni, 10-15

Juglans

WALNUSSBAUM

Wenn auch *J. nigra* die weniger frostempfindliche Art ist, so wird doch meist *J. regia* angepflanzt. Alle Walnußarten gedeihen am besten auf tiefgründigen und nahrhaften, kalkhaltigen Böden in genügend warmen Lagen. Ihre großen, gefiederten Blätter wirken sehr dekorativ.

J. ailanthifolia var. *cordiformis*	auswachsend, sehr großes Blatt, 15
J. cinerea	langsam, 15
J. cordiformis	
J. nigra	pyramidal, Blatt mit Drüsenhaaren, 20+
J. regia	runde Krone, 15-20

Liquidambar

AMBERBAUM

Der Amberbaum eignet sich für jeden Standort, er nimmt mit feuchten und trockenen Böden vorlieb. Seine Blätter färben sich im Herbst von Karminrot bis Gelb, von Grün bis Violett. Die prachtvolle Herbstfärbung und die Anspruchslosigkeit machen ihn zu einem idealen Parkbaum. An ihren Zweigen bilden die Bäume Korkleisten aus.

L. styracyflua	Herbstfärbung, 15

Juglans cordiformis

Liquidambar styracyflua

Liriodendron

TULPENBAUM

Dieser Parkbaum hat eine große, breite Krone. Die tulpenförmigen Blätter gaben ihm seinen Namen.

L. tulipifera	gelbgrün, Mai-Juni, 20-25
L. t. 'Aureomarginatum'*	gelbgrün gerandetes Blatt, 20
L. t. 'Fastigiatum'*	säulenförmig, 20

Liriodendron tulipifera

Magnolia

MAGNOLIE

Denken Sie bei Magnolien nicht nur an sommer- und immergrüne Sträucher, es gibt sie auch als Bäume. Zur Blütezeit können sie wegen ihrer Blüten den Garten beherrschen. Diese großen, dekorativen Blüten entwickeln sich, bevor der Baum Blätter austreibt. Bei Nachtfrostgefahr deckt man die Blüten mit leichten Tüchern ab.

M. kobus	weiß, April-Mai, 10

Metasequoia

WUNDERBAUM

Siehe: Koniferen

Morus

MAULBEERBAUM

Dies ist ein mittelgroßer Baum, der lichtgrüne, vielgestaltige Blätter hat. Alte Bäume wirken wegen ihrer knorrigen Stämme. Ihre Früchte machen Flecken, pflanzen Sie deshalb die Bäume nicht auf Terrassenstufen (siehe auch: Bäume für kleine Gärten und Schling- und Kletterpflanzen).

M. alba	Frucht weiß oder rot, 8-15

Magnolia kobus

Ostrya

HOPFENBUCHE

Von den Hainbuchen unterscheiden sich die Hopfenbuchen durch die meist doppelt gesägten Blätter und die schon im Herbst vorgebildeten männlichen Blütenkätzchen. Sie entfalten sich mit dem Laubaustrieb. Die weiblichen Blüten stehen in einem zapfenförmigen Blütenstand.

O. carpinifolia	runde, breite Krone, 8-15

Paulownia

BLAUGLOCKENBAUM

Wegen ihrer hellvioletten, trompetenförmigen Blüten werden diese Bäume geliebt. Für kleine Gärten eignen sie sich nicht: Ihr großes Blatt (bis 40 cm) sticht auch durch die hellgrüne Farbe sofort ins Auge. Vor allem junge Bäume frieren oft aus, bei älteren Bäumen erfrieren bei einem späten Nachtfrost häufig die Blütenknospen. Die Bäume brauchen einen schattigen Platz, in milden Gebieten sind sie ideale Solitärbäume.

P. tomentosa	hellviolett, Mai-Juni, 10

Paulownia tomentosa

Phellodendron

KORKBAUM

Dieser mittelgroße Parkbaum mit gefiederten Blättern und korkiger Borke hat zwar unscheinbare Blüten, aber einen malerischen Wuchs und eine äußerst dekorative Herbstfärbung. Alle Arten gedeihen in jedem Gartenboden.

P. amurense	grüngelb, Juni, 8-15

Platanus

PLATANE

Zu den beliebten Parkbäumen gehören die Platanen. Bekanntestes Merkmal der sommergrünen Bäume ist die sich in Platten ablösende Rinde, die den Stämmen eine ganz eigene Note verleiht. Ihre Blätter ähneln entfernt denen des Ahorns. Sie gedeihen in jedem Kulturboden und fühlen sich in warmen, sonnigen Lagen wohl. *P. orientalis* ist ein sehr hitzebeständiger, mächtiger Parkbaum. In seinem natürlichen Verbreitungsgebiet kommen gelegentlich uralte Exemplare vor.

P. x *acerifolia*	grün, Mai, 20-30
*P. orientalis**	grün, Mai, 20-30

Populus

PAPPEL

Für Gärten sind Pappeln ungeeignete Bäume. Sie sollten in der freien Landschaft und in Parks stehen. Man sieht gelegentlich die Pyramidenpappel in Hausgärten als Hecke, meist kann sie aber nicht in dem gewünschten Rahmen gehalten werden. Ihre flachen Wurzeln können in Dränage- und Abwasserrohre eindringen auf der Suche nach Wasser, und man hat auch beobachtet, daß sie Straßendecken angehoben haben. Deshalb sind sie als Straßen-

Populus x *canescens* 'Honthorpa'

Platanus orientalis

bäume nur bedingt geeignet. Mit Ausnahme der Silber- und Pyramidenpappel, die auch mit weniger guten Böden zurechtkommen, verlangen alle Pappeln tiefgründige Böden und sind gegen Staunässe sehr empfindlich.

P. alba 'Nivea'	Blattunterseite weiß, 15-20
P. x *canescens* 'Honthorpa'	auswachsend, 15-20
P. c. 'Limbricht'	ovale Krone, 15-20
P. c. 'De Moffart'	15-20
P. c. 'Witte van Haamstede'	breit oval, 15-20
P. x *euramericana* 'Zeeland'	oval, regelmäßig, 15-20
P. e. 'Oxford'	15-20
P. nigra 'Italica'	schmale Säulenform, 15-20
P. n. 'Vereecken'	säulenförmig, 15-20
P. tremula 'Erecta'	auswachsend, 15
P. t. 'Tapiau'	wüchsig, 15+

Prunus

KIRSCHE

P. avium, die Vogelkirsche, ist als Blütenbaum für große Gärten und Parks durchaus interessant. *P. padus* (Traubenkirsche) verträgt schattige Standorte und liebt feuchten Boden. *P. serotina,* die Amerikanische Vogelkirsche, ist ein schmalkroniges, schattenverträgliches Gehölz, dessen Laub bis Ende November am Baum haften bleibt. Seine weißen Blütentrauben erscheinen im Mai, bald danach die in Vollreife schwarzen Früchte.

P. avium	weiß, April-Mai, 10-15+
P. a. 'Plena'	weiß (g), April-Mai, 8-15
P. padus	weiß, April-Mai, 8-12
P. p. 'Colorata'	rosa
P. p. 'Watereri'	lockere, breite Krone, 15
P. p. 'Pandora'	rosa, März-April, 12

Prunus avium

Pterocarya

FLÜGELNUSS

Die sehr langen Fruchtstände der Flügelnuß hängen auch noch im Winter am Baum und machen die Art schon von weitem kenntlich. Sie ist absolut winterhart, aber gegenüber Spätfrösten empfindlich.

P. fraxinifolia	breite runde Krone, 15-20

Pterocarya fraxinifolia

Quercus

EICHE

Eichen sind mächtige, raumbeherrschende Parkbäume. *Q. cerris,* die Zerreiche, hat eine kegelförmige Krone und schwärzliche Borke. *Q. frainetto,* die Ungarische Eiche, zählt zu den eindrucksvollsten Parkbäumen, ist aber gegenüber späten Nachtfrösten empfindlich. *Q. palustris,* die Sumpfeiche, verlangt trotz ihres Namens keinen feuchten Standort, sondern wächst durchaus auch in trockenen Lagen. Sie verträgt keine Seeluft und beansprucht sauren Boden. *Q. petraea,* die Trauben- oder Wintereiche, entwickelt regelmäßige Kronen. Sie unterscheidet sich von der sonst ähnlichen Stieleiche, *Q. robur,* durch einen relativ langen Blattstiel und fast sitzende Früchte. *Q. rubra,* die Amerikanische Roteiche, hat die schönste Herbstfärbung, ihre Blätter färben sich orange- bis scharlachrot.

Q. cerris	Krone breit, 30
Q. c. 'Laciniata'*	Krone breit, eingeschnittenes Blatt, 30
Q. frainetto	regelmäßig gelapptes Blatt, 15+
Q. palustris	rote Herbstfärbung, 15
Q. petraea	regelmäßig verzweigt, 20
Q. p. 'Columna'	säulenförmig, 20
Q. robur	groß und breit, 15+
Q. r. 'Fastigiata'	Säulenform, 15
Q. rubra	Herbstfärbung, 25

Quercus palustris

Robinia

ROBINIE

Wenn es sich bei den Robinien auch um große Bäume handelt, so passen sie doch gut in einen mittelgroßen Garten. Ihre Krone ist luftig und offen, deshalb kann man die Bäume gut unterpflanzen. Auf nährstoffreichen Böden wachsen die Bäume so schnell, daß die Zweige gegenüber Windbruch anfällig werden und leicht brechen.

R. x *ambigua* 'Decaisneana'	hellgrün, Juni-Aug., 8-10
R. pseudoacacia	creme, Juli, 20
R. p. 'Appalachia'	reichblühend, 25
R. p. 'Bessoniana'	wenig Dornen, 20
R. p. 'Semperflorens'	wenig Dornen, zweite Blüte, 20
R. p. 'Unifoliola'	ohne Dornen, einfaches Blatt, 20

Salix

WEIDE

Die einheimische Salweide mit ihren Blütenkätzchen gilt bei uns fast als das Frühlingssymbol schlechthin. *S. matsudana* 'Tortuosa' gehört mit ihren korken-

Salix matsudamna 'Tortuosa'

zieherartig gedrehten Ästen, Zweigen und Blättern zu den extrem gestalteten Gehölzen. Sie kann eine Höhe von 10 m erreichen, zeigt aber nur als jüngere Pflanze ihre dekorative Verzweigung in bestmöglicher Verfassung. Für den Hausgarten werden die meisten Weidenbäume zu groß, außerdem durchziehen sie den Boden weit mit Wurzeln.

S. alba	Krone breit oval, 25
S. a. 'Barlo'	schmale Krone, 20
S. a. 'Belders'	schmale Krone, 20
S. a. 'Chermesina'	Krone pyramidal, 20
S. matsudana 'Tortuosa'	korkenzieherartig, 12
S. x *sepulcralis* 'Tristis'	Hängeform, 15+
S. pentandra	schnellwachsend, 10

Robinia pseudoacacia

Sophora

SCHNURBAUM

Dieser Baum hat eine breite runde Krone, schön gefiederte Blätter und gelblichweiße, duftende Schmetterlingsblüten in Trauben oder Rispen. In ungünstigen Lagen ist der Schnurbaum in der Jugend frostempfindlich.

S. japonica	weiß, Aug.-Sept., 10-15
S. j. 'Pendula'	weiß, Hängeform, 3-5

Sorbus

EBERESCHE, MEHLBEERE

Die Sorbus-Arten sind ausgezeichnete mittelgroße Garten-, Park- und Straßenbäume. Im Herbst schmücken sich die Bäume mit hübschen Fruchtständen und mit einer beachtenswerten Herbstfärbung. Die Blätter von *S. aria,* der in Europa heimischen Mehlbeere, sind unterseits weißfilzig, oberseits dunkelgrün. *S. intermedia,* die Schwedische Mehlbeere, gedeiht auch noch auf sandigen und trockenen Böden recht gut.

S. americana 'Belmonte'	schnellwüchsig, 6
S. aria	rahmweiß, Juni, 8-12
S. a. 'Gigantea'	breite, eiförmige Krone
S. a. 'Magnifica'	breite, eiförmige Krone
S. x *arnoldiana* 'Schouten'	ovale Krone, 6-8
S. a. 'Edulis'	offene Krone, 10
S. a. 'Sheerwater Seedling'	eiförmige Krone, 10
S. intermedia	creme, Mai, 8-10
S. i. 'Brouwers'	regelmäßige Krone, 10
S. latifolia 'Atrovirens'	rahmweiß, Mai, 10

Taxodium

SUMPFZYPRESSE

Siehe: Koniferen

Tilia

LINDE

Herzförmige Blätter und süß duftende Blüten im Juli sind charakteristisch für die Linde, einen sagenumwobenen Dorf- und Hofbaum früherer Zeit. Leider ist die Linde für unsere Gartenverhältnisse meistens zu groß; wer diesen Baum pflanzen möchte, braucht ein wirklich großes Grundstück. Es wäre schade, wenn Sie solch einen Baum, der ein ehrwürdiges Alter von mehreren Jahrhunderten erreichen kann,

Sorbus intermedia

Tilia tomentosa 'Brabant'

kurzsichtig an den falschen Platz pflanzen würden. Ihre reiche Blüte ist eine wichtige Bienennahrung. Aus den getrockneten Blumen können Sie heilkräftigen Tee zubereiten. Linden wachsen in der Sonne und im Halbschatten, sie brauchen kräftigen, tiefgründigen feuchten Boden. *T. cordata,* die Winterlinde, ein in Europa heimischer Baum, trägt im Juli duftende gelbweiße Blütchen. *T.* x *euchlora* (Krimlinde) läßt sich als Straßen- und Alleebaum nur dort einsetzen, wo ihre weit und tief überhängenden Äste nicht stören. Bei *T. petiolaris* hängen die Seitenäste über, der Baum wirkt elegant. *T. platyphyllos* (Sommerlinde) übertrifft als weitere europäische Art ihre Schwester in der Wuchshöhe.

T. americana 'Nova'	Krone breit kegelf., 25
T. cordata 'Erecta'	Krone regelmäßig eiförmig, 20
T. c. 'Greenspire'	kegelförmig, 20
T. c. 'Rancho'	schmal kegelförmig, 20
T. x *euchlora*	Krone eirundlich, 20
T. flavescens 'Glenleven'	20
T. mongolica	kompakt, 10
T. petiolaris	Seitenäste hängend, 25
T. platyphyllos	breite, runde Krone, 25
T. p. 'Fastigiata'	auswachsend, 25
T. tomentosa 'Brabant'	breit eirundlich, 20
T. x *vultaris* 'Pallida'	Krone breit, eirundlich, 25
T. v. 'Zwarte Linde'	breite, lockere Krone

Ulmus

ULME, RÜSTER

Die schnellwachsende Ulme mit ihrer breiten Krone ist ein ausgesprochener Park- und Straßenbaum, der sehr alt werden kann. In kleineren Gärten ist für sie kein Platz. Charakteristisches Merkmal sind ihre geflügelten Früchte. Wo immer sich eine Möglichkeit bietet, neue Ulmen zu pflanzen, sollte man dies tun, um zu verhindern, daß sie aussterben – die Bäume sind extrem gefährdet durch die Ulmenkrankheit. Abgesehen hiervon stellen Ulmen keine besonderen Ansprüche. Sie gedeihen überall in tiefgründigen Böden, auch bei Trockenheit. Sie vertragen Sonne oder Halbschatten. Durch ihre leuchtende Herbstfärbung fällt *U. carpinifolia* 'Wredei' (Goldpyramidenulme) auf, sie wächst säulenförmig und hat goldgelbe Blätter. *U. hollandica* gilt als Kreuzung zwischen Berg- und Feldulme und als Sammelbezeichnung für eine Reihe von Sorten, die als krankheitsresistente Park- und Straßenbäume eine große Bedeutung haben.

U. carpinifolia 'Dampieri'	breit säulenförmig, 15
U. c. 'Wredei'	pyramidal, goldgelbes Bl., 8
U. glabra 'Camperdownii'	Hängeform, 3
U. g. 'Exoniensis'	schmal kegelförmig, 15
U. x *hollandica*	hoch, unregelmäßig, 20
U. h. 'Clusius'	neu, 15
U. h. 'Dodoens'	straff, 20
U. h. 'Groeneveld'	gedrungen, dicht, 20
U. h. 'Lobel'	schmal auswachsend, 15
U. h. 'Plantijn'	breit auswachsend, dicht, 20

Zelkova

Dieser mittelgroße, imposante Baum mit dekorativen Blättern und braunroter Herbstfärbung bildet dichte, breite Kronen. Er entwickelt in der Regel einen kurzen Stamm, der sich bald in mehrere Hauptäste teilt. Wie Ulmen leiden sie gelegentlich an der Ulmenkrankheit.

Z. serrata	breite, dichte Krone, 12

Ulmus carpinifolia 'Dampieri'

Unsere heutigen Gärten bieten den großen Bäumen, die wir im vorhergehenden Kapitel vorgestellt haben, meist nicht mehr genügend Platz. Aber es gibt auch zierlichere Gehölze, die dennoch den Charakter Ihres Gartenreichs unverwechselbar prägen können. Bei der Auswahl von Bäumen für kleine Gärten müssen Sie die Wuchshöhe und -form, den Kronentyp der Gehölze, die Belaubung, Blütezeit und Blütenfarbe, Herbstfärbung und Fruchtschmuck sowie die Wachstumsgeschwindigkeit der entsprechenden Arten kennen und beachten.
Wir informieren Sie über die Eigenschaften der Baumarten, die hierfür in Frage kommen. Sie werden sehen, wie viele Möglichkeiten Sie haben, um auch in einem kleineren Garten Gehölze unterzubringen. Gerade kleine Gärten brauchen Bäume, um ihnen eine optische Tiefe zu geben. Außerdem ist im Hochsommer ein schattiger Platz unter einem Baum sehr angenehm. Die Wuchshöhe der Bäume ist in Metern angegeben, Blütenfarbe und Blütezeit werden vermerkt, wenn die Bäume attraktiv oder auffallend blühen.

Acer

Die Ahornarten umfassen eine riesig große Gruppe unterschiedlicher Gehölze, die vom mächtigen Baum (siehe: Bäume für große Gärten) über Heckensträucher (siehe: Laubwerfende Hecken) bis zum zierlichen Fächerahorn reichen. Sie wachsen in jedem Gartenboden in der Sonne oder im Halbschatten. Die grünen Blütchen sind relativ unauffällig, die Schönheit der Ahornarten liegt in den gelappten oder fingerförmigen Blättern und in dem oft prächtigen vielfältigen Herbstlaub.

A. negundo	zartgrün, 10-15
A. n. 'Aureovariegatum'	goldbuntes Blatt, 8
A. palmatum	grün, 8
A. p. 'Atropurpureum'	braunrotes Blatt, 8
A. p. 'Bloodgood'	rotes Blatt, 8
A. p. 'Crimson Queen'	rotes Blatt, 8
A. pensylvanicum	Stamm grünweiß gestreift, 8
A. rufinerve	Stamm grün mit weiß, 10

Aesculus

KASTANIE

Dieser prachtvolle, kleine Baum mit 15 cm großen Blütentrauben (siehe auch: Laubwerfende Sträucher und Bäume für große Gärten) gehört zu einer großen Gattung: Sie umfaßt Bäume, die höher als 15 m wachsen (Größe 1), solche, die zwischen 8 und 15 m hoch werden (Größe 2) und eine dritte Gruppe (Größe 3), die weniger als 3 m hoch wächst.

A. pavia	rötlich, Mai-Juni, 6-8
A. p. 'Atrosanguinea'**	dunkelrot, Mai-Juni, 6-8

Alnus

ERLE

Erlen haben einhäusige Blüten: Den langen, männlichen Kätzchen sitzen auf jedem Tragblatt drei Blüten auf, die viel kürzeren, weiblichen Kätzchen tragen nur je zwei Blüten; sie entwickeln sich bis zum Herbst zu holzigen Fruchtzapfen, die häufig noch bis in die nächste Vegetationsperiode hinein hängenbleiben. *A. incana,* die Grau- oder Weißerle, kann auch noch auf extrem trockenen Standorten gedeihen. Man kann sie in mitteleuropäischen Auwäldern antreffen.

A. incana 'Aurea'	Blatt goldgelb, 5-8
A. i. 'Laciniata'	tief eingeschnittenes Blatt, 5-8

Acer palmatum 'Atropurpureum'

Aesculus pavia

Amelanchier

FELSENBIRNE

Felsenbirnen entwickeln weiße Blüten in Trauben, anschließend blauschwarze bis dunkelrote Früchte, die süß und saftig, aber auch fad schmecken können. Ihre ansprechende Wuchsform und die prachtvolle gelbrote Herbstfärbung machen sie zu hochgeschätzten Großsträuchern. Alle sind vollkommen winterhart, anspruchslos an den Boden und gedeihen in voller Sonne wie im lichten Schatten. Früher wurde *A. lamarckii* in Bauerngärten als Obstgehölz gehalten.

Amelanchier lamarckii

A. arborea 'Robin Hill'	weiß, schräg auswachsende Zweige, 5-8
A. lamarckii 'Ballerina'	weiß, großes Blatt, Mai-Juni, 5-8

Betula

BIRKE

Wenn auch die meisten Birken sehr hoch wachsen, so bleiben sie doch recht schmal, grazil und licht, so daß man gut unterpflanzen kann. Deshalb sind sie auch für die Gestaltung kleinerer Gärten geeignet.

B. pendula	grauweißer Stamm, schmal, 15
B. p. 'Youngii'	laubenförmig, hängend, 3

Betula pendula

Cercidiphyllum

KATSURABAUM, KUCHENBAUM

Die zweihäusigen Blüten dieses breitwachsenden, begeisternd schönen Baumes sind unauffällig, aber das im Frühling bronzefarbene Laub färbt sich im Herbst intensiv hellgelb.

C. japonicum	hellgrün, 8-15

Cercidiphyllum japonicum

Cornus

KORNELKIRSCHE

Obwohl die Blütenpracht dieser schönen Ziersträucher dazu verleiten kann, sie als Solitärsträucher zu pflanzen, sollte man sie zusammen mit weiteren Sträuchern setzen, damit sie wenigstens zeitweise Schatten haben.

C. mas	gelb, Febr.-April, 5

Cornus mas

Corylus

HASELNUSS

Die Haselnuß wird, ebenso wie die Kornelkirsche, meist als Strauch gezogen, aber es ist auch möglich, sie stammförmig wachsen zu lassen. Wer Wert auf Früchte legt, sollte mindestens 2 oder 3 Sträucher verschiedener Sorten pflanzen.
Haselnüsse sind selbststeril, d.h. sie benötigen zur Befruchtung sortenfremde Pollen. Der Pollen eines anderen Haselnußstrauches der gleichen Sorte genügt nicht.

C. avellana	gelb, März, 4
C. a. 'Garibaldi'	gelb, März, 4
C. a. 'Rode Zellernoot'	gelb, März, 4

Crataegus

WEISSDORN

Die beiden einheimischen Weißdornarten sind als Hecken-, Flur- und Vogelschutzgehölze zu verwenden. Die kultivierten Arten und Formen wirken durch beachtlichen Fruchtschmuck und eine prachtvolle Herbstfärbung. In den Vorgärten sieht man häufig den Rotdorn (*C. laevigata* 'Paul's Scarlet'), einen kleinen, wertvollen Blütenbaum mit gefüllten, roten Blüten. Er sollte nicht immer wieder zu Kugeln geschnitten werden, denn sonst kommt er kaum zur Blüte.

C. laevigata	weiß, 5
C. l. 'Paul's Scarlet'	rosarot (g), 5
C. l. 'Plena'	weiß (g), 5
C. monogyna 'Rosea Plena'	rosa (g), 6
C. m. 'Stricta'	weiß, schmal auswachsend, 8
C. x *prunifolia*	glänzend dunkelgrünes Blatt, 6

Crataegus monogyna

Cydonia

QUITTE

Mit ihren großen, aromatisch duftenden apfel- oder birnenförmigen Früchten verwendet man Quitten nicht nur als Fruchtgehölz, sondern besonders in kleineren Gärten auch als Zierstrauch. Sie sind uralte Kulturpflanzen und stehen am liebsten an einem sonnigen Platz.

C. oblonga	birnenförmig, 3
C. o. 'Leskovacz'	apfelförmig, 3

Davidia

TAUBENBAUM

Der Taubenbaum gehört mit zu den schönsten und wertvollsten Blütenbäumen. Bei uns übersteht er auch kalte Winter; er liebt einen nahrhaften, nicht zu trockenen Boden.

D. involucrata	weiß, Mai-Juni, 10

Cydonia oblonga

Davidia involucrata

Fagus

BUCHE

Denken Sie hier nicht an die bekannte Buche, die bis zu 30 m hoch wachsen kann. Gerade noch eignet sich für kleine Gärten *F. sylvatica* 'Dawyck', die Säulenbuche. Wie der Name schon sagt, wächst sie straff säulenförmig und bleibt auch im Alter nur 3 m breit.

F. sylvatica 'Dawyck'	säulenförmig, 15

Fraxinus

ESCHE

Eschen stellen wenig Ansprüche an ihren Standort. In der Regel sind sie zweihäusig, bei den meisten Arten sind die Blüten klein und unscheinbar. Die Blumenesche *(F. ornus)* schmücken jedoch ansehnliche Blütchen.

F. ornus	runde Krone, 8
F. o. 'Arie Peters'	rund, 6-8
F. 'Obelisk'	auswachsend, 6-10

Fagus sylvatica 'Dawyck'

Ginkgo

JAPANISCHER TEMPELBAUM

Immer wieder hat man nach Merkmalen gesucht, die eine leicht erkennbare, frühe Unterscheidung der Geschlechter des Gingkobaumes ermöglichen. Männliche Exemplare sollen schmal auswachsen, weibliche sollen sich breit verzweigen. Durch ihre unterschiedliche Wachstumsweise eignen sich nur männliche Bäume für einen kleinen Garten, weibliche Exemplare werden zu breit (siehe auch: Bäume für große Gärten).

G. biloba	15-20

Fraxinus ornus

Gleditsia

GLEDITSCHIE

Wenn die Gleditschie auch relativ hoch wird, so kann man sie doch recht gut in einen kleineren Garten einfügen. Sie hat nämlich einen lockeren Kronenaufbau, der viel Licht durchläßt und dadurch eine Unterpflanzung ermöglicht. Das Laub des Baumes färbt sich im Herbst wunderschön goldgelb, seine unauffälligen Blüten sind grünlich. Fälschlicherweise wird der Baum auch oft als Christusdorn bezeichnet.

G. triacanthos	frischgrün, 8-15
G. t. 'Moraine'	vasenförmig, 15
G. t. 'Sunburst'	goldgelbes Blatt, 10

Gleditsia triacanthos

Koelreuteria

BLASENBAUM

Bedingt durch seinen langsamen Wuchs ist der Blasenbaum, ein ausgesprochener Solitärstrauch, auch für kleinere Gärten geeignet. Er blüht nur dann reichlich, wenn ihm eine geschützte und genügend warme Lage zur Verfügung steht. An den Boden stellt er keine besonderen Ansprüche.

K. paniculata	gelb, Juli-Aug., 10

Laburnum

GOLDREGEN

Meist werden vom Goldregen Sträucher angeboten, man kann ihn aber auch als Hochstamm bekommen. Seine stattlichen gelben Schmetterlingsblüten sind in meist großen hängenden Trauben zusammengefaßt. Im mitteleuropäischen Klima ist der Goldregen absolut frosthart und stellt an den Boden keine besonderen Ansprüche. In der letzten Zeit ist er wegen einiger Vergiftungsfälle schwer in Verruf geraten. Er sollte nicht in die Nähe von Kinderspielplätzen gepflanzt werden.

L. anagyroides	gelb, Mai-Juni, 5-7
L. x *watereri* 'Vossii'	gelb, Mai-Juni, 5-7

Laburnum x *watereri* 'Vossii'

Koelreuteria paniculata

Magnolia

MAGNOLIE

Magnolien wollen einen nahrhaften, lehmigen Humusboden und ausreichende Bodenfeuchtigkeit. Bei entsprechender Pflege wachsen sie aber auch in leichten, sandigen Böden. Sie reifen an hellen Plätzen besser aus und sind eher in der Lage, ihre Blütenknospen für das kommende Jahr anzulegen. Die Blüten von *M. acuminata* erscheinen Ende Mai, sie sind wenig ansehnlich; aus ihnen entwickeln sich die gurkenförmigen Fruchtzapfen.

*M. acuminata***	metallblau und gelb, Mai-Juni, 10
M. kobus	weiß, Mai, 10

Magnolia kobus

Malus

ZIERAPFEL

Zweimal jährlich machen diese begehrten Gartengehölze auf sich aufmerksam: einmal zur Blütezeit im Mai und dann wieder zur Fruchtreife im Herbst. Sie wachsen in jedem Gartenboden unter allen klimatischen Bedingungen und fühlen sich in der Sonne wohl. Die sommergrünen Bäume und Sträucher eignen sich bestens für kleinere Gärten. In der Regel werden sie heute von den Baumschulen als kurzstämmige, veredelte Büsche angeboten. Ihre Wuchshöhe schwankt, je nach Sorte, zwischen 3 und 10 m. Die Zierapfel-Sorten übertreffen in ihrem Gartenwert oft die Eltern und werden daher allgemein bevorzugt.

Malus 'Prof. Sprenger'

Malus	**Blütenfarbe**	**Fruchtfarbe**	**Höhe**	**Besonderheiten**
M. 'Adams'	rosarot	karminrot	6	runde Krone
M. 'Aldenhamensis'	purpurrot	purpurbraun	6	rotbraunes Blatt
M. 'Almey'	lilarot	rot	6	Blatt purpurfarben
M. 'Butterball'	weiß	goldgelb	5-8	breit auswachsend
M. floribunda	rotrosa	gelbgrün	5-8	überhängend
M. 'Georgeus'	hellrosa	rot	5	Zweige herabhängend
M. 'Golden Hornet'	weiß	gelb	6	auswachsend
M. 'Hopa'	hell lilarot	hellrot	6	grünes Blatt
M. 'John Downie'	weiß	orange	8	auswachsend
M. 'Liset'	rosarot	rot	6-7	Blatt rund, kompakt
M. 'Makamik'	lilarosa	hellrot	6	
M. 'Prof. Sprenger'	weiß	orangegelb	5-6	Herbstfärbung
M. 'Radiant'	tiefrosa	karminrot	6	ohne Stacheln
M. 'Red Jade'	weiß	rot	6	Hängeform
M. 'Red Sentinal'	rosa	hellrot	6	Blatt grün
M. 'Rudolf'	dunkelrot	dunkel orangerot	5-8	rotes Blatt
M. 'Wintergold'	weiß	hellgelb	8	runde Krone

Mespilus

MISPEL

Die Mispel war früher ein geschätzter Obstbaum, in Bauerngärten findet sie auch heute noch manchmal ihren Platz. Die Bäume haben eine ausladende Krone (sie kann bis 5 m breit werden), große weiße Blüten und relativ große Früchte, die erst nach einer Frosteinwirkung oder nach längerem Lagern genießbar werden. Sie wollen Sonne oder Halbschatten und werden meist als „Halbstamm" angeboten.

M. germanica	weiß, April-Mai, 3

Mespilus germanica

Morus

MAULBEERBAUM

Die Schwarze Maulbeere *(M. nigra)* hat tiefrote Früchte, die süß und würzig schmecken. Im südlichen Europa findet man nicht selten Bäume, die viele hundert Jahre alt sind. Die Hängeform der Weißen Maulbeere eignet sich gut für kleinere Gärten (siehe auch: Bäume für große Gärten und Schling- und Kletterpflanzen).

M. alba 'Pendula'	Frucht weiß oder rot, 3
M. nigra	dunkelrote/schwarze Frucht, 5-10

Morus alba 'Pendula'

Nothofagus

SÜDBUCHE

Die immer- oder sommergrünen Bäume unterscheiden sich von den Buchen der nördlichen Hemisphäre durch wesentlich kleinere Blätter, die dicht gedrängt stehen und kurzgestielt sind. Sie brauchen einen sonnigen, geschützten Platz.

N. antarctica	klein, dunkelgrünes Blatt, 5-8

Nothofagus antarctica

Parrotia

Die Parrotie besitzt mehrere bemerkenswerte Eigenschaften: Im Austrieb hat sie rot gerandete Blätter, im Herbst färben sie sich gelb, später scharlachrot. An älteren Ästen platzt die Rinde schuppig ab, wodurch der Stamm platanenähnlich wirkt. Dieses Solitärgehölz nimmt mit jedem Gartenboden vorlieb und verträgt sowohl sauren als auch kalkreichen Boden.

*P. persica**	rote Staubgefäße, März, 6

Parrotia persica

Phellodendron

KORKBAUM

Der Korkbaum hat in China und der Mandschurei sein natürliches Verbreitungsgebiet. In unseren Gärten wird er zu einem bis 15 m hohen Baum, den im Sommer seine bis 35 cm langen Blätter schmücken.

P. amurense	grüngelb, Juni, 8-15

Phellodendron amurense

Photinia

GLANZMISPEL

Dieser kleine Baum mit kleinen apfelartigen Früchten, die bis in den Winter haften, verlangt nahrhaften, kalkfreien und nicht zu schweren Boden in sonniger oder halbschattiger Lage.

P. villosa	Frucht scharlachrot, 5-8

Photinia villosa

Prunus

ZIERKIRSCHE

Einige dieser blühenden Bäume tragen Früchte. Die Japanischen Blütenkirschen *(P. serrulata)* sind hervorragende Blütenbäume für Garten und Park. Sie eignen sich als Solitärgehölze, aber natürlich ist auch Gruppenstellung möglich. Das Angebot umfaßt eine Reihe attraktiver Sorten. Leider wird immer noch zu gerne die etwas steif wachsende Kanzan gepflanzt. 'Amanogawa' fällt durch ihren straff säulenförmigen, schlanken Wuchs auf. Erst Ende April erscheinen ihre wunderhübschen Blüten.

P. avium 'Plena'	weiß (g), Mai-Juni, 8
P. ceracifera 'Nigra'	braunrotes Blatt, April-Mai, 8
P. c. 'Trailblazer'	braunrotes Blatt, April-Mai, 8
P. maackii 'Amber Beauty'	weiß, April
P. padus 'Wateri'	weiß, Mai, 10
P. serrulata 'Amanogawa'	hellrosa, April, 8
P. s. 'Kikushidara-sakura'	dunkelrosa, Hängeform (g), 4-6
P. subhirtella 'Autumnalis'	weiß, Nov.-April, 6
P. s. 'Autumnalis Rosea'*	rosa, Nov.-April, 6

Prunus subhirtella

Prunus

PFLAUME, ZWETSCHGE

Pflaumen und Zwetschgen gehören zu den anspruchslosen Obstarten, die sich auch für den Ziergarten eignen. In den Baumschulen werden meist Halb- oder Hochstamm-Bäume angeboten. Ideal für Pflaumen sind mittelschwere, humusreiche Böden, die genügend Feuchtigkeit besitzen. Achten Sie bei der Sortenwahl auf selbstfruchtbare und selbstunfruchtbare Züchtungen. Pflaumenbäume können bis zu 6 m hoch werden. In nachfolgender Auflistung machen wir Angaben zur Fruchtfarbe und zur Reifezeit der Früchte; die Sorten sind selbstbestäubend.

P. domestica	blau, Aug.-Sept.
P. 'Belle de Louvain'	rotblau, Ende Aug.
P. 'Bleu de Belgique'	blau, Aug.-Sept.
P. 'Czar'	rot/blau, Aug.
P. 'Mirabelle de Nancy'	grüngelb, Aug.-Sept.
P. 'Ontario'	gelb, Aug.
P. 'Opal'	rosarot, Juli-Aug.
P. 'Reine Claude d'Oullins'	grüngelb, Aug.-Sept.
P. 'Victoria'	rot, Aug.-Sept.

Prunus domestica

Pyrus

BIRNBAUM

Im Gegensatz zum Fruchtbaum (die gewöhnliche Birne gehört auch zur Gattung *Pyrus*) haben diese Bäume in unseren Gärten eine weit geringere Bedeutung. Die Zweige der sommergrünen Wild-Birnen enden oft in Dornen. Das Fleisch der birnenförmigen bis kugeligen Früchte ist mit Steinzellen durchsetzt. Die wenigen brauchbaren Zierbirnenarten lieben warme, sonnige Lagen, tiefgründige Böden und vertragen große Trockenheit. *P. salicifolia,* die Weidenblättrige Birne, hat Triebe und Blätter, die in der Jugend dicht mit silbergrauen Haaren bedeckt sind, ebenso wie ihr Kelch und die Blütenstiele der breiten weißen Blüten.

P. calleryana 'Chanticleer'	weiß, April, 8-12
P. c. 'Redspire'	glänzend grün, 8-12
P. caucasica	lange grün bleibend, 8-12
P. communis 'Beech Hill'	weiß, April, 8-15
P. salicifolia	graues Blatt, weiß, April-Mai, 6-8

Robinia

ROBINIE, SCHEINAKAZIE

Zwischen hellgrünen, feingefiederten Blättern sitzen die weißen, lila oder rosafarbenen Schmetterlingsblüten in dichten, hängenden Trauben. Robinien sind äußerst lichtbedürftig, anspruchslos gegenüber der Bodenqualität und leider anfällig gegenüber Windbruch. Im allgemeinen bedürfen die Scheinakazien keines Schnitts.

R. ambigua 'Decaisneana'	hellrosa, Juni-Aug., 8-10
R. pseudacacia 'Frisia'	gelbes Blatt, 5-8
R. p. 'Umbraculifera'	kugelförmig, 5
R. viscosa	hellrosa, 5-8

Salix

WEIDE

Die sommergrünen Bäume und Sträucher, gelegentlich auch kriechenden Zwergsträucher, sind zweihäusige Pflanzen, deren weibliche und männliche Blüten in aufrechten Kätzchen erscheinen. Neben einigen Weidenarten, die als Blütensträucher eine Bedeutung haben, ist vor allem die Trauerweide ein geschätzter Parkbaum. *S. magnifica* verlangt einen geschützten Standort und trägt auffallend große Blüten.

S. magnifica	großes Blatt, 6
S. pentandra	dunkelgrünes Blatt, 8-15

Salix magnifica

Robinia pseudoacacia

Rechts: *Sorbus* x *thurigiaca* 'Fastigiata'

Sophora

SCHNURBAUM

Der in China und Korea heimische Schnurbaum entwickelt sich zu einem mittelgroßen Baum mit breitrunder Krone. Seine Blätter ähneln denen der Robinien, sind aber feiner und wirken farnartig. Sie sollten den Baum an einen beschatteten Platz in der vollen Sonne auf leichten, durchlässigen Boden pflanzen. Er kann Trockenheit vertragen.

S. japonica	creme, Aug.-Sept., 5-15
S. j. 'Pendula'	creme, Aug.-Sept., 5

Sorbus

EBERESCHE, MEHLBEERE

Für kleinere Gartenflächen eignet sich die Eberesche hervorragend. Pflanzen Sie die Arten in die volle Sonne, so daß sich die weißen Blütenrispen und die apfelartigen Scheinfrüchte gut entwickeln können. Die Früchte können auf Terrassen o. ä. Flecken hinterlassen. Nachfolgend beschreiben wir die Farbe der Früchte (siehe auch: Bäume für große Gärten).

S. aria 'Majestica'	orangerot, 5-8
S. aucuparia 'Fastigiata'	orange, 10
S. decora	rot, 10
S. hybr. 'Gibbsii'	dunkel karminrot, 6-8
S. 'Joseph Rock'	creme, 5-8
S. latifolia 'Atrovirens'	braunorange, 8-10
S. 'Pearly King'	rosarot, 5-8
S. x *thurigiaca* 'Fastigiata'	tiefrot, groß, 10

Tilia

LINDE

Mit nur 8 bis 10 m Höhe ist *T. mongolica* eine interessante, kleinkronige Lindenart. Ihr Blatt weicht vom üblichen Lindenblatt ab; es ist im Austrieb rötlich, später glänzend grün, sein Umriß ist eirundlich und unregelmäßig gesägt. Auf nicht zusagenden Standorten werden Linden häufig von der Roten Spinne befallen und verlieren dadurch ihre Blätter schon im Sommer. Sie bevorzugen gute, nahrhafte und frische Böden (siehe auch: Bäume für große Gärten).

T. mongolica	grünweiß, runde Krone, 8

Ulmus

ULME, RÜSTER

Als dichtbelaubte „Laubenulme" finden wir *U. glabra* 'Camperdownii', einen schwachwachsenden Baum mit einer fast halbkugeligen Krone und den in Bögen abwärtswachsenden Zweigen, in vielen Gärten und häufig auch auf Friedhöfen. Die Sorte *U. carpinifolia* 'Hoersholm' soll eine der gesündesten aller Ulmen sein und sich zu einem Baum mit straff aufrecht stehenden Ästen entwickeln. Bemerkenswert ist auch ihr rosafarbener Austrieb.

U. carpinifolia 'Wredei'	goldig, 5-8
U. glabra 'Camperdownii'	Hängeform, 5

Tilia mongolica

Ulmus glabra 'Camperdownii'

2. Sträucher

IMMERGRÜNE ZIERSTRÄUCHER

Die immergrünen Laubgehölze sind in systematischer Hinsicht keine besondere Pflanzengruppe, wohl aber in bezug auf ihre natürliche Verbreitung und ihre Standortansprüche. Sie sind auch nicht immergrün im wahren Sinn des Wortes. Sie verlieren vielmehr jährlich die jeweils ältesten Blätter. Da die meisten großblättrigen immergrünen Sträucher aus Zonen kommen, die durch ein ausgeglichenes, wintermildes Klima mit hoher Luftfeuchtigkeit geprägt sind, müssen wir der Wahl ihres Pflanzplatzes besondere Aufmerksamkeit widmen. Fast alle wachsen im lichten Schatten größerer Gehölze besser als in voller Sonne. Das gilt besonders für alle Gebiete, die nicht im ozeanisch beeinflußten Nord- und Westdeutschland liegen. Immergrüne brauchen vor allem Schutz vor der Wintersonne und austrocknenden Winden. Außerdem ist eine ausreichende Wasserversorgung im Herbst besonders wichtig.
Auf folgende Punkte sollten Sie beim Einkauf achten: Immergrüne Gehölze werden in der Regel mit einem Wurzelballen geliefert. Die Triebe müssen normal aufgebaut und straff sein und dürfen selbstverständlich keine Krankheitskeime oder Schädlinge aufweisen. Die Färbung muß gesund und der Art entsprechend aussehen. Fraßstellen an den Grünteilen oder spinnwebartige Gebilde deuten auf die Anwesenheit von Schädlingen hin. Bei allen Sträuchern geben wir die Wuchshöhe in Metern an, mit Ausnahme der Heidepflanzen (Erica, Calluna, Daboecia und Empetrum); dort wurde die Höhe in Zentimetern vermerkt. Bei Sträuchern mit unauffälliger Blüte machen wir Aussagen zur Breite, zu Beeren- und Blattfarbe oder ähnlichen Eigenschaften.

Andromeda

LAVENDELHEIDE

Die kriechende Lavendel- oder Rosmarinheide liebt feuchten und sauren Boden und ist kein besonders auffälliger Zierstrauch. Um so größer ist die Überraschung, wenn die zarten Glockenblütchen erscheinen. Pflanzen Sie die Rosmarinheide in die volle Sonne.

A. glaucophylla	rosa, Mai-Juni, 1
A. polifolia	rosa, Mai-Juni, 1

Andromeda polifolia

Arctostaphylos

BÄRENTRAUBE

Dieser kriechende Kleinstrauch blüht im Mai. Seine runden, roten Beeren sind sehr anziehend. Die Pflanze braucht sauren Boden.

A. uva-ursi	rosa, Mai-Juni, 0,3

Aucuba

Für einen schattigen Standort sind die wunderschönen immergrünen Aucuben sehr gut geeignet. *A. japonica* 'Variegata' wird auch als Zimmerpflanze angeboten (für kühle Räume). Aucuben können an einem idealen Standort bis zu 3 m hoch werden und sind nur im Schatten winterhart. Denken Sie daran, die Pflanzen wollen keine Morgensonne! Meist werden Pflanzen mit gelbgesprenkeltem Blatt angeboten, aber versuchen Sie, grünblättrige Aucuben zu bekommen. Diese harmonieren eher mit den anderen Gartenpflanzen. Ihre Blüte (Mai-August) ist unauffällig; ihre Schönheit liegt in den glänzenden Blättern und den roten Beeren. Fragt man beim Kauf nur nach einer *Aucuba,* so werden Sie vermutlich die Sorte 'Variegata' erhalten. In vielen Garten-Centern hat man offensichtlich noch nicht berücksichtigt, daß es von dieser Gattung auch noch andere, für den Garten bestens geeignete Arten und Sorten gibt. Ihre Wuchshöhe beträgt, in Abhängigkeit vom Standort, zwischen 2 und 3 m.

Grünblättrige Sorten:

A. japonica 'Borealis'*	
A. j. 'Longifolia'**	männlich, keine Beeren
A. j. 'Dentata'**	
A. j. 'Rozannie'	
A. j. 'Hillieri'**	

Sorten mit gesprenkeltem Blatt:

A. j. 'Crassifolia'*	männlich, keine Beeren
A. j. 'Crotonifolia'*	männlich, keine Beeren
A. j. 'Variegata'	

Aucuba japonica 'Variegata'

Azalea

Siehe: *Rhododendron*

Berberis

BERBERITZE

Die Gattung Berberis umfaßt mehr als 200 Arten sommergrüner und immergrüner, bewehrter Sträucher vom Zwergstrauch bis zum Großstrauch. Zu den halbwintergrünen Sorten gehört *B.* x *media* 'Parkjuweel'. Neben den zahlreichen Dornen, die die Pflanze etwas lästig machen, sind auch die Blätter sehr stachelig. Die immergrüne *B. stenophylla* wird 2-3 m hoch, trägt im Mai und Juni gelbe Blüten, sofern man sie unbeschnitten läßt, und rote Beeren im Herbst. Die laubwerfende *B. verrucosa* ist für eine grüne Hecke gut geeignet, sie wächst langsam bis auf 1 m und hat kleine, dunkelgrüne Blätter, die unterseits weiß sind, und goldgelbe Blüten. *B. darwinii* blüht orangegelb von April bis Mai und trägt – ungeschnitten – purpurne Beeren. Auch diese Art ist immergrün. *B. thunbergii* ist inzwischen nahezu auf der ganzen Welt verbreitet. Leider hat sich herausgestellt, daß sie Zwischenwirt für den Getreiderost sein kann. Ihre Verwendung ist deshalb in vielen Ländern verboten.

B. candidula	hellgelb, April-Mai, 0,75
B. darwinii	gelborange, rote Flecken, Mai, 2
B. gagnepainii	blaubereifte Frucht, Mai, 1,5
B. g. var. *lanceifolia*	blaubereifte Frucht, schmales Blatt
B. x *interposita* 'Wallich's Purple'	Mai
B. julianae	gelb, Frucht blaubereift, Mai, 2
B. linearifolia	orange, April-Mai, 1,25

Berberis darwinii

B. l. 'Orange Beauty'	orange, April-Mai, 1
B. x *logogensis*	orangegelb, Mai, 1
B. l. 'Apricot Queen'	aprikot, Mai, 1
B. l. 'Mistery Fire'	orange, Mai, 1
B. x *media* 'Parkjuwel'	dunkelgrünes Blatt, 1
B. m. 'Red Juwel'	rotes Blatt, 1
B. stenophylla	orangegelb, April-Mai, 2,5
B. thunbergii 'Green Ornament'	rote Beeren, 1,5
B. verruculosa	gelb, groß, Mai, 1,25

Buxus

BUCHSBAUM

Die immergrünen Sträucher mit den festen ovalen Blättern gibt es in niedrigen Formen für Einfassungen und in hohen Formen, die stattliche baumartige Büsche bilden. Buchsbaum ist sehr anspruchslos, auch gegenüber rußhaltiger Industrieluft. Die Pflanzen gedeihen in der Sonne und im Schatten, lieben aber kalkhaltigen Boden. Buchsbaum kann beliebig in Form geschnitten werden; die beste Zeit dafür ist der späte Frühling, wenn kein Frost mehr zu befürchten ist. Buchsbaum gehörte einst zum typischen Bild der Bauerngärten.

B. microphylla 'Asiatic winter'	
B. m. var. koreana	breitwachsend, 1
B. sempervirens	kleines Blatt, 4
B. s. 'Rotundifolia'	grobes Blatt, 5
B. s. 'Suffruticosa'	kleines Blatt, 0,5

Buxus sempervirens

Calluna

BESENHEIDE

Calluna vulgaris, bei uns auch unter dem Namen Heidekraut bekannt, ist im gemäßigten europäischen Klima zu Hause. Alle Sorten sind geeignet, in lockerer Stellung über den Garten verteilt zu werden, um zusammen mit Erica-Arten und anderen passenden Pflanzen einen Heidegarten darzustellen. Durch richtige Arten- und Sortenwahl kann man in einer derartigen Gartenanlage von Juni-November stets blühende Partien bewundern. Auf sauren Böden kommen sie ihren ursprünglichen Wachstumsbedingungen am nächsten. Reichlich Torfersatz hilft, normale Gartenböden in diese Richtung umzufunktionieren.

C. vulgaris	hellviolett, Juli-Aug., 40
C. 'Alba Dumosa'	weiß, Juli-Aug., 40
C. 'Alba Erecta'	weiß, Laub, hellgrün, Aug.-Sept., 50
C. 'Alba Plena'	weiß, Aug.-Okt., 40
C. 'Alba Rigida'	weiß, Aug.-Sept., 15
C. 'Allegretto'	violett, Juli-Sept.
C. 'Alportii'	violett, Aug.-Sept., 70
C. 'Annemarie'	rot, Juli-Sept.
C. 'Aurea'	violettrosa, Laub goldgelb, Juli-Sept., 40
C. 'Barnett Anley'	violett, Aug.-Sept., 50
C. 'Beoley Gold'	weiß, Laub gelb, Aug.-Sept., 40
C. 'Blazeaway'	violett, Blatt gelbgrün, 45

Calluna vulgaris 'Alba Erecta'

C. 'Carmen'	violettrot, Aug.-Sept., 45, breit auswachsend
C. 'Cramond'	rosa, Sept.-Nov., 50, breit auswachsend
C. 'Cuprea'	violett, Laub bronzef., Aug.-Sept., 45
C. 'C. W. Nix'	rot, Aug.-Sept., 80 auswachsend
C. 'Dainty Bess'	rosa, Laub blaugrau, Aug.-Okt., 10
C. 'Darkness'	violettrosa, Aug.-Sept., 40, auswachsend
C. 'Dark Beauty'	violettrosa, Aug.-Sept., 35, auswachsend
C. 'Dark star'	dunkelrot, Juli-Sept.
C. 'Elegantissima'	weiß, Laub graugrün, Sept.-Dez., 55
C. 'Elegant Pearl'	weiß, Juli-Sept.
C. 'Elsie Purnell'	silberrosa, Laub graugrün, Aug.-Sept.
C. 'Flore Pleno'	rosa, Sept.-Okt., 45, breit auswachsend
C. 'Golden Carpet'	rosa, Laub goldgelb, Aug.-Sept., 10
C. 'Golden Feather'	violett, Laub gelb, Aug.-Sept., 30
C. 'Gold Haze'	weiß, hellgrünes Laub, Aug.-Sept., 50
C. 'Hamondii'	weiß, dunkles Laub, 60, Aug.-Sept.
C. 'H. E. Beale'	rosa, Aug.-Nov., 60
C. 'J. H. Hamilton'	dunkelrosa, Aug.-Sept., 25
C. 'Joan Sparkes'	hellviolett (g), 20
C. 'Hookstone'	malvenrosa, Juli-Sept.

Calluna vulgaris 'Tib'

C. 'Long White'	weiß, Sept.-Okt., 70
C. 'Marleen'	weiß/violett, dunkles Laub, Sept.-Nov., 35
C. 'Mountain Snow'	weiß, Juli-Sept., 50
C. 'Peter Sparkes'	rosa, Sept.-Nov., 60
C. 'Ralph Pernell'	violett, Aug.-Sept., 60
C. 'Red Star'	rot, Juli-Sept.
C. 'Robert Chapman'	rosa, Aug.-Sept., 40, breit auswachsend
C. 'Silver Knight'	lila, Juli-Sept., 45
C. 'Silver Queen'	malvenf., graues Laub, Aug.-Sept., 45
C. 'Sister Anne'	lila, graugrünes Laub, Aug.-Sept., 10
C. 'Sunset'	violettrosa, bronzef. Laub, Aug.-Sept., 30
C. 'Tenuis'	rosa, Juli-Nov., 30, breit wachsend
C. 'Tib'	violett, Juni-Okt., 40, auswachsend
C. 'Underwoodii'	violett, Okt.-Nov., 45, auswachsend
C. 'Wickwar Flame'	violettrosa, Juli-Sept.

Camellia

KAMELIE

Obwohl gegenwärtig einige (fast) winterharte Sorten im Handel erhältlich sind, empfiehlt es sich nicht, Kamelien an unbeschatteten Standorten auszupflanzen bzw. sie der prallen Sonne auszusetzen. Die rosenähnlichen Blüten sind meist zart oder kräftig rosa, teilweise marmoriert oder häufig gefüllt; Einfachblühende besitzen zahlreiche gelbe Staubgefäße. Die Blütezeit ist sortenabhängig, sie beginnt im Winter und reicht bis ins Frühjahr hinein. An den Boden haben Kamelien ähnliche Ansprüche wie Moorbeetpflanzen: humos, durchlässig, sauer (pH-Wert um 5). Mit zunehmendem Alter wird die Pflanze immer schöner, seien Sie deshalb vorsichtig beim Zurückschneiden.

C. japonica	grau, weiß, rosa, gelb rot, April, 2

Camellia japonica

Ceanothus

SÄCKELBLUME

Dieser im Spätsommer blühende Zierstrauch ist nur bedingt frosthart und muß jährlich zurückgeschnitten werden. Er sieht im Garten hübsch aus, wenn er zusammen mit Rosen, Stauden und Zwerggehölzen kombiniert wird.

C. x *delilianus*	
'Gloire de Versailles'	blau, Juli-Okt., 2
C. d. 'Henry Desfossé'	blau, Aug.-Okt
C. d. 'Indigo'	blau, Aug.-Sept.
C. d. 'Topaz'	blau, Juli-Sept.
C. pallidus 'Marie Simon'	rosa, Aug.-Sept.
C. p. 'Perle Rose'	rosa, Aug.-Sept.
C. thyrsiflorus var. repens	blau, Aug.-Sept.

Cotoneaster

ZWERGMISPEL

Beachten Sie die Wuchshöhe der Pflanzen! Einige sind Bodendecker, andere wachsen zu Sträuchern heran. Cotoneaster stellen an den Standort keine Ansprüche und gedeihen auch an schattigeren Plätzen. Für einen schönen Beerenansatz sollte man sie an sonnige Standorte pflanzen.

C. conspicus	weiß, Mai, 0,5
C. c. 'Decorus'	weiß, Mai
C. c. 'Flameburst'	weiß, Mai
C. dammeri	weiß, Mai, 0,15
C. d. 'Major'	weiß, 0,20
C. d. 'Mooncreeper'	weiß, 0,15
C. microphyllus	weiß, Mai-Juni, 0,4
C. m. var. cochleatus	weiß, Mai-Juni, 0,4
C. m. var. melanotrichus	weiß, Mai-Juni, 1
C. salicifolius	weiß, Mai-Juni, 2
C. x *watereri* 'Winter Juwel'	weiß, Mai, 3,5

Hybriden:

C. 'Coral Beauty'	weiß, Mai, 0,5
C. 'Skogholm'	weiß, Mai, 0,5
C. 'Queen of Carpet'	weiß, Mai, 0,3

Daboecia

IRISCHE GLOCKENHEIDE

Wegen der maiglöckchenartigen Blüten sind weiße Sorten der Irischen Glockenheide als Kontrast zu den grünen Heidepolstern gut verwendbar. Die Pflanzen wachsen auf schwach sauren Böden.

D. cantabrica 'Alba'	weiß, Juli-Sept., 30
D. c. 'Atropurpurea'	dunkelviolett, 25

Ceanothus x *delilianus* 'Gloire de Versailles'

Cotoneaster x *watereri* 'Winter Juwel'

D. c. 'Cupido'	rot, Juli-Sept., 45
D. c. 'Pragerae'	violett, Juli-Sept., 15
D. c. 'William Buchanan'	karminrosa, Juni-Nov., 30

Daboecia cantabrica 'Atropurpurea'

*Daphne**

SEIDELBAST

Seidelbast gehört zu den sehr früh blühenden Gehölzen. Wenn der Winter mild war, können die Blüten schon im Februar erscheinen; sie strömen einen intensiven Duft aus. Obwohl er in der Natur eher in lichteren Wäldern wächst, sollte man ihn im Garten an einen etwas sonnigen Platz pflanzen.

D. x *burkwoodii*	blaßrosa, Mai-Juni, 1,5
D. cneorum	rosarot, Juli-Sept., 0,5
*D. laureola***	gelb, Mai-Juni, 0,5
*D. odora***	rosa, März-April, 1,5
*D. tangutica***	lilarosa, Mai, 0,5

Deutzia

MAIBLUMENSTRAUCH

Dieser Gattung verdanken wir viele kleine, dekorative und leicht zu haltende Blütensträucher mit einer großen Auswahl moderner Sorten.

*D. taiwanensis***	weiß, Juni-Juli, 1,5

Eleagnus

ÖLWEIDE

Die Ölweide eignet sich deshalb so gut für extreme, schlechte Standorte, weil ihre natürlichen Standorte etwa vergleichbare Bedingungen aufweisen. *E.* x *ebbingei* ist eine prächtige, wintergrüne Form, deren glänzend grüne Blätter auf der Unterseite silbrigweiß gefärbt sind. Diese Art ist gegen Wind und Trockenheit ziemlich widerstandsfähig.

E. x *ebbingei*	unterseits grau, 3
E. e. 'Gilt Edge'	goldgelbe Ränder, 3
E. e. 'Limelight'	gelbe zentrale Flecken, 3
E. glabra	Blüte weiß, Beeren orange, Sept.-Okt., 3
E. pungens	Blüte creme, grünes Blatt, Mai, 3
E. p. 'Maculata'	große gelbe Flecken, 2,5

Eleagnus x *ebbingei*

Daphne cneorum

Empetrum

KRÄHENHEIDE

Dieser grünbleibende Bodendecker braucht einen sauren, frischen Boden im Halbschatten. Seine Blüten sind relativ unscheinbar; die erbsengroßen schwarzen Beeren sind auffallend schön.

E. nigrum	März, 20
E. hermaphroditum	April, 30

Empetrum nigrum

Erica

GLOCKENHEIDE

Heidepflanzen benötigen von Natur aus relativ nährstoffarme Böden mit niedrigem pH-Wert, d.h. einen verhältnismäßig sauren, kalkarmen Standort. Soweit derartige Erfordernisse nicht gegeben sind, kann man sie durch Einarbeiten größerer Mengen Torfersatz in den Boden selbst schaffen. Die Gattung *Erica* zählt zu den winterharten Zwergsträuchern. Gute Sorten, die zwischen November und Mai blühen, sind z. B. *Erica carnea* 'Aurea' (lilarosa Blüte) oder *E. c.* 'Snow Queen' (silberweiß). Als Beipflanzung zu Erica-Sorten wählt man Gewächse, die auch in der freien Natur Gesellschafter der Glockenheide sind, so z.B. *Juniperus communis,* den Säulenwacholder, Kalmia oder Andromeda.

Erica carnea **– Schneeheide:**

E. c. 'Ann Sparkes'	dunkelviolett, gelbes Laub
E. c. 'Aurea'	lilarosa, gelbes Laub, Febr.-April, 20
E. c. 'Cecilia M. Beale'	weiß, Nov.-März, 20
E. c. 'Challenger'	dunkelviolett
E. c. 'Foxhollow Fairy'	rosa, gelbgrünes Laub, Jan.-März, 20
E. c. 'Heathwood'	violettrosa, hellgrünes Laub, März-April, 25
E. c. 'James Backhouse'	lilarosa, hellgrünes Laub, Febr.-April, 25
E. c. 'King George'	lilarosa, Dez.-März, 15
E. c. 'Loughrigg'	purpurrosa, bronzef. Laub, Febr.-April, 20
E. c. 'March Seedling'	rosaviolett
E. c. 'Myreton Ruby'	weinrot, März-April, 20
E. c. 'Pink Spangles'	rosarot, März-April, 25, breit, locker
E. c. 'Praecox Rubra'	violettrot, Dez.-März, 20, sich ausbreitend
E. c. 'Rosy Gem'	rosarot, Febr.-April, 20
E. c. 'Ruby Glow'	lilarosa, Nov.-April, 20
E. c. 'Snow Queen'	weiß, Jan.-März, 15
E. c. 'Springwood Pink'	hellrosa, Jan.-März, 20, kriechend
E. c. 'Springwood White'	weiß, Jan.-März, 20, kriechend
E. c. 'Thomas Kingscote'	hellrosa, März-April, 20
E. c. 'Vivelii'	bläulichrot, bronzef. Laub, Dez.-April, 20
E. c. 'Winter Beauty'	rosaviolett, Dez.-März, 15

E. ciliaris	rosarot, Juli-Okt., 30
E. c. 'Corfe Castle'	rot, Sept., 40
E. c. 'Globosa'	rosa, Sept., 30
E. c. 'Stroborough'	rosa oder weiß, Sept., 50

E. cinerea **– Grau- oder Aschenheide:**

E. c. 'Alba'	weiß, Juli-Aug., 25, breit wachsend
E. c. 'Alba Minor'	weiß, Juli-Okt., 15
E. c. 'Atropurpurea'	dunkelviolett, Aug.-Sept., 20
E. c. 'Atrorubens'	weinrot, Juli-Okt., 25
E. c. 'C. D. Eason'	rosarot, dunkles Laub, Juni-Sept., 30
E. c. 'C. G. Best'	lachsrosa, Aug.-Sept.
E. c. 'Cevennes'	hellviolett, Juli-Okt., 25
E. c. 'Coccinea'	karminrot, Juni-Sept., 20, kriechend

Erica cinerea 'Alba'

E. c. 'Domino'	weiß, Juli-Sept., 25
E. c. 'Eden Valley'	lavendelf., Juli-Sept., 15, Zwerg
E. c. 'Golden Drop'	lilarosa, bronzefarb. Laub, Juli-Aug., 15
E. c. 'Golden Hue'	lila, gelbes Laub, Juli-Aug., 35
E. c. 'G. Osmond'	lila, Juli-Sept., 30
E. c. 'Katinka'	dunkelviolett, Juni-Okt., 30, auswachsend
E. c. 'Knap Hill'	hellrosa, Juli-Sept., 30
E. c. 'Mrs Dill'	hellrosa, Juni-Aug., 15
E. c. 'Pallas'	purpurrot, Juni-Sept., 35, breit auswachsend
E. c. 'Pink Ice'	rosa, Juni-Sept., 15
E. c. 'P. S. Patrick'	violett, Aug.-Sept., 30
E. c. 'Pygmaea'	rosarot, Juni-Aug., 15, kriechend
E. c. 'Rosea'	hellrosa, Juli-Aug., 25
E. c. 'Velvet Knight'	dunkelrot, Juli-Aug., 30
E. x. *stuartii:*	
E. s. 'Irish Lemon'	hell malvenviolett, 20, breit
***E. tetralix* – Glocken- oder Moorheide:**	
E. t. 'Alba'	weiß, graugrünes Laub, Juni-Aug., 25
E. t. 'Alba Mollis'	weiß, Juni-Sept., 30
E. t. 'Alba Praecox'	weiß, graugrünes Laub, Juni-Aug., 25
E. t. 'Con. Underwood'	karmin, graugrünes Laub, Juli-Sept., 35
E. t. 'Daphne Underwood'	lachsrosa, Juni-Aug., 20, schwach wachsend
E. t. 'Helma'	rosa, Juli-Aug., 30
E. t. 'Hookstone Pink'	lachsrosa, graugrünes Laub Juni-Okt., 25
E. t. 'Ken Underwood'	karminrot, Juni-Okt., 25
E. t. 'L. E. Underwood'	aprikot, Juni-Okt., 25, gerade auswachsend
E. t. 'Pink Glow'	rosa, Juli-Sept., 25
E. t. 'Pink Star'	malvenrosa, Juni-Sept., 15, breit, niedrig
***E. vagans* – Cornwall- oder Wanderheide:**	
E. v. 'Alba'	weiß, Juli-Sept., 40, breit ausladend
E. v. 'Diana Hornibrook'	rot, Juli-Okt., 35
E. v. 'George Underwood'	lachsrosa, Juli-Okt.
E. v. 'Grandiflora'	hellrosa, Aug.-Okt., 60
E. v. 'Holden Pink'	rosa, Aug.-Okt., 35, breit ausladend
E. v. 'Lyonesse'	weiß, Aug.-Okt., 35
E. v. 'Mrs. F. D. Maxwell'	rot, Juli-Okt., 35, kompakt
E. v. 'Nana'	rahmweiß, Aug.-Okt., 25, kompakt
E. v. 'Pyrenees Pink'	lachsrosa, Aug.-Okt., 35
E. v. 'St. Keverne'	lachsrosa, Aug.-Okt., 35, kompakt
E. v. 'Valerie Proudley'	weiß, Aug.-Okt., 20, breit ausladend
E. v. 'Willamsii'	malvenrosa, Juli-Okt., 20, breit

Erica vagans 'Mrs. F. D. Maxwell'

Erica vagans 'Valerie Proudley'

Escallonia 'Victory'

Escallonia

Ihre duftenden, zarten Blütchen sitzen zwischen den glänzenden, kleinen Blättern an sparrigen Ästen. Pflanzen Sie Eskallonien an einen beschatteten Standort und sorgen Sie für einen möglichst durchlässigen Boden.

E. 'C. F. Ball'	karminrot, 3
E. 'Dart's Rosyred'	rosarot, 2
E. 'Donard Seedling'	hellrosa, Mai-Juli, 2
E. 'Red Elf'	dunkelrot, Juni-Juli, 1,5
E. 'Slevedonard'	weiß, rosa Flecken, 2
E. 'Victory'	karminrosa, 2

Euonymus

SPINDELSTRAUCH

Obwohl die nachstehenden immergrünen Pflanzen auch als Kletterpflanzen genutzt werden können, werden sie allgemein den Bodendeckern zugeordnet. Sie können über Mauern wachsen und passen ausgezeichnet in einen Heidegarten. An sonnigen Standorten können sich die unterschiedlichen Blattfarben besser entwickeln, die Arten gedeihen aber auch im Schatten. *E. fortunei* ist zu den besonders dekorativen Pflanzen zu zählen. Er kann unter höhere, in der unteren Partie freie Gehölze gepflanzt werden.

E. fortunei 'Carrierei'	glänzend dunkelgrün, 1,5
E. f. 'Coloratus'	matt dunkelgrün, 0,5
E. f. 'Darf's Carpet'	matt dunkelgrün, 0,3
E. f. 'Green Carpet'	neu
E. f. 'Emerald Gaiety'	graugrün, weißer Rand, 1,25
E. f. 'Emerald 'n Gold'	graugrün, gelber Rand, 0,5
E. f. var. radicans	mattgrün, 1,5
E. f. 'Silver Queen'	rahmgelb, später graugrün, 0,8
E. f. 'Tuscin'	graugrün, 0,3
E. f. 'Variegatus'	grün, schaler weißer Rand, 0,4
E. f. 'Vegetus'	mattglänzend grün, groß, 1,5

Euonymus fortunei 'Vegetus'

x *Gaulnettya*

Dieser Zierstrauch ist eine Kreuzung zwischen Gaultheria und Pernettya und hat lederartige, dunkelgrüne Blätter. Seine roten Früchte reifen im Herbst. Er beansprucht feuchten und sauren Boden und sollte nicht in der vollen Sonne stehen.

G. wisleyensis 'Ruby'	weiß, Mai-Juni, 1

Gaultheria

SCHEINBEERE, BERGTEE

Ebenfalls zur Familie der *Ericaceae* gehört die Scheinbeere; sie bevorzugt kalkarmen, humusreichen, etwas sauren Boden.

G. procumbens	weiß, rote Frucht, 0,15
G. p. 'Koralle'	weiß, große rote Frucht, 0,20
G. shallon	weiß, schwarze Frucht, 0,75

Gaultheria procumbens 'Koralle'

Hebe

Siehe: Kübel- und Kalthauspflanzen

Hedera

EFEU

Im Sommer fällt diese Pflanze in der Masse des allgemeinen Grüns kaum auf, aber die Wintermonate bieten dem Efeu viele Chancen, seine besonderen Verwendungsmöglichkeiten zu demonstrieren. So kann diese Kletterpflanze nicht nur zur Bekleidung alter Scheunen, Zäune oder sonstiger Baulichkeiten verwendet werden, sondern sie eignet sich z.B. auch zur Dauerbegrünung eines Hanges.

H. colchica 'Arborescens'	grün, Dez.-Febr., 1
H. helix 'Arborescens'	grün, Dez.-Febr., 1

Hedera helix 'Arborescens'

Hypericum

H. calycinum zeichnet sich durch eine lang anhaltende Blüte aus. Die Pflanze wächst gerne in der Sonne, gedeiht aber auch im Halbschatten.

H. calycinum	groß, gelb, 0,30
H. uralum	kleinbl., gelb, 1

Hypericum calycinum

Ilex

STECHPALME

Innerhalb der Art *I. aquifolium* gibt es eine ziemliche Streubreite an Formen, die auch unterschiedliche Blattformen und -farben beinhaltet. Es gibt Formen mit kleinen, stärker gesägten Blatträndern und Formen mit glattrandigen Blättern, wie die Sorte 'J. C. van Tol'. Ebenso kommen Formen vor, die weißsilbriges, gelbbuntes oder gelbgerandetes Laub besitzen. In der Regel bilden die buntlaubigen Formen nur wenig Beerenfrüchte. Der Fruchtansatz kann von Jahr zu Jahr wechseln. Obwohl die Stechpalme von Haus aus ein Gehölz des lichten Waldes ist, weiß sie Sonne zu schätzen.

Grünblättrig:

I. aquifolium	dunkelgrün, 12
I. a. 'Alaska'	dunkelgrün, schlank, 8
I. a. 'Bacciflaca'	gelbe Beeren, 8
I. a. 'Ferox'	dicht stachelig, keine Beeren, 8
I. a. 'Haren'	
I. a. 'Duc van Tol'	rote Beeren, 8
I. a. 'J. C. van Tol'	orangerote Beeren, 8
I. a. 'Pyramidalis'	rote Beeren, 8

Buntes Laub:

I. a. 'Argenteomarginata'	silbriger Rand, 8
I. a. 'Aureomarginata'	gelber Rand, 8
I. a. 'Ferox Argentea'	silberbunt, 8
I. a. 'Golden Queen'	breiter goldgelber Rand, 5
I. a. 'Golden van Tol'	gelber Rand, 4
I. a. 'Madame Briot'	goldgelber Rand, 8
I. a. 'Rubricaulis Aurea'	hellgelber Rand, 8
I. a. 'Silver Queen'	cremef. Rand, 6
I. crenata	grün, 1
I. c. 'Convexa'	kugelf. Blatt, 1
I. c. 'Golden Gem'	goldgelb, 0,5
I. c. 'Green Lustre'	kompakt, dunkelgrün, 1,5
I. c. 'Rotundifolia'	großblättrig, 1,5
I. meservae	
I. m. 'Blue Angel'	niedrig bleibend, 1
I. m. 'Blue Girl'	neu, 1,5
I. m. 'Blue Prince'	2,5

Ilex 'Duc van Tol'

I. m. 'Blue Princess'	niedrig bleibend, 1,5
I. m. 'Dragon Lady'	scharfkantiges Blatt, 2,5

Kalmia

LORBEERROSE

Die Lorbeerrose gehört zu den hübschesten immergrünen Blütensträuchern, die man sich für den Garten aussuchen kann. Im Mai/Juni ist sie mit weiß und rosa gefärbten Blüten übersät.

K. angustifolia	rosarot, Juni, 1
K. a. 'Rubra'	tief rosarot, Mai-Juli, 1
K. latifolia	karminrosa, Mai-Juni, 1,5
K. l. 'Red Crown'	rot, Juni, 1
K. polifolia	hell rosaviolett, April, 0,5

Kalmia latifolia

Ledum

PORST

Von Natur aus wächst der Porst in Sümpfen und Mooren nördlicher Gebiete. Auch bei uns liebt *Ledum* feuchte Standorte, er beansprucht sauren Boden und wächst sowohl in der Sonne als auch im Halbschatten. Seine weißen, duftenden Blüten sind in Doldentrauben angeordnet.

L. groenlandicum	weiß, April-Juni, 1
L. g. 'Compactum'	weiß, April-Juni, 0,5
L. palustre	weiß, April-Mai, 1

Ledum groenlandicum

Leucothoe

Dieser immergrüne Zierstrauch hat überhängende Zweige und färbt sich im Herbst weinrot bis rotbraun. Der frühere Name von *L. walteri* lautet *L. fontanesiana.* Es sind zwei Sorten erhältlich, *L. w.* 'Rainbow' hat gelb-orangerote Flecken auf den Blättern.

L. walteri	weiß, Mai-Juni, 1
L. w. 'Rainbow'	buntes Blatt, creme, gelb und rosa

Leucothoe walteri 'Rainbow'

Ligustrum

LIGUSTER

Nur die Arten *L. lucidum* und *L. ovalifolium* sind wintergrün. Die anderen unten aufgeführten Arten verlieren ihre Blätter beim ersten Nachtfrost. Bei *Ligustrum vulgare* handelt es sich um eine einheimische Art mit steif-aufrechtem Wuchs. Sie entwickelt am Ende der Triebe weiße Blütenrispen, denen im Herbst ziemlich haltbare, schwarze Beeren folgen. Mit diesen beiden Eigenschaften ausgestattet, kann sie in freier Pflanzung recht dekorativ wirken. *Ligustrum* zeichnet sich hinsichtlich der Ansprüche an den Boden durch besondere Bescheidenheit aus.

L. delavayum	kleines Blatt, 2
L. japonicum	olivgrün, dicht, 2
L. lucidum	großes, glänzendes Blatt, 5

L. obtusifolium *var. regelianum*	breit, 2
L. ovalifolium	grünes Blatt, 4
L. o. 'Argenteum'	weißger. Blatt, 3
L. o. 'Aureum'	gelbes Blatt, 3
L. o. 'Dart's Abundance'	breit, schwarze Beeren, 4
L. quihui	weiß, Aug.-Sept., 2
L. x *vicaryi*	gelbes Blatt, 2
L. vulgare 'Lodense'	grünes Blatt, 0,5
L. v. 'Liga'	wüchsig, stark, 2,5
L. v. 'Atrovirens'	grünes Blatt, 4

Ligustrum lucidum

Lonicera

HECKENKIRSCHE

Völlig andere Eigenschaften als die kletternden *Lonicera*-Arten hat *L. pileata*. Sie wächst breit ausladend und wird ca. 0,5 bis 1,0 m hoch. Deshalb eignet sich diese Art gut als Bodendecker oder zur Bekleidung niedriger Mauern etc. Ihre Blüte ist unscheinbar und führt zu violetten Beerenfrüchten. Die strauchförmigen *Lonicera*-Arten sind anspruchslos. Bei strengen Frösten erleiden sie gelegentlich Schaden, erholen sich aber rasch.

Lonicera fragrantissima

L. fragrantissima	rahmweiß, März-Juni, 2
L. nitida	breit, 1,25
L. n. 'Baggeson's Gold'	gelbgrün, 0,8
L. n. 'Dutch Green'	hellgrün, 0,5
L. n. 'Elegant'	grobes Blatt, 1
L. n. 'Graziosa'	frostempf., 0,8
L. n. 'Maigrün'	frischgrün, 0,8
L. pileata	breit, 0,6
L. p. 'Mossgreen'	frischgrün, 0,5

x *Mahoberberis*

Diese Kreuzung zwischen *Mahonia* und *Berberis* ist eine Pflanze für Sammler außergewöhnlicher botanischer Besonderheiten. Sie beansprucht Sonne oder Halbschatten.

M. neubertii 'Dart's Desire'	gelb, Mai-Juni, 2
M. n. 'Dart's Treasure'	gelb, 2

Mahonia

MAHONIE

Ihre dornig gezahnten Fiederblätter sorgen durch die unterschiedliche Färbung während des ganzen Jahres für eine farbenfreudige Abwechslung im Garten, denn die Blätter sind immergrün und überstehen normale Winter ohne Schaden.

M. aquifolium 'Apollo'	goldgelb, April-Mai, 0,6
M. a. 'Atropurpurea'	gelb, März-April, 0,6
M. a. 'Smaragd'	gelb, März-April, 0,8
M. a. 'Undulata'	sattgelb, April-Mai, 1,5
M. bealii	hellgelb, Dez.-April, 1,5

Mahonia bealii

M. japonica	hellgelb, lange Trauben, Jan.-März, 1
M. j. 'Hilvernant'	neu
M. x *media* 'Charity'	gelb, lange Trauben, Jan.-März, 2
M. m. 'Winter Sun'	hellgelb, lange Trauben, Jan.-März, 1,5
M. nervosa	hellgelb, aufgeh. Trauben, Mai-Juni, 0,4
M. n. 'Calypso'	gelb, breit, 0,4
M. repens	gelb, dichte Tr., April-Mai, 1
M. x wagneri 'Moseri'	gelbrosa Blatt, April-Mai, 0,8
M. w. 'Pinnacle'	gelb, März-Mai, 1,5
M. w. 'Vicaryi'	gelb, März-Mai, 1

Osmanthus

DUFTBLÜTE

Der immergrüne Zierstrauch blüht weiß und hat blaue Früchte. Bei oberflächlicher Betrachtung hält man ihn für eine Stechpalme. Während die Blätter bei *Ilex* schraubenförmig an den Trieben angeordnet sind, stehen sie bei *Osmanthus* kreuzgegenständig. Es empfiehlt sich, die Duftblüte im Winter zu schützen. *Osmanthus* wächst ausgesprochen langsam und fühlt sich im Halbschatten auf humosen Böden wohl.

O. heterophyllus	weiß, 2
O. h. 'Variegatus'	Blattrand cremef., 2

Osmanthus heterophyllus

Oxycoccus

Siehe: *Vaccinium*

Pernettya

Die Torfmyrte ist kein einheimisches Gewächs, sondern sie stammt aus den Anden Südamerikas. Sie ist eine zweihäusige Pflanze; möchte man Beerenschmuck, so muß man beide Geschlechter pflanzen. Die Pflanzen mit männlichen Blüten unterscheiden sich von den weiblichen Pflanzen durch den lockereren Aufbau.

P. mucronata	rosa, rot oder weiß, 1
P. m. 'Crimsonia'	karminrot, 1
P. m. 'Parelmoer'	weiß
P. m. 'Rosalind'	rosa
P. m. 'Signaal'	rot
P. m. 'Wintertime'	silbrig weiß, spät

Photinia

GLANZMISPEL

Die Glanzmispel hat weiße Blüten, die in Doldentrauben stehen, und im Herbst orange-rote, auffallend gefärbte Blätter. Ihre Früchte sind leuchtend rot und haften ausgesprochen lange an den Zweigen. Pflanzen Sie diesen Zierstrauch möglichst an einen beschatteten Standort.

P. x *fraseri* 'Red Robin'	junges Blatt dunkelrot, 2-3

Photinia x *fraseri* 'Red Robin'

Pieris

Nur die Austriebe dieser an sich winterharten Sträucher können bei einem späten Nachtfrost völlig abfrieren. Pflanzen Sie das Schattenglöckchen in einen humosen, ausreichend feuchten, sauer bis neutralen Boden. Die Pflanzen sind schattenverträglich, aber kalkfeindlich.

P. floribunda	weiß, April-Mai, 2
P. f. 'Forest Flame'	im Austrieb rot, 2
P. japonica	weiß, hängend, März-April, 2
P. j. 'Cupido'	rahmweiß, April-Mai, 0,8
P. j. 'Debutante'	weiß, März-April, 0,8
P. j. 'Purety'	silber weiß, April-Mai, 0,8
P. j. 'Valley Rose'	rosa, März, 1,5
P. j. 'Variegata'	creme, Bl. silberbunt, 1
P. j. 'White Cascade'	weiß, lange Trauben, April-Mai, 2

Hybriden:

P. 'Flaming Silver'	Bl. mit rahmweißem Rand, 2
P. 'Forest Flame'	Bl. weiß, rot austreibend, 2,5

Potentilla

FINGERKRAUT

Das dreiteilige Blatt dieses wintergrünen, dichten Rasen bildenden kleinen Zierstrauchs ist glänzend dunkelgrün. Diese reich blühende neue Sorte ist noch nicht überall erhältlich (siehe auch: Laubwerfende Sträucher).

P. tridentata 'Nuuk'	weiß, Mai-Juni, 0,3

Prunus

KIRSCHLORBEER

Verschiedene hübsche Sorten dieser immergrünen Pflanze sind durch die Züchtungsarbeit der Baumschulen entstanden. Der Kirschlorbeer bevorzugt humose, etwas saure Böden in der Sonne oder im Halbschatten und kann in jüngeren Jahren auch in Kübel gepflanzt werden.

P. laurocerasus 'Caucasica'	völlig winterhart, 3
P. l. 'Herbergii'	dicht auswachsend, 2

Pieris japonica

P. l. 'Mischeana'	sehr breit wachsend, 1
P. l. 'Mont Vernon'*	sehr breit, 0,3
P. l. 'Otto Luyken'	kompakt, auffällige Blüte, 1
P. l. 'Rotundifolia'	breit auswachsend, frostempf., 4
P. l. 'Rudolf Billeter'*	breit auswachsend, 1,25
P. l. 'Skipkaensis'	breitwachsend, 2
P. l. 'Skipkaensis Macrophylla'	kräftig, breit, 2,5
P. l. 'Van Nes'	breit, sehr dunkelgrün, 1,75
P. l. 'Zabeliana'	horizontal wachsend, 2,5
P. lusitanica	siehe: Kübelpflanzen

Prunus laurocerasus 'Reynvaanii'

Pyracantha

FEUERDORN

Durch die erfolgreiche Selektion reich blühender und fruchtender Sorten ist der Feuerdorn zu einem farbenprächtigen Gehölz geworden, das sich zunehmender Beliebtheit erfreut. *Pyracantha* blüht im Mai mit großen weißen Blütenständen. Zum Herbst hin entwickeln sich aus ihnen prächtig orangerot gefärbte, beerenförmige Früchte, die sich durch besondere Widerstandsfähigkeit auszeichnen. Man pflanzt ihn gerne gegen Mauern oder neben die Haustür.

P. coccineum 'Red Column'	rot
P. c. 'Red Cushion'	rot

Hybriden:

P. 'Convalaya'	rot, 0,7
P. 'Golden Charmer'	orangegelb
P. 'Mohave'	rot, 1,5
P. 'Orange Charmer'	tieforange, 1,5
P. 'Orange Glow'	orangerot, 1,5
P. 'Soleil d'Or'	gelb
P. 'Teton'	

Pyracantha coccineum 'Red Column'

Ribes

Die grünweißen Blüten dieses außergewöhnlichen Zwergstrauchs mit lederartigen Blättern erscheinen im Februar/März, und werden später zu schwarzen Beeren. Die Pflanze ist nicht sehr frostempfindlich, aber sie sollte an einem Platz im Halbschatten stehen.

*R. henryi***	gelbgrün, Febr.-März, 0,3
*R. laurifolium***	grünweiß, Febr.-März, 0,5

Rhododendron

GROSSBLUMIGE HYBRIDEN

Die gängigsten Hybriden, die überall erhältlich sind, finden Sie im Kapitel Heckenpflanzen. Es verbleiben noch 48 bewährte Sorten großblütiger, vollkommen winterharter Hybriden, die nachstehend aufgeführt werden. Meist sind sie in den Garten-Centern nicht vorrätig, aber sie können in der Regel bestellt werden.

Großblumige *Rhododendron*-Hybride

R. 'A. Bedford'	lavendelblau, zartrote Zeichnung
R. 'Album Novum'	weiß
R. 'Bernstein'	gelborange, orangerote Zeichnung
R. 'Bismarck'	schwach lilaweiß, braunrote Zeichnung
R. 'Blue Peter'	lavendelblau, braune Zeichnung
R. 'Caractacus'	purpurrot
R. 'Carola'	blaßrosa mit lila, gelbbraune Zeichnung
R. 'Catharina van Tol'	rosa, gelbgrüne Zeichnung
R. 'Constanze'	dunkelrosa, weinrote Zeichnung
R. 'Dr. H.C. Dresselhuys'	purpurrot
R. 'Duke of York'	blaßrosa
R. 'Fastuosum Flore Pleno'	blauviolett, gelbe Zeichnung
R. 'Gomer Waterer'	weiß, gelbgrüne Zeichnung
R. 'Gudrin'	zart lilarosa bis weiß
R. 'Holstein'	lilarosa, zartrote Zeichnung
R. 'Humboldt'	purpurviolett, dunkelrote Zeichnung
R. 'Janet Blair'	rosa
R. 'Lady A. de Trafford'	rosa, dunkel rotbraune Zeichnung
R. 'Eleanor Cathcart'	rosa, dunkel braunrote Zeichnung
R. 'Lee's Dark Purple'	dunkelviolett mit gelbbrauner Zeichnung
R. 'Mme Carvalho'	weiß, gelbgrüne Zeichnung
R. 'Mme Masson'	zartweiß, gelbe Zeichnung
R. 'Maharani'	cremegelb, rotbraune Tüpfel
R. 'Maria Stuart'	zartrosa violett, dunkle Zeichnung
R. 'Marie Forty'	dunkelpurpur, rosa Zeichnung
R. 'Mrs. P. den Ouden'	dunkel rubinrot
R. 'Old Port'	dunkel purpurviolett, helle Zeichnung
R. 'Sammetglut'	samtrot, weiße Staubgefäße
R. 'Simona'	hellrosa, dunkelrote Zeichnung

Rhododendron 'Pink Pearl'

Rhododendron

REPENS-HYBRIDEN

Die Gruppe der sogenannten Zwerg-Rhododendron zeichnet sich durch ausgesprochen langsames Wachstum aus. Auch als ausgewachsene Pflanzen erreichen sie je nach Sorte nur Höhen zwischen 0,40 und 1,00 m. Wegen dieser Eigenschaften eignen sie sich besonders für kleinste Gärten und für die Bepflanzung von Schalen und Kübeln.

R. 'Abendglut'	hell aufleuchtend rot
R. 'Baden-Baden'	scharlachrot
R. 'Carmen'	blutrot
R. 'Juwel'	dunkel scharlachrot
R. 'Red Carpet'	hellrot
R. 'Scarlet Wonder'	scharlachrot

Rhododendron 'Baden-Baden'

Rhododendron

JAPANISCHE AZALEEN

Unter diesem Begriff wird eine Fülle von Sorten zusammengefaßt, die je nach ihrer Abstammung in zahlreiche Gruppen unterteilt werden. Die Grenzen zwischen den einzelnen Gruppen sind selbst für den Fachmann nicht leicht erkennbar. Bei den Japanischen Azaleen wird zwischen groß- und kleinblumigen Sorten unterschieden. Sie sind niedrig- und dichtbuschig, oft flachwachsende Azaleen, die selten über 1 m Höhe erreichen. Sie zeichnen sich durch ihren besonderen Blütenreichtum aus. Nachstehend nennen wir Ihnen einige bekannte Sorten aus dem in Garten-Centern meist vorrätigen Sortiment.

R. 'Addy Weri'	orange, 1
R. 'Adonis'	weiß, 0,5
R. 'Aladdin'	orangerot, kl. Bl., 0,5
R. 'Amoena'	karminlila, kl. Bl., 0,75
R. 'Beethoven'	lila, 1
R. 'Campfire'	rot, 1
R. 'Favorite'	rubinrot, gr. Bl., 1
R. 'Hatsugiri'	purpurviolett, kl. Bl., 0,5
R. 'Hino-crimson'	karminrot, kl. Bl., 0,4
R. 'Kermesina'	rosarot, kl. Bl., 0,5
R. 'Lilac Time'	lila, 1
R. 'Moederkensdag'	rot, gr. Bl., 0,4
R. 'Orange Beauty'	orange, gr. Bl., 1
R. 'Palestrina'	weiß, gr. Bl., 1
R. 'Schubert'	rosa, 1
R. 'Silvester'	blaßrosa-lila, kl. Bl., 0,6
R. 'Stewartstown'	orangerot, 1
R. 'Vuyk's Rosyred'	rosarot, gr. Bl., 1
R. 'Vuyk's Scarlet'	rot, gr. Bl., 1

Rhododendron 'Amoena'

Rhododendron

ZWERGRHODODENDRON, GRÜNBLEIBEND

Diese grünbleibenden, kleinblütigen Rhododendron-Sorten mit kleinen, schuppigen Blättern sind hauptsächlich für kleine und kleinste Gärten und auch besonders für den Steingarten geeignet. Normalerweise sind sie leicht zu bekommen.

R. 'Blue Diamant'	lila, 1
R. 'Blue Tit'	graublau, 0,5
R. 'Intrifast' (*R. impeditum*)	lila, 0,25
R. 'Laetevirens'	rosa, 1
R. 'Moerheim'	lila, 0,3
R. 'Oudijks Favorite'	lila, 1
R. 'Pink Drift'	rosalila, 0,25
R. 'Praecox'	lila, 1,5
R. 'Purple Pillow'	violett, 2
R. 'Ramapo'	lilaviolett, 0,5

Rhododendron 'Praecox'

*Rhododendron***

WILDARTEN

Wildarten, auch als Species bezeichnet, sind Arten und Formen, wie sie in der freien Natur und an ihren ursprünglichen Standorten wachsen. Aufgrund ihres Wildcharakters wird man sie bevorzugt in einer passenden Umgebung unterbringen, z. B. in einem Heidegarten, in einem lichten Baumhain oder in anderen naturnahen Pflanzungen. Diese Arten sind insbesondere für Pflanzenliebhaber mit botanischem Interesse und einer gewissen Sammelleidenschaft geeignet. Ihre Blüten entwickeln nicht die Pracht der Hybriden, aber sie sind durchaus der Mühe wert. Die folgenden Sorten sind wintergrün und flachwurzelnd.

R. adenogynum	rosa/karmin, April, 1-2
R. adenophorum	rosa, karminrote Zeichnung, April, 1-2
R. aechmophyllum	purpurrosa, dunkle Zeichnung, Mai, 1,5
R. aeruginosum	rosa bis rot-purpur, 1,5
R. ambiguum	gelb, grüne Zeichnung, April-Mai, 1
R. argyrophyllum	weiß/rosa, Blatt silbrig, 2-3
R. astrocalyx	blaßgelb, kleines Blatt, 1
R. augustinii	blauviolett-lila, April, 2
R. auriculatum	weiß, duftend, Aug., 3
R. beesianum	rosa, dunkelrote Zeichnung, April-Mai, 4
R. brachycarpum	rahmweiß, grüne Zeichnung, Juni-Juli, 2
R. bureavii	rosa-weiß bis rot, Mai, 1,5
R. calophytum	weißrosa-weiß, März-April, 3
R. calostrotum	fahl purpurviolett, 0,3
R. campanulatum	weiß-purpurrosa, April-Mai, 2
R. carolineanum	blaßrosa, Mai-Juni, 1,5

Rhododendron 'Intrifast'

R. cyanocarpum	zartrosa, April-Mai, 3
R. decorum	rosa, März, 2,5
R. discolor	rosa bis weiß, Juli, 2
R. ferrugineum	dunkel purpurrot, Juni-Juli, 1
R. floribundum	purpurrosa, 3
R. forrestii	scharlachrot, April, 0,25
R. haemaleum	dunkelkarminrot, Mai-Juni, 0,75
R. haematodes	dunkelscharlachrot, Mai, 2
R. hirsutum	blaßrosa, 1
R. hirtipes	weiß bis rosarot, 1,5
R. impeditum	siehe: *R.* 'Intrifast'
R. insigne	rosaweiß, Mai-Juni, 1,5
R. litiense	gelb, 2
R. lutescens	zitronengelb, März-April, 0,6
R. minus	lilarosa, Mai-Juni, 0,8
R. orbiculare	rosa, Mai, 1
R. peregrinum	rosaweiß, 3
R. puralbum	zartweiß, Mai, 3
R. radicans	purpur, Juni, 0,1
R. triflorum	gelb, grüne Zweige, April-Mai, 2
R. wardii	gelb, Mai-Juni, 2
R. williamsianum	rosa, April, 1
R. yakusianum	blaßrosa, Mai, 1

Rhododendron

RHODODENDRON

Siehe: Heckenpflanzen und laubwerfende Sträucher

Rosa

ROSE

Obwohl Rosen nicht wintergrün sind, verlieren sie ihre Blätter nicht vor dem ersten Nachtfrost. Wenn man sie an schattige Standorte pflanzt (eigentlich nicht der richtige Ort für Rosen), halten sie manchmal bis zum Februar ihre Blätter.

Rubus

BROMBEERE, HIMBEERE

Diese Gattung beinhaltet sowohl wintergrüne als auch laubabwerfende Sträucher und einige Bodendecker. *R. tricolor,* die Chinesische Brombeere, hat kugelige, hellrote, eßbare Früchte und ist ein dichttriebiger, flach niederliegender Zierstrauch. Die Art ist nur bedingt frosthart, aber raschwüchsig. Man verwendet sie gerne als Bodendecker in schattigen Gehölzpartien. Sie sollten die Pflanzen vor Ostwinden schützen.

R. calycinoides	weiß, Juni-Juli, 0,3

Hybriden:

R. 'Dutch Wintercover'	brombeerfarben, 0,4
R. 'Green wave'	weiß, kompakt, 0,2
R. 'Kenneth Ashburner'	weiß, 0,6
R. tricolor	weiß, Juli, 0,4

Ruscus

Relativ unbekannt ist dieser wintergrüne Zierstrauch, der gut für Unterwuchs von Bäumen und andere halbschattige Standorte geeignet ist. Er ist ein dichtwachsender Strauch und liebt humosen, feuchten Boden. Ruscuszweige werden gerne für Trockensträuße und auch für Brautbukette verwendet.

R. aculeatus	dunkelgrün, 0,6

Ruscus aculeatus

Sarcococca

Im frühen Frühjahr entwickeln sich kleine weiße Blütchen mit rosafarbenen Staubgefäßen an diesem Zwergstrauch. Er eignet sich für kalkhaltige Böden und möchte einen Platz im Schatten. Sein Blattwerk ist glänzend dunkelgrün.

S. humilis	weiß, Febr.-März, 0,6

Sarcococca humilis

Skimmia

Skimmia stellt an den Boden zwar keine besonderen Ansprüche, man sollte sie aber doch in guten, humosen Gartenboden pflanzen, der zwar durchlässig ist, aber auch genügend wasserhaltende Kraft besitzt. *Skimmia* mag nicht trocken stehen. Die Blütenknospen für das nächste Jahr treten bei diesem Gehölz schon im Herbst deutlich und recht dekorativ zutage.

S. japonica	weiß, April-Mai, 1
S. j. 'Foremanii'	rote Beeren, 1
S. j. 'Rubella'	braunrote Rispen, 1
S. reevesiana	rote Beeren, 0,9
S. r. 'Ruby King'	rote Beeren, groß

Skimmia japonica 'Foremanii'

Stranvaesia

Dieser wintergrüne Zierstrauch mit dem deutschen Namen „Funkenblatt" hat einen locker verzweigten, sparrigen Wuchs. Er ist stark feuerbrandgefährdet und nur für Einzelstellung auf abgesonderten Standorten empfehlenswert.

Stranvaesia

Vaccinium

HEIDELBEERE

V. vitis-ideae, die wintergrüne Preiselbeere, ist ein typischer Vertreter feuchter, sehr humoser Standorte, wie sie in lichten Wäldern oder in Mooren vorkommen. Ihre sich zunehmend rot färbenden Beerenfrüchte sind eßbar und schmecken herbsüß. *V. myrtillus,* die Heidelbeere, hat blauschwarze, süße Beerenfrüchte, die gerne gesammelt werden.

V. macrocarpon	rote Beeren, 0,1
V. vitis-idaea	weiß, rote Beeren, Juni-Aug., 0,3

Vaccinium

Viburnum

SCHNEEBALL

Zu dieser artenreichen Gattung gehören sowohl große und hochwachsende Sträucher als auch einige wintergrüne Gehölze. Neben ihren Blüten sind auch die Früchte sehr attraktiv. Die Pflanzen wachsen gerne in der Sonne bzw. im Halbschatten.

*V. buddleifolium**	weiß, Mai-Juni, 2
V. x *burkwoodii*	zartrosa, Mai, 2
V. davidii	weiß, blaue Beeren, Juni, 0,5
*V. henryi**	weiß, Mai-Juni, 2
V. rhitidophyllum	creme, Mai, 4
V. hybr. 'Pragense'	weiß, Mai, 3
V. tinus	siehe: Kübelpflanzen

Viburnum x *burkwoodii*

Viscum

MISTEL

Misteln sind strauchförmige Halbschmarotzer, die auf Holzpflanzen parasitieren, mit einfachen, meist lanzettlichen oder linealischen gegenständigen Blättern, die in der Regel nur wenig Chlorophyll enthalten und deshalb gelbgrün gefärbt sind. Ihre Blüten sind zwittrig oder eingeschlechtig und werden von Insekten bestäubt. Die einheimischen Mistelarten wachsen als dichte, immergrüne Büsche auf den verschiedensten Arten unserer Laubgehölze (Laubholzmistel, *Viscum album*) oder auf Kiefern und Tannen (Nadelholzmistel, *Viscum laxum*), während die südeuropäische Riemenblume oder Eichenmistel, *Loranthus europaeus,* nur auf Eichen und echten Kastanien schmarotzt.

V. album	weiße Beeren, Nov.-Jan., 1

Viscum album

LAUBABWERFENDE STRÄUCHER

Forsythie, Jasmin, Johannisbeersträucher und Flieder – wir finden diese Gehölze in fast allen Gärten. Wir wollen Ihnen zeigen, welche unterschiedlichen Möglichkeiten innerhalb dieser Gattungen liegen bezüglich der Blütenfarbe, der Blattform, der Höhe usw. Hoffentlich kann dieses Buch dazu beitragen, daß eben nicht mehr in jedem kleinen Vorgarten die gleiche Jasmin-Art angepflanzt wird. Neben den traditionellen Lieferanten von Bäumen und Sträuchern, den Baumschulen, bieten seit vielen Jahren auch zahlreiche Gartencenter und einige Versandhäuser Ziersträucher an. Unter den Baumschulen, die hinsichtlich ihrer Anzuchtschwerpunkte und der Art ihrer Absatzwege sehr unterschiedlich strukturiert sind, haben sich vor allem die „Gartenbaumschulen" auf den Verkauf an Privatkunden spezialisiert. Sie bieten einen umfangreichen Service und eine breite Palette von Baum- und Straucharten an. Doch man sollte stets daran denken, daß im Freiland gezogene Gehölze nur zur Zeit der Wachstumsruhe, also im Herbst und im Frühjahr, ohne größere Schwierigkeiten zu verpflanzen sind. Ausnahmen machen die in Töpfen oder Containern gezogenen Gehölze. Sie können auch im Sommer ohne Risiko verpflanzt werden. Die Frage nach der besten Pflanzzeit, Herbst oder Frühjahr, wird immer wieder diskutiert. Die Herbstpflanzung kann der Frühjahrspflanzung überlegen sein, wenn so rechtzeitig gepflanzt wird, daß Bäume und Sträucher noch vor Eintritt strenger Fröste neue Wurzeln bilden können. Sie haben dann gegenüber den im Frühjahr gepflanzten Gehölzen einen erheblichen Vorsprung. Auch hier geben wir die Wuchshöhe der Gehölze in Meter an. Bei Sträuchern mit unauffälliger Blüte vermerken wir andere Besonderheiten, wie die Art der Belaubung oder die Wuchsform der Gehölze.

Acanthopanax

Der Stachelpanax ist ein sommergrüner Strauch oder ein kleiner Baum mit gegenständigen, handförmig gelappten Blättern (ähnlich den Kastanienblättern) und meist bewehrten Zweigen. Ihre unscheinbaren, grünlichen Blüten stehen in großen Dolden. Die Art *A. sieboldianus* wird zur Anpflanzung natürlich gewachsener, stacheliger und undurchdringlicher Hecken empfohlen. Sie gedeiht auf fast allen Böden, verträgt sowohl volle Sonne als auch tiefen Schatten und gilt als industriefest.

A. sieboldianus	hellgrünes Blatt, 3

Acanthopanax sieboldianus

Acer

JAPANISCHER FÄCHERAHORN

Die in Korea und Japan heimische Art ist wohl der am schwächsten wachsende aller Ahorne, er wird auch im Alter kaum über 8 m hoch. An roten Zweigen sitzen tief eingeschnittene Blätter, die sich im Herbst karminrot färben. Der Boden sollte leicht und tiefgründig und möglichst etwas sauer sein.

A. palmatum	
'Atropurpureum'	rot, 4
A. p. 'Bloodgood'	zartrot, 5
A. p. 'Dissectum'	grün, fein gesägt, 1,5
A. p. 'Dissectum Garnet'	dunkel braunrot, 2
A. p. 'Dissectum Nigrum'	dunkel rotbraun, 2,5
A. p. 'Ornatum'	braunrot, breit, 2,5

Acer palmatum 'Atropurpureum'

Aesculus

KASTANIE

Die gewöhnliche Roßkastanie ist wohl allgemein bekannt. Hier behandeln wir eine strauchige Art, die auch für kleinere Gärten von großer Bedeutung sein kann. Der Strauch treibt Ausläufer und bildet einen dichten runden Busch. Die Art *pavia* ist ein kleiner Baum mit 15-20 cm langen Blütenständen. Die Sträucher wachsen gerne an sonnigen Plätzen auf humosen, frischen Standorten.

A. parviflora	creme, Juli-Aug., 2-4
A. pavia 'Humilis'**	rosarot, Mai, 1
A. p. 'Rosea Nana'**	rosa, Mai, 1

Amelanchier

FELSENBIRNE

Die Felsenbirne, die in den Niederlanden wegen der kleinen Früchte auch Korinthenbäumchen genannt wird, ist ein Gehölz mit vielseitigen Verwendungsmöglichkeiten und für Anfänger gut geeignet. Es sind sommergrüne Sträucher mit einer offenen Struktur, vielschuppigen Knospen, ungeteilten Blättern und weißen Blüten in Trauben. Die Früchte sind blauschwarz bis dunkelrot, sie können süß und saftig, aber auch fad und trocken sein. Der Strauch kann bis zu 10 m hoch werden; allerdings dauert dies eine Anzahl von Jahren, weil er nicht besonders schnell wächst. Alle Arten sind vollkommen

Amelanchier ovalis 'Helvetica'

Aesculus parviflora

winterhart, anspruchslos an den Boden und gedeihen in voller Sonne wie im lichten Schatten.

A. lamarckii	weiß, April-Mai, 4
A. ovalis 'Edelweiß'**	weiß, April-Mai, 3
A. o. 'Helvetica'*	weiß, April-Mai, 3
A. x *spicata**	blauschwarze Frucht

Aralia

ARALIE

Die meisten der Aralien sind krautige Pflanzen, nur wenige Arten werden zu verzweigten Großsträuchern. Sie wirken exotisch und eignen sich für die Einzelstellung in Garten und Park. Sie wachsen gerne auf kräftigen Böden in voller Sonne. Ihre Frosthärte läßt in der Jugend zu wünschen übrig. Winterschutz ist ratsam!

A. elata	weiß, 5
A. e. 'Aureovariegata'*	weiß, gelbgerandetes Blatt
A. e. 'Variegata'	weiß, silbergerandetes Blatt

Aralia elata

Aronia

APFELBEERE

Die kleinen Apfelfrüchte von Aronia schmücken diesen locker aufgebauten Strauch im Herbst. Die Apfelbeere ist recht genügsam, vollkommen winterhart und für sonnige bis halbschattige Standorte und frische bis feuchte Böden geeignet. Trotz der Bodenansprüche gedeihen Aronien auch in Pflanzkübeln.

A. arbutifolia	weiß, rote Beeren, April-Mai, 2
A. a. 'Brilliant'	weiß, hellrote Beeren, 2
A. melanocarpa	weiß, schwarze Beeren, Mai-Juni, 2
A. m. 'Viking'	weiß, schwarze Beeren, 4
A. prunifolia	weiß, schwarzrote Beeren, 4

Berberis

BERBERITZE, SAUERDORN

Alle Arten haben Dornen, fast alle blühen im Mai/ Juni gelb, nur wenige orange. Rot, schwarz oder blau bereift sind ihre Beerenfrüchte, die oft noch im Winter an den Sträuchern hängen. Einige Arten gelten als Blütensträucher, andere überraschen durch eine bunte Herbstfärbung, wieder andere haben einen höchst eigenwilligen Wuchs oder lassen sich für freiwachsende, undurchdringliche Hecken verwenden.

B. aggregata	blaßgelb, Juli-Aug., 1,75
B. buxifolia	orangegelb, April-Mai, 3
B. b. 'Nana'	keine Blüte, 0,5
B. koreana	hellrote Frucht, 1,75
B. x *mentorensis*	Herbstfarben, 1,5
B. x *ottawensis*	gelbrote Frucht, 2
B. o. 'Auricoma'	purpurbraunes Blatt, 2,25
B. o. 'Decora'	blau purpurrotes Blatt, 1,75
B. o. 'Forescate'	
B. o. 'Superba'	Blatt matt purpurrot, 2
B. x *robrustilla*	Frucht orangerot, 1
B. r. 'Autumn Beauty'	
B. r. 'Buccaneer'	Frucht weißgrün/orangerot, 1
B. r. 'Fireball'	rote Frucht, 1

Aronia melanocarpa

B. r. 'Pirate King'	frucht karminrot, bereift, 1,5
B. r. 'Wisley'	Frucht rosa-orangerot, 1
B. thunbergii	hellgelb, Frucht rot, Mai, 1,5
B. t. 'Atropurpurea'	purpur-braunrotes Bl., 1,5
B. t. 'Nana'	Zwerg, 0,5
B. t. 'Bagatelle'	Bl. braunrot, 0,3
B. t. 'Dart's Purple'	braunrotes Bl., 1
B. t. 'Green Carpet'	grünes Bl., Herbstf., 1
B. t. 'Green Ornament'	hellgrün, später dunkelgrün, 1,5
B. t. 'Kobold'	Bl. dunkelgrün, 0,4
B. t. 'Red Chief'	Bl. purpur-braunrot, 2
B. vulgaris	hellgelb, Bl. grün, Mai, 2
B. v. 'Atropurpurea'	Bl. braunrot, 2
B. wilsonae	goldgelb, Frucht lachsrot, 1
Hybriden:	
B. 'Red Tears'	Bl. graugrün, Frucht rot, 1,5

Buddleja

SCHMETTERLINGSSTRAUCH

Der Name Schmetterlingsstrauch ist auf den ungewöhnlich starken Schmetterlingsbesuch während der Blütezeit im Sommer zurückzuführen. Es gibt verschiedene Sorten, die sich durch unterschiedliche

Buddleja davidii 'Black Knight'

Berberis koreana

Blütenfarben und auch differenzierte Blütezeit abheben. An den Boden stellt der Schmetterlingsstrauch keine Ansprüche, wohl aber an die Helligkeit des Standorts. In kalten Wintern und rauhen Lagen friert er leider zurück. Leichtes Abdecken der unteren Partien und ein Rückschnitt ins gesunde Holz im Frühjahr schaffen meist Abhilfe. Die Wuchshöhe der gängigen Sorten beträgt 2 m.

B. davidii 'African Queen'	dunkel purpurviolett
B. d. 'Black Knight'	dunkelviolett
B. d. 'Broder Beauty'	violett
B. d. 'Empire Blue'	blau-blauviolett
B. d. 'Ile de France'	dunkelviolett
B. d. 'Orchid Beauty'	malvenfarbig
B. d. 'Royal Red'	purpurrot
B. d. 'White Bouquet'	weiß
B. d. 'White Profusion'	reinweiße, lange Rispen
B. weyeriana 'Sungold'	orange, kugelf.

Buddleja weyeriana

Callicarpa bodinieri var. *giraldii*

Callicarpa

Dieser eigenartige Zierstrauch wird gelegentlich auch als Liebesperlenstrauch bezeichnet. Das wesentlichste Merkmal des Ziergehölzes sind die in Büscheln angeordneten violettroten Beeren. Die dekorativen Früchte haben ein ungewöhnliches, beinahe „künstliches" Aussehen. Da der Strauch nicht besonders winterhart ist, kann er in rauhen Lagen und strengen Wintern etwas zurückfrieren.

C. bodinieri var. *giraldii*	violett, Okt.-Nov., 3
C. *b.* 'Profusion'	violett, Okt.-Nov., 3
*C. dichotoma**	tiefviolett, Okt.-Nov., 1,5
C. japonica var. *angustata*	langes, schmales Bl., 2

Calycanthus

GEWÜRZSTRAUCH

Die aromatisch duftenden Gewürzsträucher gedeihen in jedem Gartenboden und sind in bezug auf den Standort nicht wählerisch. Außerhalb der Blütezeit sind sie nicht sonderlich attraktiv.

C. fertilis	braunrot, Juni-Aug., 2,5
C. f. 'Purpureus'	braunrot, Bl. auf der Unterseite braun, 2

Caragana

ERBSENSTRAUCH

Nur wenige Arten dieser Sträucher mit meist gelben Blüten und walzenförmigen Hülsenfrüchten sind für unsere Gärten als recht harte, anspruchslose Hecken- und Sichtschutzgehölze geeignet. Alle Arten gedeihen und blühen am besten an vollsonnigen Standorten auf trockenen, kalkhaltigen Böden.

Calycanthus fertilis

C. arborescens	zitronengelb, Mai, 6
C. a. 'Lorbergii'	zitronengelb, Mai, 4
C. a. 'Pendula'	gelb, Hängef., April-Mai, 1,5
C. a. 'Walker'	gelb, Hängef., April-Mai, 0,5
C. aurantiaca	orangegelb, Mai,, 1
*C. maximowicziana***	gelb, Mai, 1,5

Caragana arborescens

Caryopteris

Die nicht sehr winterharte Caryopteris blüht am einjährigen Holz und muß deshalb im Frühjahr bis auf den Grundstock zurückgeschnitten werden. Pflanzen Sie sie an einen warmen, geschützten Platz in der vollen Sonne.

Caryopteris clandonensis 'Heavenly Blue'

C. x *clandonensis*	hellblau, Aug.-Sept., 1,5
C. c. 'Heavenly Blue'	blau, Aug.-Sept., 1,5
C. c. 'Kew Blue'	blau, Aug.-Sept., 1,5
C. incana	dunkelblau, Aug.-Sept., 1,5

Chaenomelis

ZIERQUITTE, SCHEINQUITTE

Seit gegen Ende des 18. Jahrhunderts die ersten Zierquitten aus Japan und China nach Europa kamen, hat man sich schnell mit ihnen angefreundet. Alle Arten sind anspruchslose Sträucher, die auf jedem Boden gedeihen.

C. japonica 'Sargentii'	orange, stachelig, 0,75
C. speciosa	rot od. rosa, 2
C. s. 'Brilliant'	tiefrosa, hoch, 1,5
C. s. 'Rosea Plena'	rosa, 1,5
C. s. 'Simonii'	blutrot, kriechend, 0,5
C. s. 'Umbilicata'	rosa, hoch auswachsend, 2
C. superba 'Clementine'	orangerot, breit auswachsend, 1,5
C. s. 'Coral Sea'	lachsrosa, buschig wachsend, 1,5
C. s. 'Crimson and Gold'	dunkelrot, breit, 0,75
C. s. 'Ernst Finken'	rot, 2
C. s. 'Fire Dance'	tief blutrot, 1,25
C. s. 'Nicoline'	scharlachrot, breit, 1
C. s. 'Vermilion'	orange, buschig, 1
C. s. 'Vesuvius'	scharlachrot, sparrig, 1,5

Chaenomelis speciosa 'Nicoline'

Chimonanthus

Die Winterblüte trägt ihren deutschen Namen zu Recht. Bei milder Witterung erscheinen die glokkigen, stark duftenden Blüten schon im Dezember. Die Art ist nur für milde Gebiete zu empfehlen. Ein warmer, sonniger Platz sollte ihr zur Verfügung stehen.

C. praecox	cremegelb/purpur, Jan.-Febr., 2

Chimonanthus praecox

Chionanthus virginicus

Chionanthus

SCHNEEFLOCKENSTRAUCH

Die sommergrünen Sträucher können an ihren Heimatstandorten (Nord-Amerika und China) gelegentlich baumförmig werden. Sie sind hervorragende Solitärsträucher für Park und Garten, die lehmigen Boden und volle Sonne wünschen.

C. virginicus	weiß, Juni-Juli, 3

Clerodendrum

Obwohl etwas empfindlich, ist der Losbaum durch seine spätsommerliche Blüte und den sich anschließenden Fruchtschmuck recht interessant. Aus weißen Blüten mit rötlichem Kelch entstehen blauschwarze Früchte.

C. trichotomum	weiß, Aug.-Sept., 2,5

Clethra

SCHEINELLER, ZIMTERLE

Die genannten Arten sind winterharte, genügsame Großsträucher, die durch späte Blüte und auffallende

Clerodendrum trichotomum

Herbstfärbung eine weitere Verbreitung wert wären. Die Scheinellern brauchen nicht unbedingt einen feuchten Boden, sie gedeihen auch gut im Schatten hoher Bäume.

C. alnifolia	gelbweiß, Juli-Sept., 2,5
C. a. 'Rosea'	rosa, Juli-Sept., 2
C. barbinervis	weiß, Aug., 1,5

Clethra alnifolia

Colutea

BLASENSTRAUCH

Dieser anspruchslose, stark und etwas sparrig wachsende Strauch liebt leichte, etwas kalkhaltige Böden. Vom Mai bis August erscheinen ständig einzelne gelbe Blüten, nie erscheint der Strauch in Vollblüte.

C. arborescens	gelb, Mai-Aug., 3,5
C. x *media*	orangebraun gefl., Mai-Aug., 2,5
C. m. 'Copper Beauty'	orange, blaugrünes Blatt, 2,5

Cornus

HARTRIEGEL, KORNELKIRSCHE

Die Gattung umfaßt eine Reihe wichtiger Ziersträucher mit unterschiedlichen Verwendungsmöglichkeiten. Blumenhartriegel nennt man einige Arten, deren unscheinbare Blüten von großen, blumenblattartigen Hochblättern umgeben sind. *C. florida* und *C. kousa* sind die wichtigsten Arten dieser Gruppe, sie gehören mit zu den schönsten Ziersträuchern. Sie wachsen am liebsten auf leicht sauren Böden und sind bei trockener Witterung für Wassergaben sehr dankbar.

C. alba	rotbraune Zweige, 4
C. a. 'Elegantissima'	weißbuntes Bl., 3
C. a. 'Gouchaultii'	gelbgefl. Bl., 1,5
C. a. 'Kesselringii'	dunkle Zweige, 1,5
C. a. 'Sibirica'	knallrote Zweige, 2,5
C. a. 'Sibirica Variegata'	knallrote Zweige, buntes Bl., 2
C. alternifolia	breit auswachsend, 6
C. amonum	purpurbraune Zweige, 4
C. canadensis	siehe: Stauden
C. controversa	rahmweiße Blüten, 8
C. florida	weiß, rote Beeren, 10
C. kousa	creme, Mai-Juni, 3,5
C. mas	gelb, Febr.-April, 5-7
C. sanguineum	rotbraune Zweige, 4
C. s. 'Midwinter Fire'	orangerote Zweige, 3
C. stolonifera 'Flaviramea'	gelbgrüne Zweige, 3
C. s. 'Kelsey's Dwarf'	braunrote Zweige, 0,75

Colutea arborescens

Corylopsis

SCHEINHASEL

Wie schon aus der deutschen Bezeichnung hervorgeht, besitzt dieses Gehölz viel Ähnlichkeit mit dem Haselstrauch. Sie erreicht aber in der Regel nur eine Höhe von 1 m. Ihre zierliche Blüte hat leider den Nachteil, daß sie unter Spätfrösten leidet und durch Minustemperaturen sofort vernichtet wird.

C. pauciflora	schwefelgelb, März-April, 1
C. spicata	hellgelb, März bis April, 2

Corylopsis spicata

Corylus

HASELNUSS

Einer der bekanntesten Sträucher ist die Haselnuß, die ihre Kätzchen öffnet, sobald die Sonne im Frühjahr wärmer scheint. Will man die fadenförmigen, purpurroten Blüten finden, muß man schon etwas genauer hinsehen. *C. a.* 'Contorta' schmücken korkenzieherähnliche Zweigstücke. Haselnüsse stellen an den Boden nur geringe Ansprüche und wachsen auch gut in schattigen Lagen.

C. avellana	gelbe Kätzchen, März-April, 4-5
C. a. 'Contorta'	gelbe Kätzchen, gedrehte Zweige, 3
C. maxima 'Purpurea'	gelbe Kätzchen, braunrotes Blatt, 4

Corylus avellana 'Contorta'

Cornus kousa

Cotinus

PERÜCKENSTRAUCH

Perückensträucher sind eigenwillige Gehölze, die eine Solitärstellung fordern. Je sonniger und wärmer ihr Standort ist, um so wohler fühlen sich die Sträucher, und um so intensiver ist ihre Herbstfärbung. Sie wachsen in jedem Gartenboden, ziehen aber kalkhaltige, trockene Standorte vor. Die Blüten entstehen am zweijährigen Holz.

C. coggyria	bräunlich, Juni-Juli, 3-5
C. c. 'Red Beauty'	dunkelrotes Blatt, 3-5
C. c. 'Royal Purple'	dunkel braunrot, 3-5
C. c. 'Rubrifolius'	weinrotes Blatt, 3-5

Cotinus coggygria

Cotoneaster

ZWERGMISPEL

Nur wenige Arten der Zwergmispeln sind auffallende Blütensträucher, viele hingegen sind eindrucksvolle Fruchtsträucher, einige sind Solitärgehölze. Verschiedene niedrige Arten überzeugen durch ihren formalen Wuchs, andere sind ausgesprochene Bodendecker, die heute in großen Mengen herangezogen werden. Sie wachsen auf jedem Gartenboden und lieben sonnige Standorte, obwohl sie durchaus auch im lichten Schatten hoher Bäume gedeihen.

C. adpressus	rötlich, Juni, 0,25
C. apiculatus	rosa, überhängend, Juni, 2
C. bullatus	rötlich, Mai-Juni, 2
C. b. 'Firebird'	weiß, Frucht orangerot, 4
C. dielsianus	rosa oder weiß, Juni, 3
C. franchetti	weiß/rosa, Juni, 1,5
C. horizontalis	weiß oder rosarot, Juni, 1,5
C. h. 'Robustus'	weiß oder rosarot, 2
C. praecox	rötlich, breit, Mai, 0,6
C. p. 'Copra'	rote Frucht, breit, 1
C. racemiflorus var. *soongoricus*	Blattunterseite grauweiß, 2
C. splendens	graugrün, rundes Bl., 2
C. sternianus	rötlich weiß, Mai-Juni, 2
C. wardii	Blattunterseite weiß, 2
C. x *watereri* 'Winter Jewel'	weiß, groß, Mai, 3,5

Cotoneaster horizontalis

Crataegus

WEISSDORN

Aufgrund seiner Beliebtheit und seiner breiten Verwendungsfähigkeit sieht man den Weißdorn als Strauch, als Baum und auch als Hecke. Seinen Blüten folgen im Herbst Beeren, die von den Vögeln gerne angenommen werden. Er wächst auf jedem einigermaßen brauchbaren Boden. Da er salzhaltige Luft verträgt, kann man ihn auch in Meeresnähe pflanzen. Dort wächst er allerdings wegen des ständigen Windes schief. Die beiden einheimischen Arten sind als Hecken-, Flur- oder Vogelschutzgehölze zu verwenden.

C. laevigata	weiß, 7
C. l. 'Paul's Scarlet'	rot, gefüllt, 6
C. lavallei 'Carrieri'	weiß, orangerote Frucht
C. monogyna	weiß, Mai, 8
C. m. 'Stricta'	säulenförmig
C. pedicellata	große Trauben roter Beeren, 6
C. prunifolia 'Splendens'	glänzend ovales Blatt, 6
C. wattiana	ohne Dornen, gelbe Beeren, 5

Cydonia

QUITTE

Siehe: Bäume für kleine Gärten, *Chaenomelis*

Cytisus

GINSTER

Diese Ziersträucher lassen sich nach ein paar Jahren schlecht verpflanzen. Strenge Winter sind für sie gefährlich, vor allem dann, wenn eiskalte Nächte mit sonnigen Tagen abwechseln. Unter derartigen Witterungsbedingungen kann die Pflanze bis auf den Grund zurückfrieren. In der Regel treibt sie aber wieder aus ihrem robusten Wurzelstock aus. Besonders geeignet ist die Besenheide für naturnahe Pflanzungen und für Heidegärten. Sie bevorzugt leicht sauren Boden sandiger oder anmooriger Richtung und wächst gerne in der vollen Sonne.

C. decumbens	goldgelb, Mai-Juni, 0,2
C. x *kewensis*	weiß, etwas gelb, Mai, 0,3
C. x *praecox*	rahmgelb, Mai, 2
C. p. 'Allgold'	goldgelb, Mai, 2
C. p. 'Boskoop Ruby'	dunkel rosarot, Mai-Juni, 1,5
C. p. 'Hollandia'	lilarot, Mai-Juli, 1,5
C. p. 'Zeelandia'	rosa, April-Mai, 1,5
C. purpureus	lilarosa, Mai-Juni, 0,5
C. p. 'Atropurpureus'	dunkellila, Mai-Juni, 0,4
C. scoparius	zartgelb, Mai-Juni, 2
C. s. 'Andreanus'	gelb/rot, Mai-Juni, 1,5
C. s. 'Lena'	rotgelb, Mai-Juni, 1,5
C. s. 'Fulgens'	rotgelb, Mai, 1,5
C. s. 'Luna'	weißgelb, Mai-Juni, 1,5
C. s. 'Moonlight'	schwefelgelb, Juni, 1,5
C. s. 'Windlesham Ruby'	rahmweiß/hellila, Juni, 2

Cytisus x *praecox*

Daphne

SEIDELBAST

Zu den sehr früh blühenden Gehölzen gehört der Seidelbast. Wenn der Winter mild war, können seine Blüten schon im Februar erscheinen. Während der Blüte strömt der Seidelbast einen intensiven süßen Duft aus, der von überwinterten Insekten über weite Strecken hin wahrgenommen werden kann. *Daphne*

Crataegus monogyna

Daphne mezereum 'Alba'

bevorzugt kalkhaltige Böden in der Sonne oder im Halbschatten.

D. mezereum	violett, März-April, 2
D. m. 'Alba'	weiß, März-April, 2
D. m. 'Rubra'	rotviolett, März bis April, 2

Decaisnea

GURKENSTRAUCH

Den Gurkenstrauch findet man nur selten in den Gärten, vielleicht wegen seines staksigen Wuchses, der durch die geringe Verzweigung der dicken Äste entsteht. Aus unscheinbaren, grünlichen Blüten entwickeln sich im Lauf des Sommers bis 10 cm lange blaue Früchte. Er gedeiht sehr gut auch im Schatten größerer Gehölze.

D. fargesii	grünlich, Mai-Juni, 5

Decaisnea fargesii

Deutzia

DEUTZIE

Die verschiedenen Formen der Deutzie, die in den Niederlanden den Namen „Brautblume" führt, bilden eine interessante Gruppe von Ziergehölzen. Alle zeichnen sich durch ihre Blütenfülle aus, die im Juni ihren Höhepunkt erreicht.

D. hybr. 'Magicien'	dunkelrosa, Juni
D. gracilis	weiß, Mai-Juni, 6
D. hybr. 'Mont Rose'	hellrosa, Juni-Juli, 1
D. x *kalmiiflora*	rosa, groß, Juni, 1,5
D. x *magnifica*	zartweiß (g), Mai-Juni, 3
D. rosea	Knospe rosa, Blüten weiß, Juni-Juli, 1
D. scabra	weiß, Juni-Juli, 3
D. s. 'Plena'	weiß, rosa (g), Juni-Juli, 2,5
D. s. 'Pride of Rochester'	weiß (g), 2,5

Diervilla

Nahe verwandt mit Weigelien sind die Diervilla-Arten, die sich von diesen durch Größe, Form und Anlage der Blüten unterscheiden. Ihre Blüten sind wesentlich kleiner als die der Weigelien. Diese wenig dekorativen Sträucher sind vermutlich auch weiterhin für den Garten relativ uninteressant.

D. rivularis	zitronengelb, Juli-Aug., 1
D. sessilifolia	schwefelgelb, Juni-Aug., 1
D. x *splendens*	schwefelgelb, Juni-Aug., 1

Diervilla sessilifolia

Deutzia scabra 'Pride of Rochester'

Elaeagnus

ÖLWEIDE

Die Gattung umfaßt sowohl immergrüne als auch sommergrüne Arten, die wir hier aufführen werden. Anspruchslos an Lage und Boden sind die laubabwerfenden Ölweiden; sie sind besonders dürreresistent und eignen sich daher vorzüglich für die Befestigung von Dünen und sandigen Ödlandflächen.

E. angustifolia	creme, Juni, 4
E. commutata	weiß, Mai, 3
E. umbellata	silbrige Bl., 3

Elaeagnus angustifolia

Enkianthus campanulatus

Enkianthus

Die herrlichen Sträucher wachsen gerne auf leichten, humosen und frischen Böden und entwickeln sich am besten im lichten Schatten höherer Bäume. Obwohl alle Arten ähnlich wüchsig sind, findet man in den Gärten nur *E. campanulatus.*

E. campanulatus	rosagelb, Mai, 3

Euonymus

PFAFFENHÜTCHEN, SPINDELSTRAUCH

Eigentlich kann man keine der vielen *Euonymus*-Arten als Blütenstrauch ansprechen, sie sind vielmehr hervorragende Fruchtsträucher und in ihrer herbstlichen Laubfärbung oft nicht zu übertreffen. Alle sommergrünen Arten leiden unter der Spindelstrauch-Gespinstmotte, deren Raupen die Sträucher oft kahl fressen. Die Arten lieben einen nahrhaften Boden und sonnige Standorte, sie gedeihen aber auch im Schatten.

E. alatus	Korkleisten auf den Zweigen, 2
E. a. 'Compactus'	Korkleisten, kompakt, 1
E. europaeus	rote Frucht, 4
E. e. 'Atrorubens'	dunkles Bl., 4
E. e. 'Red Cascade'	rosarote Frucht, 5
E. phellomanes	rosa Frucht, 2,5
E. sachalinensis	rote Frucht, 4

Euonymus alatus

Exochorda

Alle Prunkspieren sind auffallende, frühaustreibende Blütensträucher für größere Gärten oder Parkanlagen, die sich durchlässigen Boden und sonnige Lagen wünschen. Nach der Blüte sollten die Triebe leicht zurückgeschnitten werden, um einem Verkahlen vorzubeugen.

E. giraldii	weiß, April-Mai, 4
E. x *macrantha* 'The Bride'	weiß, Mai-Juni, 1
E. racemosa	weiß, Mai-Juni, 3

Exochorda x *macrantha*

Ficus

FEIGE

Ficus-Arten kommen hauptsächlich in Südostasien vor. Als Feigenbaum schlechthin wird der in Südeuropa als Nutzpflanze eingebürgerte *Ficus carica* bezeichnet. In unseren Breiten wird er gerne als Kübelpflanze verwendet. Die Feige kann an beschatteten Standorten strauchförmig wachsen, aber man kann sie auch gut spalieren. Die jungen Pflanzen vertragen nicht viel Dünger, sie wachsen dann zu schnell und ihre Zweige werden schlaff. Bei starkem Wachstum kann man einen Teil der Wurzeln abstechen. Leider bietet unser Klima zu wenig Wärme, so daß die Früchte der Feigen nur äußerst selten reif werden. Auch ohne Früchte handelt es sich hier um eine sehr interessante, dekorative Pflanze.

F. carica	Bl. dunkelgrün, 4

Forsythia

GOLDGLÖCKCHEN

Wie viele andere Blütengehölze benötigt auch die Forsythie ein gewisses Maß an Frost zur Blüteninduktion. Mit der Fülle an goldgelben Blüten sorgt das Goldglöckchen in einer blatt- und blütenarmen Zeit, im April, für einen sonnigen Zauber im Garten. Dies erklärt auch, weshalb von diesem Ziergehölz in den Baumschulen solch große Mengen angezogen und gepflanzt werden. Sie braucht einige Jahre, bis sie am richtigen Standort Fuß gefaßt hat. Im Sommer fällt die Forsythie mit ihren normal grün gefärbten, länglichen Blättern wenig auf. Sie gedeiht in jedem guten Boden, wenn der Standort sonnig ist. Lichtarmut führt zu dünnen Trieben und spärlichem Blütenbesatz. An jungen Trieben wird wenig geschnitten, weil die Forsythie am vorjährigen Holz blüht. Der Schnitt beschränkt sich auf das Entfernen überalterter und zu schwacher Triebe.

F. hybr. 'Northern Gold'	goldgelb, 2
F. x *intermedia* 'Lynwood'	goldgelb, 2,5
F. 'Minigold'	sattgelb, kompakt, 1,5
F. i. 'Spectabilis'	goldgelb, 2,5
F. i. 'Spring Glory'	hellgelb, 2,5
F. ovata 'Tetragold'	gelb, früh, 1

Forsythia intermedia 'Spectabilis'

Fothergilla

Diese Arten treffen wir in unseren Gärten leider viel zu selten an. Die Blüten sehen wie Federbüsche aus und wirken auch ohne Blütenblätter sehr dekorativ. Sie wachsen langsam und werden auch in kleinen Gärten nie lästig.

F. gardenii	creme-hellgelb, April-Mai, 1
F. major	creme-hellgelb, April-Mai, 2

Fuchsia

FUCHSIE

Fuchsien gehören in milden Gegenden zu unseren schönsten Dauerblühern. Als niedrige Hecke gezogen sind sie von unübertroffener Wirkung. Sie lieben einen geschützten, halbschattigen Platz. Sie sind gelegentlich auch dort recht widerstandsfähig, wo man es ihnen nicht zugetraut hat. Im Winter vertragen sie keine große Nässe und müssen mit Laub abgedeckt werden.

F. magellanica 'Corallina'	rot/violett, 0,6
F. m. 'Gracilis'	rot/violett, 1
F. m. 'Gracilis Nana'	rot, 2,5
F. m. 'Variegata'	rosarot, buntes Bl., 7,5
Hybriden:	
F. 'Chillerton Beauty'	hellrosa/lila, 7,5
F. 'Mme Cornelissen'	weiß/rot, 7,5
F. 'Mrs. Popple'	rot/weiß, 6
F. 'Riccartonii'	rot/violett, 7,5

Fuchsia 'Riccartonii'

Genista

GINSTER

Die meisten *Genista*-Arten sind charakteristische Bestandteile der mediterranen Strauchvegetation und der Heiden im atlantischen Europa. Sie bevorzugen magere, ungedüngte Böden, auf denen sie große Trockenperioden überstehen. In strengen Wintern frieren sie gelegentlich zurück.

G. hispanica	goldgelb, Mai-Juni, 3
G. lydia	goldgelb, Juni-Juli, 5
G. pilosa 'Goldilocks'	goldgelb, Mai-Juni, 5
G. p. 'Vancouver Gold'	dunkelgelb, Mai-Aug., 2,5
G. sagittalis	zartgelb, Mai, 2
G. tinctoria	sattgelb, Juni-Aug., 1
G. t. 'Royal Gold'	goldgelb, Juni-Aug., 8

Genista lydia

Halesia

SCHNEEGLÖCKCHENBAUM

Ihren Namen tragen diese schönen Ziersträucher zu Recht, gleicht doch die Einzelblüte deutlich einem Schneeglöckchen. Sie bevorzugen frische, tiefgrün-

Halesia carolina

dige Böden und vollsonnige Lagen. Sie sind absolut frosthart.

H. carolina	weiß, Mai, 4

Hamamelis

ZAUBERNUSS

Zaubernuß ist eine sehr treffende Bezeichnung für diese bis zu 4 m hohe Gattung, deren Blätter eine gewisse Ähnlichkeit mit denen der Haselnuß haben, obwohl beide absolut nicht miteinander verwandt sind. Bei günstigem Wetter öffnen sich die Blüten dieses Strauches schon im Januar. Werden diese dann von Schnee und Kälte überrascht, rollen sich die Blütenblätter ein. Sobald es die Witterung zuläßt, öffnen sie sich wieder.

H. intermedia 'Diane'	weinrot, Febr.
H. i. 'Feuerzauber'	braunrot, Febr.
H. i. 'Jelena'	orange, Dez.-Jan.
H. i. 'Moonlight'	hellgelb, Febr.-März
H. i. 'Primavera'	hellgelb, Jan.-Febr.
H. i. 'Westerstede'	hellgelb, März
H. mollis	gelb, Dez.-Jan.
H. m. 'Pallida'	hellgelb, Dez.-Jan.

Hamamelis mollis 'Pallida'

Hibiscus

EIBISCH

Neben den zahlreichen tropischen Arten, die diese Gattung umfaßt, können wir nur *H. syriacus* in unseren Gärten erfolgreich anpflanzen. In milden Gebieten wächst er bei uns zu einem 2 m hohen, straff aufrechten Strauch heran, mit chrysanthemenähnlichen Blüten. Je ungünstiger das Klima, desto geschützter muß der Standort sein.

Hibiscus syriacus

Einfachblütige Sorten:	
H. syriacus 'Blue Bird'	blau
H. s. 'Red Heart'	silber weiß, braunrotes Zentrum
H. s. 'Rubis'	dunkelrosa
H. s. 'Hamabo'	hellrosa, dunkelrote Zeichnung
H. s. 'Meehanii'	violett, Bl. gelbbunt
H. s. 'Totus albus'	silber weiß,
H. s. 'Woodbridge'	dunkelrosa, groß
Gefüllte Sorten:	
H. 'Ardens'	violettblau
H. 'Boule de Feu'	dunkelrot
H. 'Caeruleus Plenus'	rot
H. 'Violet Clair Double'	lila

Hippophae

SANDDORN

Der Sanddorn kommt in seinen mitteleuropäischen und asiatischen Verbreitungsgebieten in großen Pflanzenverbänden auf feuchten und trockenen Sand- und Kiesböden der Meeresküsten und an den Ufern der Gebirgsflüsse und Seen vor. Er ist ein anspruchsloser Strauch, dem als Pionier- und Flurgehölz große Bedeutung zukommt. Für den Garten wird er besonders wegen seines herbstlichen Beerenschmucks wertvoll.

H. rhamnoides	Beeren orange, Sept.-Okt., 3
H. r. 'Leikora'**	Beeren orange, große Frucht, 3

Hippophae rhamnoides

Hydrangea

HORTENSIE

Die sommer- und immergrünen Sträucher oder Kletterpflanzen sind gekennzeichnet durch einfache oder gelappte gegenständige Blätter und durch eigenartige Blütenverhältnisse. Die Gattung beinhaltet eine Reihe hervorragender Blütensträucher. Einige Arten sind darüber hinaus dekorative Blattpflanzen, andere recht interessante Schlinggewächse. Hortensien lieben sonnige oder halbschattige, windgeschützte Lagen und nahrhafte, genügend frische, humose Böden. Der sommerliche Wasserbedarf ist recht hoch. Die unterschiedlichen Farbangaben bei den Sorten beruhen auf dem Umstand, daß sich die Blütenfarbe nach der Bodenreaktion richtet. Ist der Boden alkalisch, werden die Blüten rosa oder rot, auf sauren Böden sind sie blau. Nach Frostschäden können die Sträucher bis zum Boden zurückgenommen werden.

Arten und Sorten mit Doldenrispen:	
H. aspera	violett/weiß
H. macrophylla 'Blue Wave'	siehe: 'Mariesii Perfecta'
H. m. 'Mariesii Perfecta'	Juli-Sept.
H. m. 'Veitchii'	weiß, Juli-Aug.
H. m. 'White Wave'	weiß, Juni-Sept.
H. serrata 'Acuminata'	bläulich, Juli
H. s. 'Peziosa'	rosarot, Aug.-Sept.
H. s. 'Rosalba'	weiß-karminrosa
Arten und Sorten mit kugeligen Blütenständen:	
H. arborescens 'Annabelle'	creme, großer Strauch
H. macrophylla 'Hamburg'	Juli-Aug.
H. m. 'Maculata'	Juli-Sept.
H. m. 'Pia'	Mai-Juli
H. m. 'Tovelit'	Zwerg
Rispen-Hortensien:	
H. paniculata 'Floribunda'	weiß, Juli-Sept.
H. p. 'Grandiflora'	weiß, Aug.-Sept.
H. p. 'Kiyushu'	weiß, Aug.-Sept.
H. p. 'Praecox'	weiß, Mai-Sept.
H. p. 'White Moth'	weiß, Aug.-Sept.

Hydrangea aspera

Hypericum

JOHANNISKRAUT

Alle Arten zeichnen sich durch enorme Blühwilligkeit aus. Ihre großen tellerförmigen gelben Blüten erhalten durch die vielen Staubgefäße, die die Blütenblätter weit überragen, einen besonderen Reiz. Sie lieben einen leichten, humosen Boden und gedeihen sowohl in sonnigen als auch leicht schattigen Lagen. Die genannten Arten sind nicht absolut frostfest.

H. androsaemum	gelb, Juli-Sept., 1,2
H. forrestii	goldgelb, Juni-Okt., 1
H. hookerianum 'Hidcote'	goldgelb, Juli-Okt., 1,5
H. inodorum	gelb, Juli-Sept., 1
H. x *moserianum*	gelb, Juli-Okt., 0,5
H. prolificum	hellgelb, Juli-Sept., 0,5
H. uralum	goldgelb, Aug.-Sept., 0,75

Hypericum androsaemum

Ilex

STECHPALME

Eine der wenigen laubabwerfenden *Ilex*-Arten ist *I. verticillata.* Dieser Strauch mit sparrig abstehenden Zweigen kann bis zu 3 m hoch werden und ist durch seine hochroten dicken Früchte, die im Herbst an den Zweigen erscheinen, ein wertvoller Fruchtstrauch. Er fruchtet aber nur dann, wenn männliche und weibliche Pflanzen nebeneinander stehen.

*I. verticillata**	rote Beeren, Nov.-Dez., 3

Ilex verticillata

Indigofera

INDIGOSTRAUCH

Seine roten oder purpurnen Schmetterlingsblüten sitzen in achselständigen Trauben; alle Arten der Gattung sind dicht mit Haaren bedeckt. Die Pflanze braucht einen warmen, sonnigen Platz.

I. heterantha	rosa, Juli-Sept., 2

Indigofera heterantha

Kerria

KERRIE

Die Kerrie hat grüne rutenförmige Triebe. Meist wird die Sorte 'Pleniflora' angeboten, deren gefüllte, ranunkelartige Blüten ihr den Namen „Ranunkelstrauch" eingebracht haben. Die Sträucher sind sehr genügsam und kommen auch mit Schatten zurecht.

K. japonica	gelb, Mai, 2,5
K. j. 'Picta'	weißbuntes Bl., Mai-Juli, 2,5
K. j. 'Pleniflora'	gelb (g), Juni-Aug., 2,5

Kerria japonica 'Peniflora'

Kolkwitzia

Obwohl die Kolkwitzie, einer der schönsten Blütensträucher, seit der Jahrhundertwende in Europa bekannt ist, sich durch Winterhärte und geringe Standortansprüche auszeichnet, trifft man sie in unseren Gärten noch immer sehr selten an.

Kolkwitzia amabilis

K. amabilis	hell purpurrosa, Mai-Juni, 2
K. a. 'Pink Cloud'	rosa, Juni, 2

Laburnum

GOLDREGEN

Der Goldregen ist in den letzten Jahren wegen einiger Vergiftungsfälle stark in Verruf geraten. Er gehört zu einer Gruppe von Gehölzen, die man nicht an Kinderspielplätzen pflanzen sollte. Gegen Schnittmaßnahmen ist der Goldregen empfindlich. An den Boden stellt er keine Ansprüche, er ist im mitteleuropäischen Klima absolut frosthart.

L. alpinum	gelb, Mai, 5
L. a. 'Pendulum'	gelb, Hängeform, Mai, 2
L. anagyroides	gelb, kurze Blütentrauben, 7
L. x *watereri* 'Vossii'	gelb, lange Blütentrauben, Mai, 7

Laburnum anagyroides

Lespedeza

Durch ihre spätsommerliche Blüte ist *L. thunbergii* für den Garten wertvoll, obwohl sie recht empfindlich ist und häufig stark zurückfriert. Die Pflanze sollte jährlich im Frühling zurückgeschnitten werden, um die erfrorenen Triebe zu entfernen und um eine stärkere Blüte zu fördern. Der grazile Strauch wächst gerne auf leichten, trockenen Böden an sonnigen Stellen.

L. bicolor 'Summer Beauty'	dunkelrosa, Aug.-Okt., 1,5
L. thunbergii	dunkelrosa, Aug.-Okt., 1

Leycesteria

Der relativ klein bleibende Zierstrauch friert zwar häufig zurück, treibt aber immer wieder durch. Seine dekorativen Blüten stehen in langen, hängenden Ähren. Sie sollten ihn an einen geschützten Platz in der Sonne pflanzen.

L. formosa	rosarot, Juni-Aug., 1,5

Ligustrum

LIGUSTER

Die Gattung *Ligustrum* umfaßt immer- oder sommergrüne Sträucher, die, dank ihrer hohen Schnittverträglichkeit, meist als Heckenpflanzen verwendet werden (siehe: Immergrüne Sträucher). Im Garten verwendet man sie meist als Deckstrauch, da weder Blätter noch Blüten sehr dekorativ wirken. Außergewöhnlich blütenreich ist die Art *L. sinense*.

L. obtusifolium var. *regelianum*	weiß, Juli, 0,5
L. quihui	weiß, Aug.-Sept., 2
L. sinense	weiß, Juli, 3
L. vicaryi	weiß, gelbes Blatt, Juni-Juli, 2
L. vulgare	weiß, Juni-Juli, 1,5
L. v. 'Aureum'	weiß, gelbbl., Juni-Juli, 1,5

Ligustrum obtusifolium var. *regelianum*

Leycesteria formosa

Lonicera

HECKENKIRSCHE, GEISSBLATT

Alle *Lonicera*-Arten stellen an den Boden überhaupt keine Ansprüche und sind in hohem Maße schattenverträglich. Die umfangreiche Gattung besteht aus sommer- und immergrünen, aufrecht wachsenden und windenden Sträuchern. Einige der sommergrünen Gehölze eignen sich als Deck- und Füllsträucher oder als Hintergrund für dekorative Anpflanzungen, nur wenige Arten sind empfehlenswerte Blütensträucher. Ältere Sträucher sollte man rechtzeitig auslichten.

*L. fragrantissima**	rahmweiß, Febr.-März
L. korolkowii	rosa, Mai, 3
L. ledebourii	gelbrot, Juni-Juli, 2
L. morrowii	gelblich, Mai-Juni, 2
L. tatarica	rosa, April-Mai, 3
L. t. 'Alba'	weiß, Juni, 2,5
L. t. 'Arnold Red'	rot, Juni, 2,5
L. t. 'Rosea'	rosa, Juni, 2,5
L. xylosteum	gelbweiß, Mai, 3

Magnolia

MAGNOLIE

Als erste Magnolie im Frühling blüht *M. stellata,* die Sternmagnolie, die diesen Namen wegen ihrer sternförmig angeordneten Blütenblätter erhalten hat. Die Blüte erscheint vor dem Laubaustrieb und überzieht den 2-3 m hoch werdenden Strauch mit einer weißen, z.T. rosa überhauchten Blütenpracht. Ähnlich hoch kann *M. liliflora* 'Nigra' werden, deren Blüte leicht durch Spätfrost gefährdet sein kann. Man sollte sie deshalb in die Nähe von Gebäuden an einen geschützten Platz pflanzen. Beide Arten eignen sich gut auch für kleinere Gärten.

M. liliflora 'Nigra'	dunkel purpurrot, April, 6
M. soulangeana	rosarot/weiß, April-Mai, 6
M. s. 'Alba Superba'	weiß, April, 5
M. s. 'Lennei'	weinrot, April, 5
M. stellata	weiß, März-April, 2

Magnolia stellata

Lonicera tatarica 'Rosea'

Malus

ZIERAPFEL

Zieräpfel sind begehrte und wertvolle Gartengehölze; sie können als Hochstamm, Halbstamm oder als Strauch gekauft werden. Ihre Wuchshöhe schwankt, je nach Art und Sorte, zwischen 3 und 10 m. Sie wirken sowohl im Frühling dekorativ, wenn ihre weiß bis rosafarbenen Blüten erscheinen, als auch im Herbst zur Zeit der Fruchtreife. Zieräpfel wachsen in jedem Gartenboden und unter allen klimatischen Bedingungen, unter denen auch die Kulturäpfel gedeihen.

Malus 'Neville Copeman'

	Farbe	Höhe	Fruchtfarbe	Habitus
M. floribunda	rosa	4	gelbgrün	Zweige hängend
M. 'Golden Hornet'	weiß	4	sattgelb	runde Frucht
M. 'John Downie'	weiß	6	orange	rot geflammt
M. 'Liset'	rosarot	6	rot	Blatt glänzend dunkelrot
M. 'Neville Copeman'	lilarosa	4	rot bis orange	breit
M. toringo var. *sargentii*	weiß	4	hellrot	Blatt dunkelgrün
M. 'Wintergold'	weißrosa	4	goldgelb	Blatt glänzend

Myrica

GAGEL

M. gale gedeiht als ausgesprochene Moorbeetpflanze auch im Garten nur auf entsprechenden Standorten. Man pflanzt beide Arten wegen ihrer aromatischen Belaubung.

M. gale	rote Kätzchen, Febr.-März, 1
M. pennsylvanica	grauweiße Beeren, 1,5

Myrica gale

Neillia

TRAUBENSPIERE

Die Arten der Traubenspiere sind keine dekorativen Blütensträucher, sondern eher anspruchslose Gruppen- oder Heckensträucher.

N. affinis	rosa, Mai-Juni, 2
N. racemosa	rosa, Mai-Juni, 2
*N. sinensis**	weiß, Mai-Juni, 1,5

Neillia racemosa

Paeonia

STRAUCHPFINGSTROSE

Die Strauchpäonie ist ein sommergrünes Gehölz, das im hohen Alter bis zu 2 m hoch werden kann. Während die Stammform der Pfingstrosen etwa 15 cm breite Blüten trägt, können die der Gartenformen wesentlich größer werden. Bei der Art *P. suffruticosa* reichen die Blütenfarben von rosa bis weiß, und jedes Blütenblatt ist mit einem dunkelviolettroten, rotgerandeten Basalfleck versehen. Besonders jungen Pflanzen sollte man im Winter einen Bodenschutz gönnen und auch ihre Triebe schützen. Gelegentlich leiden sie unter Spätfrösten. Sie wollen einen warmen, geschützten Platz und nährstoffreiche, durchlässige Böden.

P. delavayi	rot, Juni-Juli, 2
P. lutea	gelb, Mai-Juni, 2
P. suffruticosa 'Banksii'*	purpurrot/weiß (g), Mai, 2
P. 'Rock's Variety'*	weiß, braungefleckt (hg), Mai, 2

Paeonia 'Rock's Variety'

Parrotia

Die dekorativen, im Alter bis zu 10 m hoch wachsenden, ausladenden Sträucher wirken durch ihre dunkelgrüne Belaubung und durch die Herbstfärbung. Auch die rötlichen Blüten der Parrotie sind ausgesprochen reizvoll. Sie eignen sich für jeden frischen Gartenboden.

P. persica	rötlich, Jan.-März, 4
P. p. 'Vanessa'	rot, Febr., 6

Perovskia

Mit ihren weißfilzigen Zweigen und den beiderseits graufilzigen Blättern verdient die Art *P. atriplicifolia* den Namen Silberstrauch. Sie verträgt jährlichen Rückschnitt und sollte im Winter eine schützende Bodendecke erhalten.

P. atriplicifolia	hellblau, Sept.-Okt., 1
P. a. 'Blue Spire	hellblau, Sept.-Okt., 1

Perovskia atriplicifolia 'Blue Spire'

Parrotia persica

Philadelphus

FALSCHER JASMIN, PFEIFENSTRAUCH

Philadelphus stellt keine besonderen Ansprüche an den Boden, eignet sich aber nicht für extreme Böden. Zur vollen Entfaltung seiner Blütenpracht im Frühjahr benötigt er einen möglichst sonnigen Standort. Da die Blüten am vorjährigen Holz erscheinen, wird nicht vor der Blüte geschnitten.

P. 'Albatre'	gefüllt, 2
P. 'Avalanche'	einfach, überhängend, 2
P. 'Beauclerck'	einfach, milchweiß, 3
P. 'Belle Etoile'	weiß, braunes Zentrum, 2
P. 'Bouquet Blanc'	weiß, gefüllt, 1,5
P. coronarius	rahmweiß, einfach, 3
P. c. 'Aureus'	gelbblättrig, 3
P. c. 'Variegatus'	buntblättrig, 3
P. 'Dame Blanche'	halbgefüllt, 1,5
P. 'Innocence'	einfach, Bl. manchmal bunt, 2
P. 'Lemoinii'	einfach, 2,5
P. 'Manteau d'Hermine'	creme, gefüllt, 1
P. microphyllus	einfach, duftend, 1
P. 'Mont Blanc'	einfach, 2,5
P. 'Schneesturm'	gefüllt, 2,5
P. 'Silberregen'	einfach, 1,5
P. 'Virginal'	halbgefüllt, Mai-Juni, 2

Philadelphus 'Lemoinii'

Physocarpus

BLASENSPIERE

Ein interessantes Merkmal dieser eher unauffälligen Sträucher ist das Abblättern der braunen Rinde an den Ästen. Die anspruchslose Blasenspiere eignet sich auch für die Unterpflanzung auf Böden mit stagnierender Nässe und für schattige Standorte.

P. opulifolius	weiß, Juni-Juli, 3
P. o. 'Dart's Gold'	weiß, gelbes Blatt, 2,5
P. o. 'Aureus'	weiß, goldgelbes Blatt, 2,5

Poncirus

Nur für warme, geschützte Lagen in milden Gebieten kommt die Bitterorange in Frage. Mit ihren dunkelgrünen Trieben und den starken grünen Dornen ist sie eine recht exotische, eigenartige Erscheinung. Der Strauch blüht im April/Mai, noch vor dem Blattaustrieb, mit ca. 5 cm breiten, weißen Blüten, aus denen sich dann die gelbgrünen ungenießbaren behaarten Zitronen entwickeln.

P. trifoliata	weiß, Mai-Juni, 1,5

Poncirus trifoliata

Potentilla

FINGERKRAUT

Als niedrig bleibende Dauerblüher – fast alle Sorten blühen vom Juni bis zum Herbst – lassen sich die holzigen *Potentilla*-Arten vielseitig verwenden. Sie finden ihren Platz im Steingarten, als niedrige Blütenhecke, als Vorstrauch oder als flächige Anpflanzung in weitläufigen Anlagen. Sie wachsen in jedem durchlässigen Gartenboden und stehen am liebsten an sonnigen Plätzen. Ein jährlicher Rück-

Physocarpus opulifolius

schnitt hat einen reichen Flor und große Blüten zur Folge.

P. 'Abbotswood'	weiß, breit, 0,7
P. 'Arbuscula'	gelb, Bodendecker, 0,3
P. 'Elizabeth'	goldgelb, niederliegend, 0,3
P. 'Farreri'	goldgelb, zart, 0,6
P. 'Goldfinger'	sattgelb, starkwachsend, 0,7
P. 'Goldteppich'	goldgelb, flach, 0,3
P. 'Hachmann's Giant'	goldgelb, breitbuschig
P. 'Jackman'	goldgelb, aufrecht, locker
P. 'Klondike'	goldgelb, niedrig, dicht
P. 'Living Daylight'	sattgelb, flach, 0,4
P. 'Longacre'	zartgelb, Bodendecker
P. 'Maanelys'	zitronengelb, breit, 0,9
P. 'Moonlight'	zitronengelb, 1,2
P. 'Pink Queen'	weißrosa, locker, 0,8
P. 'Primrose Beauty'	rahmgelb, überhängend, 1
P. 'Princess'	rosa, 1
P. 'Red Ace'	rotorange, feinlaubig zierlich
P. 'Snowflake'	weiß, 1
P. 'Sommerflor'	sattgelb, breit auswachsend, 0,7
P. 'Tangerine'	orange/hellgelb, locker, 0,75
P. 'Yellow Giant'	sattgelb, breit, 0,6

Potentilla 'Maanelys'

Prunus

Die Gattung *Prunus* umfaßt eine unendliche Fülle von Ziergehölzen mit unterschiedlichem Charakter. Sie wird gerne, unabhängig von der botanischen Einteilung, in Gruppen untergliedert, die sich an der Wuchsform orientieren. Als Inbegriff aller Zierkirschen werden die zu *Prunus serrulata* gehörenden japanischen Sorten und Formen betrachtet, die in Japan seit ewigen Zeiten kultiviert werden. Sie können auch unsere Gärten und Parkanlagen bereichern und insgesamt über viele Wochen hinweg blühen. Viele Zierkirschen lassen sich in der Vase ohne weiteres zum Blühen bringen, einige Arten, wie *Prunus triloba,* sind auch ausgesprochene Treibgehölze für die Erwerbsgärtnerei.

P. avium	weiß, April-Mai, 8
P. x *blireiana*	rosa (g), April, 6
P. ceracifera	weiß, März, 8
P. c. 'Nigra'	rosa, rotes Blatt, März-April, 6
P. c. 'Rosea'	lachsrosa, bronzef. Blatt, März-April, 6
P. x *cistena*	weiß, rotes Bl., April, 2
P. glandulosa 'Alboplena'	weiß (g), Mai, 1,5
P. incisa	weiß, März, 4
P. padus	weiß, Mai, 6
P. serrulata 'Amanogawa'	April-Mai, 6
P. s. 'Kikushidara-sakura'	zartrosa (g), Hängef., 2
P. s. 'Kanzan'	dunkelrosa (g), 6
P. s. 'Miyako'	Knospen rosa, Blüten weiß (g), 6
P. s. 'Shirotae'	schneeweiß (hg), 6
P. spinosa	weiß, März-April, 5
P. subhirtella	hellrosa, März-April, 2
P. s. 'Autumnalis'	weiß (hg), Nov.-März, 5
P. s. 'Autumnalis Rosea'	rosa (hg), Nov.-März, 5
P. triloba 'Plena'	rosa (g), 5

Prunus subhirtella 'Autumnalis'

Rhamnus

KREUZDORN, FAULBAUM

Als Gartensträucher kommen nur einige großblättrige Arten in Frage. Die Blüten wirken relativ unscheinbar, anziehend sind lediglich die kugeligen Steinfrüchte. Die Pflanzen können Schatten vertragen und wachsen auf allen Böden.

R. catharticus	schwarze Beeren, 5
R. frangula	rote Beeren, 5
R. f. 'Asplenifolius'*	schmales Blatt, 4

Rhamnus catharticus

Rhododendron, Luteum-Hybriden

SOMMERGRÜNE AZALEEN-HYBRIDEN

Im Gegensatz zu den immergrünen *Rhododendron*-Hybriden verlieren die Sorten dieser Gruppe im Winter die Blätter. Sie erreichen in der Regel Höhen zwischen etwa 1,5 und 2 m. In der Praxis werden die Sorten dieser Gruppe häufig herkunftsbedingten Untergruppen zugeordnet. So können folgende Angaben hinter dem Sortennamen vermerkt sein:
Kn = Knap Hill-Hybride,
M = *Mollis*-Hybride, einschließlich *Mollis* x *Sinensis*-Hybriden,
Oc = *Occidentalis*-Hybride
P = *Pontica*-Hybride
Ru = *Rustica*-Hybride.
Wie die *Rhododendren* brauchen Azaleen einen schattigen Standort auf saurem Boden.

Schnell wachsend:

R. 'Berryrose'	rosa, gelber Fleck, breit
R. 'Cecile'	lachsrosa
R. 'Feuerwerk'	feurigorange
R. 'Fireball'	tieforange
R. 'Gibraltar'	orange
R. 'Glowing Embers'	orange, hellere Flecken
R. 'Golden Eagle'	bronzegelb
R. 'Golden Sunset'	hellgelb, oranger Fleck
R. 'Irene Koster'	rosa, gelber Fleck, duftend
R. 'Persil'	weiß, gelber Fleck
R. 'Pink Delight'	rosa, gelber Fleck
R. 'Royal Command'	kupferrot
R. 'Satan'	scharlachrot
R. 'Seville'	dunkelorange
R. 'Silver Slipper'	creme, Blatt silbrig
R. 'Tunis'	orangerot, kleinblütig

Langsam wachsend:

R. 'Coccine Speciosa'	dunkel orange
R. 'Corneille'	hellrosa, gefüllt
R. 'Daviesii'	creme
R. 'Homebush'	leuchtend reinrosa
R. 'Jos Baumann'	dunkel lachsrosa
R. 'Josephine Klinger'	blaß lachsrosa
R. 'Klondike'	orangegelb
R. 'Möwe'	weiß, gelber Fleck
R. 'Nancy Waterer'	goldgelb
R. 'Narcissiflora'	hellgelb, gefüllt
R. 'Norma'	lachsrosa

Rhododendron 'Persil'

Rhododendron 'Klondike'

Rhododendron

AZALEA MOLLIS

Von vielen Baumschulen noch als *Azalea mollis* angeboten, ist der sommergrüne, 1-2 m hohe Strauch *(Rhododendron japonicum)* für jeden Garten nahezu unentbehrlich. Vor dem Austrieb der Blätter entfalten sich im April/Mai wunderschöne breite, trichterförmige Blüten, deren Farbskala von Gelb bis Dunkelrot reicht. Ihre sommergrünen lanzettlichen Blätter nehmen im Herbst die gleichen Farben an. Die widerstandsfähige und langlebige Art ist in Nord- und Mitteljapan heimisch. Obwohl aus Kreuzungen viele Sorten entstanden sind, können durchaus auch Sämlingspflanzen empfohlen werden, wenn sie nach Farben sortiert sind.

R. japonicum	rot, orange, weiß, 2

Rhododendron japonicum

Rhus

ESSIGBAUM

Dank ihres lockeren, dekorativen Wuchses haben sich einige *Rhus*-Arten zu beliebten und häufig verwendeten Solitärsträuchern entwickelt. Ihre Vorzüge sind malerischer Wuchs, große Blätter, die sich im Herbst prächtig färben, auffallende, bis in den Winter hinein haftende Fruchtstände und die gute Anpassungsfähigkeit an trockene, heiße Standorte. Nachteilig wirken sich die kurze Lebensdauer und gelegentlich die Wurzelausläufer aus.

R. aromatica 'Grow-low'*	gelblich, April, 0,5
R. glabra	violettrot, Juni, 2
R. g. 'Laciniata'	weinrot, fiederschnittiges Bl., Juli-Aug., 2
R. typhina	grünlich, Juli-Sept., 4
R. t. 'Dissecta'	grünlich, fiederschn. Blatt, 4

Ribes

Diese umfangreiche Gattung hat uns nur wenige Blütensträucher beschert, allerdings verdanken wir ihr zwei wertvolle Obstarten. Die meist sommergrünen, mittelhohen, unbewehrten oder stacheligen Sträucher tragen Beerenfrüchte mit sehr vielen Samen. Alle *Ribes*-Arten sind sehr anspruchslose Sträucher, die in jedem Gartenboden wachsen. Mit Ausnahme von *R. alpinum* und *R. aureum,* die beide in hohem Maße schattenverträglich sind, gedeihen sie am besten in voller Sonne.

R. alpinum	gelb, Mai-Juni, 1,5
R. a. 'Schmidt'	kompakt, dunkelgrün, 2
R. americanum	grüngelb, April-Mai, 1,5
*R. glandulosum**	rosa, 0,5
*R. odoratum**	goldgelb, April, 2
R. sanguineum	rosa, April, 2
R. s. 'Atrorubens'	dunkelrot, 2,5
R. s. 'King Edward VII'	rot, 2,5

Rhus typhina

R. s. 'Pulborough Scarlet'	dunkelrot, Mitte weiß, 2,5
R. s. 'Splendens'	rot, 2,5
R. s. 'Tydemans White'	weiß, 2,5
*R. stenocarpum**	1

Ribes sanguineum 'King Edward VII'

Ribes

SCHWARZE, ROTE, WEISSE JOHANNISBEERE

Johannisbeeren gehören zu den Steinbrechgewächsen. Sie gedeihen auch an Hängen und zwischen Obstbäumen. Je sonniger sie stehen, desto reicher tragen sie Früchte und desto höher ist der Gehalt an wertvollen Inhaltsstoffen. Von allen Johannisbeeren gibt es Sträucher, Halbstämmchen und Hochstämmchen. Die Schwarzen Johannisbeeren lieben mehr Bodenfeuchtigkeit als die Roten Johannisbeeren und vertragen auch mehr Schatten.

R. nigrum 'Baldwin'	schwarz, spät, 1,5
R. n. 'Black Reward'	schwarz, spät, 1,5
R. n. 'Silvergieters Schwarze'	schwarz, früh, 1,5
R. rubrum 'Jonkheer van Tets'	rot, früh, 1,2
R. r. 'Primus'*	weiß, spät
R. r. 'Rondom'	rot, spät, 1,2
R. r. 'Rosetta'	rot, spät, 1,2
R. r. 'Rotet'	rot, spät, 1,2
R. r. 'Stanza'	rot, mittel, 1,2
R. r. 'Werdavia	weiß, früh, 1
R. r. 'Witte Parel'	weiß, mittel, 1
R. uva-crispa 'Achilles'	rot, spät, 0,7
R. u. 'Early Sulphur'	0,7
R. u. 'Winham's Industry' (syn. 'Rote Triumphbeere')	violettrot, mittelfrüh 0,7
R. u. 'Whitesmith' (syn. 'Weiße Triumphbeere')	blaßgrün, mittel 0,7

Ribes rubrum

Robinia

SCHEINAKAZIE

Recht verschiedenartige Gehölze weist die Gattung der Robinien auf. Zu ihr gehören sowohl auserlesene Blütensträucher als auch robuste Gehölze für die freie Landschaft. Alle Arten der Scheinakazien haben eine recht ansehnliche Blüte gemeinsam. Sie

Robinia pseudoacacia 'Frisia'

stellen hohe Ansprüche an Licht, leiden häufig unter Windbruch und sind, was die Bodenqualität betrifft, völlig anspruchslos.

R. 'Casque Rouge'	rosarot, Juni, 2-5
R. hispida	rosa, Juni-Juli, 3
R. pseudoacacia 'Frisia'	weiß, Juni, 5-8
R. p. 'Tortuosa'	gedrehte Zweige, 5-10

Rubus

ZIERBROMBEEREN

Einige dieser robusten Sträucher und Bodendecker werden wegen ihrer Blüte angepflanzt, wie z. B. *R. odoratus, R. tridel* und *R. ulmifolius,* andere wegen ihrer Früchte (*R. fruticosus,* die Brombeere, *R. idaeus,* die Himbeere und *R. phoeniculasius,* die Japanische Weinbeere). Alle Arten sind anspruchslos und vertragen sowohl Sonne als auch Schatten.

R. 'Betty Ashburner'	0,3
R. caesius	schwarze Frucht, 1,5
R. illecebrosus	weiß, rote Frucht, Juli, 0,5
R. odoratus	purpurn, Juni-Sept., 1,5
R. phoeniculasius	weiß, Frucht orangerot, 3
R. spectabilis	purpurrot, Frucht orangegelb, April, 2,5
R. x *tridel* 'Beneden'	weiß, Mai, 2
R. ulmifolius 'Bellidiflorus'	rosa (g), Juli-Aug., 2,5

Rubus spectabilis

Rubus

BROMBEERE (STACHELLOS), HIMBEERE

Für einen Ziergarten zieht man gerne die stachellose Brombeere der bestachelten Art vor. Die Standortansprüche der Himbeeren und Brombeeren sind äußerst gering, sie können auf jedem Gartenboden wachsen und gedeihen in sonnigen und schattigen Lagen. Beim Schnitt muß man beachten, daß bei den sommergrünen Arten alle zweijährigen Äste sterben, nachdem sie gefruchtet haben. Man schneidet sie im Herbst oder am Ende des Winters bis zum Boden zurück. *R. laciniatus* ist eine sehr dekorative, kletternde Brombeere. Auffallend schön wirken auch die schwarzglänzenden, wohlschmeckenden Früchte. Sie eignet sich gut zur schnellen Berankung von Zäunen. Wie bei den Fruchtsorten müssen auch hier die abgetragenen Triebe jährlich entfernt werden.

Himbeere:

R. idaeus 'Baron de Warre'	Herbst
R. i. 'Malling Promise'	Sommer
R. i. 'Rode Radbout'	Sommer
R. i. 'Scepter'*	Herbst
R. i. 'Spica'	Sommer
R. i. 'Schönemann'	Sommer
R. i. 'Zefa Herbsternte'	Herbst

Brombeere:

R. laciniatus 'Hull Thornless'	früh
R. l. 'Thornfree'	spät
R. l. 'Thornless Evergreen'	mittel

Salix

WEIDE

Ein Garten mit feuchtem Boden bietet wenig Möglichkeiten für Gehölze. Die Gattung *Salix* bietet jedoch eine Reihe von Arten, die mit feuchten, armen Böden zufrieden sind. Auf trockeneren Böden wachsen *S. elaeagnos* (Rosmarinweide) und *S. exigua.* Als Lichtholzart vertragen Weiden keine schattigen Standorte.

Salix capraea 'Kilmarnock'

S. aurita	gelbe Kätzchen, April, 2
S. bockii	graufilzige Zweige, 1,5
S. caprea 'Kilmarnock'	Hängeform, 2
S. cinerea	graufilzig behaarte Zweige, 3
S. elaeagnos 'Angustifolia'	rotbraune Zweige, 1,5
S. exigua	graubraune Zweige, 4
S. gracilistyla	graufilzig behaarte Zweige, 0,5
S. hastata	gelbe Kätzchen, 1
S. helvetica	gelbe Kätzchen, graues Blatt, 1
S. irrorota	purpurn, weißbepuderte Zweige, 2-3
S. purpurea 'Nana'	gelbe Zweige, 1
S. repens	gelbe Kätzchen, April, 2
S. r. var. *nitida*	gelbe Kätzchen, 1

Sambucus

HOLUNDER

Der Schwarze Holunder kann sich zu einem Gehölz von einigen Metern Höhe entwickeln und fügt sich besser in die freie Landschaft ein als in kleine Gärten. Im Juni erscheinen in großer Zahl die bekannten schirmförmigen, rahmweiß gefärbten Blütenstände. Zum Spätsommer hin ist das Gehölz mit einer Fülle an schwarzen Beeren geschmückt, die ihm auch den Namen gegeben haben.

S. canadensis 'Aurea'	großes gelbes Blatt, 4
S. c. 'Maxima'	grün, großes Blatt, 6
S. nigra	grünes Bl., Beeren schwarz,5-7
S. n. 'Aurea'	goldgelbes Blatt
S. n. 'Pygmy'**	grünes Blatt, 0,5
S. n. 'Laciniata'	Fiederblättchen, 5
S. n. 'Purpurea'	junges Blatt purpurn, 5
S. racemosa	weiß, rote Beeren, April, 5
S. r. 'Plumosa Aurea'	gelbe Fiederblättchen, 3
S. r. 'Sutherland'	Fiederblättchen, grüngelb, 3

Sambucus nigra

Sorbaria

Die Fiederspieren sind nicht gerade sehr dekorative Sträucher. Dank ihrer Anspruchslosigkeit an Boden und Lage – sie vertragen trockene Standorte, pralle Sonne und leichten Schatten – werden sie in der Landschaft als Pioniergehölz auf rohen Böden, als Decksträucher in großen Anlagen, für Gebüschgruppen und an Gehölzrändern zum Verwildern verwendet. Sie bilden unterirdische Ausläufer.

S. aitchisonii	weiß, Juli-Aug., 4
S. sorbifolia	weiß, Juli-Aug., 4

Spartium

BINSENGINSTER

Der Binsenginster sieht ähnlich aus wie der verwandte *Cytisus*. Der Strauch besitzt grüne Zweige, die besenförmig wirken. Sie können nach der Blüte geschnitten werden. Vermeiden Sie für diese Pflanze volle Sonne und feuchten Boden.

S. junceum	goldgelb, Mai-Juni, 0,4

Spartium junceum

Spiraea

SPIERSTRAUCH

Alle *Spiraea*-Arten bevorzugen einen hellen, sonnigen Standort. Der Boden sollte etwas humos und genügend feucht, aber durchlässig sein. Um alljährlich eine kräftige Blüte zu erzielen und ein Verkahlen zu vermeiden, werden die Pflanzen im Herbst kräftig zurückgeschnitten.

S. arcuata	creme, April-Mai, 1,75
S. x *arguta*	weiß, Mai-Juni, 2,5

S. cinerea	weiß, Mai, 1,5
S. prunifolia	weiß, Mai, 1,75
S. x *vanhouttei*	weiß, Mai, 1,75
S. albiflora	weiß, Juni, 0,5
S. bullata	dunkelrosa, Juni, 0,4
S. x. *bumalda*	
'Anthony Waterer'	rot, Juni-Aug., 0,5
S. b. 'Dart's Red'	dunkel karminrot
S. b. 'Froebelii'	rosa, Juni-Aug., 1
S. b. 'Goldflame'	goldgelbes Bl., 0,8
S. billardii	rosa, Juli, 2
S. douglasii	rosa, Juli-Aug., 1,75
S. japonica 'Albiflora'	weiß, Juli-Aug., 0,5
S. j. 'Little Princess'	hellrosa, Aug., 0,5
S. j. 'Shirobana'	zweifarbig, Juli-Aug., 0,7
S. x *margaritae*	hellrosa, Juli, 1,25
S. nipponica	weiß, Juni, 2
S. thunbergii	weiß, April-Mai, 1
S. trichocarpa	weiß, Juni, 2
S. x *vanhouttei*	weiß, Mai-Juni, 2
*S. wilsonii**	weiß, Juni, 1,5

Spiraea thunbergii

Staphylea

PIMPERNUSS

Die recht dekorativen, großen Sträucher bevorzugen sonnige Lagen, kommen aber auch mit halbschattigen Standorten an Wald- und Buschrändern zurecht.

S. bipinnata	weiß, Juni
S. colchica	weiß, Mai, 3

Stephanandra

Es ist unbegreiflich, daß Züchter solche „Mißbildungen" der Natur weiterverwenden. Die Sorte 'Crispa' mit bogig nach unten gekrümmten Zweigen ist hierfür ein Beispiel. Die rotbraunen Rutenzweige von *S. tanakae* hängen nach allen Seiten locker über. Mit den hellgrünen, im Herbst orange und rot gefärbten Blättern und einer Fülle weißer Blüten ist er insgesamt schöner als die vorige Art.

Stephanandra incisa

Staphylea bipinnata

S. incisa	weiß, Juni, 1,5
S. i. 'Crispa'	weiß, Juni, 0,5
S. tanakae	weiß, Juni, 2

Symphoricarpos

SCHNEEBEERE

Trotz einiger Neuzüchtungen der letzten Jahre kann man die Arten und Sorten dieser Gattung kaum als begehrenswerte Blütensträucher bezeichnen. Sie sind allenfalls unverwüstliche Decksträucher oder als unverwüstliches Unterholz von Bedeutung. Alle Arten sind in Bezug auf Bodenbeschaffenheit und Standort nicht wählerisch. Sie eignen sich als industriefeste Gruppensträucher, als reichfruchtende Heckensträucher oder auch als Bodendecker. Auffallend und sehr beliebt sind allerdings die weißen oder roten lufthaltigen Beeren, die in großen Mengen an den Sträuchern reifen und bis tief in den Winter hinein die Sträucher zieren. *S. albus* wird häufig zum Gartenflüchtling und behauptet sich neben einheimischen Gehölzen.

S. albus	Beeren weiß
S. a. 'White Hedge'	Beeren weiß
S. chenaultii	Beeren lila
S. c. 'Hancock'	Beeren lila
S. doorenbosii 'Erect'	Beeren weiß
S. d. 'Magic Berry'	Beeren lila
S. d. 'Mother of Pearl'	Beeren weiß
S. orbiculatus	Beeren weiß
S. o. 'Variegata'	buntes Blatt

Syringa

FLIEDER

Für jede Fliederart und -sorte gilt: je sonniger der Standort, desto kräftiger die Blüte. Die Sträucher müssen regelmäßig geschnitten werden, und zwar am besten nach der Blüte. Der regelmäßige Schnitt ist erforderlich, weil man nur von jungen Trieben Blüten erwarten kann. Nach dem Rückschnitt bilden sich an den frisch ausgetriebenen Sprossen die Blütentriebe für das nächste Jahr. Die Fliedersorten werden von den Baumschulen als veredelte Pflanzen geliefert. Wenn die Unterlage der Edelsorten Wurzelausläufer bildet, werden sie entfernt. Der Winterschnitt dient der Verjüngung, mit ihm beseitigt man alte Äste und Zweige. Alle Fliedersorten und -arten sind für einen tiefgründigen, nahrhaften Boden dankbar.

Syringa josikae

Symphoricarpos doorenbosii 'Mother of Pearl'

Wildarten:

*S. afghanica**	lila, Mai, 1
*S. amurensis**	weißlila, Juli
S. chinensis	lavendelblau, Mai, 2
S. josikae	dunkelviolett, Mai-Juni, 3
S. laciniata	lila, Mai, 1
S. meyeri 'Palibin'	lila, Mai-Juni, 1,8
S. microphylla 'Superba'	rosaviolett, Mai-Sept., 2
S. persica	lila, Mai-Juni, 2
*S. pinnatifolia**	weiß/lavendel, Mai, 2,5
S. reflexa	purpurrosa, Mai-Juni, 3
S. x *sweginzowii*	rosa, Mai-Juni, 2
S. tigerstedtii	hellrosa, Mai, 2
S. tomentella	violettrosa, Mai-Juni, 4
Einfach blühende Sorten von *S. vulgaris*:	
S. v. 'Andenken an Ludwig Späth'	violett
S. v. 'G. J. Baardse'	lilablau
S. v. 'Cavoour'	blau
S. v. 'Decaisne'	dunkelblau
S. v. 'Ester Staley'	hellblau
S. v. 'Flora'	weiß
S. v. 'Leon Gambetta'	lila
S. v. 'Lucie Baltet'	rosa
S. v. 'Mme. Florentine Stepman'	weiß
S. v. 'Primrose'	creme
Gefüllte Sorten von *S. vulgaris*:	
S. v. 'Charles Joly'	violett
S. v. 'Michael Büchner'	blau
S. v. 'Mme. Lemoine'	weiß
S. v. 'Belle de Nancy'	blau
S. v. 'Paul Thirion'	rosarot
S. v. 'President Loubet'	weinrot

Syringa vulgaris 'Andenken an Ludwig Späth'

Tamarix

TAMARISKE

Tamarisken sind nicht nur besonders schöne Blütensträucher, sondern fallen auch den ganzen Sommer über durch ihre heidekrautähnliche Belaubung und ihren lockeren Wuchs auf. Sie lassen sich nur schlecht mit anderen Ziersträuchern in Gruppen zusammenpflanzen, sie sollten frei stehen. Alle Arten lieben leichte und wenig kalkhaltige Böden in sonniger Lage. Tamarisken lassen sich nur schwer verpflanzen; kaufen Sie deshalb Pflanzen aus Containern. Sparrige Sträucher kann man kräftig zurückschneiden.

T. parviflora	hellrosa, Mai, 3
T. ramosissima 'Pink Cascade'	rosa, Juni-Juli, 3
T. r. 'Rubra'	rötlich, Juni-Juli, 3
T. tetrandra	hellrosa, Mai-Juni, 3

Tamarix tetandra

Ulex

STECHGINSTER

Im kontinentalen Klima erfriert der Stechginster häufig, deshalb sollte er nur im luftfeuchten, milden Klima seiner westeuropäischen Heimat gepflanzt werden. Im Heidegarten, auf kalkarmen Sandböden sieht er mit seinen steifen, dornigen grünen Zweigen und den großen gelben Blüten an den Zweigenden sehr hübsch aus. Seine Hauptblütezeit ist der Mai oder Juni, einzelne Blüten erscheinen aber den ganzen Sommer über.

U. europaeus	gelb, Juni-Juli, 2

Viburnum

SCHNEEBALL

Die Gattung *Viburnum* zeichnet sich durch eine beachtliche Variationsbreite hinsichtlich der Wuchsform sowie der Ausbildung von Blättern und Blütenständen aus. Dementsprechend bietet sie auch eine Reihe von Verwendungsmöglichkeiten. Die Arten sind aber nicht nur begehrte Blütensträucher, sondern mit ihren saftigen und farbigen Steinfrüchten auch ausgezeichnete Fruchtsträucher. Allgemein bekannt ist der auch wild vorkommende Gemeine Schneeball *(Viburnum opulus)* mit ahornähnlicher Belaubung und korallenroten Früchten.

V. x. *bodnantense* 'Dawn'	rosa, Febr.-März, 3
V. x *carlcephalum*	weiß, April-Mai, 2
V. carlesii	Knospe rosa, Blüte weiß, April-Mai, 2
V. farreri (= fragrans)	Knospe rosa, Blüte weiß, Febr.-März, 3,5
V. lantana	creme, Mai-Juni, 4
V. opulus	weiß, Juni-Juli, 4
V. o. 'Compactum'	weiß, Juni-Juli, 1,5
V. o. 'Roseum'	weiß, kugelf., Juni-Juli, 3
V. plicatum	creme, Mai-Juni, 3
V. p. 'Mariesii'	weiß, Mai-Juni, 4
V. p. 'Rosace'	dunkelrot-rosa, 3
V. p. var. *tomentosum*	creme, Mai
V. sargentii 'Onondaga'	weiß, Mai-Juni, 2

Viburnum carlesii

Weigela

WEIGELIE

Weigelien stellen keine besonderen Ansprüche an den Boden, sollten aber auf Böden mit ausreichender Humus-, Nährstoff- und Wasserversorgung untergebracht werden. Sie benötigen einige Jahre, bis sie Fuß gefaßt haben und blühen. Zur üppigen Blütenentfaltung braucht die Weigelie einen sonnigen Standort.

W. florida 'Nana Purpurea'	0,6
W. f. 'Nana Variegata'	0,6
W. f. 'Purpurea'	violettrosa, 1
Hybriden:	
W. 'Baltet'	rosarot, 2
W. 'Bristol Ruby'	karminrot, 2
W. 'Candida'	weiß, 2
W. 'Eva Rathke'	hell karminrot, 2
W. 'Eva Supreme'	hellrot, 2
W. 'Newport Red'	hellrot, 2
W. 'Rosabella'	rosa/heller Rand, 2
W. 'Rosea'	rosa, 2

Weigela 'Newport Red'

3. Heckenpflanzen

Obwohl es sich bei Hecken vom botanischen Gesichtspunkt aus um keine echte Gruppe handelt, haben wir ihnen in diesem Buch ein eigenes Kapitel gewidmet. Fast jede Gartenanlage beginnt man damit, eine geeignete Hecke auszusuchen. Überlegen Sie gut, ob für Ihre Verhältnisse eine immergrüne oder laubabwerfende Grenzbepflanzung die größeren Vorzüge aufweist. Wählen müssen Sie auch zwischen einer Hecke, die jährlich ein- bis zweimal geschnitten werden muß, oder einer freiwachsenden Naturhecke. Die Behandlung in den ersten Jahren entscheidet über das spätere Aussehen. Ausreichend dicht wird eine Hecke nur dann, wenn man den jährlichen Zuwachs an Höhe und Breite möglichst scharf zurückschneidet. Laubabwerfende Hecken werden im Sommer mindestens einmal geschnitten. Der erste Schnitt sollte nicht vor Ende Juli vorgenommen werden, um die Vogelbrut nicht zu stören. Zur Zeit der Vegetationsruhe lassen sich notwendige Korrekturen am leichtesten durchführen. Alle sommergrünen Heckenarten vertragen auch starke Rückschnitte sehr gut. Immergrüne Hecken müssen im Sommer nicht so häufig geschnitten werden wie sommergrüne. Den „Winterschnitt" führt man am besten erst kurz vor dem Austrieb oder schon im Spätherbst durch.
Nachfolgend wird bei jeder Art zunächst die Zahl der Pflanzen, die pro laufendem Meter gepflanzt werden sollte, vermerkt. Angaben zur Blütenfarbe finden Sie in den anderen Kapiteln unter der entsprechenden Gattung bzw. Art. Die zweite Zahl gibt jeweils an, wie oft pro Jahr diese Hecken geschnitten werden sollten. Weiterhin finden Sie charakteristische Blattmerkmale sowie maximale Wuchshöhe.

Acer

FELDAHORN

Dieses laubabwerfende, schnellwachsende Laubgehölz erinnert vom Blatt her an den Weißdorn und kann gut mit ihm für eine Heckenpflanzung kombiniert werden. Der Feldahorn ist sehr robust und verträgt Seewind.

A. campestre	4, 2x, kleines Bl., 3

Acer

AHORN

Im Sommer bildet der laubabwerfende Ahorn eine dichte Hecke, die dann zweimal geschnitten werden muß. Diese Hecke ist für windige Plätze in der freien Landschaft geeignet.

A. platanoides	3, 3x, große spitze Bl., 4
A. pseudoplatanus	3, 3x, großes Blatt, 4

Acer pseudoplatanus

Alnus

ERLE

Die laubabwerfende Erle eignet sich für nasse bis feuchte Standorte in der freien Landschaft und wird zur Boden- oder Uferbefestigung oder auch als Windschutzhecke verwendet. Einen Nachteil hat eine Erlenhecke: Der gefräßige Erlenblattkäfer kann ganze Hecken kahlfressen.

A. glutinosa	4, 3x, klebriges Bl., 6

Alnus glutinosa als Baum

Berberis

BERBERITZE

Die am häufigsten gepflanzte Hecke ist wohl die aus *B. thunbergii* 'Atropurpurea'. Die grüne Hecken-Berberitze eignet sich sowohl für niedrige geschnittene als auch für freiwachsende Hecken. Wegen ihrer korallenroten langhaftenden Früchte wird sie gerne auch als Zierstrauch in den Garten gepflanzt. Sie hat geringe Ansprüche an die Bodenqualität, ist frosthart, trockenresistent und feuchtigkeitsliebend. Pflanzen Sie die Hecke im Abstand von 30 cm und stutzen Sie sie im Winter.

Wintergrün:	
B. julianae	3, 2x, grün, 3,5
B. stenophylla	3, 2x, grün, 2,5
Laubabwerfend:	
B. thunbergii	4, 2x, grün, 1,5
B. t. 'Atropurpurea'	4, 2x, rotbraun, 1,5
B. t. 'Nana'	6, 1x, grün, 0,4
B. vulgaris	4, 2x, grün, 0,4
B. v. 'Atropurpurea'	4, 2x, rotbraun, 2,5

Berberis stenophylla

Buxus

BUCHSBAUM

Der Buchsbaum zählt wohl zu den ältesten Gartengehölzen in unserem Lande. Obwohl er eigentlich im Mittelmeergebiet beheimatet ist, hat er sich mit seinen kleinen, lederartigen Blättern vor langer Zeit nahezu über die ganze Welt ausgebreitet. Diese weite Verbreitung ist einmal darauf zurückzuführen, daß Buchsbaum, wie schon der lateinische Name sagt, immergrün ist. Außerdem ist er durch Schneiden ausgezeichnet formbar. Man kann mit Geduld aus Buchspflanzen nahezu jede beliebige Form mittels Heckenschere herauszaubern.

B. sempervirens	6, 2x, grün, gelbe Spitzen, 0,6

Buxus sempervirens

B. s. 'Rotundifolia'	5, 2x, rundes Bl., 2
B. s. 'Suffruticosa'	7, 2x, rundes Bl., 0,3

Carpinus

HAINBUCHE

Nur aus baumförmig wachsenden Arten lassen sich „fertige" Hecken erstellen. Junge Heckenpflanzen der Hainbuche (und ähnlicher sommergrüner Arten, wie z. B. von Liguster und Weißdorn) schneidet man so kurz über dem Boden zurück, daß mit dem Neuaustrieb eine dichte Verzweigung bis zum Boden erreicht wird. Einem vorzeitigen Verkahlen der Hecke von unten her wird vorgebeugt, wenn ihre Seiten senkrecht geschnitten werden, allerdings unter der Voraussetzung, daß sie regelmäßig geschnitten werden und völlig frei stehen.

Die Hainbuche, ein klassisches Heckengehölz, das sein Laub teilweise bis ins Frühjahr hält, ist ausgezeichnet als Sicht- und Windschutz geeignet. Sie ist absolut frosthart, sehr schnittverträglich und verträgt einen hohen Grundwasserstand, allerdings keine Staunässe. Die Sorte 'Fastigiata' verliert alle ihre Blätter im Herbst.

C. betulus	4, 2x, zugespitzt, 10
C. b. 'Fastigiata'	3,5, 2x, zugespitzt, 5

Carpinus betulus

Chamaecyparis

SCHEINZYPRESSE

Die wintergrünen Scheinzypressen sind als Heckenpflanzen nicht empfehlenswert, da sie von unten her verkahlen. Ihre zahlreichen Gartenformen stellen keine hohen Standortansprüche, sie bevorzugen sonnige bis leicht beschattete Lagen und gedeihen auf allen Gartenböden; sie vertragen lediglich sehr trokkene Böden nicht.

C. lawsoniana 'Allumii'	2,5, 2x, blaugrün, 4
C. l. 'Columnaris'	2,5, 2x, blaugrau, 4

Chamaecyparis lawsoniana 'Allumii'

Cornus

KORNELKIRSCHE

Während den ersten Jahren nach der Anpflanzung wächst der laubabwerfende Strauch sehr langsam. Er eignet sich nicht nur für Hecken, sondern auch als robustes Gehölz für Wind- und Vogelschutz. Im März/April ist er ein zarter, gelber Blütentraum.

C. mas	2, 3x, kleines Blatt gelbe Blüten, 4
C. m. 'Variegata'	2, 2x, buntes Blatt, 4

Cornus mas 'Variegata'

Crataegus

WEISSDORN

Von alters her eine der gebräuchlichsten Heckenpflanzen ist der laubabwerfende Weißdorn. Er blüht als einer der letzten der frühjahrsblühenden Sträucher und schmückt die Landschaft mit seinen Blütenmassen im späten Mai oder frühen Juni. Im Herbst trägt er viele glänzend rote oder orangefarbene Beeren. Die häufigste Art ist *C. monogyna,* auch Hagedorn genannt, sie treibt schnell und problemlos aus jedem in den Boden gesteckten Zweig. Mächtige Dornen bieten einen wirksamen Schutz gegen jede Art von Eindringlingen; besonders wenn man die jungen Stämme zu einem lebenden Zaun verflicht, ist die Hecke nahezu undurchdringlich. Es gibt aber auch fast dornlose Arten.

C. monogyna	4, 2-3x, weiß, Frucht mattrot, 4
C. laevigata	4, 2-3x, weiß, 4
C. l. 'Pauls's Scarlet'	4, 2x, rot (g), 4

Eleagnus

ÖLWEIDE

Eine prächtige wintergrüne Form der Ölweide ist *E.* x *ebbingei.* Sie besitzt glänzend dunkelgrüne Blätter, die auf der Unterseite silbrigweiß gefärbt sind. Diese

Eleagnus x *ebbingei*

Art ist gegen Wind und Trockenheit ziemlich widerstandsfähig, friert aber in strengen Wintern zurück. Die Vermehrung ist durch Absenker oder Stecklinge möglich.

E. x *ebbingei*	2, 1x, grün, 2
E. pungens 'Maculata'	2,, 1x, buntes Blatt, 1,5

Escallonia

Zu Unrecht wird die wintergrüne, dichte Hecke mit glänzenden, kleinen Blättchen nur selten als Hecken-

Crataegus laevigata 'Paul's Scarlet'

pflanze benutzt. Escallonia braucht einen Standort in der vollen Sonne.

E. 'Donard Seedling'	2, 1x, rosa, 1

Escallonia, freiwachsend

Fagus

BUCHE

Die grün- und rotblättrigen Buchen werden gerne als pflegeleichte Heckenpflanzen verwendet. Häufig werden Hainbuchenhecken und Buchenhecken miteinander verwechselt (siehe auch: *Carpinus*). Es handelt sich aber um zwei unterschiedliche Gattungen, die relativ leicht zu unterscheiden sind: Die Hainbuche hat zugespitzte Blätter, die sich im Winter graubraun verfärben, die Buche hat eiförmige Blätter mit welligem Rand, die im Winter kastanienbraun werden. Eine gutgewachsene, hohe Buchen-Schnitthecke ist mit ihrem hellgrünen Laub im Frühjahr eine wahre Pracht. Später wird das Laub dunkler und hängt dürr, braun und raschelnd den Winter über an den Zweigen, bis das neue Laub sprießt. Je nach persönlichem Geschmack kann man auf je zehn grünblättrige Buchen *(F. sylvatica)* eine Blutbuche (*F. s.* 'Purpurea') pflanzen. Im Winter sieht man keinen Unterschied zwischen diesen Arten. Den jährlichen Zuwachs sollte man auf 15 cm beschränken.

Fagus sylvatica

F. sylvatica	4, 2x, grün, 6
F. s. 'Purpurea'	4, 2x, rotbraun, 5

Fuchsia

FUCHSIE

Die Fuchsie ist für schattige Plätze geeignet, an denen sonst nur immergrüne Pflanzen gedeihen. Auch dort, wo nur wenige Stunden am Tag die Sonne scheint, blüht sie üppig von Anfang Juni bis zum späten Herbst. Ihr besonderer Vorteil ist, daß man sie in beliebige Formen schneiden kann. In strengen Wintern muß sie geschützt werden oder aber ins Haus geräumt werden. Beim Einwintern schneidet man sie kräftig zurück; ihr Winterquartier soll kühl, kann hell oder auch dunkel, muß aber vor Frost geschützt sein.

allgemein	2, laubabwerfend
F. magellanica	2,5, 2x, rot, Juli-Sept., 2
F. m. 'Riccartonii'	2,5, 2x, rot, Juli-Sept., 2

Fuchsia magellanica 'Riccartonii'

Hedera

EFEU

Diese immergrünen Kleinsträucher beinhalten auch aufrechtwachsende Formen, die sehr schön dicht wachsen können. Die wildwachsende Art *H. helix* ist kleinblättrig und langsamwachsend, die anderen Arten wachsen schneller. In strengen Wintern kann der Efeu Frostschäden bekommen. Setzen Sie die Pflanzen deshalb nicht den Ostwinden aus.

H. helix	3, 1x, grün, 4
H. h. 'Hybernica'	2, grün, großbl., 4

Hedera helix 'Hybernica'

Hydrangea

HORTENSIE

Die laubabwerfende Hortensie kann zu einer freiwachsenden Blütenhecke geformt werden. In strengen Wintern kann sie zurückfrieren, sie treibt aber nach Rückschnitt meist wieder willig aus. Die Blütenfarben reichen von Weißgelb über Rot bis Dunkelblau-Violett und sind insbesondere vom pH-Wert des Bodens bzw. Substrates abhängig. *H. paniculata,* die Rispenhortensie, ist wegen der schwachen Zweige nicht als Heckenpflanze geeignet.

Hydrangea macrophylla

H. macrophylla	2, ballförmige Blüten
H. serrata	2, Doldenrispen

Hypericum

JOHANNISKRAUT

Mit diesen Arten lassen sich nicht nur niedrige Hecken anlegen, sie sind auch wertvolle Einzel- und Gruppenpflanzen in Heide- und Steingärten. Die hier behandelten Arten sind nicht absolut frosthart. In kalten, schneelosen Wintern können Frostschäden auftreten oder Triebspitzen erfrieren.

H. androsaemum	3, gelb, schwarze Beeren
H. a. 'Autumn Blaze'	braune Beeren, 1
H. a. 'Excellent Flair'	rotbraune B., 1
H. a. 'Orange Flair'	rotbraune B., 1
H. 'Hidcote'	3, gelb, 0,7
H. moserianum	gelb, 0,5

Hypericum moserianum

Ilex

STECHPALME

Die Kombination von rotem Beerenschmuck und sattgrünem Laub macht die Stechpalme insbesondere zur Weihnachtszeit sehr begehrenswert. Sie wird sowohl als freiwachsender Strauch als auch als immergrüne Heckenpflanze verwendet. Die Stechpalme ist zwar von Haus aus ein Gehölz des lichten Waldes, weiß aber Sonne zu schätzen. Die Vermehrung erfolgt durch Aussaat, Stecklinge oder Absenker.

Geschnitten werden muß:

I. aquifolium 'Pyramidalis'	2,5, 1x, viele Beeren

freiwachsend oder geschnitten:

*I. crenata**	3, 1x, 1
I. c. 'Convexa'	4, 1x, 1
I. c. 'Golden Gem'	5, 1x, 0,5

Ilex aquifolium 'Pyramidalis'

Lavandula

LAVENDEL

Lavendel ist gut kombinierbar mit Rosen oder mit einjährigen Pflanzen. Er eignet sich gut für die Abgrenzung von Wegen oder als Beeteinfassung (die verschiedenen Arten sind in dem Kapitel „Stauden" beschrieben).

L. angustifolia	3, 1x, 0,6

Lavandula

Ligustrum

LIGUSTER

Aus der Fülle an Liguster-Arten wird in Gebieten mit ausgeglichenem, maritimem Klima und entsprechend milden Wintern, wie in Norddeutschland, bevorzugt *L. ovalifolium* verwendet. Dort kann man manchmal kilometerlange Hecken beobachten, in die gelegentlich andere Pflanzen eingestreut sind. Wahrscheinlich spielt für die häufige Verwendung dieser Art eine große Rolle, daß die alten Blätter erst abfallen, wenn die neuen austreiben.

L. ovalifolium	4, 3x, grün, 3
L. vulgare 'Lodense'	5, 3x, grün, 0,5
L. v. 'Atrovirens'	4, 3x, grün, 3

Ligustrum ovalifolium

Lonicera

HECKENKIRSCHE

Völlig andere Eigenschaften als die kletternden *Lonicera*-Arten (siehe Kapitel „Schling- und Kletterpflanzen") besitzt *L. pileata*. Sie wächst breit ausladend und wird ca. 0,5 bis 1m hoch. Deshalb eignet sich diese Art gut als niedrige Hecke, als Boden-

Lonicera pileata

decker oder zur Bekleidung niedriger Mauern etc. Ihre Blüten sind unscheinbar und führen zu violetten Beerenfrüchten. Bei strengen Frösten erleiden sie gelegentlich Schaden, erholen sich aber gewöhnlich rasch wieder.

L. nitida	3, 2x, grün, 1
L. pileata	3, 2x, grün, 1,5

Mahonia

MAHONIE

Die dornig gezahnten Blätter der Mahonie sorgen durch ihre unterschiedliche Färbung während des ganzen Jahres für Farbe im Garten; die Blätter sind immergrün und überstehen normale Winter ohne Schaden. Die Mahonie breitet sich durch Ausläufer seitwärts aus, man sollte also mit einem scharfen Spaten die Ausläufer abtrennen, um eine Hecke in Form zu halten.

M. aquifolium	2,5, gelbe Bl., 1
M. wagneri 'Pinnacle'	2,5, gelb, stachelig, 1
M. w. 'Vicaryi'	3, gelb, 0,8

Mahonia aquifolium

Malus

APFEL

Durch diverse Kreuzungen kam man im Laufe der Zeit zu einer Reihe von hübschen Zierapfel-Formen, die sich gut auch zur Gestaltung laubabwerfender Hecken eignen. Je nach Art und Sorte wechselt die Blütenfarbe von reinem Weiß bis zum intensiven Rosarot. Erfreulicherweise bleiben die in Tönungen von gelblichweiß bis tiefrot gefärbten Zierfrüchte bis tief in den Winter hinein an den Bäumen hängen. Die meisten Zieräpfel sind Abkömmlinge von *M. baccata* oder *M. floribunda* oder Kreuzungsprodukte aus anderen Arten. Zieräpfel brauchen durchschnittlichen Boden und einen sonnigen Standort, um reichlich zu blühen und zu fruchten. Im Februar kann man alte Triebe entfernen und einen Formierungsschnitt vornehmen.

Malus versch. Sorten	3-4, 2x, grün, 2,5
Pyrus versch. Sorten	3-4, 1x, grün, 2,5

Malus

Nepeta

KATZENMINZE

Katzenminze ist eher eine Pflanze zur Randbepflanzung oder ein Bodendecker als eine Heckenpflanze. Im zeitigen Frühjahr müssen die Pflanzen zurückgeschnitten werden. Sie wollen einen Standort in der vollen Sonne. Passen Sie auf, die Pflanzen ziehen Katzen an!

N. 'Six Hill's Giant'	5, hellblau, 0,5

Photinia

GLANZMISPEL

Diese breit ausladende, mehr oder weniger grün bleibende Hecke eignet sich für schattige Standorte. Ihre unterseits graugrün behaarten Blätter haben eine auffallende, orangerote Herbstfärbung.

P. x *fraseri* 3, 2x, glänzendes Bl., 2

Photinia

Picea

SERBISCHE FICHTE

Von der in unseren Gärten wohl am häufigsten gepflanzten Fichte, der *Omorika*- oder Serbischen Fichte, sind auch einige Zwergformen bekannt. Nur die *Omorika*-Sorten eignen sich auch als Heckenpflanzen, da sie, im Gegensatz zu den breit werdenden anderen Fichten-Arten, schmal und hoch wachsen. Sie zeigen sich im Garten äußerst robust und widerstandsfähig, wachsen auf jedem durchlässigen, lockeren Gartenboden und vertragen auch kalkreiche Böden.

P. omorika graugrün, 10

Populus

PAPPEL

Die schmale hohe Silhouette ist charakteristisch für die rasch wachsende Pappel, die sich bei regelmäßigem Schnitt auch für eine Heckenpflanzung eignet. Sie gedeiht in der Sonne oder im lichten Schatten und liebt nährstoffreichen, feuchten Boden, der durchlässig sein muß. Staunässe vertragen die Pappeln nicht. Ihre Lebensdauer ist auf 25-30 Jahre begrenzt.

Als sogenannte „Pyramiden- oder Säulenpappel" kann diese Art in neuen Gärten besonders schnell für Sichtschutz sorgen. Die Blätter sind rautenförmig, 4-8 cm lang, oberseits dunkelgrün und unterseits graugrün.

P. nigra 'Italica' 3, 1x, grün, 3-6

Potentilla

Die strauchartig wachsenden *Potentilla*-Arten und -Sorten zählen mit zu den bedeutenden Blütengehölzen für unsere Gärten. Hinsichtlich Größe und Wuchscharakter sind die Arten der Gattung sehr variabel; wir nennen hier diejenigen, die sich für kleinere Heckenpflanzungen eignen.

Potentilla fruticosa 'Tangerine'

Populus nigra 'Italica'

P. fruticosa 'Abbotswood'	4, 1x, weiß
P. f. 'Red Ace'	4, 1x, rot
P. f. 'Tangerine'	4, 1x, aprikot

Prunus

KIRSCHLORBEER, SCHLEHE

Als immergrünes Gehölz stellt *Prunus laurocerasus,* der Kirschlorbeer, eine wertvolle Hilfe zur abwechselnden Gestaltung der Gärten im Winterhalbjahr dar. Wenn man ältere Pflanzen durch Schnitt zu einer Hecke formen will, erledigt man dies zur Zeit des Knospenaustriebs, also im März/April. Dabei geht man mit einer Baumschere so zu Werke, daß man keine Lücken schneidet und das Laub unversehrt bleibt. *Prunus spinosa,* die Schlehe oder der Schwarzdorn, ist ein heimisches Pioniergehölz und wird gerne als freiwachsende Naturhecke verwendet.

Wintergrün:

P. laurocerasus 'Caucasica'	2,5, 2x, dunkelgrün, 2,5
P. l. 'Otto Luyken'	3, weiße Blüte, 0,5
P. l. 'Rotundifolia'	2, 2x, großes Bl., 4

Laubabwerfend:

P. spinosa	4, 2x, stachelig, 3

Prunus laurocerasus 'Zabeliana' wird ziemlich breit und ist deshalb für kleine Gärten ungeeignet.

Pyrus

Siehe: *Malus*

Rhododendron

RHODODENDRON

Eine Rhododendronpflanze besitzt dunkelgrüne, oberseits glatte, lederartige Blätter, die über Jahre an ihr bleiben. Unter optimalen Standortbedingungen macht ein Rhododendronbusch selbst nach einem halben Jahrhundert immer noch einen geschlossenen

Rhododendron 'Pink Pearl'

Eindruck und zeigt im Herbst dicke Blütenknospen, aus denen sich im Mai eine farbenprächtige Blüte entwickelt. Wenn es sich hier auch um „kostbare" Heckenpflanzen handelt, so gehören nachfolgende zu den beliebtesten Sorten.

R. 'Catawbiense Album'	2, weiß, 4
R. 'Catawbiense Boursault'	2, lila, 4
R. 'C. Grandiflorum'	2, lila, 4
R. 'Cunningham's White'	2, rosaweiß, 4
R. 'Nova Zembla'	2, dunkelrot, 4
R. 'Pink Pearl'	2, rosa, 4
R. 'Roseum Elegans'	2, fahl purpurrosa, 4

Ribes sanguineum

Ribes

Der allseits bekannte Johannisbeerstrauch kann auch als Heckenpflanze verwendet werden, seine Vermehrung erfolgt leicht über Stecklinge. Er gedeiht am besten auf kalkigen Böden.

R. sanguineum	4, 3x, rosa oder rot, 2

Rosa

ROSE

Rosen können eine gute formlose Hecke abgeben, brauchen allerdings viel Platz, wenn sie als Hindernis für Mensch und Tier dienen sollen. Die modernen Hybriden geben allein keine gute Hecke ab. Am besten geeignet dafür sind einige der altmodischen Rosen, wie nachfolgend aufgeführt. Die Sträucher müssen in jedem Winter ausgedünnt und alle ein bis zwei Jahre stark zurückgeschnitten werden.

R. nitida	3, rosa, 60-80
R. pimpinellifolia	2, 2x, rosa, 100-150
R. rubiginosa	2, 2x, rosa, 100-150
R. rugosa	3, alle Farben, 100

Rosa pimpinellifolia

Salix

WEIDE

Weiden gibt es in vielen verschiedenen Größen und Formen. Für jeden Garten und für jede Heckenform findet sich etwas Passendes. Sie lieben feuchten,

Salix species

frischen Boden, einige Arten stehen gerne am Ufer eines Gewässers.

S. species	4, 3-4x, grüngrau, 3

Sambucus

HOLUNDER

Die *Sambucus*-Arten stellen an den Boden keine besonderen Ansprüche und können rasch Hecken bilden. Man wird sie deshalb bevorzugt dort verwenden, wo man schnell einen Abschluß oder eine vitale Vegetation wünscht. Gegenüber Schnittmaßnahmen sind sie unempfindlich.

S. canadensis 'Plumosa Aurea'	3, 3x, zartes Bl., 4
S. nigra	3, 3x, grobes Bl., 4
S. racemosa	3, 3x, zartes Bl., 4

Spiraea

SPIERSTRAUCH

S. bumalda und *S. japonica* eignen sich bestens als freiwachsende Hecke; *S. arguta* sollte besser geschnitten werden. Die meisten *Spiraea*-Arten bevorzugen einen hellen, sonnigen Standort. Der Boden sollte etwas humos, genügend feucht, aber durchlässig sein. Man verjüngt sie von Zeit zu Zeit durch das Herausnehmen alter Triebe.

S. arguta	2,5, 2x, weiß, 1,75
S. bumalda 'Anthony Waterer'	4, rosarot, 1
S. b. 'Froebelii'	3, rosarot, 1,5
S. japonica	4, rosa, 0,5

Sambucus canadensis 'Plumosa Aurea'

Symphoricarpos

SCHNEEBEERE

Beim Schneiden dieser laubabwerfenden Hecke bleiben kaum Beeren am Strauch. Früher wurden Schneebeeren gerne als Heckenpflanzen verwendet, meistens gestutzt. In Landschaftsgärten des vorigen Jahrhunderts durfte diese Pflanze nicht fehlen. Sie

Spiraea arguta

gedeiht in Sonne und Schatten, auf nahezu jedem Boden.

S. albus	3, 3x, weiße Beeren, 1,5
S. a. 'White Hedge'	3, 3x,
S. x *chenaultii*	3, 3x, rote Beeren, 1
S. orbiculatus	3, 3x, rote Beeren, 1,8

Symphoricarpos albus 'White Hedge'

Taxus

EIBE

Die Eiben, eine relativ kleine Gattung, scheinen auf alte Friedhöfe beschränkt zu sein, wo sie sicher ihren Wert bewiesen haben. Sie sind hervorragende, langsam wachsende Bäume und Sträucher, ungewöhnlich schattenverträglich und zufrieden mit beinahe jedem Boden. Ein Grund, warum dieser nützliche Baum so vernachlässigt wird, mag vielleicht sein, daß seine leuchtend roten Früchte für den Menschen giftig sind. In Wirklichkeit ist aber nicht das rote, tatsächlich wohlschmeckende Fleisch giftig, sondern nur der Samen. *T. baccata* kann mehr als 1000 Jahre alt werden und wächst entsprechend langsam. *Taxus* ist zweihäusig, d.h. es gibt männliche und weibliche Pflanzen. Es existieren verschiedene Sorten, die auch in Abhängigkeit vom Alter typische Wuchsformen entwickeln. So zeigt z.B. *T. baccata* 'Fastigiata' im Jugendstadium einen ausgeprägten Säulenwuchs und wächst später ausladender vasenförmig. Die Sorte 'Fastigiata Aurea' hat gelb gefärbte Nadeln. Für Hecken eignet sich *Taxus* x *media* 'Hicksii', eine breit säulenförmige Pflanze. Der Boden soll für alle *Taxus*-Arten genügend feucht, aber nicht staunaß sein. Schnitt ist nach Triebabschluß im Sommer möglich.

T. baccata	2,5, 2-3x, dunkelgrün, 5
T. b. 'Washingtonii'	2, 2x, gelbgrün, 2
T. x *media* 'Hicksii'	3, 2x, dunkelgrün, 2

Thuja

LEBENSBAUM

Von den sehr variablen Arten sind wohl an die 100 Formen bekannt. Darunter befinden sich einige interessante Zwergformen mit Abweichungen in Habitus, Bezweigung und Nadelfärbung. Thujen sind im Garten brauchbare Einzel- und Gruppenpflanzen und können grünbleibende Hecken bilden. Ihre Standortansprüche sind gering; sie gedeihen, ausreichende Boden- und Luftfeuchtigkeit vorausgesetzt, auf nahezu allen Böden und an sonnigen bis halbschattigen Plätzen. Sie sind empfindlich gegen trockene Sandböden, gegen Tropfenfall und Wurzeldruck größerer, benachbarter Bäume. *Thuja plicata* 'Zebrina', der Zebrabunte Lebensbaum, hat waagrecht abstehende Äste und zebraartig gelblich gestreifte Nadeln.

T. occidentalis	2,5, 2x, grün, 4
T. o. 'Frieslandia'	2,5, 2x, grün, 4
T. o. 'Spiralis'	3, 2x, gedrehte Zweige, 4
T. plicata	2,5, 2x, glänzend grün
T. p. 'Dura'	2,5, 2x, glänzend grün, 5
T. p. 'Atrovirens'	2,5, 2x, glänzend grün, 5
T. p. 'Gelderland'	2,5, 2x, glänzend grün, 5
T. p. 'Zebrina'	2,5, 2x, gestreift, 4

Tilia

LINDE

Diese laubabwerfende Hecke mit den wunderschönen „lindgrünen", herzförmigen Blättern und süß duftenden Blüten wurde früher oft als Sichtschutz verwendet. Man kann sie gut in beliebige Formen schneiden. Linden wachsen in der Sonne und im Halbschatten. Sie brauchen kräftigen, tiefgründigen feuchten Boden. Verschiedene Sorten sind für den Garten geeignet.

T. europaea	4, 3x, hellgrün, 3

Tilia europaea

Ulmus

FELDULME

Früher wurde die Feldulme *(U. minor* syn. *U. campestre, U. carpinifolia)* gerne als Heckenpflanze benutzt. Seit die Ulmenkrankheit stark zugenommen hat (siehe auch: Bäume für große Gärten), ist diese Pflanze nicht mehr uneingeschränkt zu empfehlen. Im Falle eines Baumes nimmt man dieses Risiko bisweilen in Kauf, aber eine Hecke kann im Krankheitsfall innerhalb eines Jahres ganz und gar absterben.

U. carpinifolia

Ulmus carpinifolia

4. Nadelgehölze

Nadelgehölze sind seit langem ein unverzichtbarer Bestandteil unserer Gärten und Parkanlagen. In ihrer Verwendung drückt sich unter anderem die Sehnsucht nach einem immergrünen Garten aus, der in unseren Breiten zuverlässig nur mit den überwiegend immergrünen Nadelgehölzen gestaltet werden kann, aber wohl auch der Wunsch nach einem „pflegeleichten", stets sauberen Garten. Die nahezu ausschließliche Verwendung von Nadelgehölzen führt aber nicht selten zu monotonen Gartenbildern, selbst dann, wenn man versucht, mit gelb- und blaunadeligen Gartenformen etwas Abwechslung zu schaffen. Auch bei einer großen Vorliebe für Nadelgehölze sollte man im Garten auf sommergrüne Laub- und Blütengehölze nicht verzichten.

Beachten Sie beim Einkauf von Koniferen, daß kegelförmig wachsende Nadelgehölze, wie Chamaecyparis oder Thuja, keine Lücken in ihrem grünen Kleid, daß Tannen und Kiefern keine dürren Zweige aufweisen. Auch die kleinen Koniferen müssen schon den arttypischen Wuchscharakter haben, der bei den großen Exemplaren die bewundernden Blicke des Pflanzenliebhabers auf sich zieht. Eine qualitativ einwandfreie Konifere hat einen feinverzweigten Wurzelballen. Außerdem muß das Grün eine arttypische, gesunde Färbung aufweisen, also frisch sein. Einmal angetrocknete Koniferen erholen sich nur schwer; deshalb muß nach dem Pflanzen reichlich gegossen werden.

Nadelgehölze brauchen sauren Boden, um gut wachsen zu können. Bei Ausnahmen, die diese Regel bestätigen, vermerken wir dies im Text. Koniferen möchten gerne Standorte in der Sonne, bei schattenvertragenden Arten ist diese Eigenschaft jeweils angegeben. Achten Sie gut auf die Wuchshöhen der Pflanzen, schon manchmal ist aus einer „Zwergkonifere" ein riesiger Baum geworden. Nadelgehölze, die sich gut als Heckenpflanzen eignen, sind in dem Kapitel „Heckenpflanzen" gesondert aufgeführt.

Die Wuchshöhen werden zwar vermerkt, aber nicht die Wuchskraft der Pflanzen. Diese kann bei unterschiedlichen Arten bzw. Sorten stark schwanken.

Wir machen bei den jeweiligen Arten Angaben zur Farbe der Nadeln, zur Wuchsform der Gehölze und zur Wuchshöhe in Metern.

Abies

TANNE

Tannen unterscheiden sich in ihrem Äußeren nicht wesentlich von den Fichten *(Picea)*, und beide Gattungen werden vom Laien häufig verwechselt. Ein charakteristisches Unterscheidungsmerkmal besteht darin, daß die Zapfen der Tanne aufrecht stehen und nach der Reife die einzelnen Schuppen so abwerfen, daß zuletzt der dürre Zapfenstiel stehen-

Abies procera 'Glauca'

bleibt. Im Gegensatz hierzu hängen die Fichtenzapfen nach unten und fallen nach der Reife als Ganzes ab. Auch die Nadeln der beiden Gehölzgattungen bieten Unterscheidungsmerkmale. Zieht man eine Fichtennadel vom Trieb ab, geht immer etwas Rinde mit. Beim Abziehen einer Tannennadel vom Trieb bleibt dessen Rinde unversehrt. Dies ist auf die unterschiedliche Art der Verbindung zwischen Nadel und Trieb bei den beiden Gattungen zurückzuführen.

A. alba	2 weiße Streifen, breite Krone, 20
A. a. 'Pendula'	grün, schmale Hängeform, 15
A. a. 'Pyramidalis'	grün, dichte Säulenform, 10
A. balsamea	dkl.grün, schmal pyramidal, 15
A. b. 'Nana'	dunkelgrün, breit kugelig, 1
A. concolor	graugrün, pyramidal, 30
A. grandis	dunkelgrün, pyramidal, 20
A. homolepis	dunkelgrün, zylinderförmig, 25
A. koreana	dunkelgrün, blauer Kegel, 15
A. lasiocarpa 'Compacta'	blaugrau, pyramidal, 1
A. nordmannia	dunkelgrün, regelmäßig, 20
A. pinsapo	grün, pyramidal, 20
A. procera	graugrün, kegelförmig, 25
A. p. 'Blaue Hexe'*	graugrün, kugelig, 0,5
A p. 'Glauca'	graublau, kegelförmig, 20
A. veitchii	grün, schmal, 15

Araucaria

ARAUKARIE, SCHMUCK-TANNE

In seiner Jugend ist dieser Baum stark frostgefährdet, auch später pflanzt man ihn besser an eine geschützte Stelle.

Obwohl die Araukarie nicht breit auswächst, ist sie nur für große Gärten geeignet; in einem kleinen Garten wirkt sie wegen ihrer dunkelgrünen Nadeln zu dominant.

Araucaria araucana

*A. araucana**	dunkelgrün, großer Baum, 15

Calocedrus

FLUSSZEDER

Libocedrus wurde in drei Gattungen untergliedert; der alte Name bleibt für *L. bidwillii,* einen frostempfindlichen Baum, bestehen. *Calocedrus* kann in seiner Heimat zu einem riesigen Baum von 45 m heranwachsen. Die straffen Säulen kann man gut zur Betonung vertikaler Linien in Gartenanlagen verwenden.

C. decurrens	grün, schmale Säulenform, 20
C. d. 'Aureovariegata'	gelbe Nadeln, Säule, 15
C. d. 'Compacta'*	hellgrün, Kugel, 2
C. d. 'Intricata'	grün, Kugel, 1

Calocedrus decurrens

Cedrus

ZEDER

In einem strengen Winter können ihre an Kurztrieben quirlig stehenden Nadeln erfrieren, wobei die Libanonzeder *(C. libani)* am stärksten frostgefährdet ist. Dieser Baum wächst während seiner Jugendzeit pyramidal, später bekommt er eine flache Krone. Die Atlaszeder (*C. atlantica* 'Glauca'), ein mittelhoher bis hoher Baum, wird gerne in kleinere Gärten gepflanzt, so daß man sie frühzeitig kappen muß.

*C. atlantica**	blaugrün, breit 30
C. a. 'Aurea'	gelbgrün, breit, 15
C. a. 'Fastigiata'	graublau, Säule, 15
C. a. 'Glauca'	blaugrau, breit, 15
C. a. 'Glauca Pendula'**	blaugrau, breit, 5
C. a. 'Pendula'	blaugrün, hoch und breit, 15
C. deodara	hellgrün, sehr breit, 20
C. d. 'Golden Horizont'	grünlich gelb, breit, 5
C. d. 'Pendula'**	grün, Hängef., breit, 3
C. d. 'Pygmy'	grau, Kugel, 0,5
C. d. 'Verticillata Glauca'	blaugrün, schmal, 4
*C. libani**	hell/dunkelgrün, pyramidal, 20
C. l. 'Sargentii'	Zwerg, blaugrün, 1,5

Cedrus atlantica 'Glauca'

Cephalotaxus

Das außergewöhnliche, aus Japan stammende Nadelgehölz verträgt keinen sauren Boden, wächst aber gerne im Schatten anderer Bäume. *Cephalotaxus* ist für mittelgroße Gärten geeignet, wird aber selten angeboten.

C. fortunei	dunkelgrün, unregelmäßig, 10
*C. harringtonia**	glänzend dunkelgrün, breit, 3
C. h. 'Fastigiata'*	dunkelgrün, säulenf., 4

Chamaecyparis

SCHEINZYPRESSE

Der Formenreichtum dieser Gattung ist nicht von Natur aus, sondern durch Kreuzungen durch den Menschen unwahrscheinlich groß. Man kann innerhalb dieser Gattung alle möglichen Formen und Farben finden. Von der im pazifischen Nord-Amerika heimischen Lawson-Scheinzypresse sind zahlreiche Gartenformen bekannt, unter denen sich auch einige Zwergformen befinden. Sie stellen keine hohen Standortansprüche, sie bevorzugen sonnige bis leicht beschattete Lagen und gedeihen auf allen Gartenböden; sie vertragen lediglich sehr trockene Böden nicht, kommen aber mit alkalischen Böden gut zurecht.

*C. lawsoniana**	grün oder blaugrün, pyramidal, 30
C. l. 'Albovariegata'	weißbunt, Kegel, 10
C. l. 'Alumii'	blaugrün, pyramidal, 15
C. l. 'Alumigold'	schwefelgelb, schmal, 10
C. l. 'Chilworth Silver'	grau, breit, 3
C. l. 'Columnaris'	blaugrau, säulenförmig, 10
C. l. 'Ellwoodii'	blaugrün, kegelförmig, 5
C. l. 'Erecra Virides'	frischgrün, pyramidal, 7

Cephalotaxus harringtonia

Chamaecyparis lawsoniana 'Ellwoodii'

Chamaecyparis lawsoniana 'Triomf van Boskoop'

C. l. 'Filiformis Compacta'	grün, dicht, rund, 0,5
C. l. 'Forsteckensis'	blaugrün, rund, 1
C. l. 'Globe'**	grau, Kugel, 1
C. l. 'Golden Spire'	gelb, schmal säulenförmig, 8
C. l. 'Golden Wonder'	gelbgrün, pyramidal, 10
C. l. 'Green Globe'*	grün, Kugel, 1
C. l. 'Intertexta'	blaugrün, pyramidal, 10
C. l. 'Lane'	goldgelb, schlank, 8
C. l. 'Lutea'	gelbgrün, langsam, schlank, 7
C. l. 'Lutea Nana'	gelb, breiter Kegel, 0,5
C. l. 'Minima Glauca'	blaugrün, kugelf., 1
C. l. 'Pygmaea'**	grün, flacher Kegel, 0,5
C. l. 'Silver Queen'	gelblich grün, Enden silberweiß, 10
C. l. 'Spek'	graublau, kegelf., 7
C. l. 'Stewarttii'	goldgelb, pyramidal, 7
C. l. 'Triomf van Boskoop'	silberblau, kegelf., 20
C. l. 'Wisselii'	blaugrün, kegelförmig, schlank, 10
C. l. 'Youngii'*	grün, schmaler Kegel, 10
C. nootkatensis	frisch hellgrün, schlank pyramidal, 30
C. n. 'Pendula'	grün, Hängef., 10
*C. obtusa**	tiefgrün, kegelförmig, 15
C. o. 'Caespitosa'*	grün, Minizwerg, 0,3
C. o. 'Contorta'	grün, Zwerg, 1
C. o. 'Filicoides'	glänzend dunkelgrün, 1,5
C. o. 'Flabelliformis'**	grün, Kugel, langsam, 1
C. o. 'Goldspire'	hellgelb, 4
C. o. 'Juniperioides'*	grün, Minizwerg, 0,2
C. o. 'Minima'	grün, Minizwerg, 0,3
C. o. 'Nana'	hellgrün, Zwerg, unregelmäßig, 1
C. o. 'Nana Gracilis'	hellgrün, unregelmäßige Kegelform, 3
C. o. 'Pygmaea'	braungrün, kugelf., 1,5
C. o. 'Tetragona Aurea'	knallgelb, unregelmäßig, 2
*C. pisifera**	grün, kegelf., 15
C. p. 'Boulevard'	graublau, breit, pyramidal, 1
C. p. 'Filiformis'	graugrün, überhängend, 1
C. p. 'Filifera Aurea'	goldgelb, überhängend, kugelförmig, 2
C. p. 'Filifera Nana'	dunkelgrün, Zwerg, 1
C. p. 'Gold Spangle'	gelb, pyramidal, 5
C. p. 'Nana'**	grün, Kugel, 0,5
C. p. 'Plumosa'	grün, pyramidal, 7
C. p. 'Plumosa Aurea'	goldgelb, pyramidal, 8
C. p. 'Plumosa Aurea Compacta'	goldgelb, klein, 1
C. p. 'Squarrosa'	graublau, dicht, breit, 7
C. p. 'Sungold'	gelb, breit, 7

Cryptomeria

Die Sicheltanne bildet in Japan von den südlichsten Inseln bis in das nördliche Hondo ausgedehnte Wälder. Die sehr vielgestaltige Art hat auch eine Reihe von Zwergformen hervorgebracht, die in Japan schon sehr lange in Kultur sind. Alle Zwergformen können sich nur in milden Klimabereichen, auf frischen, humosen Böden und in halbschattigen

Cryptomeria japonica

Lagen optimal entwickeln. Gefährlich sind sommerliche Dürreperioden, tiefe Wintertemperaturen, winterliche Sonneneinstrahlung.

C. japonica	hellgrün, pyramidal, 25
C. j. 'Bandai'	geknäuelte Büschel kurzer Triebe, 1
C. j. 'Compacta'	im Sommer blaugrün, im Winter violett, 10
C. j. 'Cristata'	sichelförmig, 5
C. j. 'Globosa'	blaugrün, kugelf., 1,5
C. j. 'Globosa Nana'	blaugrün, gedrungen kegelförmig, 1
C. j. 'Jindai'	hellgrün, dichte Kegelform, 2
C. j. 'Spiralis'	hellgrün, gedrehte Zweige, 10
C. j. 'Vilmoriana'	hellgrün, unregelmäßig kugelförmig, 0,7

Cupressus

ZYPRESSE

In sehr schattigen Gärten halten sie einige milde Winter aus. Sie sind für große Pflanzgefäße geeignet (saurer Boden!), die im Winter z. B. in einer Garage stehen können.

C. sempervirens	blaugrau, säulenförmig, 4

Cupressus sempervirens

x *Cupressocyparis*

Zusammen mit der *Metasequoia* handelt es sich hier um die am schnellsten wachsenden Koniferen. Dieses immergrüne Gewächs ist ein Hybrid aus den Gattungen *Cupressus macrocarpa* x *Chamaecyparus nootkatensis*.
In jüngeren Jahren sind die Bäume stark frostgefährdet, wodurch sie für Heckenpflanzungen nur bedingt geeignet sind.

C. leylandii	hellgrün, kegelförmig, 20
C. l. 'Castlewellan Gold'	gelb, kegelförmig, 10
C. l. 'Hyde Hall'	hell gelbgrün, kegelförmig, 10
C. l. 'Leighton Green'	hellgrün, kegelförmig, 10
C. l. 'Silver Dust'	weißbunte Flecken, kegelförmig, 10

Cupressocyparis leylandii

Juniperus

WACHOLDER

Die Gattung *Juniperus* weist eine Fülle von Arten und Sorten auf. Es gibt sowohl säulenförmige als auch kriechende Formen und selbstverständlich auch Übergangsformen. Außerdem unterscheiden sich die vielen Vertreter dieser Gattung noch durch den unterschiedlichen morphologischen Aufbau ihres

Grüns und durch Farbschattierungen. Infolge der Vielfalt an Formen und Farben spielt der Wacholder sowohl in der Gestaltung kleiner Gärten als auch großer Anlagen eine Rolle.

J. chinensis	graugrün, pyramidal oder breit ausladend, 15
J. c. 'Keteleeri'	graugrün, Kegel, 10
J. c. 'Monarch'	graugrün, schmaler Kegel, 10
J. c. 'Stricta'	graublau, pyramidal, 5
J. communis	graugrün, div. Formen, 4
J. c. 'Compressa'	grün, dichte Säule, 2
J. c. 'Depressa Aurea'	gelb, breit, 0,5
J. c. 'Echiniformis'	grün, Kugel, 0,3
J. c. 'Effusa'	grün, breit, 0,5
J. c. 'Hibernica'	blaugrün, Säule, 3
J. c. 'Hornibrookii'	grün, sehr breit, 0,5
J. c. 'Nana'	goldgelb, kriechend, 0,5
J. c. 'Repanda'	grün, breit, 0,3
J. c. 'Suecica'	grün, schmale Säule, 4
J. horizontalis 'Andorra Compact'	grau, breit, 0,5
J. h. 'Glauca'	siehe: 'Wiltonii'
J. h. 'Hughes'	blaugrün, breit, 0,5
J. h. 'Plumosa'	graugrün, kompakt, 0,6
J. h. 'Wiltonii'	blau, breit kriechend, 0,3
J. h. 'Prostrata'	blaugrau, kriechend, 0,4
J. media 'Blaauw'	graublau, strauchf., 1
J. x *media* 'Hetzii'	grau, breit, 5
J. m. 'Old Gold'	grüngelb, kompakt, 1
J. m. 'Pfitzeriana'	grün, locker, 2
J. m. 'Pfitzeriana Aurea'	grüngelb, 1,5
J. m. 'Pfitzeriana Glauca'	blaugrün, locker, 2

Juniperus horizontalis 'Hughes'

Junipera x *media* 'Pfitzeriana Aurea'

J. m. 'Plumosa Aurea'	gelbgrün, dicht, 2
J. m. 'Sargentii'	blaugrün, sehr breit, 0,8
J. procumbens 'Nana'	grün, sehr flach, 0,3
J. sabina	grün, unregelmäßig, 2
J. s. 'Tamariscifolia'	blaugrün, 1
J. squamata 'Blue Star'	graublau, kugelf., 0,5
J. s. 'Blue Carpet'	blaugrau, breit, 0,5
J. s. 'Meyeri'	
J. s. 'Pygmaea'	grün, kompakt, 0,5
J. virginiana	blaugrün, pyramidal, 20
J. v. 'Canaertii'	grün, breite Säulenf., 4
J. v. 'Glauca'	blaugrau, säulenf., 5
J. v. 'Globosa'	grün, kugel, 1
J. v. 'Grey Owl'	graublau, strauchf., 2,5
J. v. S'kyrocket'	graublau, sehr schmal, 4-7

Larix

LÄRCHE

Im Frühling begeistert ihr frisches Grün, und im Herbst zeigen die Nadeln der Lärchen eine prächtige, gelbe Herbstfärbung. *L. kaempferi* (die Japanische Lärche) wird häufig noch unter dem Namen *L. leptolepis* verkauft. Auf humosen Böden kann dieses Nadelgehölz im Alter bis zu 30 m hoch werden. Sie liebt kühlfeuchte Standorte und braucht eine hohe Luftfeuchtigkeit. Dieser Baum hat die Europäische Lärche, *L. decidua,* im Waldbau nahezu verdrängt.

L. decidua	hellgrün, schmal, 25
L. d. 'Corley'	grün, Zwerg, 1
L. d. 'Pendula'	grün, schlanke Hängef., 15
L. kaempferi	hellgrün, breit, 30
L. k. 'Blue Rabbit'	blaugrau, Zwerg, 0,5
L. k. 'Blue Ball'	blaugrau, flach, 0,3
L. k. 'Georgengarten'	hellgrün, Zwerg, 0,5
L. k. 'Pendula'	grün, breit, 4
L. k. 'Prostrata'	grün, breit, 0,5

Libocedrus

FLUSSZEDER

Siehe: *Calocedrus*

Metasequoia

URWELTMAMMUTBAUM, CHINESISCHES ROTHOLZ

Zusammen mit *Cupressocyparis* handelt es sich hier um die raschwüchsigsten Koniferen. Der Mammutbaum ist ein schöner, sehr regelmäßiger, sommergrüner Baum, dessen Krone zuerst schmal, später breit kegelförmig wächst. *Metasequoia* wurde erst in jüngster Zeit entdeckt, nämlich 1945 in Zentral-China. Er kann in allen frischen Gartenböden, stark sauren bis schwach alkalischen Böden wachsen und verträgt auch Kalk. Ebenso wie die Lärchen verliert dieser Baum seine Nadeln.

M. glyptostroboides	hellgrün, kegelf., 25

Metasequoia glyptostroboides

Larix decidua

Microbiota

Erst seit kurzer Zeit hat man den Fächerwacholder für den Garten entdeckt. Durch sein dichtes Wachstum verhindert er das Aufkommen von Unkraut. Sein hellgrünes Sommerkleid verfärbt sich bis zum Winter nach Graubraun.

M. decussata	grün, breit, 1

Picea

FICHTE

Unsere heimische Fichte ist von Westeuropa bis Mittelasien in mittleren und höheren Berglagen verbreitet. Wie kaum ein anderer Nadelbaum neigt *P. abies* zu Abweichungen in Habitus, Bezweigung, Benadelung und Zapfenform. Neben standortbedingten Modifikationen gehören dazu auch zahlreiche, durch Mutation entstandene Formen, unter denen sich auch sehr viele Zwergformen befinden. Die Serbische Fichte ist ein schlank wachsendes Nadelgehölz, das auch noch in etwas verschmutzter Luft gedeiht. Die Rinde ist orange-braun gefärbt, die Nadeln sind dunkelgrün und besitzen an der Unterseite zwei weiße Streifen. *P. glauca* 'Conica', eine spät entdeckte blaue Form, hat aufgrund ihres dichten, kegelförmigen Wuchses und der Färbung eine weltweite Verbreitung erfahren. Sie eignet sich infolge ihres langsamen Wuchses auch für kleinere

Gärten, kann aber auch im Laufe der Jahre über 2 m hoch werden.
Die deutschen Namen für einige nachfolgende Fichten-Arten sind: Rotfichte *(P. abies)*, Mähnenfichte *(P. breweriana)*, Kissenfichte *(P. mariana)*, Serbische Fichte *(P. omorika)*, Kaukasus-Fichte *(P. orientalis)*, Steckfichte *(P. pungens)* und Sitkafichte *(P. sitchensis)*.

P. abies	Rotfichte, 15
P. a. 'Aurea'	gelb, pyramidal, 10
P. a. 'Capressina'	dicht, säulenförmig, 10
P. a. 'Caerulea'	stahlblau
P. a. 'Clanbrassiliana'	Kugelform, sehr dicht, 1
P. a. 'Columnaris'	Säulenform
P. a. 'Compacta'	hellgrün, Kugel, 0,5
P. a. 'Cupressina'**	grün, schlanke Säule, 10
P. a. 'Diffusa'**	grün, dichte Kugel, 10
P. a. 'Gregoryana'	grün, kissenförmig, langsam, 0,6
P. a. 'Hystrix'**	grün, Minizwerg
P. a. 'Inversa'	grün, Hängeform, dicht, schmal, 10
P. a. 'Nidiformis'	Zwerg, gleichmäßig, 1
P. a. 'Procumbens'	grün, breit, dicht, 1
P. a. 'Ohlendorfii'	grün, Kegelform, 2,5

Picea abies 'Nidiformis'

Picea breweriana

P. a. 'Pygmaea'	grün, gleichmäßig, 1
P. a. 'Pyramidata'	Säulenform
P. a. 'Remontii'*	grün, dichte Kegel, 2
P. a. 'Repens'	grün, sehr breit, 0,5
P. breweriana	grün, hoch und breit, 30
P. engelmanii 'Glauca'	graublau, pyramidal, 20
*P. glauca**	grün, kegelförmig, 20
P. g. 'Conica'	hellgrün, Kegel, dicht, 1,5
P. g. 'Echiniformis'	grün, Zwerg, Kugel, 0,5
P. mariana	blaugrün, kegelförmig, 15
P. m. 'Argenteovariegata'*	fast weiß, pyramidal, 3
P. m. 'Nana'	blaugrün, flach, rund, 0,3
*P. obovata***	graugrün, schmal, pyramidal, 10
P. omorika	graugrün, schmal, pyramidal, 15
P. o. 'Nana'	graugrün, unregelmäßig, 1
P. orientalis	dunkelgrün, kegelförmig, 20
P. o. 'Aurea'	goldgelbe Spitzen, kegelförmig, 15
P. pungens	graugrün, breit pyramidal, 20
P. p. 'Glauca Globosa'	blau, gedrungen, 1
P. p. 'Erich Frahm'	blaugrau, 4
P. p. 'Hoopsii'	blaugrau, 5
P. p. 'Koster'	blau, pyramidal, 15
P. p. 'Oldenburg'*	blaugran, breit pyramidal, 15
P. sitchensis	grün, unterseits zwei blaue Streifen, breit pyramidal, 5

Pinus

KIEFER

P. sylvestris, die Gemeine Kiefer, zählt in Europa mit zu den bekanntesten Waldbäumen. Sie kommt seit undenklichen Zeiten in unseren Wäldern vor und wird von der Forstwirtschaft seit langem verwendet. Die Kiefern sind, was den Boden anbelangt, sehr anspruchslos. Sie wachsen sogar noch auf den ärmsten Sandböden. Für die Gartengestaltung hat dieses Gehölz nur untergeordnete Bedeutung. Dafür finden andere *Pinus*-Arten in unseren Gärten um so häufigere Verwendung. Ein Beispiel hierfür ist *P. mugo.* Entsprechend ihrer ursprünglichen Heimat und der etwas bizarren und eigenwilligen Wuchsform hat sie den recht treffenden Namen Berg- oder Krummholzkiefer.
Für Steingärten, Rabatten oder Gehölzgruppen eignet sich *Pinus mugo mughus.*

*P. cembra**	blaugrün, schlank, 20
P. c. 'Stricta'	blaugrün, Kegel, 1
P. densiflora 'Globosa'	grün, Kugel, 1
*P. griffithii**	blaugrün, breit pyramidal, 20
P. mugo	dunkelgrün, strauchf., 5
P. m. 'Gnom'	grün, breit pyramidal, 2
P. m. var. *mughus*	dunkelgrün, gedrungen, 2

Pinus cembra

P. m. var. *pumilio*	Zwerg, breit, 1,5
P. nigra var. *austriaca*	dunkelgrün, breit eiförmig, 10
P. parviflora	blaugrün, unregelmäßig, 15
P. p. 'Glauca'	blaugrau, bizarr, 8
P. peuce	graugrün, schmal pyramidal, 15
P. p. 'Aurea'	gelb, pyramidal, 12
P. pinaster	glänzend grün, kegelf., 20
P. pumila 'Nana'	grün, Kugel, 3
P. strobus	graugrün, pyramidal, 15
P. s. 'Alba'	graugrün, schmal pyramidal, 8

Pinus parviflora

P. s. 'Minima'*	hellgrün, Kugel, 0,5
P. s. 'Radiata'	blaugrau, Zwerg, 1,5
P. sylvestris	grün, unregelmäßig, 15
P. s. 'Aurea'	gelb (Winter), unregelmäßig, 8
P. s. 'Globosa'*	grün, rund, 1
P. s. 'Pumila'*	blaugrün, rund, 2
P. wallichiana	siehe: *P. griffithii*

Podocarpus

Als Ausnahme unter den Nadelgehölzen kann *Podocarpus* gut auf Kalkböden wachsen. Die Gattung *Podocarpus* wird in viele unterschiedliche Arten gegliedert, fast alle kommen aus warmen Gebieten der südlichen Halbkugel. Die nachstehenden Arten vertragen Schatten und sind vollkommen winterhart.

*P. alpinus**	grün, unregelmäßig, 2
*P. nivalis**	hellgrün, breit, 1

Pseudolarix

CHINESISCHE GOLDLÄRCHE

Dieser außergewöhnliche nadelabwerfende Baum mit prächtiger Herbstfärbung ist nur für sehr große Gärten geeignet. Sein „alter" Name lautet *P. kaempferi*.

*P. amabilis**	grün, breit pyramidal, 15

Pseudolarix amabilis

Pseudotsuga

DOUGLASFICHTE

In Kanada, in der Heimat dieses Baumes, kann er eine Größe von 60 m erreichen. Dieser schnellwüchsige Baum sollte als junge Pflanze beschattet werden.

P. glauca 'Pendula'*	blaugrün, Hängeform, 15
P. menziesii	grün, breit pyramidal, 30
P. m. 'Fletcheri'	silbergrau, unregelmäßig, 1

Scyadopitys

SCHIRMTANNE

Dieser Baum ist leicht erkennbar an seinen sattgrünen Nadeln, die in schirmartigen Quirlen stehen und 2 Jahre lang haften. Die Schirmtanne verträgt keine Trockenheit, aber schattige Standorte und braucht sauren Boden (kalkempfindlich!).

*S. verticillata**	glänzend grün, schmal pyramidal, 20
S. v. 'Aurea'*	gelb, pyramidal, 5

Scyadopitys verticillata

Pseudotsuga menziesii

Sequoia

MAMMUTBAUM, REDWOOD

Der höchste Baum der Welt wird in seiner Heimat (pazifisches Nordamerika) bis 120 m hoch. Der Stamm eines Exemplares ist in der Mitte gespalten, so daß ein Auto hindurchfahren kann. Obwohl bei uns auch einige größere Mammutbäume vorkommen, ist er in unseren Breiten nur mäßig frosthart und für innerstädtisches Klima bedingt geeignet.

*S. sempervirens**	grün, schmal, 20
S. s. Prostrata'**	graugrün, flach, 0,5

Sequoia sempervirens

Sequoiadendron

MAMMUTBAUM

An ihrem natürlichen Standort können diese Bäume über 100 m hoch werden, sie erreichen aber nicht die enormen Höhen der Sequoien. Die jungen Bäume sind frostempfindlich. Auch ältere Exemplare vertragen in Mitteleuropa nur mäßig Frost. Ungünstig für diese Bäume sind arme, heißtrockene Standorte, wichtig ist für sie eine gleichmäßige Bodenfeuchte.

S. gigantea	dunkel graugrün, pyramidal, 30
S. g. 'Compactum'**	grün, breit pyramidal, 1,5
S. g. 'Glaucum'*	silbergrau, schmale Säule, 8

Taxodium

SUMPFZYPRESSE

Dieser schlanke, hohe Baum, der im Winter seine Nadeln verliert, wächst sehr gut auf feuchten bis frischen, nährstoffreichen Sand- oder Lehmböden, auf feuchten Kies- und Torfböden. Er ist empfindlich gegenüber Kalk und gegen Oberflächenverdichtung. Sein Stamm ist am Fuße sehr dicht und brettartig verbreitert.

*T. distichum**	grün, breit pyramidal, 30

Taxodium distichum

Taxus

EIBE

Der Anteil heimischer Nadelgehölze an unserem Koniferensortiment ist nicht groß. Eine der wenigen Vertreterinnen der heimischen Nadelgehölze ist die Eibe. Bedauerlicherweise findet man sie als Wildpflanze nur selten. Sicher ist das geringe Vorkommen in den Wäldern auch auf den überaus langsamen Holzzuwachs zurückzuführen. Im Gegensatz zu den wildwachsenden Exemplaren werden in den Baumschulen reichlich Kulturformen gezogen. Keine andere Konifere verträgt soviel Schatten und regeneriert sich nach einem Rückschnitt so gut wie die Eibe. Sie ist nicht umsonst eine der wertvollsten Heckenpflanzen.

T. baccata	grün, breit und hoch, 20
T. b. 'Adpressa'	dunkelgrün, breite Strauchform, 2,5
T. b. 'Aurea'	gelb, breite Strauchform, 10
T. b. 'Corley's Coppertip'*	gelbgrün, 1,5
T. b. 'Dovastoniana'	dunkelgrün, Hängeform, 10
T. b. 'Dovastonii Aurea'	gelbgrün, 2
T. b. 'Dovastonii Variegata'	gelbgrüner Rand, überhängend, 2,5
T. b. 'Fastigiata'	dunkelgrün, säulenförmig, 4
T. b. 'Fastigiata Aureomarginata'	gelbe Ränder, Säule, 4
T. b. 'Lutea'	gelbe Beeren, grüne Nadeln breit, 4
T. b. 'Overeynderi'	dunkelgrün, breit pyramidal, 4
T. b. 'Repandens'	blaugrün, horizontal wachsend, 0,5
T. b. 'Semperaurea'	gelb, breit, 2
T. b. 'Standishii'	gelb, säulenförmig, später breit, 2
T. b. 'Summergold'	gelb, breit, 1
T. b. 'Washingtonii'	gelblich, breit, 2
T. cuspidata 'Nana'	grün, sehr breit!, 1
T. c. 'Rustique'	bronzefarben (Winter), breit
T. media 'Hicksii'	dunkelgrün, breite Säule, 2
T. m. 'Nidiformis'	grün, breiter Strauch, 1

Thuja

LEBENSBAUM

An den Boden stellt *Thuja* keine besonderen Ansprüche, sie fühlt sich wohl auf frischen, durchlässigen Böden, die schwach sauer bis alkalisch sein können. Wir unterscheiden den Abendländischen *(occidentalis)* vom Morgenländischen *(orientalis)* Lebensbaum. Daneben gibt es auch noch den Riesen-Lebensbaum *(Thuja plicata). T. occidentalis* hat im Sommer grüne Nadeln, die im Winter auffallend verbräunen. Die Nadeln von *T. plicata* hingegen bleiben im Winter glänzend grün.

T. occidentalis 'Alba'	weiße Spitzen, pyramidal, 2,5
T. o. 'Brabant'	olivgrün, pyramidal, 4
T. o. 'Globosa'	grüngelb, Kugelform, 1,5
T. o. 'Frieslandia'	hellgrün, pyramidal, 10
T. o. 'Little Champion'	grün, Kugel, 1
T. o. 'Lutea'	goldgelb, pyramidal, 10
T. o. 'Malonyana'**	grün, schmale Säule, 15
T. o. 'Recurva Nana'	grün, gedrungen pyramidal, 2
T. o. 'Rheingold'	goldgelb, Strauch, 1,5
T. o. 'Rosenthalii'	dunkelgrün, säulenf., 5
T. o. 'Smaragd'	frischgrün, pyramidal, 4
T. o. 'Spiralis'	hellgrün, schlanke Kegelform, 15
T. o. 'Sunkist'	gelb, kegelförmig, 10
T. o. 'Umbraculifera'*	grün, flache Kugel, 1
*T. orientalis**	grün, breite Säule, 10
T. o. 'Meldensis'**	graugrün, eiförmig, 1

Taxus baccata 'Fastigiata Aurea'

Thuja occidentalis 'Rheingold'

T. o. 'Pyramidalis Aurea'*	gelb, Säule, 10
*T. plicata**	glänzend grün, Kegel, 25
T. p. 'Atrovirens'	dunkelgrün, schmal pyramidal, 20
T. p. 'Dura'	grün, pyramidal, 20
T. p. 'Pumila'*	grün, unregelmäßig, 4
T. p. 'Zebrina'	grüngelb, kegelf., 15

Thujopsis

HIBALEBENSBAUM

Dieses Nadelgehölz, das in den feuchten Berg- und Schluchtwäldern Japans beheimatet ist, verträgt Halbschatten. Seine großen, glänzend frischgrünen Schuppen sind unterseits weiß gefleckt und tönen sich im Winter leicht bronzegrün. Er ist bis zum Boden bezweigt, wobei die unteren Astpartien gelegentlich wesentlich verbreitert sind.

T. dolabrata	glänzend grün, Strauch, 30
T. d. 'Nana'*	grün, flache Kugel, 0,5

*Torreya**

Die Nußeibe eignet sich ausgezeichnet für schattige Standorte in einer großen Gartenanlage. Sie verträgt als einer der wenigen Nadelbäume kalkreichen Boden.

*T. nucifera**	glänzend dunkelgrün, Strauch, 10

Thujopsis dolabrata

Tsuga

HEMLOCKSTANNE

Pflanzen Sie diese schnellwachsenden Nadelbäume, die Schatten vertragen können, nicht in den vollen Wind: Die Nadeln werden dann meist im Frühjahr braun. Die Hemlockstanne stammt aus Nordamerika.

T. canadensis	dunkelgrün, pyramidal, überhängend, 25
T. c. 'Gracilis'	gelbgrün, flache Kugel, 1
T. c. 'Jeddeloh'	frischgrün, kugelf., 1
T. c. 'Minima'	grün, Zwerg, 0,5
T. c. 'Pendula'*	dunkelgrün, Zwerg, Hängeform, 2
T. heterophylla	frischgrün, schmal pyramidal, 20

Tsuga canadensis

5. Rosen

Die Rosen sind in diesem Kapitel in Botanische bzw. Historische Rosen untergliedert, aber auch je nach Verwendungszweck eingeteilt (z. B. Kletterrosen, Patiorosen). Alte Rosenrassen mit nur einer Sommerblüte haben meist einen phantastischen Geruch und sind nur über wenige Versandadressen erhältlich. Teehybriden und Polyantharosen werden immer okuliert, ebenso wie ein Teil der alten Rassen und der Botanischen Rosen. Sämtliche Rosen sind normalerweise als Wurzelware erhältlich. Der Vorteil solcher Pflanzen liegt darin, daß keine unterirdischen Ausläufer gebildet werden. In einem großen Rosenbeet sind Ausläufer manchmal für ein dichtes Wachstum erwünscht, auch, um das Unkraut zu unterdrücken.

Beim Kauf von Rosenpflanzen sollten Sie darauf achten, daß die Triebe grün und die Rinde glatt ist. Das Holz sollte gut ausgereift sein. Beim Druck zwischen den Fingern soll es sich fest anfühlen.

Pflanzen Sie Rosen in Ihrem Garten an sonnige, luftige Stellen. Ein Teil der Krankheiten und Schädlinge, die Rosen befallen können, wird hierdurch vermieden. Das bedeutet auch, daß relativ „geschlossene" Stadtgärten für Rosen ungeeignet sind. Für Schatten sind nur einfache, aus alten und nicht öfterblühenden Rassen gezogene Rosen geeignet. Den echten Rosenliebhaber verweisen wir auf die spezielle Fachliteratur. Über die Verfügbarkeit der einzelnen Sorten kann man nur schwer Aussagen machen. Rosen sind momentan in Mode, immer mehr Gartencenter bieten ein breit gefächertes Sortiment an. Für außergewöhnliche Sorten und Rassen muß man sich jedoch an spezialisierte Rosenzüchter werden, die normalerweise die Rosen auch per Post verschicken. Von Deutschland und Belgien aus ist das Versenden offenbar unproblematisch, im Gegensatz zu Frankreich; von dort sind die Rosen, vermutlich aus bürokratischen Gründen, sehr lange unterwegs.

Bei den alten Rosen ist die Jahreszahl ihrer Züchtung und Entstehung angegeben. Mit diesem Wissen kann man entsprechend geeignete Rosen auswählen und einen Rosengarten nach historischen Gesichtspunkten anlegen. Rosen, die im Schatten wachsen können, werden gesondert besprochen. Voraussetzung für ein gutes Gedeihen ist ein humusreicher, lockerer Boden.

Die Wuchshöhe der Rosen ist in cm angegeben. Die Abkürzung (g) steht für eine gefüllte Blüte, (hg) bedeutet halbgefüllte Blüte.

Links: *Rosa* 'Golden Wings'

Albarosen

Albarosen sind einmalblühend. In einem Gartenbuch von 1840 werden 42 verschiedene Rassen der Albarose aufgeführt: 1860 gab es schon mehr als 60 Sorten. Bekannt ist die Rose *R. alba* 'Maxima', eine alte Bauernrose, die über Jahrhunderte hinweg in Klostergärten kultiviert wurde. Aus der sehr hellen Knospe kommt eine fast weiße, gefüllte, wohlriechende Blüte. Ihr Blatt ist tiefgrün, genauso wie bei den meisten anderen Vertretern der 'Alba', und ihr Duft ist unübertrefflich.

Rosa 'Felicité Parmentier'

R. alba 'Maxima'	15. Jh., weiß, Knospe zartrosa, 250
R. 'Bel Amour'	alt, intensiv rosa, 200
R. 'Celestial'	18. Jh., frisch rosa, 200
R. 'Felicité Parmentier'	1828, hellrosa, 150
R. 'Great Maiden's Blush'	15. Jh., zartrosa, 200
R. 'Koenigin von Danemarck'	1826, rosa, 150
R. 'Mme Legras de St. Germain'	19. Jh., rahmweiß, 200
R. 'Mme Plantier'	1835, weiß, Knospe rosarot, 200

Austinrosen

Austinrosen sind öfterblühend, eine Ausnahme sind die Sorten *R.* 'Scintillation' und *R.* 'Warwick Castle'). Der englische Rosenzüchter David Austin hat sich während der letzten Jahrzehnte mit der Kreuzung alter Rassen mit neuen Sorten beschäftigt. Er hat sich zum Ziel gesetzt, die alte Blütenform und den alten Duft zu erhalten, wobei er auch Wert darauf legte, Eigenschaften wie Resistenz gegen Krankheiten oder eine lange Blütezeit zu bewahren. Leider haben viele der Austinrosen eine undefinierbare Farbe, die weder „Fisch noch Fleisch" ähnelt, so zum Beispiel gelb mit rosa gemischt. Nachstehend folgt eine kleine Auswahl aus dieser großen Gruppe:

R. 'Charles Austin'	aprikot (g), 100
R. 'Chaucer'	silbrig rosa (hg), 100
R. 'Constance Spry'	tiefrosa (g), 300
R. 'Gertrud Jekyll'	tiefrosa, in der Mitte grün, 180
R. 'Graham Stewart Thomas'	gelb (g), 100
R. 'Heritage'	hellrosa (g), 120
R. 'Leander'	aprikot (g), klein, 400
R. 'Mary Webb'	zitronengelb (g), groß, 120
R. 'Othello'	tiefrot (g), 100
R. 'Scintillation'	hellrosa, 130
R. 'The Prioress'	weiß (hg), 100
R. 'The Squire'	samtig tiefrot (g), 70
R. 'The Wife of Bath'	hellrosa (g), 90
R. 'The Yeoman'	rosa (g), 100
R. 'Warwick Castle'	zartrosa, 70
R. 'William Shakespeare'	blutrot (g), 90

Babyrosen, Zwergrosen

Siehe: Zwergrosen

Bodenbedeckende Rosen

Immer wieder gibt es zahlreiche Neuentwicklungen innerhalb dieser öfterblühenden Gruppe. Bodenbedeckende Rosen (oft auch Bodendecker-Rosen genannt) sind niedrigwachsende Rosen, die ihre Zweige über den Boden breiten und bei entsprechender Pflanzdichte in der Lage sind, die Bodenoberfläche dauerhaft abzudecken. Dies ist eine relativ neue Rosengruppe, zu der nicht nur die seit einigen Jahren bewußt auf diese Eigenschaft hin gezüchteten Sorten gehören, sondern zum Teil auch alte, lange in Kultur befindliche Arten und Sorten. All diese Rosen sind auch als Wurzelware erhältlich. Bei spezialisierten Rosenzüchtern findet man die neuesten Rassen; die „besseren" Gartencenter nehmen diese nach ca. einem Jahr in ihr Sortiment mit auf. Neu sind die „Pavement"-Rosen in allen Farben; sie wachsen eher aufrecht (siehe auch: Rugosarosen). Die nachstehenden Angaben beziehen sich auf die Länge der Zweige.

Niedrige, kriechende Sorten:

R. 'Alba Meidiland'	weiß (g), 70
R. 'Candy rose'	lachsrosa (hg), 70
R. 'Fil d'Ariane'	weiß (hg), 80
R. 'Friendship'	

Rosa 'Chaucer'

Rosa 'Alba Meidiland'

R. 'Green Snake'	weiß (Hageb.), 150
R. 'Immensee'	weiß, ein wenig rosa, 60
R. 'Lavender Dream'	lavendelblau/rosa
R. 'Lavender Friendship'	
R. 'Max Graf'	leuchtend rosa, 150
R. 'Patridge'	siehe: 'Weiße Immensee'
R. x 'Paulii'	weiß, groß, 90
R. 'Pink Friendship'	
R. 'Pink Wave'	zartrosa (hg), 60
R. 'Red Friendship'	
R. 'Repens Meidiland'	weiß, 30
R. 'Silver River'	weiß, rosa schattiert, 70
R. 'Swany'	weiß (g), 60
R. 'Tapis Volant'	weißrosa, 125
R. 'Weiße Immensee'	weiß, 60
R. wichuraiana	weiß, 500
R. w. 'Variegata'	buntes Blatt, 100

Sorten mit aufrechtem Wachstum:

R. 'Bingo Meidiland'	
R. 'Bonica'	rosa (g), 60
R. 'Candy Rose'	rosa, 80
R. 'Ferdy'	lachsrosa (g), 60
R. 'Fiona'	blutrot (hg), 90
R. 'Heidekönigin'	rosa, 80
R. 'Heidetraum'	rosarot (hg), 70
R. 'La Sevillana'	hellrot, 70
R. 'Mozart'	karminrot, innen weiß, 120
R. 'Nozomi'	hellrosa, 90
R. 'Pink Bells'	rosa (g), 70
R. 'Smarty'	hellrosa, 90
R. 'The Fairy'	zartrosa, 45
R. 'White Spray'	weiß, becherförmig, 150

Botanische Rosen

Je nach der systematischen Untergliederung der Botaniker werden den Botanischen Rosen 100 bis 200 Sorten zugeordnet. In der Natur wachsen diese Rosen ausschließlich auf der nördlichen Halbkugel. Sie sind für Blütenhecken ausgezeichnet geeignet. Ihre Blütezeit ist relativ kurz, aber dafür duften sie und im Herbst tragen sie rote oder orangefarbene Hagebutten (Hb). Oft sind auch die Form der Zweige, die Farbe und die Menge der Stacheln außergewöhnlich schön. Diese Rosen wachsen in der Sonne und im Halbschatten.

R. banksiae	siehe: Kübelpflanzen
R. canina	rosa/weiß, Hageb. rot, 300
R. callfornica 'Plena'	rosa (g), 300
R. carolina	rosa, orange Hageb., 100
R. gallica 'Complicata'	rosa, Hageb. rot, 150
R. glauca	rosarot, Hageb. rot, 250

Rosa californica 'Plena'

Rosa 'Bonica'

R. hugonis	hellgelb, 250
R. moyesii	dunkelrot, Hageb. fleischfarben, 300
R. m. 'Geranium'	scharlachrot, Hageb. orange, 150
R. multiflora	siehe: Kletterrosen
R. nitida	hellrosa, viele rote Stacheln
R. pendulina	malvenrosa, 200
R. pimpinellifolia	weiß, bisweilen rosa Hageb. klein, 300
*R. roxburgii***	rosa, Strauch nicht „rosenartig", 200
R. rubiginosa	rosa, Hageb. rot
R. rubrifolia	siehe: *R. glauca*
R. rugosa	siehe: Rugosarosen
R. spinosissima	siehe: *R. pimpinellifolia*
R. virginiana	rosa, runde Hageb., 150
R. woodsii var. *fendleri*	lackrosa, 150

Botanische Rosen, heimisch

Leider kann man die aufgeführten Arten oft nicht einmal bei spezialisierten Züchtern kaufen. *R. agrestis* (Ackerrose) und *R.* x *dumalis* werden von Züchtern überhaupt nicht oder nur sehr selten angeboten. Wenn man diese Rosen einmal pro Jahr ausschneidet, fördert man ihr Wachstum, d. h. die unten angegebenen Wuchshöhen können überschritten werden.

*R. agrestis***	Ackerrose, 300
R. arvensis	Feldrose, kriechend, 600
R. canina	Hundsrose, 300
R. x *dumalis***	180
*R. micrantha**	kleinblütige Rose, 180
R. pimpinellifolia	Dünenrose, 300
R. rubiginosa	Weinrose, 300
*R. tomentosa**	Filzrose, 300
*R. villosa**	Apfelrose, 180

Rosa arvensis

Bourbonrosen

Die Bourbonrosen sind in der Regel einmalblühend, ein Teil ist jedoch öfterblühend. 1817 entstand auf der Insel Bourbon durch eine zufällige Kreuzung zwischen einer Chinesischen und einer Damaszenarose eine besondere Rose, die der Vorreiter für eine ganze Gruppe von Rosen sein sollte. Von den mehr als 400 Sorten werden nur noch etwa 20 kultiviert. Sie müssen angehäufelt werden. Gegen Krankheiten ist diese Gruppe relativ resistent. *R.* 'Souvenir de la Malmaison' ist frostempfindlich.

R. 'Boule de Neige'	1867, weiß, roter Rand, 100
R. 'La Reine Victoria'	1872, lilarosa, 120
R. 'Louise Odier'	1851, lilarosa, 150
R. 'Mme Pierre Oger'	1878, hell silbrig rosa, 120
R. 'Souvenir de la Malmaison'	1843, weiß, zartrosa, 80
R. 'Variegata di Bologna'	siehe: Zweifarbige R.
R. 'Zéphirine Drouhin'	1868, karminrosa, 250

Rosa 'Mme Pierre Oger'

Centifoliarosen

Von diesen einmalblühenden Rosen mit ca. 100 Blütenblättern gab es während des 17. Jahrhunderts einige hundert verschiedene Sorten. Heute existiert leider nur noch ungefähr ein Zehntel dieser Sorten. Die Rose *R.* 'De Meaux' wächst als Stammrose besonders üppig. Die Centifoliarosen werden auch „Cabbage-Rosen" oder „Provence-Rosen" genannt; diese Namen geben Hinweise auf ihre Blütenform und den Ort, an dem sie gerne wachsen.

R. 'Blanchefleur'	weiß, hellrot (g), 120
R. x *centifolia* 'Bullata'	16. Jh., rosa, 150
R. 'Chapeau de Napoléon'	1820, tiefrosa (hg), 150
R. 'De Meaux'	vor 1789, zartrosa klein, 70
R. 'Fantin Latour'	um 1900, hellrosa, 150

Rosa 'Fantin Latour'

R. 'Petite de Hollande'	1800, zartrosa, klein, 120
R. 'Reine des Centfeulles'	1824, zartrosa, 150
R. 'Tour de Malakoff'	1856, dunkelviolett, 250

Chinarosen

Bei den Chinarosen handelt es sich um die ältesten öfterblühenden Rosen, sie sind die Stammväter der Teehybriden. Ein Teil der Sorten ist frostempfindlich; sie sollten angehäufelt werden. 'Old Blush', 'Mutabilis' und 'Viridiflora' vertragen Schatten. Letztere ist eine botanische Rarität.

R. 'Hermosa'	1840, zartrosa, 90
R. 'Mutabilis'	1932, gelb/orange/rot, 90
R. 'Old Blush'	1789, silbrig rosa, 150
R. 'Pompon de Paris'	1839, rosa, 30
R. 'Slaters Crimson China'	1792, karminrot, 90
R. 'Sophie's Perpetual'	blaßrosa, 250
R. 'Viridiflora'	1833, grün, 90

Rosa 'Old Blush'

Damascenarosen

Diese mit einigen Ausnahmen einmalblühenden Rosen haben gefüllte Blüten. *R.* 'Kazanlik' aus der 'Trigentipetala' ist eine Kulturrose aus Bulgarien; sie wird zur Gewinnung von Rosenöl verwendet. Die stark duftenden, wohlriechenden Blütenblätter sind zur Herstellung von Potpourris geeignet.

R. 'Bel Amour'	1950, lachsrosa, 150
R. 'Celsiana'	vor 1750, zartrosa, 150
R. 'Comte de Chambord'	rosa, 2. Blüte, 120
R. 'Ispahan'	1832, sattrosa, grasgrünes Blatt, 150
R. 'Kazanlik'	sehr alt, zartrosa, 150
R. 'La Ville de Bruxelles'	1849, altrosa, immerbl., 150
R. 'Leda'	vor 1827, rosaweiß, karminroter Rand, 140
R. 'Marie Louise'	1813, helles Rosa, 120
R. 'Mme Hardy'	1832, creme, überh., 180
R. 'Petite Lisette'	1817, silbrig rosa, 120
R. 'Trigentipetala'	sehr alt, altrosa (g), 200

Englische Rosen

Siehe: Austinrosen

Einfachblütige Strauchrosen

Obwohl diese öfterblühenden Rosen deutlich wahrnehmbare eigene Charakteristika aufweisen, werden sie nicht als eine eigene Gruppe ausgewiesen. *R.* 'Sancta' war bei den alten Römern gut bekannt, die weiteren Sorten gibt es seit Beginn unseres Jahrhunderts.

Rosa 'Kazanlik'

R. 'Dainty Bess'	rosa, 100
R. 'Ellen Willmott'*	weiß, Hageb. rosa, 120
R. 'Goethe'**	fuschsienrosa, 180
R. 'Golden Wings'*	blaßgelb, 100
R. 'Mrs Oakley Fisher'	kupferorange bis gelb, 70
R. 'Sally Homes'	sehr helles Rosa, 130
R. 'Sancta'	weiß, 80
R. 'White Wings'	weiß, 100

Rosa 'Dainty Bess'

Floribunda- und Polyantharosen

Siehe: Polyantharosen

Gallicarosen

Kaiserin Josephine zog in ihrem Schloßgarten 150 verschiedene Gallicarosen; einige dieser Sorten sind noch heute in Kultur. Die einmalblühenden Gallicarosen gehören zusammen mit den Albarosen zu den wüchsigsten alten Rosensorten. Sie vertragen sowohl Sonne als auch Schatten. Nachstehende Arten und Sorten können auch als Hecken verwendet werden; in diesem Fall beschneidet man die Rosen direkt nach der Blüte. Die Rose *R. gallica* 'Versicolor' darf nicht mit *R. damascena* 'Versicolor' verwechselt werden.

R. 'Belle de Crécy'	1850, rosa, 120
R. 'Charles de Mills'	alt, grell rosaviolett, 120
R. 'Complicata'	sehr alt, hellrosa, 300
R. 'Duchesse de Montebello'	1829, lachsrosa, 120
R. 'Maitre d'Ecole'	1840, rosa mit violett, 90
R. g. 'Officinalis'	seit der Antike, rosa, 90
R. g. 'Versicolor'	sehr alt, rosa mit Streifen, 90

Hybrid-Rosen, remontierend

Siehe: Remontierende Rosen

Gestreifte Rosen

Gestreifte Rosen sind einmalblühende, alte Rosen aus den Gruppen der Bourbon- (B), Gallica- (G), Damascena- (D) und Centifoliarosen (C). Botanisch betrachtet handelt es sich hier um keine eigene Gruppe, diese Aufstellung ist für Liebhaber zweifarbiger Rosen gedacht. Gestreifte Rosen wachsen strauchförmig, können zwischen 1,5 und 2 m hoch werden, und man schneidet sie wie gewöhnliche Hecken aus. *R. gallica* mutiert manchmal zu einer gewöhnlichen, großblütigen, rosafarbenen Rose, *R. g.* 'Officinalis', die übrigens auch sehr schön ist.

R. 'Chateau de Namur' (G)	zartrosa, weiß gestr.
R. 'Ferdinand Pichard'	karminrot, weiß gestr.
R. 'Frankfurt'* (C)	rot, scharlachf. gestr.
R. 'Gros Provins Panache' (G)	rosa, weiß gestr.
R. 'Honorine de Brabant' (B)	hellrosa, lilagefleckt
R. 'Mécène'	weiß, lilarosa gestr.
R. 'Ouillet Parfait' (G)	weiß, rote Streifen
R. 'Pompon Panaché' (G)	creme, rosagestr.

Rosa gallica 'Versicolor' und *Rosa gallica* 'Officinalis'

Rosa 'Charles de Mills'

R. 'Sophie de Marsilly' (C)	rosaweiß gestr.
R. 'Tricolore de Flandre' (G)	hellrot, lila Streifen
R. 'Variegata di Bologna' (B)	weiß, purpurf. Str.
R. 'Versicolor' (G)	rosarot, zartrosa gestr.
R. 'Village Maid' (C)	rahmweiß, lilarosa gestr.
R. 'York and Lancaster' (D)	helle, zartrosa Str. auf weiß mit rosa Str.

Heimische Wildrosen

Siehe: Botanische Rosen, heimisch

Kletterrosen

Kletterrosen sind öfterblühende Sorten. Pflanzen Sie Kletterrosen nicht an die Südseite Ihres Gartens, die Mehltauempfindlichkeit wird dort verstärkt, günstiger ist die Südost- oder Südwestseite. Es eignen sich Spaliere und Gitter aus Holz und Metall. Die Rosen müssen sich an einem Gerüst festhalten können. Mit Sorgfalt gepflanzte Rosen wachsen gewöhnlich besser und schneller. Die kleinblütigen Noisette-Rosen waren im 19. Jahrhundert populäre Kletterpflanzen. Es sind diejenigen Rosen, über die die Eigenschaft des „Öfterblühens" unseren abendländischen Rosen einverleibt wurde. Nachstehende Rosensorten können auch an schattige Plätze gepflanzt werden.

Kleinblütige Noisette-Rosen:

R. 'Aimée Vibert'	weiß (g), fast stachell., 350
R. 'Blush Noisette'	violettrosa (hg), 200
R. 'Deschamps'	kirschrot, wenig St., 450
R. 'Mme. A. Carrière'	weiß/rosa, 600

Rosa 'Blush Noisette'

Botanische Rosen (siehe auch Kletterrosen)

R. moschata	weiß, 600
R. multibracteata	violettrosa, 200
R. multiflora	weiß, Hageb. braunrot, 500

Großblütige, Polyantha- und Floribundarosen:

R. 'Bantry Bay'	tiefrosa, 350
R. 'Clb. Allgold'	hellgelb (hg), 450
R. 'Clb. Iceberg'	weiß (g), 550
R. 'Clb. Queen Elizabeth'	silbrig rosa, 600
R. 'Clb. Schneewittchen'	siehe 'Clb. Iceberg'
R. 'Crimson Shower'	dunkelrot, 300
R. 'Heidelberg'	feuerrot, 200
R. 'Mermaid'	schwefelgelb, 350
R. 'Phyllis Bide'	helles Aprikot, 200

Teehybriden:

R. 'Aloha'	rosa, gefüllt, 300
R. 'Clb. Superstar'	zinnoberrot, 350
R. 'Clb. Suttersgold'	sattgelb, orange-rot überlaufen, 300
R. 'Meg'	rosa, gelb überl., 250
R. 'Mme G. Staechelin'	schmutzig rosa, 450

Rosa 'Golden Showers'

Weitere populäre, öfterblühende Kletterrosen:

R. 'Apollo'	gelb (g), 300
R. 'Compassion'	lachsrosa, 300
R. 'Golden Showers'	goldgelb (hg), 250
R. 'New Dawn'	zartrosa, 400
R. 'Paul's Scarlet Climber'	karminrot, 600
R. 'Pink Cloud'	lachsrosa, 600
R. 'Pink Ocean'	lachsrosa, 400
R. 'Sympathie'	samtrot, 400
R. 'Zéphirine Drouhin'	karminrot, 400

Alte Rassen, einmalblühend:

R. 'Blush Noisette'	1817, tiefrosa, 200
R. 'Clg. Pompon de Paris'	rot (g), 400
R. 'Dorothy Perkins'	rosa (g), 400
R. 'Excelsa'	karmesinrot, 350
R. 'Félicité et Perpétue'	weiß, 500
R. 'Gloire de Dijon'	1853, gelb/rosa, 350
R. 'Mermaid'	1918, goldgelb, 800
R. 'Mme A. Carrière'	1879, rahmweiß, 600
R. 'Zéphirine Drouhin'	1868, karminrosa, 400

Lambertianarosen

Siehe: Muskusrosen

Miniaturrosen, Zwergrosen

In der Gruppe der Miniaturrosen sind die kleinsten Rosen vereint. Sie gehören zu den dankbaren, bescheidenen Gartenrosen. Ihre Verwendung ist vielseitig. So lassen sie sich im Steingarten, als Einfassung und zu kleinen Gruppen vereint in jedem Garten verwenden. Für die Flächenbepflanzung benötigt man etwa fünfzehn Pflanzen pro Quadratmeter.

Manche Sorten gedeihen sogar in Töpfen, fürs Zimmer sind sie allerdings nicht geeignet.

R. 'Baby Gold Star'	gelb/aprikot, 30
R. 'Baby Carnaval' (syn. 'Baby Masquerade')	zitronengelb, rot und rosa, 30-40
R. 'Colibri'	aprikot/orange, 30
R. 'Cinderella'	weiß/rosa, 30
R. 'Erna Doris'	lachsrosa (g), 45
R. 'Frosty'	rosa, 30-40
R. 'Little Buckaroo'	hellrot, 40
R. 'Oranje Morsdag'	orangerot, 30
R. 'Pascaline'	weiß (g), 30
R. 'Peon' (syn. 'Tom Thumb')	karmesinrot/weiß, 10

Rosa 'Dorothy Perkins' (rechts) und *Rosa* 'Paul's Scarlet Climber' (links)

R. 'Phoenix'	karmin/orange, 30
R. 'Pink Delight'	hellrosa (g), 30
R. 'Pink Heather'	lilarosa, 20-30
R. 'Royal Salute'	rosarot, 30
R. 'Scarlet Gem'	orangerot, 20-30
R. 'Yellow Doll'	cremegelb, 30

Moosrosen

Viele hybride Moosrosen stammen von der *Rosa centifolia* var. *muscosa,* einer Abart der *R. centifolia.* Diese Hybriden wurden besonders Mitte des vorigen Jahrhunderts gezüchtet; die Jahreszahl zeigt das Entstehungsjahr an.
Typisch ist die „bemooste" Blumenknospe. Die Knospe fühlt sich klebrig an. Auch die Stiele und Hauptnerven der Blätter tragen Borsten. *R.* 'Cristata' wird im Handel unter dem Namen 'Chapeau de Napoléon' verkauft.

R. 'Blanche Moreau'	1880, weiß, 120
R. centifolia 'Muscosa'	weiß, rosa überl., 120
R. 'Cristata'	1826, tiefrosa, 150
R. 'Eugénie Guinoisseau'	1864, dunkel rosaviolett, 180
R. 'Général Kléber'	1856, zartrosa (g), 150
R. 'Mousseline'	1855, zartrosa, 2. Blüte, 120
R. 'Nuits de Young'	1845, dunkelviolett (g), 120
R. 'René d'Anjou'	1853, rosa, 2. Bl., 150
R. 'William Lobb'	1855, violettrot, 300

Rosa 'William Lobb'

Muskusrosen, bodenbedeckende Rosen

Bodenbedeckende Rosen blühen im Sommer, meist haben sie im Herbst noch eine zweite Blüte. Viele dieser Kreuzungen stammen aus den Jahren zwischen 1904 und 1928 von dem Kirchenoberhaupt D. Pemperton, einem leidenschaftlichen Rosenzüchter. Einige dieser Rosen wurden durch seinen Gärtner J. A. Bentall weiterentwickelt; ihm gelang es, die berühmten Rosen 'The Fairy' (1932) und 'Ballerina' (1937) einzuführen.

R. 'Ballerina'	hellrosa, 80
R. 'Bishop Darlington'	blaßrosa (hg)
R. 'Buff Beauty'	aprikot (hg), 250
R. 'Cornelia'	hellrosa (g)
R. 'Danae'	cremegelb, 100
R. 'Felicia'	rosa/lachsf. (g), 120
R. 'Francesca'	aprikot/creme (hg), 120
R. 'Kathleen'	hellrosa
R. 'Moonlight'	creme, 150
R. 'Mozart'	hellrot, weiß, 100
R. 'Penelope'	lachsrosa/weiß, 150
R. 'Prosperity'	creme (g), 200
R. 'Robin Hood'	rosa (hg), 100

Rosa 'Felicia'

Parkrosen

Diese wüchsigen Rosen eignen sich als Solitär-, aber auch als Heckenpflanzen. Schneiden Sie Ihre Parkrosen wie Hecken, lichten Sie die Pflanzen aus, aber kürzen Sie sie niemals ein.

R. 'Bourgogne'	hellrosa, überhängend, 200
R. foetida 'Persian Yellow'	hellgelb (g), 200
R. 'Frühlingsduft'	gelb (g), 150
R. 'Frühlingsgold'	hellgelb (hg), 150
R. 'Frühlingsmorgen'	karminrosa, 200
R. 'Frühlingsschnee'	schneeweiß (g), 150
R. macrantha 'Raubritter'	zartrosa (hg),90
R. 'Maigold'	helles Goldgelb (g), 200
R. moyesii 'Geranium'	scharlachrot, Hageb. orange, 150
R. 'Nevada'	weiß, Hageb. gelb, 200
R. 'New Face'	braunrot, 150
R. omeiensis 'Pteracantha'	creme, spitze Stacheln
R. 'Scharlachglut'	scharlachrot, 150
R. virginiana 'Harvest Song'	rot, 125
R. 'Zigeunerknabe'	violettrot (hg), 160

Rosa 'Nevada'

Patiorosen, Rosen für Innenhöfe

Rosen werden meist in Gruppen eingeteilt, aus denen man ihre Wuchsform ableiten kann. Die Gruppe der öfterblühenden Patiorosen bildet hiervon eine Ausnahme: Ihr Name bezieht sich eher auf ihren Standort und auf die Verwendung der Rosen. Diese moderne Rosengruppe hat eine enorme Blattdichte, die der von Miniaturrosen stark ähnelt, ihre Wuchshöhe entspricht der der Polyantharosen, aber ihre Blüten sind kleiner. Patiorosen breiten sich nicht so stark aus wie bodenbedeckende Rosen. Die Gruppe besteht ausschließlich aus modernen, duftenden Sorten. Alle nachstehenden Sorten entstanden nach 1980.

R. 'Anna Ford	orangerot, 45
R. 'Apricot Sunblaze'	orangerot, 40
R. 'Arctic Sunrize'	weißrosa, 45
R. 'Cider Cup'	aprikot, 45
R. 'Clarissa'	orangegelb, 60
R. 'Dainty Dinah'	lachsrosa, 45
R. 'Hotline'	zartrosa, 30
R. 'Little Prince'	orangerot, in der Mitte gelb, 45
R. 'Meillandina'	rot, 40
R. 'Perestroica'	zartgelb, 30
R. 'Striped Meillandina'	rotweiß-gestr., 30
R. 'Sweet Dream'	aprikot, 40
R. 'Yellow Sunblaze'	gelb, rosa Rand, 40

Rosa 'Sweet Dream'

Polyantha- und Floribundarosen

Diese Rosenklassen haben in den letzten Jahren einen überaus starken Zuwachs erfahren. Durch die Einkreuzung von Polyantharosen und Teehybriden ist ein derartiger Formen- und Farbenreichtum erreicht worden, daß wir heute sogar Sorten mit dem herrlichen Duft der Teehybriden besitzen, weshalb sie ganz allgemein zu den beliebtesten Beetrosen geworden sind. Im Herbst müssen sie angehäufelt werden.

Rot und orange:

R. 'Allotria'	orangerot (g), 60
R. 'Amsterdam'	zartrot, dunkles Blatt, 60
R. 'City of Belfast'	zartrot, 60
R. 'Europeana'	tiefrot, 60
R. 'Fanal'	hellrot (hg), 50
R. 'Highlight'	zinnoberrot, 60
R. 'Käthe Duvigneau'	leuchtend dunkelrot (hg), 70
R. 'Korona'	grelles Orangerot, 70
R. 'La Grande Parade'	zartrot, 90
R. 'La Sevillana'	rot (hg), 70
R. 'Magneet'	orangerot (hg), 100
R. 'Montana'	leuchtend rot (g), 60
R. 'Nina Weibul'	blutrot (hg), 75
R. 'Orangeade'	zartes Zinnoberorange, 90
R. 'Paprika'	steinrot (hg), 60
R. 'Skagerrak'	dunkelrot (g), 70
R. 'Tornado'	scharlachrot (hg), 60

Rosa 'City of Belfast'

Rosa:

R. 'Anneke Doorenbos'	tiefrosa (g), 90
R. 'Betty Prior'	karminrot, 90
R. 'Bonica'	hellrosa
R. 'Compassion'	lachsrosa (g), 30
R. 'Fashion'	lachs-korallrosa, 60
R. 'Märchenland'	lachsrosa (hg), 90
R. 'Nancy Steen'**	lachsrosa, Blatt bronzefarben, 75
R. 'Pernille Poulsen'	rosa (g), 60
R. 'Pink Maiden'	lachsrosa (hg), 70
R. 'Queen Elizabeth'	reines rosa (g), 120

Gelb:

R. 'All Gold'	goldgelb (hg), 60
R. 'Apricot Nectar'	aprikot, 60
R. 'Apricot Queen'	aprikot
R. 'Chinatown'	gelb, rosa überl., 120
R. 'Friesia'	reines Gelb (g), 60
R. 'Lichtkönigin Lucia'	zitronengelb (g), 140
R. 'Sunsilk'	cremegelb, 70

Rosa 'Friesia'

Weiß:

R. 'Iceberg'	siehe: 'Schneewittchen'
R. 'Gruß an Aachen'	creme, pfirsichf. überl., 45
R. 'Schneewittchen'	rein weiß (g), 100
R. 'White Queen'	weiß (g), 120

Rosa 'Schneewittchen' ('Iceberg')

Portlandrosen

Diese Gruppe wurde im vorigen Jahrhundert gezüchtet; es handelt sich um Hybriden zwischen China- und Damascenarosen, mit dem Ergebnis einer längeren Blütezeit. Die Rosen sind einmalblühend, von echten, immerblühenden Sorten kann keine Rede sein.

R. 'Arthur de Sansal'	1855, dunkelviolett, 90
R. 'Comte de Chambord'	1863, rosa, 90
R. 'Jaques Cartier'	1868, tiefrosa, 90
R. 'Pergolèse'	1860, karminviolett, 90
R. 'Rose du Roi'	1815, rosaviolett, 90
R. 'Rose du Roi à Fleurs Pourpres'	1819, dunkles Rotviolett, 90
R. 'Rose de Resht'	fuchsienrot, 90

Rosa 'Rose du Roi'

Ramblerrosen (Kletterrosen)

Diese Rosen ähneln in vielen Eigenschaften und Pflegeansprüchen den Strauchrosen, ihr wesentlicher Unterschied liegt eigentlich nur darin, daß sie lange, oft mehr oder minder stark biegsame Triebe bilden. Achten Sie auf die Wuchshöhe der Pflanzen.

R. 'Albéric Barbier'	creme (hg), 450
R. 'Blue Magenta'	tiefrot (g), 400
R. 'Dr. W. van Fleet'	zartrosa (hg), 450
R. 'Excelsa'	rosarot (g), 450
R. 'Félicité et Perpétue'	hellrosa (g), 450
R. 'François Juranville'	lachsrosa, 650
R. 'Ghislaine de Féligonde'	helles Orangegelb (g), 250
R. 'Kew Rambler'	lilarosa, 600
R. *multiflora*	weiß, 500
R. 'New Dawn'	hellrosa (hg), 400
R. 'Phyllis Bide'	hellrosa, gelb und weiß (hg), 300
R. 'The Garland'	weiß (hg), 450
R. 'Veilchenblau'	veilchenblau, 450

Rosa 'Albéric Barbier'

Remontierende Rosen

Diese Rosen blühen im Sommer während zweier Blühperioden, (remontierend = wiederholt blühend). Im vorigen Jahrhundert waren Remontierende Rosen sehr kostbar, und deshalb hatten nur Wohlhabende solche Rosen in ihren Gärten; die einfachen Leute mußten sich mit einmalblühenden zufrieden geben. Remontierende Rosen wurden ungefähr um 1820 populär und waren die meist verbreitete Rasse jener Zeit. Ihre Nachkommen erwiesen sich als relativ kälteresistent.

R. 'Baron Girod de l'Ain'	rot, weiße Ränder, 120
R. 'Baronne Prévost'	tiefrosa, stachelig, 150
R. 'Eclair'	dunkelrot, 120
R. 'Ferdinand Pichard'	karminrot, rosa gestreift, 150

R. 'Frau Karl Druschki'	weiß, 180
R. 'John Hopper'	helles Rosaviolett, 120
R. 'Mrs John Laing'	silbrig rosa, 120
R. 'Paul Neyron'	rosa, 90
R. 'Reine des Violettes'	samtviolett, fast stachellos, 150
R. 'Roger Lambelin'	karminrot, weiße Ränder, 120
R. 'Ulrich Brunner Fils'	rosakarminrot, wenige Stacheln, 120

Rosa 'Paul Neyron'

Rugosarosen

Die einmalblühenden, oft auch öfterblühenden und wüchsigen Rugosarosen sind an ihrem stark runzeligen Blatt leicht erkennbar, wodurch sie sich von allen anderen Rosen unterscheiden. Neu sind die krankheitsresistenten und pflegearmen Pavementrosen. Die Japanische Apfelrose eignet sich sehr gut als Wildhecke; ihre großen Hagebutten haben viel Fruchtfleisch und lassen sich zu einer wohlschmekkenden Konfitüre verarbeiten. *R. rugosa* ist eine besonders widerstandsfähige Rose für viele Verwendungsbereiche. An markanten Stellen wirkt sie gut als Solitärrose. Sie ist kalkempfindlich, aber relativ salzverträglich und eignet sich auch für Sandböden.

R. rugosa	rot, rosa oder weiß, rote Hageb.
R. r. 'Alba'	weiß, Hageb. orange, 100
R. r. 'Blanc Double de Coubert'	weiß (hg), 150
R. r. 'Dutch Hedge'	rosa, rote Hageb., 100
R. r. 'F. J. Grootendorst'	rosarot, duftend, 100
R. r. 'Frau Dagmar Hastrup'	rein rosa, 120
R. r. 'Gelbe Dagmar Hastrup'	gelb (g), 70
R. r. 'Hansa'	violett, 100
R. r. 'Max Graf'	rosa, bodend., 40
R. r. 'Moje Hammerberg'	violettrosa, 50
R. r. 'Mrs A. Waterer'	karmesinrot (hg), 150
R. r. 'Nyeveldt's White'	rein weiß
R. r. 'Pink Grootendorst'	rosa, 150
R. r. 'Pink Hedge'	rosa, Blatt bronzef.
R. r. 'Red Hedge'	rot, rote Hageb.
R. r. 'Schneezwerg'	reinweiß

Rosa rugosa 'Blanc Double de Coubert'

Rugosahybriden

Im Gegensatz zu den gewöhnlichen Rugosarosen sind die Rosen aus dieser Gruppe wesentlich krankheitsanfälliger. Hier handelt es sich eigentlich um keine eigene Gruppe, aber wegen ihrer Empfindlichkeit werden sie gesondert aufgeführt.
Sie sind remontierend und wachsen wesentlich höher als die oben genannten Rugosarosen.

R. 'Agnes'	hellgelb (g), 250
R. 'Conrad F. Meyer'	rosa (g), 300
R. 'Roseraie de l'Haij'	purpurf. (g), 250
R. 'Sarah Van Fleet'	hellrosa, gelbes Herz, 300

Rosa 'Roseraie de l'Haij'

Schatten vertragende Rosen

Die meisten Rosen, nämlich die China-, Teerosen, Teehybriden, Austinrosen, Remontierende Hybriden, Miniatur- und Patiorosen, möchten volle Sonne. Die modernen bodenbedeckenden Rosen, wie Kletterrosen, Botanische Rosen, Alba- und Rugosarosen und Rugosahybriden, vertragen Schatten. Auch die anderen, hier nicht gesondert erwähnten Gruppen können in den Schatten gepflanzt werden. Dunkel purpurrotfarbige Rosen sollten nicht in der prallen Sonne gegossen werden, um einer Blütenverfärbung vorzubeugen.

Scramblers (Kletterrosen)

Diese wildwachsenden Kletterrosen tragen meist kleine, einfache Blüten und manchmal auch Hagebutten. Eintönige Stellen und Plätze im Garten, Zäune und Wände können mit ihnen lebhaft gestaltet werden. Sie wachsen schneller und werden größer als die vorher beschriebenen Kletterrosen. Diese einmalblühenden Rosen gedeihen auch im Schatten.

R. arvensis	weiß, 600
R. banksiae	siehe: Kübelpfl.
R. 'Bobby James'	weiß, 900
R. brunonii	weiß, 1000
R. filipes 'Kiftsgate'	jasminweiß, 900
R. gentiliana	creme, 600
R. helenae	creme
R. 'Himalayan Musk Rambler'	blaß rosarot, 1000
R. longicuspis	weiß, 1000
R. 'Rambling Rector'	creme (hg), 600
R. 'Seagull'	weiß (hg), 800
R. 'Wedding Day'	weiß, 900

Rosa 'Seagull'

Stammrosen, Stamm-Trauerrosen

Es ist sinnlos, alle Stammrosen aufzuführen: Jeder Züchter hat bestimmte Rassen, die auf einen Stamm okuliert werden. Das früher übliche Ausgraben von Rosenwildstämmen in den Wäldern gehört wohl der

Rosa helenae

Vergangenheit an. In Spezialbaumschulen werden heute die Stammunterlagen aus Sämlingen herangezogen. Im Prinzip lassen sich alle Teehybriden und Polyantharosen von Stammrosen ableiten. Sie sind wesentlich frosthärter als die anderen Rosengruppen; die Stämmchen müssen natürlich im Winter gut eingepackt werden.

R. 'Ballerina'	hellrosa, 150
R. 'Dorothy Perkins'	hellrosa (g), 150
R. 'Excelsa'	rosarot (g), 150
R. 'New Dawn'	zartrosa (g), 150
R. 'Swany'	weiß (g), 150
R. 'White Dorothy'	reines Weiß (g), 150

Stachellose Rosen

Gegenwärtig wird in Amerika versucht, stachellose Rosen zu züchten: ein neuer Trend. Die älteste der Stachellosen ist 'Zéphirine Drouhin', eine leicht gefüllte Rose, die auch als Strauch gepflanzt werden kann. Die anderen sind Teehybriden von unbekannten Rosenzüchtern.

R. 'Smooth Angel'*	creme, 90
R. 'Smooth Lady'	rosa, 90
R. 'Smooth Prince'*	kirschrot, 90
R. 'Smooth Velvet'*	dunkelrot, 90
R. 'Sophie's Perpetual'	bordeauxrot, 70
R. 'Zéphirine Drouhin'	hellrot bis karminrosa, 300

Teerosen

Verwechseln Sie diese Gruppe nicht mit den Teehybriden, die nachfolgend beschrieben werden. Teerosen waren ab der 2. Hälfte des 19. Jahrhunderts populär. Die meisten dieser öfterblühenden Rosen sind frostgefährdet; nachstehend sind die weniger frostempfindlichen Rassen aufgeführt.

R. 'Adam'	rosa/aprikot, 200
R. 'Gloire de Dijon'	rosa/orange, 450
R. 'Triomphe de Luxembourg'	lachsrosa, 90

Rosa 'Adam'

Rosa 'Ballerina'

Teehybriden und großblütige Strauchrosen

Jährlich müssen diese öfterblühenden Strauchrosen angehäufelt werden. Wer sich damit nicht beschäftigen möchte, sollte besser auf diejenigen Gruppen ausweichen, die nicht angehäufelt werden müssen. Diese Rosen, vor allem die, die gut riechen, sind beinahe überall erhältlich.

Rosa und orange:

R. 'Centurio'	samtrot, 80
R. 'Dame de Coeur'	hellrot, 100
R. 'Duftwolke'	korallenrot, dunkles Blatt, 75
R. 'Ena Harkness'	dunkelrot, schlaffer Blütenstiel, 60
R. 'Eagle'	rot, 90
R. 'Papa Meilland'	dunkelrot, 100
R. 'Scarlet Queen Elizabeth'	rot, 110
R. 'Super Star'	mandarinrot, stachelig, 110

Rosa:

R. 'Dainty Bess'	siehe: Einfachblütige Strauchrosen
R. 'Indépendance du Luxembourg'	weiß, 70
R. 'La France'	silbrig rosa, 120
R. 'Michèle Meilland'	hellrosa auf weiß, 90
R. 'Peace'	gelbrosa (g), 90
R. 'Poker'	dunkelrosa, 90
R. 'Salmon'	lachsrosa, 75
R. 'Savoy Hotel'	rosa, 90

Gelb:

R. 'Dr. A. J. Verhage'	gelb, dunkler, überl., 75
R. 'Golden Jubilee'	gelb, rosa überl., 75
R. 'Peace'	gelbrosa (g), 90
R. 'Peer Gynt'	kanariengelb, mit rosa Hauch, 80
R. 'Sutters Gold'	tiefgelb mit rötlichem Hauch, 90

Weiß:

R. 'Creamy Queen'	grünweiß/gelb, 110
R. 'Ellen Willmott'	siehe: Einfachblütige Strauchrosen
R. 'Karen Blixen'	weiß, 70
R. 'Royal Queen'	weiß, 120
R. 'Virgo'	reinweiß (g), 70
R. 'White Wings'	siehe: Einfachblütige Strauchrosen

Trauerrosen

Siehe: Stammrosen

Rosa 'Duftwolke'

6. Schling- und Kletterpflanzen

Kaum eine andere Pflanzengruppe ist vielseitiger in ihrer Verwendung als die Kletterpflanzen. Sie sind bemerkenswert anpassungsfähige Wuchskünstler, die sich je nach Art flächig oder Seiltänzern gleich ausbreiten. Anders als alle anderen Pflanzen wachsen sie nicht nur senkrecht, sondern lassen sich auch schräg nach oben oder um Ecken ziehen und können sogar von oben nach unten herabhängen. Alle Arten brauchen ausreichend gute Versorgung mit Licht, Wärme, Nährstoffen und Wasser und natürlich ausreichend Platz zum Wachsen. Für Kletterpflanzen am besten geeignet ist ein lockerer und in seiner Struktur krümeliger Boden wie z. B. humusreiche Gartenerde; sie enthält immer ausreichend Nährstoff- und Wasserreserven. Die meisten Arten brauchen Kletterhilfen; das können sowohl freistehende als auch Mauern und Wänden vorgehängte Konstruktionen sein. Da es Jahre dauern kann, bis diese bewachsen sind, kommt ihrer Form und Gestaltung einige Bedeutung zu. Sie allein schon können zu einem prägenden Gestaltungselement werden. Die angegebenen Wuchsgrößen sind die maximalen Höhen in m.

Actinidia

KIWI, STRAHLENGRIFFEL

Die eiförmigen, kleinen Kiwifrüchte der Art *A. arguta* und die große Frucht von *A. chinensis* sind eßbar. Die Pflanzen stammen aus Ostasien und sind im allgemeinen weniger anspruchsvoll als vielfach angenommen. Bei zusagendem Standort wachsen die Pflanzen üppig und wirken durch ihr dichtes Laubwerk dekorativ. Sie sind zweihäusig; sollen sie Früchte tragen, ist zu beachten, daß männliche und weibliche Pflanzen nebeneinander stehen. Die Pflanzen lieben Sonne bis Halbschatten und gedeihen am besten an einem warmen und geschützten Platz.

A. arguta	weiß, Juni, 6
A. chinensis	creme, Juni, 9
A. c. 'Atlas'	
A. c. 'Bruno'	
A. c. 'Exbury'	
A. c. 'Hayward'	
A. c. 'Monty'	
A. kolomikta	gelblich, Juni, 5

Actinidia chinensis

Akebia

Das Laub der sommergrünen Schlingpflanze haftet in milden Gegenden bis in den Frühling an der Pflanze. Sie sind raschwachsende Schlinger und blühen bereits im April.

A. quinata	lila, April-Juni, 12
A. trifoliata	lila, Juni-Juli, 9

Akebia quinata

Ampelopsis

Schein- oder Zierreben sind sommergrüne Rankpflanzen und eng mit Echtem wie auch Wildem Wein verwandt. Von beiden lassen sie sich aber leicht unterscheiden: vom Echten Wein durch die nicht abfasernde Rinde, vom Wilden Wein durch die fehlenden Haftscheiben an den Ranken. Sie sind wuchskräftig und entwickeln ein vielgestaltiges, attraktives Laub.

A. brevipedunculata	
'Elegans'	buntes Blatt, 1

Ampelopsis brevipedunculata var. *maximowiczii*

Aristolochia

PFEIFENWINDE

Nur wenige andere Kletterpflanzen haben ein derart grünes Laubwerk wie die sommergrüne Pfeifenwinde. Vor allem dieses Laubes wegen galt sie im 19. Jahrhundert als eine der klassischen Laubenpflanzen. Pfeifenwinden stammen aus Nordamerika und Ostasien und sind linkswindende Schlingpflanzen.

A. macrophylla	bräunlich, 10

Bilderdykia

SCHLINGKNÖTERICH

Siehe: *Polygonum*

Campsis

TROMPETENBLUME

Trompetenblumen sind sommergrüne, mit Haftwurzeln kletternde Gehölze. Ihr deutscher Name bezieht sich auf die auffallenden orangefarbenen Trichterblüten, die in großer Zahl vom Hoch- bis Spätsommer an der Pflanze erscheinen. Daneben besitzt sie auch ein dekoratives Laub.

C. grandiflora	orangerot, Juli-Sept., 10
C. radicans	orange, Juli-Sept., 10
C. r. 'Flamenco'	rot, Aug.-Sept., 8
C. r. 'Flava'	gelb, Aug.-Sept., 8
C. r. 'Florida'*	rot, Aug.-Sept, 8
C. tagliabuana 'Mme Galen'	orangerot, Aug.-Okt., 10

Campsis tagliabuana 'Mme Galen'

Aristolochia manschurica

Carpinus

HAINBUCHE

Was hat die Hainbuche bei den Schling- und Kletterpflanzen zu suchen? Früher waren Fenster öfter mit Sonnenblenden versehen. Seit das Holz immer teurer wird, sieht man sie nur noch selten. Als Ersatz kann man *C. betulus* 'Fastigiata' an die Westseite vor ein Fenster pflanzen. Pflanzt man bereits einen größeren Baum (ca. 3 m hoch), hat man schnell einen Schattenspender. Schneiden Sie die Zweige direkt 10 cm vom Stamm entfernt ab, und sie werden schnell austreiben.

C. betulus 'Fastigiata'	hellgrün, 3

Celastrus

BAUMWÜRGER

Einen gefährlich klingenden Namen hat der sommergrüne Baumwürger. Dieser nimmt darauf Bezug, daß die Pflanzen sich derart fest um die Baumstämme schlingen können, daß junge Bäume angeblich dadurch schon abgewürgt worden sind. Es sind nahezu unverwüstliche Pflanzen, die sehr üppig wachsen können. Das dichte Laub ist den Sommer über eher unauffällig und kommt erst durch die gelbe Herbstfärbung voll zur Geltung; die Blüten sind klein und unscheinbar.

C. orbiculata 'Diana'	orange Beeren, 8
C. o. 'Hercules'	8
C. o. 'Hermaphroditus'	orange Beeren, 8
C. scandens	orange Beeren, 10

Celastrus scandens

Clematis

WALDREBE

Waldreben sind fast weltweit verbreitet und daher eine sehr arten- und formenreiche Gattung. Sie werden aus praktischen Gründen in 2 Gruppen aufgeteilt: die großblumigen Zuchtformen einerseits und die kleinblütigen Wildarten andererseits. Clematis-Hybriden sind sommergrüne Rankpflanzen, die vor allem ihrer auffallenden, im Durchmesser bis 15 cm groß werdenden Blüten wegen als Gartenpflanzen sehr beliebt sind. Je nach Art und Sorte ranken sie 2 bis 4 m hoch und entwickeln etwa 10 cm lange, gefiederte Blätter, die hell- bis dunkelgrün sein können. Die Samen sind weich, mit weißen und seidig glänzenden Haarschweifen versehen und haften bis weit in den Winter an den Pflanzen.

Clematis-Wildarten und deren Hybriden:

*C. alpina***	3
C. a. 'Columbine'	blaßblau
C. a. 'Frankie'	blau
C. a. 'Helsingborg'	tiefblau mit purpur
C. a. 'Magnus Johnson'	fahles Blau
C. a. 'Pamela Jackman'	dunkelblau
C. a. 'Rosy Pagoda'	bleiches Rosa
C. a. 'Ruby'	dunkel purpurrosa
C. a. 'Willy'	blaßrosa
C. a. 'Frances Rives'	blau
C. a. 'White Columbine'	weiß
*C. macropetala***	3
C. m. 'Blue Bird'	lila, blau (g)
C. m. 'Floralia'*	blaßblau
C. m. 'Jan Lindmark'	blauviolett (g)
C. m. 'Lagoon'	tiefblau (g)
C. m. 'Maidwell Hall'	lavendelblau (g)
C. m. 'Rosy O'Grady'	tiefrosa (g)
C. m. 'Violacea Delphinii'*	violett (g)
C. m. 'White Lady'	weiß
C. m. White Swan'	weiß

Clematis montana

C. montana	Mai-Juni, 6-12
C. m. 'Alexander'	creme
C. m. 'Elizabeth'	fahlrosa
C. m. 'Freda'	tiefrosa
C. m. 'Grandiflora'	zartweiß
C. m. 'Majorie'*	cremerosa
C. m. 'Mayleen'	tiefrosa
C. m. 'Picton's Variety'	tiefes Satinrosa
C. m. var. *rubens*	blaßrosa
C. m. 'Superba'	weiß
C. m. 'Tetraroze'	lila, rosa
C. m. 'Vera'*	tiefrosa
*C. orientalis**	gelb, Juli-Sept., 6

Clematis viticella 'Abundance'

Clematis 'Ernest Markham'

C. o. 'Bill Mackenzie'	gelb, Juli-Sept.
C. o. 'Bravo'*	gelb, Juli-Aug.
C. o. 'Corry'	gelb, Juli-Sept.
C. o. 'Golden Harvest'*	gelb, Juli-Sept.
C. o. 'Orange Peel'	gelb, Juli-Sept.
C. tangutica	gelb, Juli-Sept., 4
C. t. 'Aureolin'	gelb, Juli-Aug.
C. vitalba	weiß, Aug.-Okt.
*C. viticella***	Juni-Aug., 3
C. v. 'Abundance'	fahles Violett
C. v. 'Alba Luxurians'	weiß, Juli-Sept.
C. v. 'Blue Bell'*	violettblau
C. v. 'Etoile Violette'	violett
C. v. 'Kermesina'	tief weinrot, April-Mai
C. v. 'Little Nell'	weiß, purpurf. Ränder
C. v. 'Minuet'	creme, rosa-purpurf. R.
C. v. 'Royal Velours'	tief purpurrot, Juni-Sept.
C. v. 'Rubra'	weinrot, Mai-Juni
C. v. 'Venosa Violacea'	violett mit weißen Adern, Mai-Aug.

Einige großblütige Clematis-Hybriden:

C. 'Barbara Jackman'	dunkelviolett, Juli-Sept
C. 'Bees Jubilee'	hellrosa, Juli-Sept.
C. 'Ernest Markham'	lila, rot, Juni-Aug.
C. 'Gipsy Queen'	violett, Juni-Aug.
C. 'Hagley Hybrid'	rosa, Juni-Sept.
C. 'Huldine'	weiß, Juli-Aug.
C. 'Jackmannii'	violett, Mai-Aug.
C. 'Jackmannii Alba'	weiß, Juni-Aug.
C. 'Jackmannii Superba'	violett, Juni-Sept.
C. 'Lady Betty Balfour'	violettblau, Aug.-Sept.
C. 'Lasurstern'	lila, blau, Juli-Aug.
C. 'Mme le Coultre'	weiß, Juni-Aug.
C. 'Mrs Cholmondeley'	hellblau, Juni-Aug.
C. 'Miss Bateman	weiß, Juni-Aug.
C. 'Nelly Moser	rosa, gestr., Mai-Aug.
C. 'Perle d'Azur'	hellblau, Juli-Sept.
C. 'Pink Fantasy'	hellrosa, Juli-Sept.
C. 'Rouge Cardinal'	weinrot, Juni-Aug.
C. 'The President'	violettblau, Mai-Aug.
C. 'Ville de Lyon'	rot, Mai-Aug.
C. 'Vyvyan Pennell'	violettlila, Juli-Sept.

Cotoneaster horizontalis

Cotoneaster

FÄCHERMISPEL

Die Fächermispel wächst freistehend flach, ausgebreitet mit fischgrätenartig verzweigten Trieben. Pflanzt man sie vor Mauern oder Wände, richtet sie sich auf. Ihre eiförmigen, glänzend dunkelgrünen Blätter zeigen eine rötliche Herbstfärbung, die Früchte sind zahlreiche korallenrote Beeren. Sie stellt keine besonderen Ansprüche an Boden oder Standort und eignet sich für den Hausgarten zur Vorpflanzung, zur Begrünung von Mauerkronen, zur Einzelstellung in großen Steingärten und für Pflanzgefäße.

C. horizontalis	weiß, 2

Euonymus

KLETTERSPINDEL, PFAFFENHÜTCHEN

Nur die wintergrüne Kletterspindel gehört zu den Kletterpflanzen und eignet sich zur Begrünung vollschattiger Wände. *E. japonica* ist stark frostgefährdet, sie sollte am besten nur in geschützte und beschattete Innenhöfe gepflanzt werden. Die Art ist auch gut als Bodendecker geeignet. Von *E. fortunei* gibt es viele Sorten mit kleinen Blättchen, die mit Hilfe von Haftwurzeln klettern können. Sie beanspruchen humusreiche, ausreichend feuchte Böden und wachsen relativ langsam (durchschnittlich 10 cm pro Jahr).

E. fortunei var. *radicans*	tiefgrün, 4
E. f. 'Variegatus'	buntes Blatt, 4
E. f. 'Vegetus'	glänzend grün, 6
E. japonica	glänzend grün, 3
E. j. 'Variegata'	buntes Blatt, 3

Euonymus fortunei 'Variegatus'

Fallopia

SCHLINGKNÖTERICH

Siehe: *Polygonum*

Forsythia

GOLDGLÖCKCHEN

Die langen, dünnen Zweige dieser Forsythia-Arten können gut geleitet werden. Sie blühen weniger üppig als die Strauch-Forsythien. Die Pflanze eignet sich für eine Ost- oder Westmauer.

F. suspensa	hellgelb, März-April, 3
F. s. var. *fortunei*	März-April, 3
F. s. 'Nymans'	März-April, 3

Forsythia suspensa

Hedera

EFEU

Eine heimische und sehr beliebte Kletterpflanze ist der immergrüne Efeu. Er klettert zwar nicht besonders schnell, kann dafür aber sehr alt werden; an alten Burgmauern finden sich nicht selten jahrhundertealte und entsprechend große Exemplare. Der Efeu ist eine sehr variantenreiche Pflanze mit vielen Sorten und Formen. Davon ist allerdings nur ein Teil winterhart und im Freien zu verwenden. Schon in der Antike als heilig verehrt, bezieht sich sein Name darauf, daß die Pflanzen mit Haftwurzeln klettern. Eine weitere Eigenart des Efeu ist es auch, daß im Alter anders geformte Blätter entstehen als im Jugendstadium und die Pflanzen dann auch keine Haftwurzeln mehr ausbilden. Aus solchen Exemplaren gezogene Jungpflanzen wachsen nur noch buschig und sind als Strauch-Efeu im Handel.
Efeu wächst bei uns am besten im Halbschatten oder Schatten. An den Boden stellt er bemerkenswert geringe Ansprüche, gedeiht aber im allgemeinen auf eher kalkreichen und gut mit Wasser versorgten Böden am besten. Er eignet sich hervorragend zur

flächendeckenden Fassaden- und Wandbegrünung und vermag mit seinem immergrünen Laub so Bauteile auch im Winter mit einem energiesparenden Pflanzenpullover zu überziehen. Er läßt sich problemlos im Behälter oder als freistehende grüne Wand ziehen und bewächst alle Arten von Klettergerüsten und Bäumen.

H. colchica	
'Dentata Variegata'	Rand rahmweiß
H. helix	kleinblättrig, dunkelgrün
H. h. 'Baltica'	kleinblättrig
H. h. 'Brodkamp'	herzförmig
H. h. 'Caenwoodiana'	spitz
H. h. 'Deltoidea'	rundes Blatt
H. h. 'Eva'	rahmweiß, gelber Rand
H. h. 'Glacier'	graugrün
H. h. 'Goldheart'	gelbes Zentrum
H. h. 'Green Ripple'	tiefgrün, bodenbedeckend
H. h. 'Green Survival'	bodenbedeckend
H. h. 'Gruno'	bodenbedeckend
H. h. 'Irish Lace'	dunkelgrün
H. h. 'Ivalace'	bodenbedeckend
H. h. 'Königer's Auslese'	
('Sagittifolia')	rund
H. h. 'Minetta'	bodenbedeckend, buschig
H. h. 'Miniature Needlepoint'	sehr klein
H. h. 'Parsley Crested'	gekräuselt
H. h. 'Pin Oak'	tief eingeschnitten
H. h. 'Spletchley'	grün, sehr klein
H. h. 'Sulphurea'	gelbbunt
H. h. 'Très Coupé'	tief eingeschnitten
H. h. 'Woerner'	grün, marmoriertes Blatt
H. hibernica	dunkelgrün, groß

Humulus

HOPFEN

Der einheimische Hopfen ist ein sommergrüner Schlinger und ist vor allem durch die Bierherstellung bekannt.
Im Gegensatz zu den meisten anderen Kletterpflanzen ist er eine Staude, d.h. er entwickelt keine den Winter überdauernden Äste oder Zweige, sondern treibt jedes Frühjahr neu aus dem Wurzelstock aus. Er ist eine rasch wachsende Pflanze, die dichtes Laubwerk entwickelt und in Flußauen oft noch wild vorkommt. Es gibt bei ihm rein männliche und rein weibliche Exemplare. In Hopfenanbaugebieten sind seit altersher nur weibliche Pflanzen in Kultur. Deren getrocknete Früchte sind ein Grundstoff zur Herstellung von Bier. Hopfen braucht ausreichend nahrhaften und wasserversorgten Boden. Die Pflanzen wachsen im Halbschatten, gedeihen aber auch in sonnigen Lagen.

H. lupulus	grünlich, Aug.-Sept, 10
H. l. 'Aureus'	gelbes Blatt, 10

Hedera helix

Humulus lupulus (weiblich)

Hydrangea

KLETTERHORTENSIE

Ähnlich dem Efeu, klettern diese sommergrünen Hortensien mit Hilfe von Haftwurzeln. Sie sind eine der schönsten, aber bislang leider nur wenig bekannten Kletterpflanzenarten. Nach anfänglich zögerndem Wuchs sind es raschwachsende Pflanzen, deren dichtes und volles Laubwerk allein schon ihre Verwendung lohnt. Die großen und herzförmig zugespitzten Knospen sind den gesamten Winter über gut sichtbar und treiben schon im zeitigen Frühjahr aus.

*H. integrifolia***	weiß, Juni-Sept., 3
H. petiolaris	weiß, Juni-Aug., 5

Hydrangea petiolaris

Jasminum

WINTERJASMIN

Ein ausgesprochener Frühblüher ist der sommergrüne Winterjasmin, der bei uns von Januar bis März blüht. Seine gelben Blüten duften nicht. Er klettert mit Hilfe langer und rutenförmiger Triebe. Der Winterjasmin liebt warme und sonnige Plätze und ist mit Ausnahme rauher Klimaregionen in normalen Wintern ausreichend winterhart.

*J. beesianum**	rosa, kleinbl., Mai, 8
J. nudiflorum	gelb, Jan.-März, 3

Kadsura

Die eigenartige selbstwindende und wintergrüne *Kadsura* hat sehr kleine Blütchen. Man pflanzt sie am besten an einen geschützten Platz einer Südseite, da sie frostempfindlich ist. Diese Liebhaberpflanze verträgt sauren Boden.

*K. japonica***	creme, Juni-Juli, 4

Kadsura japonica

Lathyrus

Siehe: Stauden, Ein- und Zweijährige Pflanzen

Lonicera

GEISSBLATT

Auch unter dem Namen „Jelängerjelieber" bekannt. Das Geißblatt ist eine rechtswindende, sommergrüne, teils auch immergrüne Schlingpflanze. Alle Arten treiben relativ früh aus und haben meist in großer Zahl erscheinende dekorative Blüten, die überdies oft einen angenehmen Duft entwickeln. Die Früchte der Pflanzen sind charakteristische Doppelbeeren, die entweder rot oder schwarz gefärbt und für den Menschen ungenießbar sind. Das Geißblatt wächst am besten im Halbschatten. Die Pflanzen haben keine besonderen Ansprüche im Hinblick auf

Jasminum nudiflorum

den Boden, können aber bei zu warmem oder trockenem Stand leicht von Läusen befallen werden. Ihre Wuchshöhe variiert kaum, sie werden zwischen 3 und 4 m, *L. japonica* kann bis zu 6 m hoch werden.

Sommergrün:	
L. x *brownii*	
'Dropmore Scarlet'	orange, Juni-Aug.
L. b. 'Fuchsioides'	orangerot, Juni-Aug.
L. caprifolium	hellgelb, Mai-Juni
L. x *heckrottii*	orangerosa, Juni-Aug.
L. h. 'Goldflame'	orangerosa, Mai-Juli
L. periclymenum	gelb/rosa, Mai-Aug.
L. p. 'Belgia Select'	gelb/rosa, Mai-Aug.
L. p. 'Cream Cloud'**	weißlich, Mai-Sept.
L. p. 'Serotina'	violettrot, Mai-Juli
L. tellmaniana	orangegelb, Juni-Aug.
Wintergrün, halbwintergrün:	
L. acuminata	schnell wachsend
L. henryi	braunrot, Juni-Aug.
L. japonica 'Aureoreticulata'	bunt, gelb, Juni-Aug.
L. j. 'Halleana'	creme, Mai-Aug.
L. j. 'Hall's Prolific'	zartcreme, Juni-Aug.
L. j. var. *repens**	zartcreme, Mai
L. sempervirens	orangerot, Juni-Juli
L. s. 'Superba'	rot, Juni-Juli

Magnolia

Diese Baumart kann in unserem Klima gut auch als Kletterpflanze verwendet werden, um das relativ enge, wintergrüne Sortiment ein bißchen aufzufüllen. Pflanzen Sie sie an eine Westseite, so daß sie vor Ostwinden geschützt steht. Die Blüten sind auffallend schön und groß, ebenso wie die ledrigen Blätter.

M. grandiflora	weiß, Mai-Juli, 3

Morus

Befestigen Sie diese Pflanze an einem relativ starken Klettergerüst an einer süd- oder südostorientierten Wand. Ihre Blüte ist unscheinbar, im Gegensatz zu den auffallenden Früchten. *Morus* hat hellgrüne, große, unregelmäßig geschlitzte Blätter. *M. a.* 'Pendula' muß als Jungpflanze gut angebunden werden, wohingegen sie im Alter von der entsprechenden Wand weghängt.

M. alba 'Pendula'	Frucht weiß oder rot, 4
M. nigra	Frucht dunkelrot bis schwarz, 4

Lonicera x *heckrottii*

Magnolia grandiflora

Parthenocissus

Die bei uns vielleicht bekannteste und sicherlich am weitesten verbreitete Kletterpflanze ist Wilder Wein. Diese sommergrüne Rankpflanze braucht keine Kletterhilfe, die Enden ihrer Ranken sind zu speziellen Haftscheiben umgebildet. Die Pflanzen sind sehr robust und stellen an Boden und Lage nur geringe Ansprüche.

P. henryana	blaue Beeren, 10
P. quinquefolia	blaue Beeren, 15
P. tricuspidata 'Green Spring'	großblättrig, 10
P. t. 'Lowii'	kleinblättrig, 8
P. t. 'Minutifolia'	kleinblättrig, 8
P t. 'Veitchii'	junges Blatt, purpurf., 10

Parthenocissus tricuspidata 'Veitchii'

Passiflora

Passionsblumen sind mit Ranken kletternde Pflanzen, von denen eine Art auch an geschützten Stellen im Freien gezogen werden kann. Die Pflanzen brauchen einen möglichst sonnigen und geschützten Standort und sind empfindlich gegen

Windzug. Sie wollen mit etwas Sand und Torfsubstrat angereicherte Gartenerde, die möglichst nie staunaß sein darf.

P. caerulea	lila/weiß, Juli-Okt, 10
P. c. 'Constance Elliot'	elfenbeinweiß, Juli-Okt, 10

Passiflora caerulea

Polygonum

SCHLINGKNÖTERICH

In unseren Breiten ist er die mit Abstand am schnellsten wachsende Kletterpflanze, die einen Zuwachs jährlich von einem bis zu mehreren Metern schafft; das hat ihm auch den Namen „Klettermaxe" eingebracht. Der Name Knöterich bezieht sich darauf, daß die Triebe in regelmäßigen Abständen durch Knoten gegliedert und verstärkt sind. Die Pflanzen entwickeln nicht nur ein üppiges Wachstum, sondern blühen bei zusagendem Standort auch unermüdlich vom Hochsommer bis zum ersten Frost. Sie sind nur dort zu empfehlen, wo ihnen reichlich Platz zugestanden wird.

P. aubertii	weiß/grün, Juli-Okt., 12
P. baldschanicum	schwach rosa, Juli-Okt., 12

Polygonum aubertii

Prunus

SCHATTENMORELLE

Zusammen mit *Aristolochia* und *Hydrangea* ist dies die am besten geeignete Pflanze für eine Nordmauer. Diese Obstbäume sind nicht so sehr durch Spätfröste gefährdet, weil sie relativ spät blühen.
Sauerkirschen sind selbst fruchtbar, es genügt also, nur einen Baum zu pflanzen. Sie sind relativ unkompliziert und gedeihen auf schweren und leichten Böden.

P. 'Morel'	weiß, Mai, 3
P. 'Rheinische Schattenmorelle'	weiß, Mai, 3

Prunus 'Morel'

Prunus

PFIRSICHBAUM

Eine Pflanze mit rosaroter Blütenpracht im Frühling und Früchten im Herbst. Viel Wärme und einen humusreichen Boden braucht der Pfirsichbaum, der sich gut spalieren läßt. Am besten pflanzen Sie ihn nahe ans Haus oder in einen geschützten Innenhof und befestigen ihn an einem Spalier. Da die Bäume

Prunus persica 'Amsden'

schon sehr früh blühen, sind sie besonders frostgefährdet. In rauhen Gegenden und auf kalten, nassen Böden sollten Sie auf dieses Obst im Garten verzichten.

P. persica 'Amsden'	früh
P. p. 'Champion'	mittelfrüh
P. p. 'Peregrine'	mittelfrüh
P. p. 'Tardive de Brunel'	spät

Pyracantha

FEUERDORN

Eigentlich keine Kletterpflanze ist der Feuerdorn, ein vielfach aus Gärten und Parks bekannter Strauch. Da er sich aber mit seinen langen Trieben gut spalieren läßt und zudem das kleine Sortiment der Immergrünen spürbar vergrößern hilft, soll er dennoch hier mit aufgeführt werden. Richtig verwendet, gehört er in unseren Breiten ohnedies zu den härtesten winter- bis immergrünen Gartenpflanzen. Besonders auffallend sind die intensiv gefärbten Früchte.
Der Feuerdorn erreicht eine Höhe von etwa 5 m.

P. coccinea 'Red Column'	rot
P. c. 'Red Cushion'	rot

Hybriden:

P. 'Golden Charmer'	gelb
P. 'Mohave'	rot
P. 'Orange Charmer'	orange
P. 'Orange Glow'	orangerot
P. 'Soleil d'Or'	gelb
P. 'Teton'	sehr klein

Rubus

KLETTERBROMBEERE

Die Kletterbrombeere ist ein immer- bis wintergrüner Spreizklimmer aus China und bei uns nur in milden Regionen und Lagen winterhart. Bemerkenswert an der Pflanze sind besonders die Blätter; Blüte und Frucht werden nur selten entwickelt. Die Pflanzen lieben geschützte und schattige bis halbschattige Standorte. Sie sind mit jedem Gartenboden zufrieden und vertragen schlecht Trockenheit. Leichter Winterschutz ist vorteilhaft. Nach Frostschäden läßt sich die Pflanze gut zurückschneiden. Die Vermehrung erfolgt durch Ableger und Stecklinge.

*R. henryi**	hellrosa Frucht, Mai, 6
R. phoeniculasius	weiß, Mai-Juni, 3

Pyracantha 'Orange Glow'

Rubus phoeniculasius

Solanum

KLETTERNDER NACHTSCHATTEN

Diese Art kommt als Kletterpflanze nur für beschattete Innenhöfe oder für kalte Gewächshäuser in Frage. Wichtig ist es, den Fuß der Pflanze durch eine entsprechende Vorpflanzung zu beschatten. Sie vertragen auch keine Staunässe, mit Ausnahme von *S. dulcamara.*

S. crispum	blau, Juni-Sept., 4
S. c. 'Glasnevin'*	blau, Juli-Sept., 4
S. dulcamara	violett, Juli-Aug., 3
S. d. 'Variegata'	buntes Blatt, Juli-Aug., 3
S. jasminoides	malvenf., Juli-Sept., 4

Solanum crispum 'Glasnevin'

Vitis

REBE

Seit alther zur Herstellung von Wein in Kultur ist die Weinrebe. Ihr heutiger botanischer Gattungsname war bereits im antiken Rom als Name für sie in Gebrauch; bekanntlich waren es auch die Römer, die den Weinstock erstmals zu uns brachten. Weinreben werden sowohl der Früchte und des Laubes als auch beider wegen gezogen. Vor allem zu gutem Fruchtansatz brauchen die Weinreben möglichst sonnige Lagen und geschützte Plätze.

*V. amurensis**	Herbstf., 8
V. coignetiae	Herbstf., 8
V. hybr. 'Brant'*	Frucht pupurf., 9
V. vinifera 'Black Alicante'	Frucht blau
V. v. 'Boskoop Glorie'	Frucht blau
V. v. 'Purpurea'*	Blatt hellrot/purpurf., 8
V. v. 'Frankenthaler'	Frucht blau
V. v. 'Rembrandt'	Frucht blau
V. v. 'Vroege Van der Laan'	Frucht weiß

Wisteria

BLAUREGEN

Wisterien lieben warme und sonnige Lagen, wachsen aber auch meist im Halbschatten noch gut. Sie brauchen normalen Gartenboden und eine gute Versorgung mit Wasser, vor allem bei Trockenzeiten im Sommer. Hier muß notfalls regelmäßig gewässert werden. Da die erwachsene Pflanze beachtliche Ausmaße und ein erhebliches Gewicht erreicht, braucht man stabile Kletterhilfen; am besten geeignet sind Spanndrähte. Gut verwendbar und im Handel bei uns erhältlich sind zwei Arten: *W. floribunda* schlingt rechtswindend und hat hellgrüne lange Blätter. Die von Mai bis Juni erscheinenden Blüten erreichen 20-50 cm Länge. *W. sinensis* ist die bekannteste Art und schlingt linkswindend je nach Standort 6-15 m hoch. Sie hat ebenfalls hellgrünes Laub und blüht von Ende April bis in den Mai.

W. floribunda	blau, Mai-Juni, 10
W. f. 'Longissima Alba'*	weiß, Mai, 10
W. f. 'Macrobotrys'	blau, Mai, 10
W. f. 'Rosea'	mauve, Mai, 10
W. f. 'Violacea Plena'*	lila, Mai, 10
W. sinensis	blau, Mai, 12
W. s. 'Alba'	weiß, Mai-Juni, 12
W. s. 'Prolific'*	lila, April-Mai, 12

Wisteria sinensis

Vitis coignetiae

7. Stauden

In diesem Kapitel beschreiben wir die Stauden, die normalerweise gerne in die Gärten gepflanzt werden. Auch wurden die im Handel angebotenen neueren Sorten berücksichtigt. Mit Sternchen geben wir an, wie leicht bzw. schwer die Pflanze in Gartencentern gewöhnlich zu bekommen ist (= schwer zu bekommen; ** = nur über Spezialisten zu beziehen).*
Das Standardsortiment an Gartenstauden hat sich innerhalb kurzer Zeit stark ausgeweitet. Den ganzen Sommer hindurch blühende Staudenbeete anzulegen erfordert viel Erfahrung und dafür geeignete Standorte. Stauden haben, da sie so viele verschiedenartige Gewächse umfassen, auch sehr unterschiedliche Lebensgewohnheiten. Über ihre Ansprüche an Boden, Licht und Wasser möchten wir Sie hier informieren. Nur mit solchen Kenntnissen können Sie die richtigen Partner zusammenbringen, die es auch jahrelang miteinander aushalten können. Bei den Beschreibungen der einzelnen Stauden haben wir den größten Wert darauf gelegt zu beschreiben, wofür sich die entsprechenden Arten und Gattungen eignen bzw. welche Standortansprüche für eine erfolgreiche Kultivierung berücksichtigt werden müssen. Auch vermerken wir, welche Kombinationen von Stauden gestalterisch besonders wertvoll sind. Hierbei mußten wir uns aber auf nur wenige Angaben beschränken, da solche Empfehlungen leicht den Rahmen dieses Kapitels gesprengt hätten.
Sie finden nachfolgend für jede Art Angaben zur Blütenfarbe, Blütezeit und zur Wuchshöhe. Die Wuchshöhe kann, je nach Bodenart und Düngung, variieren. Bei Blattpflanzen (z.B. Acaena) geben wir die Farbe des Laubes an.

Acaena

STACHELNÜSSCHEN

Die cremeweißen Blütchen (Blütezeit Juni-Aug.) des Stachelnüßchens sind unscheinbar, aber die borstighakigen Fruchtstände zieren diesen Ausläufer treibenden Bodendecker. Die Pflanzen benötigen trockenen, sandigen Boden in der Sonne, da sie sonst über den Winter ausfaulen.
Die nachstehenden Farben beziehen sich auf die Blätter.

A. anserinifolia	grün, groß, Juni-Aug., 15
A. buchananii	bläulich-weiß-grün, Juni-Aug., 10
A. magellanica	tief blaugrün, Juni-Aug., 20
A. microphylla	bronzegrün, Juni-Aug., 10
A. m. 'Kupferteppich'	rotgrün, Juni-Aug., 10
A. m. 'Blue Haze'	graublau, Juni-Aug., 15
A. novae-zelandiae	grün, groß, Juni-Aug., 20

Acaena anserinifolia

Acanthus

In Kapitellen korinthischer Säulen findet man häufig als Verzierung die Blätter von Bärenklau. Tatsächlich erinnern die großen gebuchteten Blätter, deren Blattlappen oft in Dornspitzen auslaufen, ein wenig an Bärenklauen. *Acanthus* eignet sich als Solitärstaude für einen sonnigen bis halbschattigen Platz und möchte durchlässigen, tiefgründigen, nährstoffreichen Boden.

A. mollis	rosa mit weiß, Juli-Sept., 100
A. hungaricus	rosalila, Juni-Juli, 100
*A. spinosus**	malvenf., Juli-Sept., 100

Acanthus mollis

Achillea

GARBE

Die Arten und Sorten dieser Gattung eignen sich gut als Schnittblumen und auch für Trockensträuße. Die robusten Pflanzen stellen keine besonderen Ansprüche an die Bodenverhältnisse und wachsen gerne in trockenen, sonnigen Lagen. Bei Rückschnitt blühen die meisten Arten nach. Beachten Sie, daß die alpinen Arten gegen Winternässe geschützt werden sollten.

A. filipendulina 'Cloth of Gold'	gelb, Juli-Sept., 100
A. f. 'Parker'	gelb, Juli-Aug., 100
A. millefolium	weiß, Juni-Aug., 50
A. m. 'Cerise Queen'	kirschrot, 50
A. m. 'Heidi'	purpur, 70
A. m. 'Hoffnung'	hellgelb, 60
A. m. 'Lachsschönheit'	lachsrosa, 60
A. m. 'Lilac Beauty'	lila, 70
A. m. 'Schwefelblüte'	schwefelgelb
A. m. 'Summer Wine'	dunkel weinrot, 70
A. m. 'Wesersandstein'	kupferrot, 60
A. m. 'White Queen'	weiß, 50
A. ptarmica 'Perry's White'	weiß, Juni-Aug., 70
A. p. 'The Pearl'	weiß (g), Juni-Aug., 70
A. taygetea	hellgelb, Juni-Aug., 40
A. umbellata	weiß, Blatt grau, Juni-Aug., 20

Hybriden:

A. 'Coronation Gold'	zartgelb, Juni-Sept., 80
A. 'Credo'	schwefelgelb, Juni-Sept., 100
A. 'Martina'	schwefelgelb, Juni-Sept., 100
A. 'Moonshine'	gelb, Juni-Aug., 60
A. 'Schwellenburg'	zitronengelb, Juli-Aug., 30

Achillea filipendulina 'Parker'

Achillea millefolium 'Cerise Queen'

Aconitum

EISENHUT

Unser heimischer Eisenhut ist eine alte Kulturpflanze mit vielen Unterarten und bei den Hummeln sehr beliebt. Er wurde in Bauerngärten gegen fieberhafte Entzündungskrankheiten herangezogen. Den rübenförmigen Wurzeln wurde Saft zum Vertreiben des Ungeziefers entnommen. Alle Arten wachsen gerne auf kühlen, frischen, nährstoffreichen Böden in sonniger bis halbschattiger Lage. Sie sind langlebige Stauden, die viele Jahre unverpflanzt im Garten stehen können.

A. x. *cammarum* 'Bicolor'	blau mit weiß, Juli-Aug., 10
A. c. 'Bressingham Spire'	violettblau, Juli-Aug., 90
A. c. 'Nachthimmel'	dunkelviolett, Juli-Aug., 120
A. carmichaelii	blauviolett, Sept.-Okt., 100
A. henryi 'Spark'	blauviolett, Juli-Aug., 120
*A. lamarckii**	schwefelgelb, Juni-Aug., 120
A. lycoctonum	siehe: *A. lamarkii*
A. napellus	dunkelblau, Juni-Juli, 120
A. n. 'Album'	weiß, Juni-Aug., 100
A. n. 'Carneum'*	rosa, Juni-Juli, 140
A. n. 'Rubellum'	hellrosa, Juni-Aug., 100
A. septentrionale 'Ivorine'*	elfenbeinf., Mai-Juni, 70

Aconitum x *cammarum* 'Bicolor'

Adonis

ADONISRÖSCHEN

Die Schönheit dieser Pflanze liegt in den zarten, fiedrig geschlitzten Blättern und in ihrer frühen Blütezeit.
Die Art *amurensis* braucht mehr Schatten als die anderen Arten, die sowohl in sonnigen als auch halbschattigen Lagen wachsen. Sie mögen trockenen, etwas kalkhaltigen Boden.

A. amurensis	gelb, März-Mai, 30
A. a. 'Pleniflora'	gelb (g), März-Mai, 25
A. vernalis	goldgelb, März-Mai, 20

Ajuga

GÜNSEL

Der wüchsige Flächendecker kann bei genügend feuchtem, humosem Boden auch in der Sonne größere Flecken bedecken, ansonsten bevorzugt er den Halbschatten. Auf trockenem Boden ist die Pflanze sehr empfindlich gegen Mehltau. Seine blauen, gelben, roten oder weißen Blüten erscheinen im April/Mai, und stehen in achselständigen Quirlen oder Ähren.

A. reptans 'Alba'	weiß, grünes Blatt, Mai-Juni, 15
A. r. 'Atropurpurea'	blau, dunkles Blatt, 15
A. r. 'Burgundy Glow'	blau, 3farbiges Blatt, 15
A. r. 'Delightful'	blau, weißrosa Blatt, 15
A. r. 'Jungle Beauty'	blau, 30
A. r. 'Purple Torch'	purpurrosa, grünes Blatt, 15
A. r. 'Rosea'	rosarot, rotes Blatt, 20
A. r. 'Rubra'	violettblau, dunkles Blatt, 15
A. r. 'Schneekerze'	weiß, 15

Ajuga reptans 'Burgundy Glow'

Alchemilla

FRAUENMANTEL

Die anspruchslosen und wüchsigen, meist niedrig wachsenden Kräuter mit langgestielten, gelappten, gefingerten oder gefalteten Blättern lieben sonnige bis schattige Stellen mit frischfeuchtem Boden. Ihre kleinen grüngelben Blüten stehen in Trugdolden. Die Blätter von *A. alpina,* dem Alpenfrauenmantel, sind oberseits grün, unterseits silbrig.

A. alpina	grüngelb, Mai-Sept., 20
A. erythropoda	hellgelb, Mai-Sept., 30
A. mollis	gelbgrün, Juni-Aug., 40
A. m. 'Robustica'	gelb, Juni-Aug., 50
A. vulgaris	gelbgrün, Juni-Sept., 30

Alchemilla erythropoda

Alstroemeria

INKALILIE

Bei uns sind wohl nur 2 Arten der *Alstroemeria* für das Freiland geeignet; sie benötigen beide einen guten Winterschutz durch eine Laubdecke und sollten am besten auf leichten Böden gepflanzt werden, um zu verhindern, daß sie im Winter verfaulen. Die Austriebe von *A. auranticaca* sind im Frühjahr durch Spätfröste gefährdet.

A. aurantiaca	orange, Juli-Aug., 80
A. a. 'Lutea'	goldgelb, 90
A. a. 'Orange King'	orange, 90
*A. ligtu**	versch. Pastellfarben, Juli-Aug., 70

Alyssum

STEINKRAUT

Steinkräuter sind meist niedrige Stauden oder Halbsträucher, deren Blätter oft graufilzig sind. Alle Arten lieben trockene, sonnige Standorte; ihre Blüten duften stark nach Honig. Man verwendet sie gerne als Bodendecker oder läßt sie über Mauern wachsen.

A. montanum	hellgelb, Mai-Juni, 20
A. m. 'Berggold'	gelb, April-Juni, 15
A. murale	dunkelgelb, Juni-Aug., 30
A. saxatile	goldgelb, Mai-Juni, 30
A. s. 'Golddust'	goldgelb, April-Juni, 20
A. s. 'Plenum'	gelb (g), Mai-Juli, 30
A. s. 'Sulphureum'	hellgelb, April-Juni, 40

Alyssum saxatile

Alstroemeria aurantiaca

Althaea

EIBISCH

Die Art *A. officinalis* ist eine alte Bauerngarten- und Arzneipflanze. Die Arten *ficifolia* und *rosea* behandeln wir bei der Gattung *Alcea* (siehe: Ein- und Zweijährige). Der Eibisch braucht für eine gute Entwicklung Wärme und Sonne.

A. officinalis	hellrosa, Mai-Sept., 170

Anaphalis

SILBERIMMORTELLE

Ihre weißen Blütchen stehen zwischen den auf der Unterseite dicht weiß-wolligen Blättern. Wenn sich die ersten Blüten öffnen, kann man die Stiele zum Trocknen schneiden.

A. margaritacea	weiß, Juni-Sept., 40
A. m. 'Neuschnee'	schneeweiß, Juli-Sept., 50
A. triplinervis	weiß, Juli-Sept., 40

Anchusa

OCHSENZUNGE

Vor dem Samenansatz sollte man die Ochsenzunge zurückschneiden, damit sie sich vor dem Überwintern kräftig entwickeln kann. Sie liebt sonnige bis halbschattige Standorte auf frischem, kalkhaltigem Boden. Vermehrt werden kann sie durch Aussaat, Teilung oder Wurzelschnittlinge.

A. azurea	himmelblau, Juni-Sept., 125
A. a. 'Little John'	blau, Juni-Sept., 40
A. a. 'Loddon Royalist'	enzianblau, Juni-Sept., 100

Anaphalis margaritacea

Anchusa azurea 'Loddon Royalist'

Androsace

MANNSSCHILD

Die Gebirgspflanzen wachsen an absonnigen bis halbschattigen Plätzen mit hoher Luftfeuchtigkeit.

A. carnea ssp. *brigantiaca*	weiß, Mai-Juli, 10
A. sarmentosa	leuchtend rosa, Mai-Juni, 10
A. sempervivoides	lilarosa, Juni-Juli, 5

Androsace sarmentosa

Anemone

ANEMONE

Anemonen mit Knollen oder einem Wurzelstock gehören zu den Frühjahrsblühern; die hier behandelten Stauden blühen alle im Herbst. Sie stammen von Arten ab, die vom Himalaya über China bis Japan verbreitet sind. Sie wachsen am besten in gutem, humos-lehmigem Gartenboden im Halbschatten. Besonders gut geeignet sind sie zur Gehölzunterpflanzung.
Man vermehrt die Pflanzen durch Teilung oder Wurzelschnittlinge.

A. hupehensis	rosa, Aug.-Okt., 60
A. h. 'Prinz Heinrich'	purpurrot, Aug.-Okt., 80
A. h. 'Praecox'	dunkelrosa, Aug.-Sept., 70
A. h. 'September Charm'	dunkelrosa, Aug.-Okt., 90
A. h. 'Splendens'	tief purpurrot, Sept.-Okt., 80
A. x hybr. 'Elegans'	rosa, Aug.-Okt., 80
A. 'Albadura'	weiß mit rosa, Juli-Aug., 80
A. 'Hadspun Abundance'	rosa, Aug.-Okt., 70
A. 'Honorine Jobert'	weiß, lange Blüten, 120
A. 'Königin Charlotte'	purpurrosa, Sept.-Okt., 100
A. 'Margarette'	rosa (g), Aug.-Okt., 80
A. 'Pamina'	dunkelrot (g), Sept.-Okt., 80
A. 'Robustissima'	hellrosa, Juli-Sept., 100
A. 'Whirlwind'	weiß, Sept.-Okt., 90
A. x *lesseri*	karminrot, Mai-Juni, 25
A. multifida	rahmweiß, Juni-Juli, 25
*A. rioularis**	weiß, Rückkseite blau, Juni-Juli, 80
A. sylvestris	weiß, Mai-Juli, 25
A. s. 'Macrantha'*	weiß, Mai-Juli, 30
A. tomentosa 'Robustissima'	hellrosa, Aug.-Okt., 80

Anethum

DILL

Dill ist eigentlich ein Küchengewürz, aber seine zarten Blütenstände wirken auch in einem Staudenbeet sehr dekorativ und können strenge Anpflanzungen gut auflockern.

A. graveolens	gelbgrün, Juni-Juli, 60

Anethum graveolens

Anemone 'Honorine Jobert'

Antennaria

KATZENPFÖTCHEN

Das Katzenpfötchen hat lanzettliche, weißfilzige Blätter, die Rosetten bilden. Seine Blüten stehen zu mehreren in Köpfchen. Es braucht einen gut wasserdurchlässigen, eher sauren Boden in der Sonne.

A. dioica	rosaweiß, Mai-Juni, 10
A. d. var. *borealis*	weiß, Mai-Juni, 10
A. d. 'Nyewood'	dunkelrosa, Mai-Juni, 10
A. d. 'Rubra'	bonbonrosa, Mai-Juni, 10

Antennaria dioica 'Rubra'

Anthemis

HUNDSKAMILLE

Die heimische Hundskamille mit ihren kleinen, margeritenähnlichen Blütchen ist eine sehr lange blühende Pflanze für trockene, sonnige Stellen. Sie braucht gut durchlässigen Boden.

A. carpatica 'Karpatenschnee'	weiß, Mai-Juli, 15
A. cretica var. *cupaniana*	weiß, 50
A. x hybr. 'E. C. Buxton'	zitronengelb, Juni-Sept., 50
A. hybr. 'Kelwayi'	gelb, Juni-Sept., 80
A. h. 'Wargrave'	hellgelb, Juni-Sept., 80

Anthemis cretica var. *cupaniana*

Aquilegia

AKELEI

Von der Akelei gibt es eine große Anzahl an Gartensorten, da sich alle Arten leicht miteinander kreuzen lassen. Die Stauden haben Pfahlwurzeln und lassen sich durch Aussaat vermehren. Sie wachsen gut in jedem guten, nicht zu trockenen Gartenboden und fühlen sich in der Sonne und im Halbschatten wohl. Es macht sich gut, wenn Sie die Akelei mit anderen Stauden kombinieren. Niedrige Sorten eignen sich für den Steingarten.

A. alpina	dunkelblau, Mai-Juni, 70
A. caerulea	blau mit gelb, 50
A. chrysantha 'Yellow Queen'	goldgelb, 60
A. clematifolia	lila mit Weiß, kein Sporn, April-Mai, 45
A. flabellata 'Alba'	weiß, Mai-Juni, 25
A. viridiflora	grüngelb, Mai-Juni, 20
A. vulgaris	violettblau, 50
A. v. 'Nivea'	weiß, 50
A. v. 'Plena'	gemischt (g), 75
Hybriden:	
A. 'Biedermeier'	gemischt, Juni-Juli, 40
A. 'Crimson Star'	karminrot mit Weiß, 60
A. 'Ministar'	blau mit Weiß, 15
A. 'Mrs. M. Nichols'	blau, 80
A. 'Nora Barlow'	rot mit Weiß (g), 80
A. 'Rosea'	rosa, 60
A. 'Silver Queen'	weiß, 50

Aquilegia 'Nora Barlow'

Arabis

GÄNSEKRESSE

Für Steingärten, Mauern und Wegekanten eignen sich die Gänsekresse-Arten, die am liebsten in der vollen Sonne stehen möchten. Sie sind relativ anspruchslose Gewächse und blühen im Frühling. Einige Arten eignen sich auch als Schnittblumen.

A. x *arendsii* 'La Fraicheur'	rosa, April-Mai, 15
A. a. 'Rosabella'	purpurrosa, groß, April-Mai, 15
*A. blepharophylla**	rosa, März-April, 10
A. caucasica 'Bakkely'	weiß, April-Mai, 20
A. c. 'Heidi'	karmin-rosarot
A. c. 'Pinkie'	dunkelrosa, April-Mai, 10
A. c. 'Plena'	weiß gefüllt, April-Mai, 15
A. c. 'Rosea'	rosa, April-Mai, 20
A. c. 'Schneehaube'	weiß, April-Mai, 20
A. c. 'Snow Cap'	weiß, April-Mai, 20
A. c. 'Variegata'	weiß, Blatt weißgerandet, April-Mai, 20
A. ferdinandi-coburgii	weiß, April-Juni, 15

Arabis arendsii 'Rosabella'

Armeria

GRASNELKE

Diese meist ausdauernden Kräuter mit grundständigen, schmalen, grasartigen Blättern tragen kopfige, lang gestielte Blütenstände. Sie stehen am liebsten an trockenen, warmen und sonnigen Stellen und vertragen auch Seewind. Für Trockenmauern und Steingärten, aber auch als Beeteinfassung sind sie gut geeignet. Ihre Vermehrung erfolgt durch Aussaat, die Sorten werden am besten geteilt.

A. girardii	hellrosa, Mai-Juli, 10
A. maritima	rosa, Mai-Juli, 15
A. m. 'Alba'	weiß, Mai-Juli, 20
A. m. 'Düsseldorfer Stolz'	karminrot, Mai-Juli, 15
A. m. 'Rosea'	rosa, 15
A. m. 'Splendens'	rosarot, 15
A. pseudoarmeria	lilarosa, Mai-Juli, 25
A. p. 'Bees Ruby'	hell purpurrot, Mai-Juli, 40

Artemisia

BEIFUSS

Obwohl sie meist nur als Küchenkräuter bekannt sind, möchten wir diese graublättrigen Pflanzen auch als Schmuck für den Garten empfehlen, eben wegen ihrer dekorativen Blattfärbung. Wie die meisten graublättrigen und graufilzig behaarten Pflanzen vertragen sie volle Sonne.
Zu den Kräutern gehören: *A. abrotanum* (Eberraute), *A. absinthium* (Wermut), *A. dracunculus* (Estragon) und *A. vulgaris* (Beifuß). Die Trockenheit vertragenden Pflanzen wachsen auf jedem Gartenboden.

Artemisia smidtiana 'Nana'

Armeria maritima

Mit Ausnahme von *A. lactiflora* sind alle nachstehenden Pflanzen graublättrig.

A. abrotanum	graues Blatt, 90
A. arborescens 'Powis'	Juli-Sept., 60
A. canescens	50
A. lactiflora	cremeweiß, Aug-Sept., 175
A. ludoviciana 'Silver Queen'	silberfarbig, 60
A. l. 'Valerie Finnis'	grobes Blatt, 40
A. smidtiana 'Nana'	silberweiß, 20
A. stelleriana	weißfilzig, gelbe Blüte, 40

Aruncus

GEISSBART

Diese kräftige Staude, eine exzellente Schattenpflanze, eignet sich gut für eine Solitärstellung auf feuchten Standorten mit humosem Boden. Ihre kleinen, weißen Blüten stehen in lockeren, langen, verzweigten Rispen und ähneln ein wenig dem Blütenstand der Astilben.

A. aetusifolius	rahmweiß, Mai-Juli, 30
A. dioicus	rahmweiß, Juni-Juli, 150
A. d. 'Kneiffii'	feinblättrig, Juni-Aug., 50
A. sinensis 'Zweiweltenkind'	weiß, rotes Blatt, Juli-Aug., 150

Aruncus aetusifolius

Asarum

HASELWURZ

Die bräunlichen, glockigen, kurzgestielten Blüten der Haselwurz sind relativ unscheinbar, die Pflanze wirkt durch ihre herz- oder nierenförmigen, meist immergrünen Blätter. Sie ist ein guter Bodendecker für schattige Stellen, wächst aber langsam. Die heimische Haselwurz, *A. europaeum,* blüht von April bis Mai und wächst gerne im Unterwuchs von Gehölzen.

A. caudatum	purpur, März-April, 15
A. europaeum	purpur, März-April, 10

Asarum europaeum

Asclepias

SEIDENPFLANZE

A. tuberosa wächst gerne auf trockenen, sonnigen, warmen Standorten. Um den Winter zu überleben, brauchen die Pflanzen Stellen ohne Winternässe und müssen gut abgedeckt werden. Die in günstigen Lagen bis 1 m hoch werdenden Pflanzen breiten sich über den Wurzelstock aus.

A. syriaca	violettrosa, Juli-Sept., 200
A. tuberosa	orange, Juli-Sept., 50

Asclepias tuberosa

Asphodeline

JUNKERLILIE

Einen sonnigen, trockenen Standort verlangt diese aus dem Mittelmeergebiet stammende grasartige Pflanze. Gegenüber Nässe im Sommer und im Winter ist sie empfindlich. Sie kann durch Aussaat im Frühjahr vermehrt werden, blüht aber erst im dritten Jahr.

*A. liburnica**	gelb, Mai-Juni, 90
A. lutea	gelb, Mai-Juni, 80

Aster

HERBSTASTER

Astern sind Korbblütler, die in zahlreichen ausdauernden Arten in unseren Gärten verbreitet sind. Hier stellen wir die Herbstschönheiten vor, die mit Tausenden von Blütensternen das Gartenjahr ausklingen lassen.

Die Pflanzen brauchen guten, durchlässigen Boden und wollen in voller Sonne stehen. Achten Sie auf einen weiten Pflanzabstand, die Pflanzen brauchen Platz!

Staudenastern sind wunderschöne, haltbare Schnittblumen. Die Arten *cordifolius, ericoides* und *lateriflorus* sind kleinblütig. *A. linosyris* macht eine Ausnahme und blüht goldgelb, hat allerdings unauffällige Blüten.

A. x *alpellus* 'Triumph'	blau, oranges Herz, Juni-Juli, 20
A. alpinus	blauviolett, Mai-Juni, 20
A. a. 'Albus'	weiß, Mai-Juni, 20
A. a. 'Dunkle Schöne'	violett, Mai-Juni, 30
A. a. 'Goliath'	hellblau, April-Juni, 20
A. a. 'Happy End'	rosa, Mai-Juni, 15
A. amellus 'Blue King'	violettblau, Aug.-Sept., 60
A. a. 'Breslau'	violettpurpur, Sept.-Okt., 40
A. a. 'Joseph Lakin'	hell blauviolett, Aug.-Okt., 50
A. a. 'King George'	violettblau, Aug.-Okt., 60
A. a. 'Lac de Genève'	zartblau, Aug.-Okt., 60
A. a. 'Peach Blossom'	violettrosa, Aug.-Okt., 60
A. a. 'Rudolf Goethe'	lavendelblau, Aug.-Sept., 50
A. a. 'Veilchenkönigin'	dunkelviolett, Aug.-Sept., 50
A. cordifolius 'Ideal'	hell violettblau, Juni-Aug., 90
A. c. 'Little Carlow'	blau, Sept.-Okt., 80
A. c. 'Lovely'	rosa, Aug.-Sept., 70
A. divaricatus	weiß, Sept.-Okt., 60

A. *dumosus*-Hybriden:

A. d. 'Alice Haslam'	rosarot, Sept.-Okt., 30
A. d. 'Audrey'	dunkelrosa, Aug.-Okt., 50
A. d. 'Blue Baby'	silber blau (hg), Aug.-Okt., 25
A.d. 'Dietgard'	rosarot, Sept.-Nov., 25
A. d. 'Herbstgruß vom Bresserhof'	lila, Sept.-Okt., 35
A. d. 'Jenny'	rot (g), Aug.-Okt.
A. d. 'Lady in Blue'	tiefblau (hg), Sept.-Okt., 25
A. d. 'Oktoberschneekupfel'	weiß, Sept.-Okt., 40
A. d. 'Peter Harrison'	rosa, Aug.-Okt., 30
A. d. 'Peter Pan'	hellrosa, Aug.-Okt., 25
A. d. 'Prof. A. Kippenberg'	lavendelblau, Sept.-Okt., 40
A. d. 'Rosenwichtel'	hellrosa, Aug.-Okt., 20
A. d. 'Schneekissen'	weiß, Sept.-Okt., 25
A. d. 'Snowsprite'	weiß (hg), Sept.-Okt., 50
A. ericoides 'Blue Star'	lavendelblau, Sept.-Okt., 80
A. e. 'Brimstone'	weiß mit Gelb, Sept.-Okt., 60
A. e. 'Cinderella'	zartlila, Sept.-Okt., 80
A. e. 'Esther'	rosa, Sept.-Okt., 60
A. e. 'Herbstmyrte'	violett, Aug.-Okt., 90
A. e. 'Schneetanne'	silberweiß, Aug.-Okt., 180
A. laevis	lila, Sept.-Okt., 150
A. lateriflorus 'Coombe Fishacre'	lilarosa, Sept.-Okt., 80
A. l. 'Horizontalis'	rosalila, Aug.-Okt., 80
A. novae-angliae 'Barr's Blue'	purpurblau, Aug.-Okt., 150
A. n. 'Barr's Pink'	hellrosa, Aug.-Okt., 150
A. n. 'Harrison's Pink'	lachsrosa, Aug.-Okt., 125
A. n. 'Herbstschnee'	weiß, Aug.-Okt., 125
A. n. 'Roter Stern'	karmesinrot, Aug.-Okt., 150
A. novi-belgii 'White Lady's'	weiß, Aug.-Okt., 100
A. n. 'Winston Churchill'	karminrot, Aug.-Okt., 90
A. n. 'Burgundy Glow'	weinrot, Aug.-Sept., 70
A. sedifolius 'Nanus'	lilablau, Aug.-Sept., 50

Aster x *alpellus* 'Triumph'

A. tongolensis 'Berggarten'	Mai-Juni, 60
A. t. 'Napsbury'	dunkellila, gelbes Herz, Mai-Juli, 40
A. t. 'Wartburgstern'	lila, gelbes Herz, Mai-Juni, 60

Aster sedifolius 'Nanus'

Astilbe

PRACHTSPIERE

Die Gattung *Astilbe* wird in Gruppen eingeteilt, die aber alle eine Gemeinsamkeit haben: die langen, haltbaren, fedrigen Blütenrispen, die aus winzigen Einzelblümchen zusammengesetzt sind. Einen Garten ohne Prachtspieren kann man sich kaum mehr vorstellen. Pflanzen Sie Astilben in die Sonne oder noch besser in den Halbschatten auf einen nährstoffreichen, frischen bis feuchten Boden.

Astilbe 'Sprite'

A. chinensis 'Finale'	hellrosa, Aug.-Sept., 50
A. c. 'Intermezzo'	lachsrosa, Juli-Sept., 50
A. c. 'Pumila'	lilarosa, Juli-Sept., 30
A. c. 'Serenade'	rosarot, Juli-Sept., 45
A. c. 'Superba'	purpurrosa, Juli-Sept., 120
A. c. 'Veronica Klose'	dunkel purpurrosa, Aug.-Sept., 40
***Arendsii*-Hybriden:**	
A. 'Amethyst'	violettlila, Juli-Aug., 80
A. 'Brautschleier'	silberweiß, Juni-Juli, 80
A. 'Bressingham Beauty'	rosa, Juli-Aug., 90
A. 'Bumalda'	weiß mit Rosa, Juni-Juli, 40
A. 'Cattleya'	dunkelrosa, Juli-Aug., 100
A. 'Erika'	rosa, Juli-Aug., 80
A. 'Etna'	dunkelrot, Juli-Aug., 60
A. 'Fanal'	granatrot, Juli-Aug., 60
A. 'Feuer'	korallenrot, Aug.-Sept., 60
A. 'Gloria'	dunkelrosa, Juli-Aug., 80
A. 'Glut'	fluoreszierend rot, Aug.-Sept., 80
A. 'Irrlicht'	hell rosaweiß, Juli-Aug., 60
A. 'Snowdrift'	silberweiß, Juli-Aug., 70
A. 'Weiße Gloria'	weiß, Juli-Aug., 90
***Crispa*-Hybriden:**	
A. 'Liliput'	lachsrosa, Juli-Aug., 20
A. 'Perkeo'	dunkelrosa, Juli-Aug., 20
***Japonica*-Hybriden:**	
A. 'Deutschland'	weiß, Juni-Juli, 50
A. 'Europa'	hellrosa, Juni-Juli, 50
A. 'Koblenz'	karminrot, Juli-Aug., 50
A. 'Peach Blossom'	hell lachsrosa, Juli-Aug., 50
A. 'Red Sentinel'	dunkelrot, Juli-Aug., 50
A. 'Rheinland'	karminrosa, Juni-Juli, 60
A. 'Vesuvius'	karminrot, Juli-Aug., 60
***Simplicifolia*-Hybriden:**	
A. 'Aphrodite'	rosa, Juni-Aug., 50
A. 'Bronze Elegans'	rosa, Juli-Aug., 30
A. 'Buchanan'	rahmweiß, Juli-Aug., 30
A. 'Dunkellachs'	lachsrosa, braunes Bl., Juli-Aug., 30
A. 'Praecox Alba'	weiß, Juli-Aug., 50
A. 'Sprite'	zartrosa, Aug.-Sept., 40
***Thunbergii*-Hybriden:**	
A. 'Moerheimii'	creme, Juli-Aug., 80
A. 'Prof. Van der Wielen'	weiß, Juli-Aug., 125
A. 'Straußenfeder'	lachsrosa, Juli-Aug., 90

Astilboides

Diese Pflanzen werden häufig auch unter dem Namen *Rodgersia* angeboten. Geben Sie ihnen einen Platz im Halbschatten auf feuchtem Boden, so daß die Blätter nicht zu früh absterben. Die Stauden besitzen einen Erdstamm und dekorative, handförmig geteilte oder gefiederte Blätter. Ihre überhängenden Blütenrispen wirken sehr dekorativ. Auch die grünen Früchte an den abgeblühten Pflanzen haben einen hohen Schmuckwert.

A. tabularis	creme, Juni-Juli, 100

Astilboides tabularis

Astrantia

STERNDOLDE

Sterndolden eignen sich für frische, feuchte, nährstoffreiche, nicht zu sonnige Stellen; sie wachsen am liebsten auf Kalk. Sie können auch als Schnittblumen verwendet werden.

A. carniolica 'Rubra'	weinrot, Juli-Aug., 50
A. major	grünweiß/rosa, Juli-Aug., 70
A. m. 'Alba'	weiß, Juni-Aug., 60
A.m. 'Lars'*	dunkelrot, Juni-Okt., 80
A. m. 'Margary Fish'*	weiß mit Grün
A. m. 'Rosea'	rosa mit Grün, 50
A. m. 'Rosensinfonie'*	rötlich, 75
A. m. 'Rubra'	purpurrot, 70
A. m. 'Ruby Wedding'*	dunkelrot, Juni-Okt., 80
A. m. 'Shaggy'*	weiß mit Grün, Juni-Sept., 80
A. maxima	silberrosa, Juni-Juli, 50

Aubrieta

BLAUKISSEN

In unseren Gärten werden die Pflanzen häufig als Randbepflanzung, als Bodendecker, zwischen Steinen und vor allem auf Mauern angepflanzt. Sie brauchen einen sonnigen, nicht zu trockenen Platz. Je nach Wärme und Trockenheit des Standorts

Aubrieta 'Red Carpet'

Astrantia major 'Rubra'

werden sie 5 oder auch 10 bis 15 cm hoch. Sie blühen ab März, kurz nach dem letzten Frost, zum Teil auch bis in den Mai. Man vermehrt Blaukissen durch Aussaat, die Sorten durch Teilung oder Stecklinge.

Hybriden:

A. 'Argenteovariegata'	hellviolett buntblättrig
A. 'Audrey Prichard'	blau
A. 'Blue Emperor'	violettblau
A. 'Blue King'	hellviolett
A. 'Cascade Blue'	blau
A. 'Cascade Purple'	purpurblau
A. 'Cascade Red'	karminrot
A. 'Clio'	violett
A. 'Double Stockflowered Pink'	hellrosa (g), groß
A. 'Gloriosa'	rosa
A. 'Golden Emperor'	violett, buntes Blatt
A. 'Hendersonii'	hellblau
A. 'Leightlinii'	karminrosa
A. 'Red Carpet'	tiefrot
A. 'Valder'	violettblau
A. 'Vera Prichard'	rosa
A. 'Whitewell Gem'	violettpurpur, groß

Aurimia

STEINKRAUT

Siehe: *Alyssum*

Azorella

Dieser Bodendecker hat kleine, glänzend grüne Blättchen und braucht einen durchlässigen Boden in der Sonne oder im Halbschatten.

A. trifurcata	gelbgrün, Juni-Juli, 10

Azorella trifurcata

Bergenia

BERGENIE

Durch ihre großen, immergrünen und lederartigen Blätter fallen die Bergenien auf. Sie stellen geringe Ansprüche an den Boden, der auch relativ trocken sein kann. Die wüchsigen Stauden verfügen über einen kräftigen, kriechenden Wurzelstock.

B. cordifolia	lilarosa, März-Mai, 40
B. c. 'Purpurea'	purpurrot, März-Mai, 40
B. purpurascens	dunkel lilarot, April-Mai, 40

Hybriden:

B. 'Abendglut'	dunkelrot, März-Mai, 25
B. 'Admiral'	rosa, April-Mai, 50
B. 'Baby Doll'	hell- bis blaßrosa, April-Mai, 25

Bergenia 'Silberlicht'

B. 'Bressingham Salmon'	lachsrosa, April-Mai, 30
B. 'Bressingham White'	weiß/hellrosa, April-Mai, 40
B. 'Glockenturm'	rosarot, März-Mai, 60
B. 'Morgenröte'	dunkel violettrot, März-Mai, 40
B. 'Öschberg'	rosarot, 50
B. 'Perfect'	hell lilarot, April-Mai, 60
B. 'Purpurglocken'	purpurrot, April-Mai, 40
B. 'Silberlicht'	weiß, später rosa, April-Mai, 40
B. 'Sunningdale'	karminlila, April-Mai, 45
B. 'Wintermärchen'	rot, April-Mai, 40

Bletilla

JAPANORCHIDEE

Die Japanorchideen sollten in humosen, wasserdurchlässigen Boden gepflanzt werden; sie brauchen einen Standort in der vollen Sonne. Im Winter müssen sie abgedeckt werden.

B. striata	lilarosa, Juni-Juli, 40
B. s. 'Alba'	weiß, Mai-Juni, 30

Bletilla striata 'Alba'

Borago

BORETSCH

Der Boretsch, ein Küchengewürzkraut, ist vielerorts als Gartenflüchtling verwildert. *B. laxiflora* sät sich reichlich selbst aus und blüht das ganze Jahr hindurch.

B. laxiflora	blaßblau, Juni-Sept., 40

Brunnera

KAUKASUS-VERGISSMEINNICHT

Große, herzförmige, dunkelgrüne Blätter schmücken diese Pflanze, die am besten an halbschattigen Stellen auf feuchtem, nie sommertrockenem, nährstoffreichem Boden wachsen.

B. macrophylla	himmelblau, April-Mai, 60
B. m. 'Variegata'	blau, buntes Blatt, 50

Brunnera macrophylla

Buphtalmum

OCHSENAUGE

Das Ochsenauge ist eine lange und zuverlässig blühende Staude für sonnige Waldrandlagen und auch eine gut haltbare Schnittblume. Wichtig für das Gedeihen dieser sonst relativ anspruchslosen Pflanze ist ein sonniger, nicht zu feuchter Standort. Ihre gelben Blütenkörbchen ähneln denen der Margeriten.

B. salicifolium	gelb, Juni-Sept., 50

Caltha

SUMPFDOTTERBLUME

Siehe: Wasserpflanzen

Campanula

GLOCKENBLUME

Mit zu den dankbarsten Gartenblumen gehören die Glockenblumen, die auch im Spätsommer noch für Farbe im Garten sorgen. Die größten Blüten hat die Karpaten-Glockenblume *(C. carpatica)*.
C. rotundifolia und *C. rapunculoides* sind äußerst kleine und zarte Pflanzen. Sie wachsen auf allen Böden und vertragen volle Sonne. Sie werden durch Aussaat, durch Teilung oder durch Stecklinge vermehrt.

C. carpatica	blau, Juni-Aug., 30
C. c. 'Alba'	weiß, Juni-Aug., 30
C. c. 'Blaue Clips'	hell himmelblau, Juni-Aug., 20
C. c. 'Isabel'	zart violett, Juni-Aug., 20
C. c. 'Karl Foerster'	blau, Juni-Aug., 20
C. c. 'Kobaltglocke'	dunkelblau, Juni-Aug., 20
C. c. 'White Star'	Juni-Aug., 25
C. garganica	lila, April-Mai, 10
C. glomerata 'Alba'	weiß, Mai-Juni, 70
C. g. 'Joan Elliott'	dunkelblau, Mai-Juli, 60
C. g. 'Schneekrone'	weiß, Mai-Juni, 50
C. g. 'Speciosa'	hellviolett, Mai-Juni, 60
C. g. 'Superba'	dunkelviolett, Juni-Juli, 40
C. lactiflora	hell violettblau, Juni-Juli, 90
C. l. 'Loddon Anne'	lilarosa, Juni-Aug., 90
C. l. 'Prichard's Variety'	violettblau, Juni-Aug., 60
C. latifolia var. *macrantha*	violettblau, Juni-Aug., 100
C. l. 'Alba'	weiß, Juni-Aug., 100
C. persicifolia	hellblau, Juni-Juli, 80
C. p. 'Alba'	weiß, Juni-Juli, 80
C. p. 'Coerulea'	silbrigblau, Juni-Juli, 80

Campanula garganica

Buphtalmum salicifolium

C. portenschlagiana	violettblau, Juni-Sept., 20
C. p. 'Resholt'	dunkelblau, Juni-Sept., 10
C. poscharskyana	violettblau, Juni-Juli, 25
C. p. 'E. H. Frost'	porzellanweiß/blaues Herz, Juni-Juli, 15
C. p. 'Stella'	tiefblau, Juni-Juli, 25
C. x *pulloides* 'G. F. Wilson'	blauviolett, Juli-Aug., 15
C. pyramidalis	blau, dunkles Herz, Juli-Sept., 120
C. p. 'Alba'	weiß, Juli-Sept., 120
C. rapunculoides	hellviolett, Juni-Aug., 80
C. rotundifolia	blau, Juni-Aug., 30

Campanula portenschlagiana

Cardamine

WIESENSCHAUMKRAUT

Das heimische Wiesenschaumkraut wächst gerne auf feuchten Wiesen, die relativ spät gemäht werden. Um diese Pflanzen muß man sich nicht kümmern.

Cardamine pratensis

Ein grüner, trittfester Bodendecker ist die Art *C. trifolia.* Sie sollte an einen feuchten Platz im Schatten gepflanzt werden.

C. pratensis	hellviolett, Mai-Juni, 30
C. p. 'Plena'	hellviolett (g)
*C. trifolia**	weiß, Mai-Juni, 10

Centaurea

FLOCKENBLUME, KORNBLUME

Die Stauden-Flockenblumen werden wesentlich höher als die wildwachsenden einjährigen Kornblumen. Sie eignen sich für alle Böden in sonniger Lage. Schneiden Sie die Art *montana* sofort nach der Blüte zurück, sie kann dann ein zweites Mal blühen. Die Art *C. macrocephala* erinnert mit ihren sehr großen Blüten mehr an eine Artischocke als an eine Kornblume.

C. dealbata	purpurrosa, Juni-Aug., 60
C. macrocephala	gelb, Juli-Aug., 125
C. montana	kornblumenblau, Mai-Sept., 70
C. m. 'Alba'	weiß, Mai-Sept., 70
C. m. 'Grandiflora'	violettblau, Juni-Aug., 50
C. m. 'Purham Variety'*	lilaviolett, Mai-Sept., 70
C. scabiosa	purpurrosa, Juni-Sept., 80

Centaurea montana

Centranthus

SPORNBLUME

An sonnigen, trockenen Stellen mit kalkhaltigem Boden wächst die Spornblume, deren dunkelrosa Blüten in einem hübschen Kontrast zu den blaugrünen Blättern stehen. Bei zusagender Umgebung sät sich die Pflanze selbst aus und wächst sogar in trockenen Mauerritzen. Man kann sie auch durch Teilung vermehren.

C. ruber	fuchsienrosa, Juni-Aug., 80
C. r. 'Albus'	weiß, Juni-Aug., 70
C. r. 'Coccineus'	rosarot, Juni-Aug., 70

Centranthus ruber 'Albus'

Cerastium

HORNKRAUT

Für Randbepflanzungen in der vollen Sonne auf trockenen Stellen eignet sich das Hornkraut vorzüglich. Auch Trockenmauern, Steingärten und Mauerspalten sind passende Standorte. Manche Arten wuchern gerne, stark behaarte Arten müssen gegen Winternässe geschützt werden.

C. biebersteinii	weiß, Mai-Juni, 20
C. tomentosum	weiß, Mai-Juni, 15
C. t. var. *columnae*	weiß, Mai-Juni, 10

Ceratostigma

STAUDENBLEIWURZ

Die staudige Bleiwurz kann bis in den Oktober hinein blühen. Im Herbst verfärben sich ihre Blätter attraktiv rötlichbronzefarben. Sie sollte in durchlässige, warme Böden an halbschattigen bis sonnigen Standorten gepflanzt werden.

C. plumbaginoides	enzianblau, Aug.-Sept., 30
C. willmottianum	enzianblau, Aug.-Okt., 90

Ceratostigma plumbaginoides

Chelone

SCHILDBLUME, SCHLANGENKOPF

Die schönen Schnittblumen lieben einen feuchten, frischen, nicht zu nährstoffreichen Boden im Halbschatten bis Schatten und eignen sich damit für

Cerastium tomentosum

Stellen, an denen sonst nur wenige Blütenstauden erfolgreich gedeihen.

C. obliqua	rosa, Juli-Okt., 70
C. o. 'Alba'	weiß, Juli-Sept., 60

Chelone obliqua

Chiastophyllum

GOLDTRÖPFCHEN

Früher hieß diese Gattung *Cotyledon*. Ihre überhängenden Blütenrispen sind mit vielen Blüten besetzt. Trotz ihres sukkulenten Aussehens mit fleischigen Blättern ist sie nicht für sonnig-heiße Plätze geeignet; sie sollte eher absonnig stehen.

C. oppositifolium	gelb, Juni-Juli, 20

Chiastophyllum oppositifolium

Chrysanthemum

WUCHERBLUME, MARGERITE

Die mehrjährigen Margeriten werden wegen ihrer Arten- und Sortenvielfalt in Gruppen unterteilt: in z.B. die *Maximum*-Hybriden mit ihren großblütigen, zum Teil auch gefüllt blühenden Sorten oder die *Coccineum*-Hybriden mit Blütenkörbchen, die je nach Sorte bis zu 10 cm Durchmesser haben können. Auf mittelschwerem und kalkhaltigem Boden wachsen alle Margeriten problemlos. Die Herbstchrysanthemen benötigen jedoch einen Winterschutz und zur Unterstützung der Frosthärte einen sandigen Boden.

C. arcticum 'Roseum'	zartrosa, Sept.-Okt., 40
C. leucanthemum 'Maikönigin'	weiß, April-Mai, 70
C. serotinum	weiß, gelbes Zentrum, Sept.-Okt., 200
***Maximum*-Hybriden:**	
C. 'Alaska'	weiß, gelbes Z., Juni-Juli, 100
C. 'Christine Hagemann'	weiß (g), Juni-Juli, 70
C. 'Snow Dwarf Lady'	weiß, gelbes Z., Mai-Juli, 20
C. 'Wirral Supreme'	silberweiß (g), Juli-Aug., 90
C. 'Silberprinzeßchen'	weiß, gelbes Z., Juni-Juli
***Coccineum*-Hybriden:**	
C. 'James Kelway'	scharlachrot, Mai-Juni
C. 'Robinson's Red'	hellrot, Mai-Juni, 70
C. 'Robinson's Rosa'	rosa, Mai-Juni, 70
***Rubellum*-Hybriden:**	
C. 'Clara Curtis'	silbrigrosa, Sept.-Okt., 80
C. 'Duchess of Edinburgh'	rot (hg), Sept.-Okt., 100
C. 'Mary Stoker'	zartgelb, Sept.-Okt., 100

Chrysanthemum 'Wirral Supreme'

Cimicifuga

SILBERKERZE

Für frischen, humosen Boden in halbschattiger bis schattiger Lage eignet sich die Silberkerze, eine attraktive Staude, die besonders gut in naturnahe Gärten vor einen dunklen Hintergrund paßt. Erst nach einigen Jahren am gleichen Standort entfaltet sich die volle Pracht ihrer cremeweißen, überhängenden Blütentrauben.

C. acerina	weiß, Aug.-Sept., 80
C. dahurica	rahmweiß, Aug.-Sept., 150
C. japonica	schneeweiß, Aug.-Sept., 125
C. racemosa	weiß, Sept.-Okt., 200
C. r. 'Atropurpurea'	rotes Blatt, Aug.-Okt., 150
C. simplex 'White Pearl'	weiß, Okt.-Nov., 125

Cimicifuga dahurica

Clematis

CLEMATIS, WALDREBE

Bei Clematis denkt man zunächst wohl nur an das umfangreiche Sortiment der Kletterpflanzen. Die Gattung der Waldreben beinhaltet aber auch einige aufrechte Halbsträucher oder nicht kletternde Stauden, die jährlich bis zum Grund absterben. Bei den Arten *C. recta* und *integrifolia* handelt es sich um sommergrüne Halbsträucher.

C. x *bonnstedtii* 'Crepuscule'	hellblau, Juli-Okt., 250
C. x *durandii*	indigoblau, Juli-Okt., 250
C. douglasii var. *scottiae**	violettblau, Mai-Juni, 50
C. integrifolia	violettblau, Juni-Sept., 60
C. jouiana 'Mrs Robert Brydon'	cremeblau, Juli-Aug., 250
C. j. 'Praecox'	cremelila, Aug.-Sept., 150
C. recta	weiß, Aug.-Sept., 200
C. recta 'Purpurea'	weiß, Juli-Aug., 200

Codonopsis

Die Tigerglocke ist ein hübsches Glockenblumengewächs mit fahlblauen, trichterförmigen Blüten, das besonders Liebhaber von Steingartenpflanzen anspricht.
Ein mildfeuchter Standort und humusangereicherter Boden gelten als Voraussetzung für ein erfolgreiches Wachstum dieser Pflanze.

*C. clematidea**	hellblau, Juli-Aug., 40

Convallaria

MAIGLÖCKCHEN

Diese heimische, zart duftende Staude verbreitet sich mit unterirdisch kriechenden, verzweigten Rhizomen. Jede Pflanze bildet 2-3 grundständige, lanzettliche Blätter und einen Blütenstand aus weißen Glöckchen. Im Garten pflanzt man sie an leicht schattige Standorte.

C. majalis	weiß, Mai, 20
C. m. 'Rosea'	hellrosa, Mai, 20

Convallaria majalis

Clematis integrifolia

Coreopsis

MÄDCHENAUGE

Das zarte, mittelhohe Mädchenauge, ein gelber Sommerblüher, steht am liebsten in der vollen Sonne. Die Pflanzen stellen wenig Ansprüche und sind gute Schnittblumen.

C. grandiflora 'Badengold'	gelb, Juli-Aug., 100
C. g. 'Sonnenkind'	goldgelb, Juni-Aug., 30
C. g. 'Sunray'	tiefgelb, Juni-Sept., 75
C. lanceolata 'Baby Gold'	gelb, Juli-Sept., 50
C. l. 'Golden Queen'	gelb, Juli-Sept., 60
C. l. 'Sterntaler'	gelb, brauner Ring, 40
C. rosea 'American Dream'	dunkelrosa, Juni-Sept., 30
C. verticillata	gelb, Juli-Sept., 50
C. v. 'Grandiflora'	dunkelgelb, Juli-Okt., 60
C. v. 'Moonbeam'	zitronengelb, Juli-Okt., 40
C. v. 'Zagreb'	gelb, Juli-Okt., 25

Coreopsis rosea 'American Dream'

Cornus

HARTRIEGEL

Der Hartriegel braucht humusreichen, sauren, frischen Boden; für den Garten ist er als Bodendecker an schattigen Standorten interessant. Er vermehrt sich über Ausläufer. Nach der Blüte erscheinen hellrote Früchte.

C. canadensis	rahmweiß, Mai-Juni, 15
*C. suecica***	weiß, Mai, 20

Corydalis

LERCHENSPORN

Der Lerchensporn, auch bekannt unter dem Namen *Pseudofumaria,* belohnt uns mit seiner langandauernden Blüte und seinem sehr hübschen, zarten, hellgrünen Laub. Sie sollten ihn an eine Stelle im Halbschatten mit möglichst feuchtem Boden pflanzen. *C. lutea* vermehrt sich durch Selbstaussaat und besiedelt dann weite Bereiche.

C. cheilantifolia	gelb, Mai-Juni, 20
C. lutea	gelb, Juni-Okt., 40
*C. ochroleuca**	rahmweiß, Juli-Aug., 30

Corydalis lutea

Cornus canadensis

Cotula

Am verbreitetsten ist *C. squalida,* ein trittfester Bodendecker, der gerne als Rasenersatz verwendet wird. Seine gelben, kleinen Blütchen sind eher unauffällig. Er wächst gerne auf feuchtem Boden in der Sonne oder im Halbschatten.

C. dioica	grünes Blatt, Juli-Aug., 5-10
C. hispida	graues Blatt, Juni-Aug., 5
C. potentillina	graugrün, Juli-Aug., 5
C. pyrethrifolia	grün, Juli-Aug., 5
C. squalida	braungrün, Juni-Aug., 10

Cotula hispida

Crambe

MEERKOHL

Als Solitärpflanze auf einer sehr großen Rasenfläche sieht der Meerkohl so ähnlich aus wie Schleierkraut in Riesenausführung. Er möchte einen durchlässigen, humusreichen, frischen Boden und einen vollsonnigen Standort, der auch im Sommer nie austrocknen sollte. Die bleichen Sprosse des *C. maritima* von der Atlantikküste werden gerne als delikates Gemüse verzehrt.

C. cordifolia	weiß, großes Blatt, Juni-Juli, 300
C. maritima	weiß, graues Blatt, Mai-Juni, 70

Cymbalaria

ZIMBELKRAUT

Bei uns kommt das Zimbelkraut oft an alten Mauern oder in felsigen Bereichen vor. Wenn die Pflanze auch sehr zart und zerbrechlich wirkt, so kann sie doch gut Trockenheit vertragen. Nach Möglichkeit sollte sie in kalkhaltigen Boden gepflanzt werden. In der vollen Sonne fallen ihre kleinen Blütchen besser auf; sie bildet hier allerdings fast keine langen Ranken. Im Halbschatten kann sich das Blattwerk besser entwickeln.

*C. aquitriloba**	violett /gelb, Mai-Aug., 5
*C. hepaticifolia**	weißgeadertes Blatt, Mai-Sept., 5
C. muralis	lila, Mai-Nov., 10

Darmera

SCHILDBLATT

Eine relativ anspruchslose, leicht zu kultivierende Pflanze für feuchten bis normalen, allerdings nie trockenen Boden ist das Schildblatt, das auch manchmal noch unter dem Namen *Peltiphyllum* geführt wird. Es besticht durch seine großen, runden

Crambe cordifolia

Cymbalaria muralis

dekorativen Blätter, die sich im Herbst prächtig rot färben. Spätfrostschäden werden schnell durch die Bildung neuer Blätter behoben.

D. peltata	rosa, April-Mai, 75
*D. trichophylla**	rosa, eingeschnittenes Blatt

Darmera peltata

Delphinium

RITTERSPORN

Der Rittersporn ist eine königliche Erscheinung in den frühsommerlichen Staudenrabatten. Seine blauen Blütentürme überstrahlen alle anderen Beetgefährten. Karl Foerster ist der „Vater“ der schönsten und gesündesten Ritterspornzüchtungen. Seine Sorten sind standfest, mehltauresistent und von bester Blütenqualität. Guter, humusreicher Boden und kräftige Ernährung sind Voraussetzungen für seine Blüte.

Kleinblütige Hybriden:	
D. grandiflorum 'Blauer Zwerg'	blau, Juni-Sept., 20
D. g. 'Butterfly'	marineblau, Juni-Juli, 25
***Belladonna*-Hybriden:**	
D. 'Blue Bees'	hellblau, Juni-Aug., 80
D. 'Kleine Nachtmusik'	dunkelviolett, 80
D. 'Moerheimii'	weiß, 125
D. 'Piccolo'	hellblau, Juni-Aug., 100
D. 'Völkerfrieden'	dunkelblau, 100
D. nudicaule	orangerot, Juni-Juli, 40
D. x *ruysii* 'Pink Sensation'	rosa, Juni-Juli, 80
Großblütige Hybriden, ährenförmige Blüte:	
D. 'Astolat'	rosa/schwarzes Auge, 150
D. 'Azurriese'	azurblau/weißes Auge, 170
D. 'Black Knight'	dunkel violettblau, 150
D. 'Blue Bird'	enzianblau/weißes Auge, 150
D. 'Blue Jay'	blau/weißes Auge, 150
D. 'Blauwal'	blau/braunes Auge, 200
D. 'Berghimmel'	hellblau/weißes Auge, 180
D. 'Capri'	hellblau/weißes Auge, 80
D. 'Galahad'	schneeweiß/große Trauben, 150
D. 'Guinevere'	malvenf., 150
D. 'King Arthur'	violett/weißes Auge
D. 'Lady Guinevere'	malvenlila mit Hellblau, 150
D. 'Percival'	weiß/schwarzes Auge
D. 'Polarnacht'	blauviolett, 125
D. 'Summer Skies'	hellblau/weißes Herz, 150
D. 'Sungleam'	hellgelb, 150
D. 'Waldenburg'	tief dunkelblau, schwarzes Auge, 150
D. 'Zauberflöte'	blau mit rosa/weißem Auge, 180

Dianthus

NELKE

Nelken sind stark vom persönlichen Geschmack beeinflußt: Es gibt absolute Nelkenliebhaber, aber auch solche, die sie nicht ausstehen können. Eine wichtige Gartenart ist *D. plumarius,* die Federnelke; sie eignet sich für Steingärten, für Einfassungen und höhere Sorten auch für den Schnitt.

Delphinium 'Polarnacht'

D. deltoides (Heidenelke) paßt gut in Heide- und Steingärten, in Tröge und natürlich auch in Naturgärten.

D. allwoodii 'Romeo'	rotbraun, weißer Rand, Mai-Aug., 40
D. deltoides 'Albiflorus'	weiß/rosa Ring, Juni-Sept., 15
D. d. 'Flashing light'	hellrot, Juni-Aug., 20
D. d. 'Splendens'	karminrot, Mai-Juli, 20
D. plumarius 'Albus Plenus'	weiß (g), Mai-Juli, 30
D. p. 'Charles Edwards'	weiß, groß, Mai-Sept., 30
D. p. 'David'	tiefrot, Mai-Sept., 40
D. p. 'Helen'	rosa, Mai-Juli, 20
D. p. 'Heidi'	karminrot (g), Mai-Juli, 40
D. p. 'Ine'	weiß, rotes Auge (g), Mai-Juli, 35
D. p. 'Maggie'	silbrigrosa (g), Juni-Aug., 25
D. p. 'Munot'	dunkelrot, Juni-Sept., 40
D. p. 'Rose de Mai'	lachsrot (g), Juni-Aug., 30

Dicentra

TRÄNENDES HERZ

Das Tränende Herz ist ein Mohngewächs, das als altmodisch-liebliche Bauerngartenblume seit Urgroßmutters Zeiten geliebt wird. Die zartgefiederten Blätter und die rosa Blütenherzen, die anmutig ge-

Dicentra spectabilis 'Alba'

Dianthus allwoodii 'Romeo'

bogen sind, schmücken diese Staude, die Standorte im Halbschatten bevorzugt.

D. eximina 'Alba'	weiß, Mai-Sept., 30
D. e. 'Boothman's Variety'	hellrosa, Mai-Sept., 30
D. formosa 'Bountyful'	karminrosa, Mai-Sept., 40
D. f. 'Luxuriant'	purpurrosa, Mai-Sept., 40
D. f. 'Pearl Drops'*	hellrosa, Mai-Sept., 40
D. spectabilis	rosarot, Mai-Juni, 60
D. s. 'Alba'	weiß, Mai-Juni, 50

Dictamnus

DIPTAM, „BRENNENDER BUSCH"

Die Pflanzen mit dekorativen Blütenständen duften intensiv und enthalten viel ätherisches Öl. Der Diptam braucht einen sehr sonnigen Platz und gut durchlässigen Boden, der mit reichlich Kompost und etwas Kalk versorgt werden sollte. Je länger die Pflanzen an einem Platz stehen, desto üppiger blühen sie mit der Zeit.

An heißen Sommertagen verströmen die Samenkapseln so viel ätherisches Öl, daß man es in einem windstillen Moment über dem „brennenden Busch" anzünden kann.

D. albus	purpurrosa, Juni-Juli, 70
D. a. 'Albiflorus'	weiß, Juni-Juli, 60

Digitalis

FINGERHUT

Der großblütige Fingerhut *(D. grandiflora)* ist eine kalkliebende, langlebige Gartenstaude, die bis zu 1 m hoch wachsen kann. Von Natur aus wachsen Fingerhüte auf Kahlschlägen von Wäldern und an Waldrändern.

Die Pflanzen fühlen sich in Sonne und Halbschatten wohl und brauchen im Garten einen humosen Boden.

D. ferruginea	braungelb, Juni-Aug., 125
D. grandiflora	gelb, Juni-Juli, 80
D. lanata	weiß mit Braun, Juni-Juli, 80
D. lutea	hellgelb, Juni-Juli, 80
D. mertonensis	lachsrosa, Mai-Juni, 80

Dodecatheon

GÖTTERBLUME

Ihre Blüte erinnert entfernt an Alpenveilchen, die Blätter bilden eine Basisrosette, aus der die Blüten-

Dictamnus albus

Digitalis mertonensis

schäfte auswachsen. Die Wuchshöhe der Pflanzen, die zu den Primelgewächsen gehören, ist stark von der Bodenqualität abhängig. Es eignen sich sonnige bis halbschattige Plätze und sandig-humoser Boden.

*D. jeffreyi**	lila, April-Mai, 20
D. meadia	rosa, Mai-Juni, 40
D. m. 'Album'	weiß, Mai-Juni, 40
D. m. 'Queen Victoria'	lilarosa, Mai-Juni, 60
D. pulchellum	rosaviolett, Mai-Juni, 30
D. p. 'Red Wings'	rötlich, Mai-Juni, 30

Dodecation pulchellum 'Red Wings'

Doronicum

GEMSWURZ

Der Gemswurz ist ein dankbarer gelber Frühlingsblüher. Die Pflanzen eignen sich für sonnige bis halbschattige Standorte mit nährstoffreichen Böden und sind auch gute Schnittblumen.

D. orientale	goldgelb, April-Mai, 50
D. o. 'Frühlingspracht'	(g), 40
D. o. 'Magnificum'*	gelb, April-Juni, 50
D. pardalianches	gelb, Juni-Juli, 80
D. p. 'Goldstrauß'	hellgelb, Juni-Juli, 70
D. plantagineum	gelb, Juni-Juli, 90
D. p. 'Excelsum'	hellgelb, Mai-Juni, 125

Draba

HUNGERBLÜMCHEN

D. sibirica bildet lockere Rasen aus langen, dünnen Trieben, *D. rigida* ist ein wunderschönes, rasenbildendes, flachwachsendes Hungerblümchen. Sie brauchen trockene Standorte in der vollen Sonne. Das Hungerblümchen sät sich selber aus, vermehrt sich aber auch durch den Wurzelstock.

D. lasiocarpa	schwefelgelb, April-Mai, 5
D. rigida	gelb, April-Mai, 5
D. sibirica	gelb, April-Aug., 10

Draba lasiocarpa

Dryas

Dieser sommergrüne Bodendecker für Standorte in der vollen Sonne kann in einem Steingarten große Flächen bedecken. *Dryas* braucht kalkhaltigen Boden.

D. octopetala	weiß, Juni-Sept., 10
D. x *suendermanii*	creme, Juni-Sept., 15

Dryas octopetala

Doronicum pardalianches

Duchesnea

SCHEINERDBEERE

Die Scheinerdbeere, ein stark wuchernder Bodendecker für alle Bodenarten, bringt geschmacklose, leuchtendrote Erdbeeren hervor.
Im Winter kann die Pflanze bei lang anhaltenden Frösten absterben.

D. indica	gelb, Juni-Sept., 20

Duchesnea indica

Echinacea

Die Gattung *Echinacea* wurde von *Rudbeckia* abgetrennt. Alle Arten und Sorten wachsen am besten an sonnigen bis halbschattigen Stellen mit frischen, humosen Böden und lassen sich in der Vase geschnitten oder getrocknet verwenden.

Echinacea purpurea

E. purpurea	purpurrosa, Juli-Sept., 80
E. p. 'Alba'	silbrigweiß, Juli-Sept., 80
E. p. 'Leuchtstern'	purpurrot, Juli-Sept., 80
E. p. 'White Lustre'	weiß, dunkles Z., Juli-Sept., 80

Echinops

KUGELDISTEL

Diese stattliche Distel ist ein Korbblütler. Ihre kugeligen blauen Blütenköpfe und die schönen silbergrauen Blätter wirken im Freien wie in der Vase sehr apart. Die Blumen eignen sich auch zum Trocknen. Als Steppenpflanze braucht die Kugeldistel trockenen, durchlässigen Boden und volle Sonne.

E. banaticus	violettblau, Juli-Aug., 90
E. b. 'Blue Globe'	dunkelblau, Juli-Sept., 100
E. b. 'Taplow Blue'	blau, Juli-Sept., 100
E. ritro	blau, Juli-Sept., 100

Epimedium

ELFENBLUME

Diese Pflanze wirkt durch ihre meist wintergrünen Blätter und den dichten, teppichartigen Wuchs. Sie braucht einen schattigen Standort auf saurem Boden und eignet sich gut für den Unterwuchs von Gehölzen.

E. grandiflorum	weiß, Mai-Juni, 30
E. x *rubrum*	rot mit Gelb, Mai-Juni, 25
E. x *versicolor* 'Sulphureum'	gelb, Mai-Juni, 25
E. youngianum 'Niveum'	weiß, Mai-Juni, 25
E. y. 'Roseum'	rosa, Mai-Juni, 25

Rechts: *Echinops banaticus* 'Taplow Blue'

Epimedium youngianum 'Roseum'

Eremurus

STEPPENKERZE

Siehe: Zwiebel- und Knollengewächse

Erigeron

FEINSTRAHL

Der Feinstrahl sieht aus wie eine Aster; die Pflanze braucht volle Sonne und einen guten Gartenboden auf trockenem, sandigen Standort. Sie ist eine sehr gute Schnittblume.

E. speciosus	lilablau, Mai-Aug., 50
Hybriden:	
E. 'Azure Beauty'	blauviolett, Juni-Sept., 50
E. 'Dignity'	rosa, Juni-Aug., 40
E. 'Dunkelste Aller'	tief violett, Juni-Sept., 50
E. 'Foerster's Liebling'	rosarot (hg), Juni-Aug., 60
E. 'Rosa Juwel'	rosa, Mai-Aug., 50
E. 'Rosa Triumph'	hellrosa (g), Juni-Aug., 60
E. 'Rotes Meer'	tiefrot, Juni-Aug., 60
E. 'Schwarzes Meer'	violettblau, Juni-Aug., 60
E. 'Sommerneuschnee'	weiß, Juni-Aug., 60

Erigeron 'Rosa Triumph'

Erodium

REIHERSCHNABEL

Die Reiherschnäbel aus der Familie der Geraniengewächse sind sich stark selbst aussäende Stauden, die sich gut für den Steingarten oder für Mauerfugen eignen.
Die Arten sollten an einem sonnigen, warmen Standort mit gutem Wasserabzug stehen, eventuell muß man sie auch vor Winternässe schützen.

E. guttatum	weiß, lila Zentrum, Mai-Aug., 15
E. manescavii	purpurrosa, Juni-Sept., 40
E. reichardii 'Album'	weiß, Mai-Aug., 5
E. x *variable* 'Bishop's Form'	purpurrosa, Juni-Sept., 5
E. v. 'Flore Pleno'	rosa (g), Juni-Sept., 5
E. v. 'Roseum'	hell purpurrosa, Juni-Sept., 5

Erodium x *variabele* 'Bishop's Form'

Eryngium

MANNSTREU, EDELDISTEL

Die blaue Distel verträgt volle Sonne und steht gerne an trockenen, mageren, aber tiefgründigen Stellen (keine Staunässe!). Ihre stahlblaue Farbe macht sie zu einem besonderen Blickfang im Garten. Ganze Pflanzen lassen sich gut als äußerst dekorative Schnitt- und Trockenpflanzen verwenden.

E. agavifolium	grünweiß, Juli-Sept., 150
E. alpinum 'Blue Star'	tiefblau, Juni-Aug., 80
E. bourgatii	stahlblau, Juli-Sept., 50
E. giganteum	creme, Juli-Aug., 70
E. x *oliverianum*	blau, Juli-Aug., 75
E. planum	hellblau, Juli-Aug., 100
E. p. 'Blauer Zwerg'	tiefblau, Juli-Aug., 60

Eryngium planum 'Blauer Zwerg'

Eupatorium

WASSERDOST

Der im Herbst blühende Wasserdost darf in keinem größeren Staudengarten fehlen, zum einen wegen seiner dekorativen Gestalt, zum anderen, weil er eine ausgezeichnete Bienenfutterpflanze ist. Er liebt Sonne und sollte während der Wachstumszeit genügend Wasser erhalten.

E. cannabinum	rosa, Juli-Sept., 125
E. c. 'Plenum'	rosa (g), Aug.-Sept., 150
E. maculatum 'Atropurpureum'	dunkelrosa, Aug.-Sept., 200
E. m. 'Album'*	weiß, Aug.-Sept., 220
E. purpureum	purpurrosa, Aug.-Sept., 200
*E. rugosum**	weiß, Juli-Aug., 100
E. r. 'Braunlaub'	weiß, Aug.-Okt., 120

Eupatorium purpureum

Euphorbia

WOLFSMILCH

Alle Wolfsmilcharten haben Milchsaft, gegen den manche Menschen allergisch sind. Sie wachsen gerne auf warmen, sonnigen Standorten, an den Boden stellen sie nur wenig Ansprüche. Die Pflanzen eignen sich, je nach Art, für den Steingarten und für Mauerspalten (z.B. *E. myrsinites*) oder für Sommerblumenbeete (z.B. *E. polychroma*). Die ausläuferbildende *E. griffithii* steht gerne auf nährstoffreichen, frischen Böden in sonniger Lage und zeigt im Herbst eine ansprechende Färbung ihres Laubes.

E. amygdaloides	gelb, Blatt grün, April-Mai, 40
E. a. 'Purpurea'	Blatt rot, April-Mai, 40
E. cyparissias	gelbgrün, April-Juli
E. griffithii	rot, Mai-Juli, 60
E. lathyris	gelbgrün, Juni-Aug., 100
E. myrsinites	gelb, April-Mai, 25
E. polychroma	gelbgrün, Mai-Juni, 40

Euphorbia myrsinites

Filipendula

MÄDESÜSS

Das Mädesüß ist eine Pflanze für Sonne (besonders *F. vulgaris*) oder Halbschatten und wächst gerne auf feuchtem Boden. Ihre Schönheit liegt in den dekorativen Blütendolden. Man pflanzt sie auch gerne an das Ufer von Teichen.

F. palmata	hellrosa, Juni-Aug., 90
F. p. 'Nana'	tiefrosa, Juli-Aug., 20
F. purpurea	rosarot, Juni-Sept., 70

F. rubra 'Venusta Magnifica'	rosa, Juni-Aug., 250
F. vulgaris	weiß, Juni-Aug., 60
F. v. 'Plena'	weiß (g), Juni-Aug., 40

Filipendula rubra 'Venusta Magnifica'

Foeniculum

FENCHEL

Fenchel macht sich ausgezeichnet, wenn er zwischen hohe Rosen gepflanzt wird. Die grellen Farben der Rosen werden durch das zarte Fenchellaub gedämpft. Seien Sie aber vorsichtig, die Pflanze kann sich enorm selbst aussäen. Sie eignet sich für warme, sonnige Lagen auf nährstoffreichem Boden.

F. vulgare	gelbgrün, Juni-Sept., 150
F. v. 'Bronze Giant'	gelbgrün, Juni-Sept., 170
F. v. 'Purpureum'	gelbgrün, Juni-Sept., 150

Fuchsia

Siehe: Laubabwerfende Sträucher

Gaillardia

KOKARDENBLUME

Die reichblühenden Stauden sind ausgezeichnete Schnittblumen und ähneln von der Blüte her den Margeriten. Sie können wie Sommerblumen behandelt und jährlich neu vorgezogen werden. Kokardenblumen lieben sonnige, warme Stellen auf leichten Böden.

Hybriden:

G. 'Aurea Pura'	gelb, Juni-Sept., 60
G. 'Bremen'	gelb, roter Ring, Juni-Sept., 70
G. 'Burgunder'	braunrot, Juni-Sept., 50
G. 'Dazzler'	goldgelb, braunrotes Z., Juli-Sept., 40
G. 'Golden Goblin'	gelb, Juni-Sept., 40
G. 'Kobold'	gelb mit Rot, Juni-Sept., 35
G. 'Monarch strain'	gelb/roter Rand, Juni-Sept., 60

Gaillardia 'Kobold'

Foeniculum vulgare

Galium

LABKRAUT

Der Waldmeister, ein aromatisches, duftendes Kraut, riecht im angewelkten Zustand intensiv nach Kumarin und wird gerne für Waldmeister-Bowle verwendet. Er wird häufig auf naturnahe Wiesen oder in den Unterwuchs von Laubbäumen gepflanzt, wo er, wie ein Bodendecker, dichte Teppiche bilden kann. Die lanzettlichen Blätter des Waldmeisters haben dornige Spitzen und stehen in Quirlen am vierkantigen Stengel. Seine Blüten können weiß, gelb oder rötlich sein. Die anspruchslosen Kräuter für sonnige oder schattige Standorte lassen sich durch Aussaat oder Teilung vermehren.

G. odoratum	weiß, Mai-Juni, 30

Galium odoratum

Gaura

PRACHTKERZE

Die Prachtkerze wird bei uns als einjährige Sommerblume gezogen, aber auch von Staudengärtnereien angeboten. Sie wirkt ähnlich wie die Graslilie und blüht weißlichrosa von Juli bis in den Spätherbst hinein.

G. lindheimeri	rosaweiß, Juli-Sept., 100
G. l. 'Whirling Butterflies'	weiß, Juli-Okt., 100

Gentiana

ENZIAN

Enziane wachsen auf halbschattigen, etwas feuchten Standorten. Beachten Sie die Bodenansprüche der Pflanzen: Manche Arten sind kalkbedürftig, andere sind kalkempfindlich. Einheimische Arten sind geschützt und dürfen nicht ausgegraben oder gepflückt werden.

G. acaulis	tiefblau, April-Mai, 15
G. asclepiadea	hellblau, Aug.-Okt., 50

Gentiana septemfida

Gaura lindheimeri

G. cruciata	hellblau, Juli-Aug., 25
G. dahurica	tiefblau, Juni-Sept, 20
*G. lutea***	gelb, Juli-Sept., 150
G. septemfida	blau, grünes Z., Juli-Sept., 20
G. sino-ornata	hellblau, grüne Streifen, Sept.-Okt., 15
G. tibetica	creme, Juli-Aug., 40
G. triflora	blau, Aug.-Okt., 120
G. t. 'Royal Blue'	blau, Aug.-Okt., 90

Geranium

STORCHSCHNABEL

Die Storchschnabelgewächse schmücken den Garten mit ihren schön gelappten Blättern und mit leuchtenden, offenen Blütenschalen. Der Name stammt von den langen schnabelförmigen Frucht- bzw. Samenständen. Ihre Blütenfarben sind Blau, Violett, Weiß, Rosa und Rot. Der Storchschnabel gedeiht besonders gut in humusreichem, feuchtem Boden, kann aber auch in trockenen Lagen wachsen. Er liebt sowohl Sonne als auch Halbschatten. Für naturnahe Pflanzungen ist der Storchschnabel ideal. Er kann, je nach Art und Größe, als dekorativer Bodendecker eingesetzt oder in Gemeinschaft mit anderen Stauden gepflanzt werden. Mittlerweile gibt es so viele Sorten und Rassen, daß wir unmöglich alle hier aufführen können. Wir haben uns auf einige Arten und Sorten beschränkt, die uns besonders gut gefallen.

G. cantabrigiense 'Biokovo'	weiß mit Rosa, Mai-Juni, 15
G. cinereum 'Ballerina'	lilarosa, Juni-Sept., 15
G. c. 'Splendens'	rosarot, Juni-Juli, 10
G. clarckii 'Kashmir White'	rosa, weiße Adern, Juni-Juli, 30
G. dalmaticum 'Roseum'	rosa, Juni-Aug., 15
G. endressii	zartrosa, Juni-Aug., 30
G. e. 'Wargrave Pink'	lachsrosa, Juni-Aug., 30
G. eriostemum	hell lilablau, Juni-Aug., 40
G. macrorhizum 'Bevan's Variety'	rosarot, Juni-Juli, 30
G. m. 'Ingwerson's Variety'	violettrosa, Juni-Juli, 30
G. m. 'Spessart'	weiß, roter Kelch, Juni-Juli, 30
G. magnificum	hellviolett, Juni-Aug., 50
G. nodosum	lilarosa, Juni-Juli, 30
G. phaeum	dunkel braunviolett, Mai-Juli, 50
G. p. 'Album'	weiß, Mai-Juli, 50
G. p. 'Lily Lovell'*	lila, Mai-Juli, 50
G. platypetalum	hellblau, Juni-Aug., 40
G. pratense	zartblau, Juni-Aug., 70
G. p. 'Galactic'	weiß, Juni-Aug., 50
G. p. 'Grandiflorum'	
G. p. 'Johnson's Blue'	helblau, Juni-Juli, 50
G. renardii	weiß, graues Blatt, Juni-Juli,25
G. robertianum	violett, Mai-Okt., 20
G. sanguineum	rot, Juni-Aug., 20
G. s. 'Album'	weiß, Juni-Sept., 20
G. s. 'Max Frei'	violettrot, Juni-Aug., 20
G. s. 'Nanum'	violettrot, Juni-Sept., 15
G. sylvaticum	violettrot, Juni-Juli, 50
G. s. 'Album'	weiß, Knospe rosa, Juni-Juli, 50
G. s. 'Mayflower'	violettblau, Juni-Aug., 50

Geranium cinereum 'Splendens'

Geum

NELKENWURZ

In den Staudengärtnereien werden fast nur Hybriden angeboten, die meist durch Kreuzung von *G. coccineum* mit *G. chiloense* entstanden sind. Die Nelkenwurz blüht relativ lange und sorgt an ihrem Platz im Garten den ganzen Sommer über für Farbtupfer. Sie liebt durchlässigen, aber feuchten Boden und gedeiht in der Sonne und im Halbschatten. Sonst ist sie sehr hart und anspruchslos und hat sich auch in sehr rauhen Lagen bestens bewährt.

G. coccineum 'Borisii'	orangerot, Mai-Aug., 40
G. rivale	orange, Mai-Juli, 50
G. r. 'Album'	weiß, 50
G. r. 'Leonard'	kupferrot, 40
G. r. 'Lionel Cox'*	hell aprikot, 30
G. urbanum	gelb, Mai-Juli, 60

Hybriden:

G. 'Bulgaricum'	gelb, 20
G. 'Georgenberg'	orangegelb, Mai-Juli, 25
G. 'Mrs Bradshaw'	karminrot, 60
G. 'Lady Stradheden'	gelb (hg), Mai-Aug., 70
G. 'Prinses Juliana'	orange, 60
G. 'Red Wings'	scharlachrot (hg), Juni-Aug., 60

Geum rivale 'Lionel Cox'

Glaucium

HORNMOHN

Der gelbe Hornmohn stammt aus dem Mittelmeergebiet und wirkt besonders durch die langen grünen Kapseln zierend.

G. flavum	gelb, Juli-Sept., 40

Glaucium flavum

Glechoma

GUNDERMANN

Der Gundermann ist eine ausgezeichnete, nicht wintergrüne bodenbedeckende Staude für naturnahe Gärten und schattige Standorte; sie wächst gerne auf lockerem, frischem Boden und gedeiht sogar in tiefem Schatten. Sie kann auch zur Bepflanzung von absonnig stehenden Balkonkästen oder Ampeln verwendet werden; besonders eignet sich hierfür die Sorte 'Variegata' mit weißbunten Blättern.

G. hederacea	violettblau, März-Sept., 20
G. h. 'Variegata'	buntes Blatt

Glechoma hederacea

Gunnera

MAMMUTBLATT

Das Mammutblatt ist ein hervorragender Raumbildner. An seinen überdimensionalen Blättern erkennt man es als ein typisches Produkt subtropischer Vegetation. Angesichts ihrer faszinierenden Größe steht die Pflanze so im Mittelpunkt, daß sie in Form und Größe von keiner winterharten Freilandstaude überboten wird. Ihre Blattflächen sind so beherrschend und einzigartig, daß sie in einem zu kleinen Garten fehl am Platz sind. Nach den ersten Nachtfrösten schneidet man die Blattstiele am Boden ab und bedeckt den Kopf der Pflanze z.B. mit Stroh. Im Frühjahr schieben sich die jungen Blätter durch den

Winterschutz. Decken Sie die Pflanze nicht zu früh wieder ab, sie ist empfindlich gegenüber Spätfrösten.

G. magellanica	Blatt grün, Juli-Aug., 15
*G. manicata***	großes Blatt, Juni-Juli, 250
*G. tinctoria**	grün/braun, Juni-Juli, 300

Gunnera manicata

Gypsophila

SCHLEIERKRAUT

Achten Sie beim Schleierkraut gut auf die angegebenen Wuchshöhen: Setzen Sie die höheren Arten in die Rabatten und lassen Sie niedrigere Arten im Steingarten über Mauern wachsen. An offenen, warmen und sonnigen Plätzen läßt sich das Riesenschleierkraut mit Stauden vergesellschaften und ermöglicht durch seine zarten Blütchen, daß harte Farbkombinationen weicher erscheinen.

G. paniculata 'Bristol Fairy'	weiß, Juli-Aug., 150
G. p. 'Flamingo'	150
G. p. 'Pacifica'	gefüllt, Juli-Aug., 100
G. repens	weißrosa, Juli-Sept., 20
G. hybr. 'Rosenschleier'	hellrosa, 30

Gypsophila paniculata 'Bristol Fairy'

Helenium

SONNENBRAUT

Man verwendet die Sonnenbraut gerne in Staudenpflanzungen in sonniger Lage auf trockenen (hier: niedrigerer Wuchs) bis feuchten Böden. Auch zum Schnitt eignet sich die sommerblühende gelbe Pflanze gut.

H. autumnale 'Pumilum Magnificum'	rein gelb, Aug.-Sept., 90
H. bigelovii 'The Bishop'	gelb mit Braun, Juni-Aug., 60
H. hoopesii	tief goldgelb, Mai-Juni, 50
Hybriden:	
H. 'Butterrpat'	gelb, Juli-Okt., 120
H. 'Moerheim Beauty'	braunrot, Juli-Sept., 90
H. 'Wyndley'	bronzegelb, Juli-Sept., 75

Helenium bigelovii 'The Bishop'

Helianthemum

SONNENRÖSCHEN

Die *Helianthemum*-Hybriden können herrliche Blütenteppiche bilden. Sie lieben es nicht, im Halbschatten von Bäumen, Sträuchern und Mauern zu stehen. Dagegen entspricht ihnen ein Standort im sonnigen Steingarten. Wenn der erste Flor vorbei ist, schneidet man die Pflanzen kräftig zurück, sie treiben dann wieder aus und blühen den ganzen Sommer über.

Mit gefüllten Blüten:	
H. 'Amabile Plenum'	rot
H. 'Cerise Queen'	karminrosa
H. 'Elfenbeinglanz'	rahmweiß
H. 'Orange Double'	orange
H. 'Sulphureum Plenum'	gelb

Mit einfachen Blüten:

H. 'Ben Hope'	rosa mit Orange
H. 'Dompfaff'	rot
H. 'Elfenbeinglanz'	creme
H. 'Golden Queen'	gelb
H. 'Laurenson's Pink'	hellrosa
H. 'Ruth'	orangerot
H. 'Snow Queen'	weiß
H. 'Sterntaler'	gelb
H. 'Wisley Pink'	rosa
H. 'Wisley Primrose'	hellgelb

Helianthemum, gemischt

Helianthus

SONNENBLUME

Für bunte Herbst- und Sommerblumensträuße liefern die *Helianthus*-Arten wundervolle Schnittblumen. Wir stellen hier die ausdauernden Verwandten unserer einjährigen Sonnenblumen vor. *H. salicifolius,* die Weidenblättrige Sonnenblume, wird wegen ihres schmalen, hellgrünen Blattwerks gerne als hoch wachsende, eindrucksvolle Solitärstaude gepflanzt.

H. atrorubens	goldgelb, Aug.-Okt., 175
H. microcephalus	gelb, Aug.-Sept., 200
H. salicifolius	gelb, Sept.-Okt., 200
H. rigidus	gelb, Aug.-Okt., 150

Heliopsis

SONNENAUGE

Die gelben Strahlenblüten des Sonnenauges haben Ähnlichkeit mit der kleinen Sonnenblume. Die Pflanze erfüllt die Rabatte monatelang mit ihrem leuchtenden Blütenreichtum. Wegen ihrer straffen Stiele wird sie gerne als Schnittblume verwendet. Sie gedeiht in jedem Gartenboden, am besten in der vollen Sonne.

H. helianthoides var. *scabra*	gelb, Juni-Sept., 100
H. h. 'Goldgeflieder'	goldgelb (g), Juli-Sept., 130
H. h. 'Goldgrünherz'	gelb (g), Juni-Sept., 120
H. h. 'Hohlspiegel'	orangegelb, groß, Juli-Sept., 130
H. h. 'Spitzentänzerin'	gelb, Juni-Sept., 100

Heliopsis helianthoides 'Goldgeflieder'

Helianthus salicifolius

Helleborus

NIESWURZ, SCHNEEROSE, CHRISTROSE

Die Christrose, ein Hahnenfußgewächs, blüht zu einer außergewöhnlichen Zeit mitten im Winter. Ihre Blütensterne ragen oft aus dem Schnee und leuchten nicht nur weiß-rosa, sondern auch dunkelrot und grünlich. Die kurzstieligen Blumen der Schneerosen halten sich gut in der Vase. Die immergrünen Stauden brauchen humusreichen, feuchten Boden, sie lieben Kalk. Im Halbschatten unter Sträuchern oder Laubbäumen gedeihen die Christrosen am besten; wichtig ist ein Schutz vor der Wintersonne. Von *H. niger* gibt es besonders großblütige Typen, die z. T. schon ab November bis in den April hinein blühen können.

H. argutifolius	hellgrün, Febr.-April, 40
H. atrorubens	violett, Febr.-April, 30
H. foetidus	grün, Febr.-April, 50
H. niger	weiß, Jan.-April, 30
H. orientalis	rot, März-Mai, 50
H. o. 'Alba'	weiß, März-Mai, 50
*H. viridis**	grün, Febr.-April, 50

Helleborus atrorubens

Hemerocallis

TAGLILIE

Taglilien sind wunderschöne Dauerblüher im Garten und eignen sich auch als aparte Vasenblumen. Obwohl sie sehr anpassungsfähig sind, wachsen sie in durchlässigem, humusreichem Boden in sonniger Lage am besten; sie gedeihen aber auch willig im Schatten. Die Einzelblüte hält nur einen Tag, aber sie bilden unaufhörlich neue Knospen.

Hybriden:

H. 'American Revolution'	dunkel purpurbraun, Juli-Sept., 100
H. 'Aten'	orangegelb, Juli-Sept., 100
H. 'Atlas'	hellgelb, Juni-Juli, 110
H. 'Black Prince'	rotbraun, Juni-Juli, 70
H. 'Bonanza'	gelb mit Braun, Juni-Aug., 70
H. 'Corky'	zitronengelb, Juni-Aug., 60
H. 'Frans Hals'	braungelb, Juni-Sept., 90
H. 'Gold imperial'	zitronengelb, Juni-Aug., 70
H. 'Hyperion'	silbriggelb, Juli-Aug., 70
H. 'Matador'	orange, gelbes Z., Juli-Aug., 120
H. 'Nortbrook Star'*	hellgelb, Juni-Juli, 70
H. 'Pink Charm'	rosa, Juni-Juli, 70
H. 'Prairie Moonlight'	zartgelb, Juni-Aug., 90
H. 'Sammy Russel'	rot, Juni-Aug., 70
H. 'Stella de Oro'	goldgelb, Mai-Sept., 30
H. 'Valiant'	orange, Juli-Sept., 90
H. 'Verger'	gelb, Mai-Juni, 70

Hemerocallus, Hybride

Hepatica

LEBERBLÜMCHEN

Als Frühlingsblüher eignen sich die zarten Leberblümchen gut für humose, frische Böden, die im Sommer nicht austrocknen. Sie bevorzugen ähnliche Plätze wie das Buschwindröschen.

H. nobilis	blau, März-April, 10
*H. transsylvanica***	blau, März-April, 15

Hepatica nobilis

Heracleum

BÄRENKLAU

Siehe: Ein- und Zweijährige

Hesperis

NACHTVIOLE

Siehe: Ein- und Zweijährige

Heuchera

PURPURGLÖCKCHEN

Purpurglöckchen lassen sich an sonnigen, halbschattigen Standorten auf frischen Böden verwenden. Wenn der Erdstamm aus dem Boden herauswächst, muß das Substrat nachgefüllt oder verpflanzt werden.
Die Steinbrechgewächse eignen sich gut auch als haltbare Schnittblumen. In Kultur sind kaum Arten, sondern nur Hybriden, von denen wir nachstehend einige aufführen:

H. micrantha 'Palace Purple'	weiß, Juni-Aug., 50
H. brizoides 'Plui de Feu'	tiefrot, Juni-Aug., 70
H. b. 'Schneewittchen'	weiß, Juni-Aug., 50
H. b. 'Walker's Variety'	rosa, Juni-Aug., 50
H. sanguinea	rot, Mai-Juli, 50

Heuchera micrantha 'Palace Purple'

Hosta

FUNKIE

Die Funkien sind hervorragende, langlebige Gartenstauden für halbschattige Standorte; sie können bei guter Wasserversorgung aber auch sonnig stehen. Ihr Zierwert liegt im Laub und in den Blüten. Sie sind in Japan seit Jahrhunderten als Gartenpflanzen bekannt, und die heute bekannten „Arten“ sind zum großen Teil schon Sorten, deren Ursprung nicht mehr bekannt ist.
Die Vorgartenbeete können mit buntlaubigen Sorten recht abwechslungsreich gestaltet werden. Auf breite Rabatten gehören die stahlblauen, weiß- und gelbrandigen Funkien.

Mit blaugrauem Blatt:

H. hybr. 'Big Daddy'	blaßlila, Juni-Juli, 90
H. h. 'Blue Cadet'	lavendelblau, Juli-Aug., 35
H. h. 'Krossa Regal'	violett, Juli-Aug., 100
H. fortunei 'Hyacinthina'	Juli-Aug., 60

Hosta fortunei 'Hyacinthina'

H. sieboldiana	hellviolett, Juni-Juli, 80
H. s. 'Elegans'	weiß, Juni-Juli, 60
H. s. 'Hadspun Blue'	Juli-Aug., 40
H. x *tardiana* 'Blue Moon'	Juli-Aug., 20
H. t. 'Blue Wedgewood'	Juni-Juli, 25
H. t. 'Halcyon'	Juni-Juli, 40

Mit grünem Blatt:

H. albomarginata 'Alba'	weiß, Juli-Aug., 50
H. fortunei 'Hyacinthina'	Juli-Aug., 70
H. f. 'Obscura'	purpur, Juli-Aug., 70
H. f. 'Rugosa'	hellpurpur, dunkelgrün, Juli-Aug., 70
H. hybr. 'Honey Bells'	zartlila, Aug.-Sept., 90
H. undulata 'Erromena'	hellpurpur, Juni-Juli, 100
H. ventricosa	tiefviolett, Juli-Aug., 80

Blatt mit weißem Rand:

*H. crispula**	hellviolett, gewellter Rand, Juli-Aug., 80
H. decorata	violett, Juni-Juli, 70
H. undulata 'Albomarginata'	hellviolett, Juni-Juli, 60

Mit weißgestreiftem Blatt:

H. fortunei 'France'	lavendelblau, Juli-Aug., 60
H. undulata 'Albomarginata'	Juni-Sept., 100
H. u. 'Mediovariegata'	hellpurpur, Juli-Aug., 70

Blatt mit gelbem Rand:

H. fortunei 'Aureomarginata'	violett, Juli-Aug., 70
H. hybr. 'Golden Tiara'	violett, Juni-Juli, 60
H. h. 'Wide Brem'	hellviolett, Juni-Juli, 40
H. sieboldiana 'Frances Williams'	blaßlila, Juni-Juli, 60

Mit gelbem Blatt:

H. fortunei 'Aurea'	hellpurpur, Juli-Aug., 50
H. fortunei 'Albopicta'	grüner Rand, blaßlila, 60
H. hybr. 'August Moon'	hellviolett, Juli-Aug., 80
H. h. 'Zounds'	violett, Juli-Aug., 50

Hosta 'Golden Tiara'

Houttuynia

Die Staude wächst nicht nur in feuchtnassen Bereichen, sondern auch auf trockeneren Flächen und breitet sich dann nicht so stark wuchernd aus. Man kann sie durch Teilung oder Abtrennen der Ausläufer vermehren.

H. cordata	weiß, Juni-Aug., 30
H. c. 'Chamaeleon'	rotbuntes Blatt, Juni-Aug., 30
H. c. 'Plena'	(g), Juni-Aug., 30

Houttuynia cordata 'Chamaeleon'

Hypericum

JOHANNISKRAUT, HARTHEU

Zur dichten und schnellen Begrünung von sonnigen bis halbschattigen Standorten eignet sich hervorragend *H. calycinum*. *H. perforatum* braucht einen trockenen Platz in voller Sonne.

H. calycinum	gelb, Juli-Sept., 30
H. perforatum	gelb, klein, Juni-Sept., 50
H. polyphyllum	gelb, Juni-Aug., 25

Hypericum polyphyllum

Iberis

SCHLEIFENBLUME

Dieser grünbleibende Bodendecker braucht volle Sonne und eignet sich für Steingartenbereiche, für Trogbepflanzungen oder für Mauerkanten. Wenn man die verwelkten Blüten der Schleifenblumen abschneidet, bringen die Pflanzen meist noch eine Nachblüte hervor.

I. sempervirens	weiß, Mai-Juni, 20
I. s. 'Snowflake'	weiß, Mai-Juni, 20
I. s. 'Weißer Zwerg'	weiß, April-Juni, 10

Iberis sempervirens

Incarvillea

GARTENGLOXINIE

Siehe: Zwiebel- und Knollengewächse

Inula

ALANT

Auch der Alant ist eine „Sonnenblume". Alle Arten, mit Ausnahme von *I. britannica,* vertragen sehr trockene Standorte in der vollen Sonne und passen gut in Staudenwiesen. *I. britannica,* der Wiesenalant, steht gerne an feuchten Uferbereichen, wo er bis 60 cm hoch werden kann.

I. ensifolia	gelb, Juli-Aug., 30
I. helenium	dunkelgelb, Juli-Aug., 150
I. orientalis	orangegelb, Juni-Juli, 50

Iris

SCHWERTLILIE, IRIS

Aus der ungeheuren Fülle der Schwertlilienarten und Sorten können wir hier nur eine anregend kleine Auswahl vorstellen. Je nach dem Spezialisationsgrad der Gartencenter wird man auch meist nur ein gängiges Sortiment kaufen können. Normalerweise brauchen Schwertlilien einen durchlässigen, humusreichen, aber trockenen Boden. Wunderschön ist z.B. *I. sibirica,* die Sibirische Iris, die an trockenen und feuchten Stellen ihre grasartigen Büsche entfaltet. *I. kaempferi,* die Japanische Sumpfiris, hat flache, tellerförmige Blüten und aparte Zeichnungen. Sie wirkt besonders anmutig am Rand eines Gewässers.

Nachstehende Arten und Sorten sind allgemein leicht erhältlich.

I. kaempferi	Juni-Juli, 80
I. k. 'Blue King'	dunkelblau
I. k. 'Carnaval Prince'	zartblau, violett geädert
I. k. 'Darling'	lila-rosa
I. k. 'Gipsy'	violettblau, dunkler geädert
I. k. 'Iso-No-Nami'	zart purpur, weißgeädert
I. k. 'Jodlesong'	purpurrot, gelbes Honigmark
I. k. 'Loyality'	violettblau, gelbes Honigmark (g)
I. k. 'Sensation'	purpurrot, gelbes Honigmark (g)
I. k. 'Variegata'	blau, buntes Blatt
I. sibirica	Juni-Juli, 70

Inula orientalis

I. s. 'Blue Cape'	rein blau
I. s. 'Blue King'	rein violettblau
I. s. 'Emperor'	dunkelblau
I. s. 'Mountain Lake'	zartblau
I. s. 'Perry's Blue'	himmelblau, groß
I. s. 'Sparkling Rose'	hellrosa
I. s. 'White Sail's'	weiß

***Germanica*-Hybriden** (Blütezeit: Juni):

I. g. 'Alcazar'	lavendelblau/purpurviolett, 80
I. g. 'Ambassadeur'	bronze-/tiefviolett, 100
I. g. 'Californian Gold'	dunkelgelb, 80
I. g. 'Empress of India'	hellblau, 90
I. g. 'Gentius'	rein violett, 50
I. g. 'Helge'	hell zitronengelb, 50
I. g. 'Louvois'	braun, 100
I. g. 'Lugano'	weiß, 100
I. g. 'Moonbeam'	zitronengelb, 80
I. g. 'Mrs Horace Darwin'	weiß/lila Adern, 80
I. g. 'Nightfall'	purpurblau, 80
I. g. 'Red Orchid'	tief weinrot, 50
I. g. 'Senlac'	dunkel weinrot, 80
I. g. 'White Knight'	schneeweiß, 60

***Pumila*-Hybriden** (Blütezeit April-Mai):

I. p. 'Atroviolacea'	tief violettblau, 15
I. p. 'Aurea'	gelb, 20
I. p. 'Blue Denim'	hellblau, 20
I. p. 'Brassie'	goldgelb, 20
I. p. 'Bright White'	silberweiß, 20
I. p. 'Cyanea'	dunkelblau, 20
I. p. 'Die Braut'	weiß mit Rahmgelb
I. p. 'Pastel Charme'	purpur, 15

Kentranthus

SPORNBLUME

Siehe: *Centranthus*

Kirengeshoma

WACHSGLOCKE

Die Japanwachsglocke wächst dichthorstig mit vielen Trieben. Ihre Blätter erinnern an die von Ahorn. Die Pflanze entwickelt sich nur im Halbschatten auf frischen, nie ganz austrocknenden Böden gut. Im Winter sollte die Pflanze abgedeckt werden.

K. koreana	zartgelb, Aug.-Sept., 100
K. palmata	zartgelb, Sept.-Okt., 90

Iris kaempferi 'Sensation'

Iris pumila 'Aurea'

Kniphofia

FACKELLILIE

Die aparten, zierlichen Fackellilien benötigen einen sonnigen Standort auf gut durchlässigem Boden.

K. praecox	rot/gelb, Juli-Sept., 100
K. uvularia	gelb/rot, Aug.-Sept., 100
Hybriden:	
K. 'Alcazar'	granatrot, Juli-Sept., 100
K. 'Corallina'	blaßrot, Sept.-Okt., 80
K. 'Earliest of All'	rot/gelb, Juni-Juli, 90
K. 'Little Maid'	hellgelb, Juli-Sept., 60
K. 'Royal Standard'	gelb/rot, Aug.-Okt., 100

Lamiastrum

GOLDNESSEL

Dieser wüchsige Bodendecker für halbschattige Standorte in fast allen Situationen bleibt den ganzen Sommer über ansehnlich. *Lamiastrum* wurde früher der Gattung *Lamium* zugeordnet.

L. galeobdolon	gelb, grünes Blatt, Mai-Juni, 40
L. g. 'Florentinum'	gelb, buntes Blatt, 35
L. g. 'Hermann's Pride'	Blatt silbriggefleckt, 40

Lamiastrum galeobdolon 'Hermann's Pride'

Lamium

TAUBNESSEL

Die heimische Taubnessel wuchert weniger stark als die Goldnessel und verlangt den gleichen Standort, nämlich im Schatten. Ansonsten stellt die Taubnessel keine Ansprüche an den Boden.

L. maculatum	weiß, April-Juli, 30
L. m. 'Beacon Silver'	Blatt silberf., April-Juni, 15
L. m. 'Roseum'	rosa, April-Juli, 30
L. m. 'White Nancy'	Blatt silberf., 15
*L. orvala**	violett, Mai-Juli, 80

Lamium maculatum 'White Nancy'

Lathyrus

STAUDENWICKE

L. latifolius ist eine der wenigen staudigen Kletterpflanzen. Sie eignet sich für leicht schattige Gehölzränder.
L. vernus blüht im zeitigen Frühjahr gerne an sonnigen Gehölzrändern.

L. latifolius 'Pink Pearl'	rosa, Juli-Aug., 150
L. l. 'Red Pearl'	karminrot, Juli-Aug., 150
L. l. 'White Pearl'	weiß, Juli-Aug., 150
L. vernus	violett, April-Mai, 40
L. v. 'Alboroseus'	rosa mit weiß, April-Mai, 40

Lathyrus latifolius 'Red Pearl'

Lavandula

LAVENDEL

Der Lavendel ist in den Mittelmeerländern heimisch, aber bei uns seit langem akklimatisiert. Eigentlich ist er ein verholzender Halbstrauch, aber wir haben ihn aus praktischen Gründen bei den Stauden eingereiht. Schneiden Sie die Pflanzen jährlich im März zurück; es ist auch sofort nach der Blüte (Juni-Aug.) möglich. Durch den Schnitt bleiben die Pflanzen kompakt und blühen üppiger.
Setzen Sie Lavendel in die volle Sonne; er ist hübsch in Kombination mit Rosen oder mit graublättrigen Pflanzen. Lavendel eignet sich auch gut zur Randbepflanzung, ist aber ein wenig frostempfindlich. Pflanzen Sie ihn deshalb auf trockenen, gut durchlässigen Boden. Im Garten vertreibt Lavendel Ameisen und Läuse.

L. angustifolia	blau, Juli-Aug., 40
L. a. 'Grosso'	lavendelblau, Juni-Aug., 70
L. a. 'Hidcote'	violettblau, 40
L. a. 'Loddon pink'*	blau, 50
L. a. 'Munstead'	lilaviolett, 45
L. a. 'Rosea'	lilarosa, 40
L. intermedia 'Hidvote Giant'	lavendelviolett, 75

Lavandula angustifolia 'Munstead'

Lavatera

BUSCHMALVE

Buschmalven gehören, zusammen mit einigen Glokkenblumen-Arten, zu den über einen sehr langen Zeitraum blühenden Stauden (z.B. Juni-Okt.). Ihre Blüten können bis 5 cm breit sein und sind meist hellrosa. Es handelt sich um kleinere Sträucher mit meist filzigen oder rauhhaarigen Blättern. Die anspruchslosen Stauden wollen an einem sonnigen Platz stehen.
Buschmalven werden durch Aussaat im Frühling vermehrt.

L. (Hybride) 'Bredon Spring'	rosa, Juni-Okt., 150
L. thuringiaca 'Barnsley'	weiß mit rosa Zentrum, Juni-Okt., 150
L. olbia 'Rosea'	hellrosa, Juli-Okt., 150
L. 'Burgundy Wine'	zart weinrot, Juni-Sept., 150
L. 'Candy Floss'	hellrosa, Juni-Sept., 150
L. 'Ice Cool'	weiß-blaßrosa, Juni-Sept., 150

Lavatera thuringiaca 'Barnsley'

Leontopodium

EDELWEISS

Die Steingartenpflanze für trockene, sonnige Standorte und durchlässigen, mageren Boden steht unter Naturschutz, aber die hier genannten Arten können in Gartencentern gekauft werden.

L. alpinum	weiß, graues Blatt, Juni-Aug., 25
L. a. 'Mignon'	weiß, klein, Juni-Juli, 10

Leontopodium alpinum 'Mignon'

Leucanthemella

Siehe: *Chrysanthemum serotina*

Lewisia

BITTERWURZ

Unter Feuchtigkeit im Winter leiden die Lewisien, deshalb sollte man sie unbedingt auf durchlässigen Boden in der Sonne oder im Halbschatten setzen. Sie sind hübsche Steingartenpflanzen, aber nicht ganz einfach zu halten.

L. cotyledon	lilarosa, Juni-Aug., 20
L. hybr. 'Sunset Strain'	lilarosa, Juni-Aug., 25
L. h. 'Pinkie'	rosa, Juni-Aug., 20

Lewisia-Hybride 'Pinkie'

Liatris

PRACHTSCHARTE

Siehe: Zwiebel- und Knollengewächse

Ligularia

KREUZKRAUT

Die meist imposanten hohen Stauden, die sowohl durch ihr Blattwerk als auch durch ihre Blüten schmückend wirken, lieben frische, tiefgründige, humose Böden und möglichst hohe Luftfeuchtigkeit sowie einen Standort in der Sonne oder im Halbschatten. In der Natur kommen sie bevorzugt in Hochstaudenfluren und an Flußrändern vor.
Von den Hybriden haben die Sorten 'Othello' und 'Desdemona' sehr dekorative, bräunlich-purpurrote Blätter. Hohe doldige Blütenstände bildet *L.* x *palmatiloba*.

L. dentata	orangegelb, Juli-Sept., 100
L. d. 'Desdemona'	orange, 100
L. d. 'Othello'	orange, Juli-Sept., 80
L. x *hessei*	orangegelb, Juli-Sept., 120
L. x *palmatiloba*	orange, Aug.-Sept., 120
L. przewalskii	gelb, Juni-Sept., 100
L. tangutica	gelb, Juli-Sept., 120
L. veitchiana	gelb, Juli-Aug., 150
L. wilsoniana	goldgelb, Aug.-Sept., 150

Ligularia przewalskii

Limonium

WIDERSTOSS

Besonders gut eignet sich diese Pflanze für Trockensträuße. Man schneidet sie bei voll geöffneter Blüte und trocknet sie mit den Köpfchen nach unten. Sie liebt warme, sonnige und trockene Stellen und verträgt auch Seewind.

L. dumosum	weiß, Juni-Sept., 40
L. latifolium	lavendelblau, Juni-Aug., 40
L. l. 'Blauer Diamant'	violett, Juni-Aug., 25

Linaria

LEINKRAUT

Das Leinkraut wächst am liebsten auf humosem, nicht zu feuchtem Boden in der vollen Sonne. Normalerweise sind die Pflanzen je nach Standort kurzlebig, aber sie säen sich gut aus. Das Alpenleinkraut besiedelt gerne Mauern und Mauerritzen, ähnlich wie *Cymbalaria.*

L. alpina	blau, orange Gaumen, Juli-Aug., 10
L. purpurea	purpurviolett, Juli-Okt., 60
L. p. 'Canon J. Went'	hellrosa, Juni-Aug., 100

Linaria purpurea 'Canon J. Went'

Linnaea

MOOSGLÖCKCHEN

Diese Pflanze wurde von Carl von Linné, dem berühmten schwedischen Naturforscher, Arzt und Botaniker, entdeckt und benannt. Er ist der Begründer der binären Nomenklatur, nach der jeder Pflanzen- und Tiername aus Gattungs- und Artnamen besteht. Er stellte 1735 das Linnésche System auf, ein künstliches System, das auf der Zahl und Einfügung der Staubblätter beruht.
Moosglöckchen sind Pflanzen moosiger Nadelwälder, Heiden und Tundren, sie wachsen auf frischen, nährstoffarmen, sauren Böden. Ein günstiger Standort sind halbschattige Moorbeete.

*L. borealis***	rosa oder weiß, Juni-Aug., 15

Linnaea borealis

Linum

LEIN

Trockenbeete oder Steingärten sind geeignete Plätze für den Staudenlein. Die Sommerblumen mögen einen sonnigen Standort auf trockenem Boden und werden durch Aussaat vermehrt.

L. flavum	gelb, Juni-Juli, 30
L. perenne	hellblau, Juni-Juli, 45
L. p. 'Album'	Juni-Juli, 45
L. p. 'Diamant'	weiß, Juni-Aug., 25
L. p. 'Saphir'	himmelblau, Juni-Aug., 25

Liriope

Diese Staude eignet sich für sauren und humosen Boden an Standorten in der Sonne oder im Halbschatten. In unseren Breiten ist die Pflanze vollkommen frosthart. Nach der Blüte schmücken *L. spicata* große schwarze Früchte.

Linum perenne

Liriope muscari 'Variegata'

L. muscari	Ähren violett, Aug.-Okt., 60
L. m. 'Variegata'	silbergestreiftes Blatt, Aug.-Okt., 40
L. spicata	hellviolett, Juli-Sept., 40

Lobelia

Denken Sie bei Lobelien nicht nur an die einjährigen Sommerblumen (Männertreu!). Die Staudenlobelien, die wir Ihnen hier vorstellen, wachsen gerne an feuchten Plätzen in der Sonne oder im Halbschatten.

L. cardinalis	rot, Juli-Okt., 90
L. fulgens 'Queen Victoria'	blaßrot, Juli-Sept., 80
L. x *gerardii* 'Vedrariensis'	violett, Juli-Sept., 90
L. siphilitica	hellblau, Juli-Sept., 70
L. s. 'Alba'	rein weiß, Juli-Sept., 60
L. speciosa	rot, Aug.-Okt., 80

Lobelia fulgens 'Queen Victoria'

Lupinus

LUPINE

Von der Gattung Lupine gibt es über 200 Arten; es sind vorwiegend Kräuter oder Halbsträucher. Die

Lupinus 'The Pages'

hohen Blütenkerzen der neuen Züchtungen strahlen in den leuchtendsten Farben. Sie bilden herrliche Gruppen in der Rabatte und liefern auch wunderschöne Schnittblumen.
In durchlässigem, humusreichem, leicht saurem Boden gedeihen die Lupinen am besten. Sie wachsen aber auch unter weniger idealen Voraussetzungen recht gut.

L. 'Chandelier'	gelb, Juni-Aug., 80
L. 'My Castle'	rot, 100
L. 'Noblemaiden'	weiß, 100
L. 'Chatelaine'	rosa mit Weiß, 100
L. 'The Governor'	blauweiß, 100
L. 'The Pages'	karminrot, 100

Lychnis

LICHTNELKE

Die Pflanzen sind schöne, dankbare Sommerblüher, die volle Sonne verlangen. Die Farben der Zuchtformen sind ansprechender als die der Wildarten. Ihre Blätter sind grau behaart. Die Farbe von *L. c.* 'Carneum' ist ausgesprochen häßlich. *L. chalcedonica* ist die Brennende Liebe, *L. coronaria* die Vexiernelke und *L. viscaria* die Pechnelke.

L. alpina 'Rosea'	rosa, Mai-Juni, 10
L. arkwrightii 'Vesuvius'	orangerot, Juni-Juli, 70
L. chalcedonica	feurigrot, Juni-Juli, 130
L. c. 'Carneum'	lachsrosa, Juni-Juli, 80
L. coronaria	bonbonrosa, Juni-Aug, 70
L. c. 'Alba'	weiß, Juni-Aug, 70
L. c. 'Oculata'	weiß/rosa, Juni-Aug, 70
L. viscaria 'Plena'	karminrot (g), Juli, 40
L. v. 'Schnee'	weiß, Mai-Juni, 50
L. v. 'Splendens'	rosa, Juni-Juli, 40

Lychnis arkwrightii 'Vesuvius'

Lysimachia

MÜNZKRAUT, PFENNIGKRAUT

Die unterschiedlichen Wuchsformen und Größen machen diese Gattung sehr vielfältig. Das Pfennigkraut *(L. nummularia)* ist ein hübscher, feuchtigkeitsliebender Bodendecker mit kleinen gelben Blüten, der für die Uferrandpflanzung eines Teichs gut geeignet ist. Der Goldfelberich *(L. punctata)* ist eine stark wüchsige, altmodische Bauerngartenpflanze, mit der selbst der absolute Laie zurechtkommt. Die übrigen Arten eignen sich gut als Schnittblumen. Alle *Lysimachia*-Arten wollen einen Standort in der Sonne.

L. atropurpurea	purpurrot, Juni-Aug., 50
L. barystachys	weiß, Juli-Aug., 70
L. ciliata	sahnegelb, Juli-Sept., 60
L. clethroides	weiß, Juli-Aug., 80
L. ephemerum	weiß, Juli-Sept., 120
L. nummularia	gelb, Juli-Sept., 10
L. punctata	gelb, Juni-Sept., 90
L. vulgaris	gelb, Juni-Aug., 80

Lysimachia clethroides

Lythrum

BLUTWEIDERICH

In der Natur wächst der Blutweiderich an Bachufern, bis zu 10 cm unter Wasser. Die Pflanzen gedeihen an einem vollsonnigen, feuchten Standort. In kleinere Gärten passen die niedrigeren Arten. Die Pflanzen eignen sich ausgezeichnet für Teichränder und Rabatten.

L. salicaria	violettrot, Juni-Aug., 150
L. s. 'Augenweide'	purpurrot, Juni-Aug., 120

L. s. 'Lady Sackville'	helles Purpurrot, Juni-Aug., 100
L. s. 'Mordon's Pink'	hellrosa, Juni-Aug., 100
L. s. 'Rosy Gem'	karminrot, Juni-Aug., 100
L. s. 'Robert'	violettrot, Juni-Aug., 80
L. s. 'Zigeunerblut'	dunkelrot, Juli-Sept., 120

Lythrum salicaria 'Augenweide'

Macleaya

FEDERMOHN

Der Federmohn erinnert ganz und gar nicht an einen Mohn; nur wenn man ein Blatt abbricht, fließt bräunlicher Milchsaft aus der Pflanze. Für große Gärten eignet er sich als Hintergrund, mit dieser dekorativen Riesenstaude lassen sich ganze Gartenteile verdecken. Seine zarten Rispen passen gut zu *Helianthus, Echinops* oder *Eupatorium.*

M. cordata	cremeweiß, Juli-Sept., 200
M. microcarpa 'Kelway's Coral Plume'	kupfrig rosa, Juli-Sept., 200

Macleaya cordata

Maianthemum

SCHATTENBLUME

Die Schattenblume ist ein schöner Bodendecker für den Unterwuchs von Gehölzen. Sie bevorzugt humusreichen, feuchten Boden. Aus jedem Stengel wachsen nur 2 Blätter.

M. bifolium	weiß, Mai, 20

Malva

MALVE

Die Familie der *Malvaceae* hat viele wunderschöne Gartenpflanzen hervorgebracht: *Lavathera* (mehrjährig), *Althaea* (zweijährig) und *Malope* (einjährig). Alle Arten brauchen volle Sonne und einen nährstoffreichen, durchlässigen Boden.

M. moschata	hellrosa, Juni-Sept., 60
M. m. 'Alba'	weiß, Juni-Sept., 60
M. sylvestris	rosa, Juni-Sept., 50

Malva moschata

Meconopsis

SCHEINMOHN

Dieses herrliche Mohngewächs ist in unseren Gärten leider noch relativ unbekannt. Der Scheinmohn ist mit dem roten Mohn verwandt und stammt aus Tibet und China, wo er in Höhen von über 4000 m wächst. Für ein gesundes Wachstum braucht er feuchten, aber unbedingt durchlässigen Boden. Die Erde soll etwas sauer und sehr humusreich sein. Geben Sie ihm reichlich Kompost (Laubkompost oder Rindenkompost) oder Dünger, der keinen Kalk enthält. Am besten gedeiht der blaue Scheinmohn im Halbschatten. Er wächst gut in Gesellschaft von Rhododendren.

M. betonicifolia	azurblau, Juni-Juli, 50
M. cambrica	orange oder gelb, Mai-Aug., 30

*Mertensia**

BLAUGLÖCKCHEN

Die Vergißmeinnicht-ähnliche Pflanze hat glockige oder trichterförmige, intensiv blaue Blüten, oft auch durchscheinend punktierte Blätter und macht sich gut an halbschattigen Stellen auf humosen, feuchten Böden. Man vermehrt die Pflanzen durch Aussaat oder Teilung.

*M. asiatica***	blau, Juni-Juli, 20
*M. sibirica**	blau, April-Mai, 50
M. virginica	blau, April-Mai, 50

Mimulus 'Orange Glow'

Meconopsis betonicifolia

Mimulus

GAUKLERBLUME

Gauklerblumen möchten Halbschatten oder Sonne in einer feuchten Umgebung. Ein Rückschnitt nach der Blüte fördert eine Nachblüte im Herbst. Im Winter sollte man sie sicherheitshalber abdecken.

M. luteus	gelb, Mai-Aug., 30
M. primuloides	gelb, klein, Mai-Sept., 10
Hybriden:	
M. 'Major Bees'	gelb, braunrot gefleckt, Mai-Sept., 30
M. 'Orange Glow'	orange, Mai-Sept., 25
M. 'Scarlet Bees'	rot, Mai-Sept., 20
M. 'Shep'	gelb, braungefleckt, Mai-Juni, 25

Monarda

INDIANERNESSEL

Die buschigen Blütenstände der Indianernesseln sind in Etagen um den Stiel angeordnet. Sie passen in Rabatten, Schnittblumenbeete und Naturpflanzungen. Am besten gedeihen sie in feuchtem, humusreichem Boden bei voller Sonne. Sie wachsen aber auch in ungünstigen Lagen.

M. 'Adam'	kirschrot, Juli-Aug., 100
M. 'Alba'	weiß
M. 'Aquarius'	hellviolett, Juli-Aug., 130
M. 'Balance'	blaßrosa, Juli-Aug., 120
M. 'Blaustrumpf'	blauviolett, Juli-Aug., 100
M. 'Croftway Pink'	rosa, Juli-Aug., 80
M. 'Cambridge Scarlet'	scharlachrot, Juli-Aug., 80
M. 'Elsie's Lavender'	hell lavendelblau, Juli-Aug., 140
M. 'Prairiebrand'	dunkelrot, Juli-Aug., 80
M. 'Prairienacht'	violett, Juli-Aug., 120
M. 'Schneewittchen'	rein weiß, Juli-Aug., 80
M. 'Scorpion'	hellviolett, Juli-Sept., 140
M. 'Sunset'	purpurrot, Juli-Aug., 100
M. 'Talud'	rotrosa, Juli-Sept., 120
M. 'Violacea'	lilaviolett, Juli-Aug., 120

Montbretia

Siehe: *Crocosmia,* Zwiebel- und Knollengewächse

Nepeta

KATZENMINZE

Katzenminze ist ein lilablauer Lippenblütler mit graugrünen Blättchen. Aus langen Trieben bildet sie lockere Polster. Die Pflanzen verströmen einen würzigen Minzengeruch, den die Katzen sehr lieben. Das aromatische Kraut bildet herrliche Duftteppiche, eignet sich aber wegen seiner Höhe mehr für Randpflanzungen oder für sehr große Flächen. Leichter, sandiger Boden und volle Sonne sind ideale Wuchsbedingungen. Im Frühling müssen die Pflanzen zurückgeschnitten werden.

N. faassenii	lavendelblau, Mai-Sept., 40
N. f. 'Six Hill's Giant'	blau, Juni-Aug., 50
N. f. 'Snowflake'	weiß/blau, Mai-Sept., 30
N. govaniana	zartgelb, Juli-Sept., 80

Monarda 'Prairienacht'

Nepeta sibirica

N. grandiflora	blau, Juni-Sept., 100
N. mussinii	hellblau, Juni-Juli, 20
N. nervosa	blau, Juni-Aug., 100
N. racemosa	siehe: *N. mussinii*
N. sibirica	lavendelblau, Juli-Aug., 80

Oenothera

NACHTKERZE

Einige Nachtkerzenarten sind schöne winterharte Stauden oder Zweijährige für sonnige, warme Standorte auf trockenem, durchlässigem Boden. Ihre Blüten öffnen sich in den späten Nachmittagsstunden. Von *O. tetragona* gibt es mehrere Sorten, die rein äußerlich aber nicht sehr von der Art abweichen; nur die Sorte Sonnenwende mit roten Knospen wächst bedeutend höher.

*O. caespitosa**	weiß, Juni-Aug., 20
O. fruticosa	gelb, Juni-Aug., 70
O. missouriensis	gelb, Juni-Aug., 30
O. perennis	gelb, Juni-Sept., 25
*O. speciosa**	zartrosa, Juni-Aug., 40
O. tetragona	gelb, Juni-Aug., 50

Oenothera missouriensis

Omphalodes

GEDENKEMEIN, NABELWURZ

Dieser nicht-wintergrüne Bodendecker liebt Standorte im Halbschatten oder Schatten auf feuchtem Boden. Das Gedenkemein ist ein hübscher Frühlingsblüher mit herzförmigen, hellgrünen Blättern und blauen oder weißen Blüten in lockeren Trauben.

O. cappadocica	enzianblau, April-Mai, 20
O. verna	blau, April-Mai, 15
O. v. 'Alba'	weiß, April-Mai, 15

Omphalodes verna

Pachysandra

Ysander ist ein grünbleibender Bodendecker für halbschattige bis schattige Stellen und kann innerhalb kurzer Zeit große Flächen begrünen. In der Sonne werden seine Blätter leicht gelblich, was nicht sehr schön aussieht. Er verträgt Trockenheit, wächst aber besser in frischfeuchtem Boden.

P. terminalis	weiß, April-Mai, 20
P. t. 'Green Carpet'	weiß, März-Mai, 15
P. t. 'Variegata'*	weiß, April-Mai, 15

Pachysandra terminalis 'Variegata'

Paeonia

PFINGSTROSE

Die Pflanzen müssen, um ihre volle Größe zu erreichen, jahrelang ungestört an der gleichen Stelle stehen. Obwohl Umpflanzen natürlich möglich ist, hemmt es für einige Zeit die Weiterentwicklung. Erst wenn Gartenpfingstrosen nach 10-15 Jahren allmählich kleiner werden, sollte man sie herausnehmen und durch Teilung verjüngen. Als Schnittblumen sind vor allem die gefülltblühenden Sorten geeignet, weil sie länger halten. Die Pflanzen blühen im Juni-Juli.
Wir nennen hier nur einige Sorten aus dem großen Angebot.

P. officinalis 'Alba Plena'	weiß (g), 70
P. o. 'Rosea Plena'	rosa (g), 70
P. o. 'Rubra Plena'	rot (g), 70

***Lactiflora*-Hybriden** (einfache Blüte):

P. 'Bowl of Beauty'	hellrot, gelbes Zentrum, 100
P. 'l'Eclatante'	karmesinrot, dunkel, 100

***Lactiflora*-Hybriden** (gefüllte Blüte):

P. 'Duchesse de Nemours'	rahmweiß, gelbes Zentrum, 70
P. 'Karl Rosenfeld'	purpurrot, 80
P. 'Lady Alexandra Duff'	rosa bis weiß, 100
P. 'Solange'	lachsrosa, 100
P. 'Victoire de la Marne'	silberfarben rot, 100

Paeonia 'Duchesse de Nemours'

Papaver

MOHN

Die meisten Mohnarten lassen sich schlecht verpflanzen. Viele Arten und Sorten sind ausgesprochen schöne, wenngleich kurzlebige Schnittblumen. Die anspruchslosen Stauden mit Milchsaft eignen sich für sonnige Standorte auf durchlässigem Boden. *P. orientale,* der Türkische Mohn, kann bis zu 1,5 m hoch werden. *P. nudicaule,* der Islandmohn, sät sich im Garten selbst aus.

P. orientale 'Harvest moon'	orange, Mai-Juli, 100
P. o. 'Helen Elizabeth'	rosa, Juni-Juli, 70
P. o. 'Karine'	rosa, Mai-Juni, 60
P. o. 'Orange Glow'	rein orange, Mai-Juli, 70
P. o. 'Perry's White'	weiß, Mai-Juli, 70
P. o. 'Pinnacle'	rosa, weißes Z., Mai-Juli, 70
P. o. 'Rembrandt'	dunkelrot, Mai-Juli, 80
P. o. 'Sturmfackel'	orangerot, Mai-Juli, 60

Papaver orientale

Penstemon

BARTFADEN

Der Bartfaden verträgt volle Sonne, blüht üppig und eignet sich für jede Bodenart. Im Winter sollten Sie ihn abdecken.
Die Pflanzen passen gut in Steingärten und können Rabatten gut begrenzen.

P. barbatus 'Coccineus'	scharlachrot, Juli-Sept., 100
P. b. 'Praecox nanus'	karminrosa, Juni-Sept., 50
P. heterophyllus 'Blue Spring'	blau, Mai-Juli, 40
P. hirsutus 'Pygmaeus'	violett, Juni-Aug., 15
P. pinifolius	scharlachrot, Juli-Aug., 15

Hybriden:

P. 'Garnet'	tiefrot, Juli-Sept., 50
P. 'Blue Spring'	blau, Juni-Aug., 50
P. 'Schönholzeri'	kirschrot, Juni-Aug., 70

Penstemon 'Schönholzeri'

Petasites

PESTWURZ

Man kann unsere heimische Pestwurz oft in riesigen Beständen an den Ufern von Flüssen sehen. Ihr auffallend großes Blattwerk sieht zwar nach dem Austrieb recht dekorativ aus, aber bereits im Frühsommer wirkt es recht zerzaust, weil es von allen möglichen Insekten angefressen wird, und im August schließlich sterben die Blätter ab. Die Pflanzen können direkt an der Wasserlinie von Flüssen stehen, für genau so einen Standort eignet sich jedoch besser *Darmera peltata.*

Petasites hybrides

P. hybridus	rosa, März-April, 80
P. japonicus 'Giganteus'	creme, März-April, 120

Phlomis

Die Stauden haben wollige oder filzige Blätter, und ihre Blüten stehen in Quirlen in den Blattachseln. Sie vertragen sowohl Sonne als auch Halbschatten.

*P. italica**	lila-rosa, Juni-Juli, 60
P. fruticosa	gelb, Juni-Juli, 70
P. russeliana	gelb, Juni-Juli, 90
*P. samia**	purpur, Juni-Juli, 100
*P. tuberosa**	purpurrosa, Juni-Juli, 150

Phlomis russeliana

Phlox

FLAMMENBLUME

Phlox ist ein Sperrkrautgewächs. Die kraftvollen Büsche mit den reichen Blütendolden und dem süßlichen Duft schmücken jede Staudenrabatte. Auch in sommerlichen Sträußen sind die leuchtenden haltbaren Blütenbälle unentbehrlich. Alle Arten eignen sich für sonnige Rabatten und wachsen auch im lichten Schatten. Wer den Stauden humusreichen, durchlässigen Boden und genügend Dünger bietet (Kompost, verrotteter Mist oder Hornspäne), der kann sie über lange Zeit am gleichen Platz stehen lassen. Wenn Sie die erste Hauptblüte nach dem Verwelken ausbrechen, blühen viele Seitentriebe nach.

P. maculata 'Alpha'	hellrosa, Juni-Aug., 40
P. m. 'Delta'	weiß/lila Auge, Juli-Aug., 120
P. m. 'Omega'	weiß/lila Auge, Juli-Aug., 100
P. paniculata 'Amethyst'	zartblau, Juli-Sept., 75
P. p. 'Blue Ice'	weiß, Juli-Aug., 80
P. p. 'Border Gem'	violettblau, Juli-Sept., 80
P. p. 'Eva Foerster'	rosarot/weißes Herz, Juli-Sept., 100
P. p. 'Flamingo'	flamingorosa, Juli-Sept., 100
P. p. 'Graf Zeppelin'	weiß/rotes Auge, 90
P. p. 'Iris'	dunkelviolett, Juni-Aug., 80
P. p. 'Lavendelwolke'	lila, Juli-Aug., 150
P. p. 'Orange Perfection'	tieforange, 50
P. p. 'Starfire'	leuchtend rot, 90
P. p. 'Tenor'	rot, 100
P. p. 'The King'	blau, 80
P. p. 'White Admiral'	weiß, Juli-Aug., 80
P. subulata 'Benita'	lavendelblau, Mai-Juni, 15
P. s. 'G. F. Wilson'	lilablau, April-Mai, 15
P. s. 'Maischnee'	weiß, Mai-Juni, 15
P. s. 'Moerheimii'	rosa/karminrot, Mai-Juni, 15
P. s. 'Purple Beauty'	lila, Mai-Juni, 10
P. s. 'Scarlet Flame'	blaßrot, April-Juni, 15
P. s. 'Temiscaming'	blaßrot, Mai-Juni, 10
P. s. 'White Delight'	weiß, April-Juni, 10

Phlox maculata 'Alpha'

Physalis

LAMPIONBLUME

Aus den unscheinbaren Blüten entwickelt die Lampionblume auffallende Fruchtstände mit leuchtendrotem, lampionähnlichem Kelch. Die Pflanze hat im Garten auf zusagenden Standorten einen enormen Ausbreitungsdrang.

P. alkekengi	orangerot, Sept.-Okt., 80

Physalis alkekengi

Physostegia

GELENKBLUME

Die Gelenkblume, ein Taubnesselgewächs, ist eine schöne Schnittblume und Rabattenstaude; sie wächst auf jedem Gartenboden an sonnigen bis halbschattigen Stellen.

P. virginiana 'Bouquet Roze'	violettrosa, Juli-Sept., 70
P. v. 'Snow Queen'	weiß, Juli-Sept., 80
P. v. 'Summersnow'	weiß, Juli-Sept., 70
P. v. 'Summerspire'	dunkelrosa, Juli-Sept., 70
P. v. 'Vivid'	rosa, Juli-Sept., 60

Physostegia virginiana 'Summersnow'

Phytolacca

KERMESBEERE

Ursprünglich sind diese Pflanzen meist in den tropischen und subtropischen Gebieten der Erde verbreitet. Besonders zierend sind ihre rötlichen, später schwärzlichen Früchte. Sie wachsen auf fast allen Böden an sonnigen und halbschattigen Standorten.

P. acinosa	weiß, Juli-Sept., 150
P. americana	weiß, Juli-Sept., 120

Phytolacca americana

Plantago

WEGERICH

Normalerweise ein Unkraut, gibt es aber auch einige interessante Gartenarten vom Wegerich. Sie wachsen selbst auf völlig verdichtetem Boden und kommen an den unmöglichsten Stellen hervor. Die wohl schönste Wegerichart für den Steingarten ist *P. nivalis,* sie verträgt allerdings keine Winterfeuchtigkeit.

P. coronopus	graugrün, Juni-Sept., 10
P. major 'Rosularis'*	gelbgrün, Juni-Sept., 30
P. nivalis	silbrig behaarte Blätter, Juli-Aug., 10

Platycodon

BALLONGLOCKE

Die Blüten der Ballonglocken ähneln ein wenig denen der Glockenblumen, nur sind sie ein wenig flacher. Ihr deutscher Name kommt von den geschlossenen, ballonähnlichen Knospen, die sich sternförmig öffnen. Die Pflanzen stehen gerne in der vollen Sonne.

P. grandiflorus 'Albus'	weiß, Juli-Sept., 40
P. g. 'Mariesii'	lilablau, Juni-Aug., 40
P. g. 'Perlmutterschale'	rosa, Juni-Aug., 50
P. g. 'Shell Pink'	rosa, Juni-Aug., 40
P. g. 'Zwerg'	blau, Juni-Aug., 10

Platycodon grandiflorus 'Mariesii'

Polemonium

JAKOBSLEITER

Die Jakobs- oder Himmelsleiter sieht hübsch aus auf Staudenwiesen, am Gehölzrand oder auch am Ufer von Bächen. Sie eignet sich für sonnige, aber auch halbschattige Stellen auf frischem, humosem Boden. Auch ohne Blüte wirken die Pflanzen attraktiv durch ihr Blattwerk.

P. caeruleum	blau, Juni-Juli, 70
P. c. 'Album'	Juni-Aug., 40
*P. carneum**	lilarosa/gelb, Mai-Juli, 50
*P. pauciflorum**	hellgelb, Juni-Aug., 50
P. reptans	blau, April-Juni, 40
P. r. 'Blue Pearl'	Juni-Aug., 40

Polemonium caeruleum

Polygonatum

SALOMONSSIEGEL

Besonders gut eignen sich die Pflanzen für eine Unterpflanzung von Bäumen und Sträuchern. Salomonssiegel liebt schattige bis lichte Standorte auf fast allen warmen Böden, bei ausreichender Bodenfeuchtigkeit kann der Standort auch sonniger sein. Unsere heimische Art *P. multiflorum* hat Weiß mit grünen Blüten, die zu mehreren in den Blattachseln stehen. Vermehrt werden die Pflanzen durch Herbstaussaat oder besser durch Teilung.

*P. commutatum**	weiß, 120
P. falcatum 'Variegatum'	Blatt mit weißem Rand, 25
*P. latifolium**	weiß, 70-100
P. multiflorum	weiß, Mai-Juli, 60
P. odoratum	weiß, Mai-Juli, 40
*P. verticillatum**	weiß, 70

Polygonum

KNÖTERICH

Die Verwendung der Knöterichgewächse ist recht unterschiedlich; so handelt es sich z.B. bei *P. affine* um einen hübschen, anspruchslosen Bodendecker für sonnige bis halbschattige Standorte. *P. amplexicaule,* der Kerzenknöterich, kommt aus dem Himalaja und entwickelt leuchtendrote Blüten in langen, gestielten Ähren. *P. bistorta,* der heimische Wiesenknöterich, liebt feuchte Böden und sonnige Standorte.

Polygonatum falcatum 'Variegatum'

P. affine	tiefrosa, Aug.-Okt., 30
P. a. 'Superbum'	rosa, reichblühend, Aug.-Okt., 30
P. amplexicaule	rot, Juli-Okt., 80-100
P. a. 'Roseum'	rosa, Juli-Okt., 120
P. bistorta	rosa, Juli-Sept., 90
P. campanulatum	hellrosa, Juli-Okt., 70
P. vaccinifolium	rosa, Juli-Okt., 25

Polygonum vaccinifolium

Potentilla erecta

Potentilla

FINGERKRAUT

Die gefingerten Blätter haben ihnen den Namen gegeben. Die niedlichen Pflänzchen wachsen am liebsten in der Sonne. Sie vertragen Trockenheit, sollten aber regelmäßig Wasser bekommen.

P. alba	weiß, Mai-Juni, 15
P. atrosanguinea	dunkelrot, Juni-Juli, 30
P. aurea	gelb, Mai-Juni, 10
P. grandiflora	goldgelb, Juli-Aug., 30
P. nepalensis 'Miss Willmott'	karminrot, Juli-Sept., 40
P. neumanniana 'Nana'	gelb, April-Mai, 5
P. recta	zartgelb, Juni-Aug., 80
P. rupestris	weiß, Juli-Aug., 60
P. tonguei	orangerot, Juli-Aug., 20

Primula denticulata

Primula

SCHLÜSSELBLUME, PRIMEL

Bei Schlüsselblumen denken die meisten Menschen nur an unsere heimischen Frühjahrsblüher. Viele Gartenprimeln erfreuen sich großer Beliebtheit, manche sind allerdings nicht langlebig oder schwierig zu pflegen. Je nach Art haben die Pflanzen unterschiedliche Standortansprüche, alle Arten fühlen sich aber im Halbschatten wesentlich wohler als in der vollen Sonne. Alle in Deutschland wildwachsenden Primeln stehen unter Naturschutz. Die heimischen Arten sind, entsprechend ihrem Naturstandort, von einem gewissen Maß an Feuchtigkeit abhängig. Die Arten, deren Name mit einem „b" beginnt, sind Etagen-Primeln: Die Blüten stehen in Quirlen übereinander. *P. farinacea* und *P. vialii* sind nur mäßig frosthart.

P. auricula	gemischt, Mai-Juni, 15
P. beesiana	purpurrot, Juni-Juli, 50
P. bullesiana	gemischte Farben, Juni-Juli, 60
P. bulleyana	orange, Juni-Aug., 40
P. chionantha	weiß, Mai-Juli, 40
P. denticulata	lila, April-Mai, 15
P. d. 'Alba'	weiß, April-Mai, 15
P. d. 'Rubra'	rot, April-Mai, 15
*P. farinacea**	hellviolett, Juni-Juli, 20
P. florindae	gelb, Juli-Sept., 90
P. japonica 'Alba'	weiß, Mai-Juli, 50
P. juliae 'Aurea'	gelb, März bis Mai, 20
P. j. 'Betty Green'	rot, März-April, 10
P. j. 'Oberschlesien'	violett, März-April, 15
P. j. 'Schneekissen'	weiß, März bis April, 20
P. j. 'Wanda'	violettpurpur, Febr.-April, 15
P. pulverulenta	violettrot, Mai-Juni, 50
P. rosea 'Grandiflora'	rosa, März-April, 20
P. vialii	rot/violett, Juni-Juli, 30

Prunella

BRAUNELLE

Die niedrigen Stauden mit kriechendem, bodendeckendem Wuchs und schönen Blüten verdienen mehr Beachtung. Sie sind anspruchslos.

P. grandiflora	violettblau, Juni-Aug., 25
P. g. 'Alba'	rein weiß
P. g. 'Carminea'	
P. g. 'Loveliness'	lilarosa, Juni-Sept., 20
P. vulgaris	blauviolett, Juni-Aug., 25
P. x *webbiana* 'Rosea'	rosa, Juni-Aug., 25

Pseudofumaria

Siehe: *Corydalis*

Pulmonaria

LUNGENKRAUT

Das Lungenkraut ist eine grünbleibende Bienenpflanze und blüht im Frühjahr. Auf trockenen Standorten bekommt sie, ähnlich wie *Ajuga reptans,* leicht Mehltau. Mit Spritzen wird man hier keinen Erfolg haben, der Standort sagt ihr nicht zu: Sie möchte auf frischem, humosem Boden in halbschattigen Lagen stehen. Bei fast allen Arten verfärben sich die Blüten im Verblühen von Blau nach Rosa.

P. angustifolia 'Azurea'	azurblau, April-Mai, 25
P. a. 'Blaues Meer'	blau, März bis Mai, 20
P. longifolia	blau, April-Juni, 30
P. officinalis	März-Mai, 30
P. o. 'Sissinghurst White'	weiß, März-April, 40
P. rubra	rot, März-April, 30

Pulmonaria longifolia

P. saccharata 'Frühlingshimmel'	himmelblau, März-Mai, 25
P. s. 'Mrs Moon'	lilarosa, April-Mai, 30
P. s. 'Pink Dawn'	rosa, April-Mai, 25

Pulsatilla

KÜCHENSCHELLE

Wenn die kalten Winterfröste vorüber sind, öffnen die Küchenschellen ihre Glockenblüten. Einen hohen Zierwert haben auch ihre fiedrigen Fruchtstände, die im Frühsommer auf den Stielen stehen. Die Pflanzen lieben einen leicht kalkhaltigen und nicht zu feuchten Humusboden. Am besten sagen ihnen bodenwarme Plätze im Steingarten zu.

P. vulgaris	blauviolett, März-April, 40
P. v. 'Alba'	weiß, März-April, 30
P. v. 'Röde Klokke'	rot, März-April, 30
P. v. 'Rubra'	dunkel braunrot, März-April, 25

Pulsatilla vulgaris 'Rubra'

Pyrethrum

MARGERITE

Aus dieser Pflanze wird *Pyrethrum* gewonnen, eines der besten Mittel zur biologischen Schädlingsbekämpfung von Blattläusen und Raupen. Siehe auch: *Chrysanthemum* (*coccineum*-Hybriden).

Ranunculus

BUTTERBLUME, HAHNENFUSS

In der Natur treffen wir Hahnenfüße entlang der Wegränder und auf feuchteren Wiesen. *R. repens,* der kriechende Hahnenfuß, kann sich zu einem lästigen Unkraut entwickeln. Nachfolgende Arten sind für sonnige Standorte und nicht zu trockenen Boden geeignet:

R. aconitifolius	weiß, Mai-Juli, 50
R. acris 'Multiplex'	gelb (g), Mai-Aug., 60
R. ficaria	gelb, März-April, 15
R. f. 'Alba'	weiß, März-April, 10

Ranunculus acris 'Multiplex'

Reynoutria

JAPANISCHER KNÖTERICH

R. japonica ist eine ostasiatische, bis 2 m hoch wachsende, wuchernde Staude mit weißen Blütenähren. Sie wächst auf allen Böden an sonnigen und halbschattigen Stellen. Für größere Kübel eignet sich *R. sachalinensis,* der Sachalinknöterich, der über 3 m hoch werden kann und sehr große Blätter besitzt.

R. japonica var. *compacta*	rosa, Juli-Sept., 40
R. j. 'Rosea'	rosa, Juli-Sept., 175
*R. sachalinensis**	weiß, Aug.-Okt., 400
*R. polystachium**	weiß, manchmal rosa, Aug.-Okt., 100

Rheum

ZIERRHABARBER

Die riesigen Blätter und die hohen Blütentriebe des Zierrhabarbers wirken sehr dekorativ. In einem großen bis mittelgroßen Garten kann man die

Reynoutria japonica var. *compacta*

Pflanze als Solitärstaude erfolgreich einsetzen. *Rheum* liebt kräftigen, tiefgründigen, gut gedüngten Boden und einen freien Standort, nach Möglichkeit im Halbschatten.

R. australe	grünweiß, Juni-Juli, 200
R. palmatum	rosa, Mai-Juli, 150
R. p. var. *tanguticum*	rot, Mai-Juli, 150

Rheum palmatum var. *tanguticum*

Rodgersia

Siehe auch: *Astilboides.* Die Blattpflanze eignet sich für schattige Stellen; am liebsten mag sie feuchten Boden. Die Blüten bilden große verzweigte Rispen, eine weitere Besonderheit.

R. aesculifolia	weiß-rosa, Juni-Juli, 100
R. henrici	rosarot, Juni-Juli, 90
R. pinnata	hellrosa, Mai-Aug., 100
R. sambucifolia	weiß, Juni-Juli, 70

Rodgersia sambucifolia

Rudbeckia

SONNENHUT

Die auffallenden gelben Blüten des Sonnenhuts sind eine willkommene Bereicherung des Staudensortiments. Geben Sie den Pflanzen einen sonnigen Standort und achten Sie auf die Höhen; einige Arten sind nicht für kleine Gärten geeignet. Für *R. purpurea:* siehe *Echinacea.*

R. fulgida 'Goldsturm'	gelb, schwarzes Herz, Aug.-Okt., 60
R. f. var. *speciosa*	orangegelb, braunes Herz, Juli-Sept., 60
R. laciniata	gelb, Juli-Sept., 70
R. maxima	gelb, Juli-Sept., 150
R. nitida 'Herbstsonne'	gelb, grünes Herz, Aug.-Okt., 200

Rudbeckia fulgida 'Goldsturm'

Ruta

WEINRAUTE

Die kräftig aromatisch duftenden alten Kulturpflanzen sind Stauden oder am Grunde verholzende Halbsträucher. Man verwendet sie an warmen, sonnigen Standorten auf durchlässigem, trockenem Boden. Manche Menschen reagieren auf diese Pflanzen allergisch.

R. graveolens	gelb, Mai-Sept., 50
R. g. 'Jackman's Blue'	gelb, Mai-Sept., 40

Ruta graveolens 'Jackman's Blue'

Sagina

STERNMOOS

Manchmal wächst Sternmoos als Unkraut, man kann es aber auch als Bodendecker verwenden für Wege oder Pflasterfugen, die begrünt werden sollen.

S. subulata	weiß, Mai-Aug., 5
S. s. 'Aurea'	weiß, Blatt goldgelb, 3

Sagina subulata

Salvia

SALBEI

Die Sommerblumen für sonnige Standorte blühen nicht nur recht lange, sie halten auch als Schnittblumen in der Vase recht gut. Nach der Blüte schneidet man den Salbei zurück, er dankt es mit einer zweiten Blüte.

S. nemorosa 'Blaukönigin'	violettblau, Juni-Aug., 40
S. n. 'Lubeca'	tief violettblau, Juni-Aug., 80
S. n. 'Mainacht'	zartblau, Mai-Aug., 60
S. n. 'Ostfriesland'	tief violettblau, Juli-Sept., 40
S. n. 'Rose Queen'	rosa, Juni-Aug., 70
S. n. 'Rügen'	blau, Juni-Aug., 40
S. n. 'Tänzerin'	violett, Juni-Aug., 70
S. pratensis	blau, Juni-Aug., 40
S. verticillata	blau, Juli-Sept., 80
S. v. 'Purple Rain'	lila, Juni-Aug., 80

Salvia nemorosa 'Tänzerin'

Sambucus ebulus

Sambucus

ZWERGHOLUNDER

Was sucht ein Holunder unter den Stauden, werden Sie sich fragen. Große weiße Blüten stehen zwischen frischgrünen Blättern, eine echte Bereicherung für den Garten. Die Pflanze eignet sich für jeden Gartenboden, aber seien Sie vorsichtig, sie wuchert stark.

S. ebulus	weiß, Juli, 250

Sanguisorba

WIESENKNOPF

Der Wiesenknopf ist, wie der Frauenmantel, leicht kenntlich an den Wasser- oder Tautropfen, die auf den Blättern liegenbleiben. *S. minor* wird als Küchengewürz verwendet. *S. obtusa,* die früher unter die Gattung *Poterium* eingeordnet wurde, eignet sich für Rabatten. Die Pflanze braucht humosen, durchlässigen Boden und Sonne.

S. obtusa	lilarosa, Juli-Sept., 80
S. tennifolia 'Alba'*	weiß, Aug.-Sept., 170

Sanguisorba obtusa

Santolina

HEILIGENKRAUT

Der immergrüne, aromatisch duftende Halbstrauch sollte in Gegenden mit strengen Wintern vor Frost geschützt werden. *S. chamaecyparissus* läßt sich auch als niedrige Hecke schneiden, blüht dann aber nicht. Man pflanzt sie an sonnige Standorte auf Böden mit guter Wasserdurchlässigkeit. *S. rosmarinifolia* hat grüne, die nachfolgenden Arten haben graue Blätter.

S. chamaecyparissus	gelb, Juli-Aug., 40
S. serratifolia	gelb, Juli-Aug., 35

Santolina serratifolia

Saponaria

SEIFENKRAUT

Die schnellwachsende und dankbare Pflanze kann Konkurrenten im Garten leicht verdrängen. Sie verträgt volle Sonne und mag lieber nicht so feucht stehen. Sie wurde früher häufig angebaut, da man mit ihren Wurzeln seifenähnlich waschen kann. Meist duften ihre Blüten.

S. ocymoides	rosa, Mai-Juli, 20
S. o. 'Alba'	weiß
S. officinalis	rosa, Juni-Sept., 60
S. o. 'Rosea Plena'	rosa (g), Juni-Sept., 70
S. x *oliviana*	rosa, Mai-Juli, 5

Saponaria ocymoides

Saxifraga

STEINBRECH

Unter den Steinbrechgewächsen gibt es unzählige Arten und Sorten. Sie bilden niedrige Teppiche und bieten sich, da viele von ihnen zu den alpinen Stauden zählen, vor allem als Steingartengewächse an. Die wichtigsten Gruppen sind Moossteinbrech (sie brauchen feuchten Humus und Halbschatten), Rosettensteinbrech (die Arten wachsen am besten in Mauerritzen), Polstersteinbrech (gerne in Felsspalten) und Schattensteinbrech (auf humosem Boden im Halbschatten). Die Hauptblütezeit der meisten Arten liegt in den Monaten März bis Juni. Die Pflanzen werden durch Teilung oder Aussaat vermehrt. Wir können hier nachfolgend nur eine kleine Auswahl der über 300 Steinbrecharten und -sorten vorstellen; studieren Sie doch sorgfältig die Gartenkataloge von Alpenpflanzengärtnereien, wenn Sie sich zum Sammeln außergewöhnlicher Arten entschlossen haben. Sie können mit diesen Arten reizvolle Tröge oder Miniaturgärten anlegen.

S. arendsii	rot, rosa oder weiß, April-Juni, 15
S. a. 'Farbenkissen'	
S. a. 'Gaiety'	rosa
S. a. 'Schneeteppich'	weiß
S. a. 'Triumph'	scharlachrot
S. cortusifolia	weiß, Okt.-Nov., 40
S. c. var. *fortunei*	weiß, rotes Bl., Okt.-Nov., 50
S. c. 'Rubrifolia'	weiß, rotes Bl., Okt.-Nov., 50
S. cuneifolia	hellrosa, Mai-Juni, 30
S. x *urbium*	hellrosa, Mai-Juni, 30
S. x *u.* 'Clarence Elliot'	rosa, Mai-Juni, 30
S. u. 'Variegata'	hellrosa, Blatt gelb gefleckt

Saxifraga x *urbium* 'Clarence Elliot'

Scabiosa

SKABIOSE

Die langstieligen Blumen gehören zu den haltbaren Rabatten- und Vasenschönheiten. Skabiosen gedeihen am besten in durchlässigem Boden und in der vollen Sonne. Sie blühen immer wieder nach, wenn alles Verwelkte herausgeschnitten wird.

S. caucasica	lilablau, Juni-Sept., 70
S. c. 'Alba'	weiß, Juni-Sept., 70
S. c. 'Clive Greaves'	hellblau, Juni-Sept., 70
S. c. 'Miss Willmott'	rein weiß, Juni-Sept., 70
S. c. 'Stäfa'	dunkelblau, Juni-Sept., 80

Scabiosa caucasica 'Stäfa'

Sedum

MAUERPFEFFER

Der Mauerpfeffer ist eine Steingartenpflanze und braucht deshalb einen Standort in voller Sonne und

Sedum acre

trockenen Boden. Um zu verhindern, daß die Pflanzen verfaulen, muß man für guten Wasserabzug sorgen. Nachfolgende Arten und Sorten werden am häufigsten angeboten:

S. acre	gelb, Juni-Juli, 10
S. album	schmutzig weiß, Juni-Juli, 15
S. a. 'Murale'	weiß, Juni-Aug., 15
S. ewersii	dunkelrosa, Juli-Sept., 20
S. kamtschaticum	goldgelb, Juni-Sept., 15
S. lydium	weiß-rosa, Juni-Juli, 15
S. glaucum	weiß-rosa, Juni-Juli, 15
S. reflexum	gelb, Juli-Aug., 25
S. spathulifolium	gelb, Juni-Juli, 15
S. spectabile	hellrosa, Aug.-Okt., 30
S. s. 'Brilliant'	lilarosa, Aug.-Okt., 30
S. spurium 'Fuldaglut'	rot, Juli-Aug., 15
S. s. 'Herbstfreude'	braunrot, Aug.-Okt., 40
S. s. 'Robustum'	rosarot, Juli-Sept., 40
S. s. 'Schorbuser Blut'	rot, Juli-Sept., 10
S. stenopetalum	gelb, Juni-Sept., 10

Sedum spectabile 'Brilliant'

Sempervivum

HAUSWURZ

Gute Plätze für Hauswurzarten sind alte Tröge, Mauern und Mauerritzen, Türpfosten oder Dächer und natürlich Steingärten. Auf langen Stielen erscheinen die Blütensterne. Graue, grüne und rötliche sukkulente Blätter schützen die Pflanzen vor der grellen Sonne. Sie blühen im Juni-Juli. Die Dickblattgewächse stellen keine Ansprüche an die Bodenqualität (so mager wie möglich, kein Dünger), sie brauchen aber einen sonnigen Standort. Die nachfolgenden Angaben zu Farben beziehen sich auf die der Blattrosetten.

S. arachnoideum	grau, spinnwebartige Haare
S. fauconnettii	grün mit Braun
S. tectorum 'Bicolor'	graublau
S. t. var. *glaucum*	graublau
S. t. 'Rubrum'	rötlich

Hybriden:

S. 'Granat'	violettrot
S. 'Othello'	braunrot, groß
S. 'Pseudo-ornatum'	rotgrün
S. 'Rubin'	rubinrot
S. 'Silberkarneol'	rot, klein
S. 'Triste'	hell purpurbraun

Sempervivum arachnoideum

Sidalcea

PRÄRIEMALVE

Eine ideale Rabattenpflanze: langblühend, starke Blütenstengel und auch nach der Blüte noch ansehnlich – eine ausgezeichnete Schnittblume. Man kann sie gut mit Phlox, Katzenminze oder Lavendel kombinieren.

S. candida	weiß, Juni-Aug., 80
S. oregana 'Brilliant'	karminrot, Juli-Sept., 80

Sidalcea 'Interlaken'

Hybriden:

S. 'Elsie Heugh'	satinrosa, Juni-Aug., 100
S. 'Interlaken'	rosarot, Juli-Sept., 80
S. 'Oberon'*	dunkelrosa, Juni-Aug., 120
S. 'Rosanna'	rosa, Juli-Aug., 100
S. 'Rose Beauty'	dunkelrosa, Juni-Juli, 70
S. 'Rosy Gem'	karmin/lila, 90
S. 'Sussex Beauty'	silberrosa, 120

Smilacina

SCHATTENBLUME, DUFTSIEGEL

Die Schattenblume, ursprünglich eine Pflanze aus Nordamerika, hat kleine weiße, duftende Blüten in bis zu 20 cm langen Trauben, die sich später zu schönen hellroten Früchten entwickeln. Die Schnittblume sieht besonders hübsch aus, wenn man sie mit Primeln zusammenpflanzt.

S. racemosa	weiß, Juni, 80

Smilacina racemosa

Solidago

GOLDRUTE

Die langen Blütenrispen dieses Korbblütlers sehen wirklich aus wie goldbehangene Ruten. Die Wildform wuchert stark, diese Eigenschaft hat man jedoch bei den neueren Züchtungen erfolgreich unterdrückt. Sie liefern schöne Blütenzweige für die Vase und bilden attraktive Gruppen in Rabatten. Sie passen auch gut in Naturpflanzungen. Goldruten sind anspruchslos. Sie gedeihen in jedem normalen Gartenboden in der Sonne, aber auch im Halbschatten. Sie vertragen auch relativ viel Trockenheit, bleiben aber dann niedriger. Kombinieren Sie die Goldruten mit lilafarbenen Herbstastern oder mit rotbrauner Sonnenbraut.

S. 'Cloth of Gold'	gelb, Juli-Sept., 40
S. 'Golden Dwarf'	gelb, Aug.-Sept., 30
S. 'Goldkind'	rein gelb, Aug.-Sept., 60
S. 'Laurin'	goldgelb, Aug.-Sept., 40
S. 'Praecox'	gelb, Juli-Aug., 60
S. 'Strahlenkrone'	knallgelb, Aug.-Sept., 60

Solidago 'Golden Dwarf'

Solidaster

Ihr früherer Name lautete *Asterago,* eine Kreuzung zwischen den Gattungen Aster und Solidago. Wenn man sie im Kalthaus zieht, ist die Pflanze eine gute Schnittblume, im Garten gezogen bekommt sie leider relativ schlaffe Stengel. Dieses Problem kann man lösen, wenn man sie an einen windgeschützten Platz pflanzt und sie gut anbindet.

S. hybridus	hellgelb, Juli-Sept., 60
S. h. 'Lemore'	blaßgelb, Aug.-Sept., 70

Solidaster hybridus 'Lemore'

Stachys

ZIEST

Für Einfassungen oder als bodenbedeckende Pflanzen eignen sich die Ziest-Arten. Sie wachsen am liebsten auf sonnigen, trockenen, heißen Stellen. Einige Arten bilden silbergraue Blattpolster (z.B. *S. byzantina,* der Wollziest oder das Eselsohr) und sollten im Garten nicht fehlen. Als Umrandung eines Rosenbeetes wirken sie sehr dekorativ. *S. grandiflora* ist eine ausgezeichnete langlebige Gartenstaude, die sowohl an sonniger wie auch an halbschattiger Stelle gut wächst und bald dichte Bestände bildet.

S. grandiflora 'Superba'	lilarosa, Juni-Aug., 50
S. g. 'Rosea'	rosa, Juni-Aug., 60
S. byzantina 'Cotton Ball'	Blüten quirlig, Juli-Aug., 60
S. b. 'Lambs Lugs'	weißwollig, Juli-Aug., 60
S. b. 'Silver Carpet'	kaum Blüten, 20
S. spicata 'Alba'	weiß, Juni-Aug., 25
S. s. 'Rosea'	rosa, Juni-Aug., 25

Stachys byzantina 'Lambs Lugs'

Symphitum

BEINWELL

Hier stellen wir Ihnen einen wertvollen robusten Bodendecker für schattige Flächen unter Gehölzen vor, der auch gut an feuchte Teichufer paßt. Der Beinwell breitet sich stark aus und wächst gerne in frischen, feuchten Böden an schattigen Stellen. *S. caucasicum* ist eine Rabattenpflanze.

S. azureum	himmelblau, April-Mai, 30
*S. caucasicum**	himmelblau, Juni-Aug., 80
S. grandiflorum	creme, März bis Mai, 40
S. g. 'Blaue Glocken'	hellblau, April-Juni, 40
S. g. 'Wisley Blue'	hellblau, April-Juni, 40
S. officinale	purpur oder weiß, Mai-Aug.,70
S. x *rubrum*	rot, Juni-Aug., 30

Telekia

TELEKIE

Für naturnahe Pflanzungen auf frischfeuchten Böden bietet sich Telekia an, eine bis über 1 m hochwachsende dekorative Waldstaude mit herzförmigen Blättern und gelben Blüten.

T. speciosa	hell orangegelb, Juli-Aug., 125

Telekia speciosa

Tellima

Keine spektakuläre Pflanze ist *Tellima,* die Falsche Alraunwurzel, aber sie macht sich gut im Unterwuchs von Laubbäumen. Sie wächst gerne im Schatten oder zumindest im Halbschatten auf fast allen frischen Böden.

Symphitum grandiflorum

T. grandiflora	grüngelb, Mai-Juli, 50
T. g. 'Rubra'	grüngelb, Mai-Juli, 50

Tellima grandiflora 'Rubra'

Thalictrum

WIESENRAUTE

Ähnliche Ansprüche an Boden und Standort wie die Akelei hat die Wiesenraute, ebenfalls ein Hahnenfußgewächs. Ihre Blütenstiele sind oft etwas schwach und sollten deshalb angebunden werden. Als Belohnung erhält man dann sehr schöne hohe Blütenstengel.
Der Name *T. dipterocarpum* wurde durch *T. delavayi* ersetzt.

T. aquilegifolium	blauviolett, Mai-Juli, 140
T. delavayi 'Album'	weiß, Juli-Sept., 150
T. rochebruneanum	lila, Juli-Sept., 180

Thalicthrum aquilegifolium

Thymus

THYMIAN

Neben der Gewürz- und Heilpflanze gibt es einige sehr niedrige Bodendecker, die dichte Rasen bilden und zum Teil trittfest sind. Ihr schön gefärbtes Laub, die leuchtenden rosafarbenen, weißen oder violetten Blütchen und der würzige Duft machen den Reiz einer Thymianpflanzung aus. Möglichst magerer, sehr durchlässiger Boden und volle Sonne sind Voraussetzungen für ein erfolgreiches Wachstum der Pflanzen. Nach kalten Wintern ist im Frühling ein leichter Rückschnitt nötig.

T. citriodorus	lilarosa, Juli-Aug., 10
T. c. 'Aureus'	lilarosa, gelbes Blatt
T. c. 'Silver Queen'	lilarosa, buntes Blatt
T. praecox	
var. *pseudolanuginosus*	Juni-Juli, 10
T. serpyllum	lila, Juni-Juli, 20
T. s. 'Albus'	weiß, Juni-Juli, 10
T. s. 'Coccineus'	violettrot, Juni-Juli, 10
T. vulgaris	zartlila, Mai-Juli, 30

Thymus serpyllum 'Coccineus'

Tiarella

SCHAUMBLÜTE

Ein ausgezeichneter wintergrüner Bodendecker mit lindgrünen Blättern ist die Schaumblüte, wobei aber der Boden besonders im Sommer nicht zu trocken werden darf. Man pflanzt sie am besten unter Hecken oder unter Laubbäume.

T. cordifolia	creme, Mai-Juni, 30
T. c. 'Rosalie'*	hellrosa, Juni-Juli, 30
T. polyphylla 'Filigran'*	weiß, Juni-Sept., 30
T. wheryi	creme, Mai-Sept., 30

Tiarella cordifolia

Tolmiea

HENNE UND KÜKEN

Mit unscheinbaren grünbraunen Blüten wirkt die bodenbedeckende *Tolmiea* besonders gut in Kombination mit großen Farnen. Sie verlangt feuchten, frischen Boden und stellt sonst weiter keine Ansprüche. Sollte die Pflanze durch einen strengen Winter ausgefallen sein, muß man sie im Frühjahr neu pflanzen.

T. menziesii	grünbraun, Mai-Juni, 25

Tradescantia

DREIMASTERBLUME

Dreimasterblumen eignen sich gut für sonnige bis halbschattige, warme Stellen mit guter Wasserversorgung im Sommer. Ein Ausschneiden der abgeblühten Blütenstände verhindert die Selbstaussaat der Hybridformen mit unterschiedlichen Form- und Wuchstypen. Sie blühen von Juni bis September.

Tradescantia andersoniana 'Innocence'

***T.-Andersoniana*-Hybriden:**

T. a. 'Blue Stone'	hellblau, 70
T. a. 'Charlotte'	hellrosa, 50
T. a. 'Innocence'	rein weiß, 60
T. a. 'J. C. Weguelin'	blau, 70
T. a. 'Leonora'	blauviolett, 70
T. a. 'Osprey'	weiß/violett, 70
T. a. 'Purple Dome'	purpur, 70
T. a. 'Rubra'	purpurrot, 70
T. a. 'Valour'	violett-purpurrot, 70

Tricirtus

KRÖTENLILIE

Etwas ungewöhnlich geformte Blüten, die ein wenig an Orchideenblüten denken lassen, haben die Krötenlilien, die besonders durch ihre späte Blütezeit im September-Oktober für den Garten interessant sind. Ihre glänzenden grünen Blätter haben hohen Zierwert.
Die Pflanzen lieben saure, anmoorige Böden und halbschattige Lagen.

T. formosana	lila, Aug.-Okt., 40
T. hirta	braunlila/weiße Tüpfel, Sept.-Nov., 80
*T. latifolia**	weiß/purpurgeadert, Juni-Aug., 70
T. pilosa	zartgelb, Juni-Juli, 60

Tricirtus hirta

Trifolium

WEISSKLEE

Wer diese Pflanze kennt, wird sie nicht mehr abfällig als Unkraut beschimpfen. Sie braucht sonnige Stellen und kalkhaltigen Boden. Der Weißklee eignet sich für naturnahe Wiesen und Waldrandsituationen.

T. repens 'Pentaphyllum'*	Mai-Juni, 20

Trifolium repens 'Pentaphyllum'

Trollius

TROLLBLUME

Die Rabattenstaude aus der Familie der Hahnenfußgewächse braucht feuchten Boden, um sich gut entwickeln zu können. Die hübsche Pflanze wächst in der Sonne und im Halbschatten.

T. europaeus	gelb, Juni-Aug., 80
T. pumilus	gelb, Juni-Juli, 20

Trollius 'Lemon Queen'

Hybriden:

T. 'Earliest of All'	orangegelb, Mai-Juli, 50
T. 'Etna'	dunkelorange, Mai-Juli, 60
T. 'Fire Globe'	orange, Mai-Juli, 70
T. 'Golden Queen'	gelb, April-Juni, 50
T. 'Goliath'	dunkelorange, Mai-Juli, 80
T. 'Lemon Queen'	zitronengelb, April-Juni, 50
T. 'Meteor'	orange, Mai-Juli, 50
T. 'Orange Princess'	orangegelb, Mai-Juli, 50
T. 'Prichard's Giant'	dunkel orangegelb, Juni, 90

*Veratrum**

GERMER

Man verwendet den Germer gerne als Solitärstaude auf frischem, nährstoffreichem, tiefgründigem Boden im Schatten. Es sind Stauden mit kräftigem Rhizom und breiten, gefalteten Blättern. Ursprünglich stammen die Pflanzen aus Asien und Nordamerika, in Zentraleuropa kommen sie in Wäldern vor. Obwohl die Pflanzen sich anfangs langsam entwickeln, brauchen sie viel Raum.

*V. album***	weiß, Juni-Juli, 150
*V. californicum***	weiß, Juli-Aug., 250
*V. nigrum***	kastanienbraun, Juni-Juli, 180

Veratrum album

Verbascum

KÖNIGSKERZE

Siehe: Ein- und Zweijährige

Verbena

VERBENEN

Die Blüten der reichblühenden Sommerblumen stehen zu vielen in doldenartigen Ähren. Es sind staudige bis halbstrauchige Pflanzen, von denen viele Farbsorten und Mischungen im Handel sind. Sie entwickeln sich am besten an vollsonnigen, trockenen, warmen Stellen auf Böden mit gutem Wasserabzug. Man verwendet sie zur Bepflanzung von Sommerblumenbeeten oder auch für Kübel.

V. hastata 'Alba'	weiß, Juli-Aug., 125
V. h. 'Rosea'	rosa, Juni-Sept., 60
V. officinalis	

Veronica

EHRENPREIS

Die Blüten der langblättrigen Ehrenpreise stehen in Ähren, die der anderen Arten in Blütentrauben. Alle Arten lieben volle Sonne und durchlässigen, eher trockenen Boden.
Vom niedrigen Steingartenteppich bis zur hohen Rabattenstaude bietet diese Gattung alle Möglichkeiten.

Veronica gentianoides 'Pallida'

V. austriaca 'Royal Blue'	dunkelblau, Mai-Juni, 40
V. gentianoides	blauviolett, Mai-Juni, 20
V. g. 'Pallida'	hellblau, Juni-Aug., 30
V. g. 'Variegata'	weißbunt, Mai-Juni, 20
V. longifolia	blau, Juli-Aug., 80
V. virginica	blau, Juli-Aug., 150
V. v. 'Alba'	weiß
V. v. 'Albo-Rosea'	weißrosa
V. repens	hellblau, Mai-Juni, 5
V. spicata 'Blaubündel'	blau, Juli-Sept., 50
V. s. 'Rotfuchs'	dunkel rosarot
V. s. 'Icecle'	weiß

Vinca

IMMERGRÜN

Zusammen mit *Pachysandra* gehört das Immergrün zu den gebräuchlichsten Bodendeckern; sie eignen sich besonders als Deckpflanzen für manche frühjahrsblühenden Blumenzwiebeln. Die Pflanzen sind immergrün und vertragen Sonne, fühlen sich aber im Schatten wohler.
V. major, die lange Ausläufer bildet, kann in strengen Wintern stark zurückfrieren.

*V. major**	blau, April-Sept., 40
V. m. 'Variegata'	blau, April-Juli, 30
V. minor	blau, April-Juni, 30
V. m. 'Gertrude Jekyll'	weiß, April-Juli, 10
V. m. 'Atropurpurea'*	weinrot, April-Juni, 15
V. m. 'Plena'*	hellblau (g), April-Juni, 25

Vinca major 'Variegata'

Viola

VEILCHEN

Staudenveilchen können wir in kleinblütige Frühjahrsveilchen, kleinblütige (wilde) Sommerveilchen und großblütige Sommerveilchen, die *Cornuta*-Hybriden, unterteilen (siehe auch: Ein- und Zweijährige). Ihre geflügelten, stark duftenden Blüten sind seit Jahrhunderten beliebt. Die wilden Veilchen können in der Sonne und im Halbschatten wachsen, die anderen Arten und Sorten brauchen Sonne.
V. papilionacea wuchert stark; *V. labradorica* hat dunkle Blätter.

V. canina	blau, April-Mai, 10
V. labradorica	blauviolett, April-Juni, 10
V. odorata	violett, wintergr., März bis Mai, 20
V. o. 'Alba'*	weiß, März bis Mai, 20
V. o. 'Rubra'*	rot, März bis Mai, 20
V. o. 'Queen Charlotte'*	violettblau,
V. papilionacea	weiß/blaugefleckt, April-Mai, 20
***Cornuta*-Hybriden:**	
V. 'Boughton Blue'	blau, Mai-Sept., 20
V. 'Foxbrook Cream'	rahmweiß
V. 'Gazelle'	gelb
V. 'Gustav Wermig'	zartblau
V. 'Helen Mount'	zartblau
V. 'Little David'	gelb
V. 'Milkmaid'	creme/etwas blau
V. 'Molly Sanderson'	violettschwarz
V. 'Netty Britton'	lilablau
V. 'Penny Black'	fast schwarz
V. 'Talitha'	blauviolett/weißes Herz
V. 'Victoria Cowthorne'	lilarosa
V. 'White Superior'	weiß, groß
V. 'W. N. Woodgate'	hell violettblau

Waldsteinia

Ein wintergrüner Bodendecker ist die Golderdbeere, die gerne an schattigen bis halbschattigen Plätzen wächst und sich über frischen Boden freut. Da die Pflanzen keine Ausläufer bilden, sollte der Pflanzabstand, um eine geschlossene Decke zu erhalten, ca. 30 cm betragen.

W. geoides	gelb, April-Mai, 25
W. ternata	gelb, April-Mai, 15

Viola 'White Superior'

Waldsteinia ternata

Yucca

PALMLILIE

Die *Yucca* liebt einen sonnigen, geschützten Standort, warmen durchlässigen Boden, guten Humus und etwas Kalk. Sie dankt es Ihnen mit gutem Wuchs und Blühfreudigkeit, wenn Sie sie düngen und sie im Winter abdecken.
Ähnlich wie das Pampasgras (siehe: Bambusse, Gräser und Farne) ist dies eine schöne Solitärpflanze für den Rasen.

Y. filamentosa	weiß, Juli-Sept., 120
Y. f. 'Bright Edge'	buntes Blatt, Juli-Aug., 100
Y. flaccida	weiß, Juli-Aug., 120

Yucca flaccida

8. Bambusse, Farne und Gräser

Die Nomenklatur von Bambus ist ständigen Veränderungen unterworfen. Wir führen in unserem Buch Bambus unter den Namen Arundinaria *und* Sinarundinaria; *man kann sie aber in wesentlich mehr Gattungen einteilen. Eigentlich verdienen sie bei der Pflanzenauswahl für unsere Gärten nicht allzu viel Beachtung: Es handelt sich hier um keine heimischen Pflanzen, und sie passen auch nicht unbedingt in unsere Landschaft. Wer aber dennoch auf die asiatischen Bambusse in seinem Garten nicht verzichten will, wird sie meist in Einzelstellung kultivieren, weil sie als Solitär am vorteilhaftesten zur Geltung kommen. Wintersonne und Spätfröste können das Blattwerk von Bambus stark schädigen. Jedoch finden meiner Ansicht nach Gräser, einschließlich der Seggen und Binsen, sowie Farne viel zu wenig Beachtung. Viele Gräser wirken nicht nur im Sommer oder zur Zeit ihrer Blüte, sondern sie bereichern auch an sich blütenarme Zeiten, wie Herbst oder Winter, durch ihre oft aparten Fruchtstände. Bei geschickter Aufteilung lassen sich verschiedenste Gewächse miteinander kombinieren. Bei allen Gattungen machen wir Angaben zur Färbung der Halme und zur Wuchshöhe. Bei den Gräsern wurden die Blütezeit und nach Bedarf, die Blattfarbe vermerkt. Die in Klammern angegebenen Höhen zeigen die mögliche Wuchshöhe der Blütenähren oder -rispen an, falls diese wesentlich höher sind als die Grasbüschel.*

Adiantum

FRAUENHAARFARN

Diese tropischen Arten reagieren mimosenhaft auf mangelnde Luftfeuchtigkeit und Wärme und sind trotzdem häufig in Wohnräumen zu finden. Im Garten brauchen sie einen feuchten, schattigen Standort.

A. pedatum	hellgrün, 30
A. p. 'Japonicum'	rötlich, 60

Adiantum pedatum

Alopecurus

FUCHSSCHWANZ (-GRAS)

Diese Grasart kommt häufig auf unseren Wiesen vor. Seine Blütenähren sehen in Feldblumensträußen sehr hübsch aus und können gut getrocknet werden. Der Fuchsschwanz wird oft angepflanzt und wuchert leicht. Sie sollten jährlich ein Stück abstechen.

A. pratensis 'Aureovariegatus'	buntes Blatt, Juni-Juli, 70

Alopecurus pratensis 'Aureovariegatus'

Arrhenaterum

GLATTHAFER

Die Pflanze braucht einen trockenen, leicht sauren Boden und einen Standort in der vollen Sonne. Sie läßt sich gut mit *Eryngium* kombinieren.

A. bulbosum 'Variegatum'	weißgestreift, Juli-Aug., 30 (50)

Arrhenaterum bulbosum 'Variegatum'

Arundinaria

BAMBUS

Diese Bambusart ähnelt stark *Fargesia,* ist aber in all ihren Teilen wesentlich zarter. Die Pflanze ist wintergrün und ausgesprochen raschwüchsig, sie möchte Sonne oder Halbschatten.

*A. jaunsarensis**	dunkle Stengel, 250

Avena

HAFER

Siehe: *Helictotrichon*

Asplenium

STREIFENFARN

Der kleine, aber zarte Streifenfarn braucht humosen, feuchten Boden im Schatten und muß im Winter gut abgedeckt werden. *A. ruta-muraria,* der Mauerfarn, eignet sich zum Bewachsen alter Gartenmauern auf Nordseiten.

A. trichomanes	grün, 20
*A. ruta-muraria**	blaugrün, 30

Athyrium

FRAUENFARN

Der heimische Frauenfarn wächst in der Natur im Unterwuchs feuchter Laubwälder. Die Pflanze ist gut winterhart, man kann sie vermehren, indem man ein Stück des Rhizoms abteilt.

A. filix-femina	grün, groß, 70
A. f. 'Cristatum'	Spitze fächerförmig, 70
A. f. 'Fieldiae'	Blatt gefurcht, 60
A. f. 'Frizelliae'	Blatt schmal, 40
A. f. 'Grandiceps'	wedelförmig, 70
A. f. 'Multifidum'	kammförmig, 60
A. f. 'Plumosum'	zart, 50
A. nipponicum 'Metallicum'	Blatt rotpurpur, 50

Athyrium filix-femina

Blechnum

RIPPENFARN

Viele Farne, so auch die ledrigen, dunkelgrünen Blätter unseres heimischen Rippenfarns, überwin-

Asplenium trichomanes

tern. Seine sterilen und fertilen Blätter sind unterschiedlich gestaltet; die fertilen stehen aufrecht, während die sterilen am Boden liegen. *B. penna-marina,* der von Natur aus in Küstennähe wächst, ist stark frostempfindlich und muß gut abgedeckt werden.

Blechnum spicant

Bouteloua gracilis

B. spicant	dunkelgrün, 30
B. penna-marina	dunkelgrün, 30

Bouteloua

MOSKITOGRAS

Den ganzen Sommer über blüht das Moskitogras mit seinen kleinen, fast waagrecht vom Halm abstehenden, braunen Ähren, wenn es im Garten die entsprechenden Bedingungen vorfindet, nämlich trockene, sonnige, warme Stellen.

B. gracilis	braune Blütenähren, Juli-Sept., 30 (50)

Briza

ZITTERGRAS

Das heimische Zittergras verlangt trockene Standorte in der vollen Sonne und durchlässigen Boden. Gerne wird es in der Blumenbinderei verwendet, wobei besonders Trockensträuße von seinen zierlichen Blütchen profitieren.

B. media	Ähren herzförmig, Mai-Aug., 40 (60)
B. minor	Mai-Sept., 30 (45)

Briza media

Calamagrostis

SANDROHR

Dieses schöne, fast mannshohe Schmuckgras, das zu den am frühesten grün werdenden Gräsern gehört, entfaltet seine volle Schönheit mit dem Beginn der Blüte im Juni. Die zuerst grünen Blütenrispen färben sich allmählich gelb und behalten diese Tönung bis in den Winter hinein.

C. x *acutiflora*	auswachsend, 100 (150)
C. a. 'Karl Foerster'	zart, Juli-Aug., 100 (150)

Calamagrostis acutiflora 'Karl Foerster'

Carex

SEGGE

Seggen eignen sich für halbschattige bis schattige Standorte. Die Arten *morrowii* und *plantaginea* sind wintergrün. *C. muskingumensis,* die Palmwedelsegge, hat ihren Namen von den reich mit schmalen Blättern besetzten Halmen, die dadurch eine entfernte Ähnlichkeit mit Palmwedeln haben.

C. buchananii	rotbraun, Juni-Juli, 50
C. grayi	sternförmige Frucht, Mai-Juli, 60
C. hachyoensis 'Evergold'	gelbbuntes Blatt, Mai-Juli, 20
C. morrowii	grün, April-Mai, 50
C. m. 'Variegata'	Blatt weißgestreift, Mai-Juni, 60

Carex morrowii 'Variegata'

C. muskingumensis	nicht blühend, 80
C. ornithopoda 'Variegata'	weißbunt, April-Mai, 20
C. pendula	dunkelgrün, April-Mai, 60 (120)
C. plantaginea	breites grünes Blatt, Mai-Juni, 20
C. trifida	graugrün, Mai-Aug., 90 (120)

Ceterach

MILZFARN

Auf Mauern und Felsen kann der Milzfarn wachsen, er liebt trocken-warme, wintermilde Standorte.

C. officinarum	matt grün, 20

Ceterach officinarum

Chasmantium

Flache Blütenähren in hängenden Trauben charakterisieren dieses hübsche Schmuckgras, das einen Standort in der vollen Sonne verlangt.

C. latifolium	Blatt grün, Aug.-Sept., 80 (120)

Chasmantium latifolium

Cortaderia

PAMPASGRAS

Da *C. selloana* empfindlich auf winterliche Nässe reagiert, wenn diese in den Wurzelballen eindringt, empfiehlt sich während der kalten Jahreszeit ein Schutz. Bewährt hat es sich, die langen Halme zum Schopf zusammenzubinden, damit das Wasser an ihnen herablaufen kann. Der Boden sollte nährstoffreich, durchlässig und feucht sein.

C. selloana	weiße Blütenschöpfe, Aug.-Okt., 150 (300)
C. s. 'Gold Band'	weiß, Sept.-Nov., 100 (175)
C. s. 'Pumila'	weiß, Aug.-Nov., 80 (120)
C. s. 'Roi des Roses'*	Sept.-Nov., 100 (200)
C. s. 'Rosea'	rosa, Aug.-Nov., 100 (175)

Cortaderia selloana

Cyperus

Siehe: Wasser- und Sumpfpflanzen

Cyrtomium

EISENFARN

Diese wintergrünen Farne für geschützte Standorte eignen sich auch für Kalthäuser oder für kühle, dunkle Plätze im Haus und im Wintergarten; früher war dieser Farn eine beliebte Zimmerpflanze, die aber mit trockener Heizungsluft nicht gut zurechtkommt.

C. falcatum	dunkelgrün, 60
C. fortunei	frischgrün, 50

Cyrtomium falcatum

Dactylis

KNÄUELGRAS

Das Knäuelgras wächst gerne und häufig an Wegrändern und Wiesen. Die Pflanzen können sowohl trocken als auch naß stehen. Nachstehende Sorte wirkt durch ihr weißumrandetes Blatt; ihre Blütenähren wirken in Trockensträußen dekorativ.

D. glomerata 'Variegata'	buntes Blatt, Mai-Juni, 45 (75)

Deschampsia

SCHMIELE

Das Gras wirkt mit oder ohne Blütenähren so schön im Steingarten und auf Rabatten, daß man darauf

Deschampsia cespitosa

nicht verzichten sollte. Es handelt sich hierbei um eine heimische Pflanze, die fast in allen Erdteilen verbreitet ist. Die Schmielen sind äußerst genügsam und wachsen in der Sonne wie im Schatten. Die Blütenstände mit den später gelb werdenden Ähren sollte man nach dem Vergilben abschneiden, das Gras selbst bleibt bis in das Frühjahr hinein stehen, weil die grüne Färbung anhält und die Halme auch im Winter hübsch aussehen.

D. cespitosa	grün, Blatt Juni-Juli, 50 (100)

Dryopteris

WURMFARN

Der halb-wintergrüne Dornfarn, *D. austriaca (D. dilatata)* ist einer der häufigsten großen Farne, der in unseren Wäldern vorkommt; er steht gerne auf humosem, nassem Boden. Auch *D. filix-mas,* der Gemeine Wurmfarn, ist in schattigen Wäldern überall verbreitet.

D. affinis	dunkelgrün, 100
D. a. 'Grandiceps'	80
D. austriaca	überhängend, 90
D. erythrosora	dunkelgrün, 70
D. filix-mas	halb-wintergrün, 75
D. f. 'Cristata'	an der Spitze verzweigt, 75
D. f. 'Linearis'	schmal, 75
D. marginalis	doppelt gefiedert, 60
D. wallichiana	lederartiges Blatt, 100

Dryopteris austriaca

Elymus

STRANDHAFER

Siehe: *Leymus*

Fargesia

BAMBUS

Diese Pflanze wird häufig unter dem Namen *Sinarundinaria* angeboten. Da der Schirmbambus feuchten, nahrhaften Boden bevorzugt, kann man ihn in die Nähe des Gartenteichs pflanzen, sofern dort genügend Platz vorhanden ist und auf keinen Fall Staunässe auftritt. Es empfiehlt sich, die Pflanze, einmal angewachsen, in Ruhe zu lassen und auch nicht zu schneiden.

F. murielae	Blatt klein, hellgrün, 300
F. m. 'Simba'	breitbuschig, 125
F. nitida	Blatt blaugrün, 300
F. n. 'Nymphenburg'*	überhängend, 250

Fargesia nitida

Festuca

SCHWINGEL

Dieses in ganz Mittel- und Südeuropa verbreitete Gras kommt auch in unseren Gärten am häufigsten vor. Es wird nur ca. 30 cm hoch, bildet aber halbkugelige Horste und liebt sonnige, trockene Standorte. Seine bläuliche Färbung hebt es von anderen Pflanzen im Heide- oder Steingarten ab.

F. gautieri	hellgrün, Mai-Juli, 30
F. glauca	blau, Mai-Juni, 30

F. g. 'Blaufuchs'	blaugrün, Mai-Juni, 30
F. g. 'Harz'	dunkel blaugrün, Mai-Juni, 30

Festuca glauca

Glyceria

SCHWADEN

Dieses Gras wuchert auf feuchtem und nassen Boden stark. Es eignet sich ausgezeichnet als Uferbepflanzung bei größeren Teichen.

G. maxima 'Variegata'	Juli-Aug., 60 (100)

Helictotrichon

WIESENHAFER

Diese Solitärpflanze wächst sowohl im Garten als auch in Küstenzonen. Sie verlangt einen durchlässigen, sandigen, trockenen Boden, am liebsten an einem sehr sonnigen Standort. So kommt auch ihre blaugrüne Farbe am besten zur Geltung. Die Ähren sind gelblich-violett gefärbt.

H. sempervirens	blaugrün, Mai-Juli, 50 (120)

Hibanobambusa

BAMBUS

Dieser stark wuchernde, mittelhohe Bambus hat feine, gestreifte Blätter; er ist trockenheits- und frostbeständig. Er eignet sich als Solitärpflanze in mittelgroßen Gärten und liebt einen windgeschützten Standort.

H. tranquillans f. *kimmei**	gelbe Streifen, 150
H. t. f. *shiroshima*	gelb-weiß gestreift, 175

Holcus

HONIGGRAS

Bis vor kurzem war dieses Gras unter der Bezeichnung *H. lanatus* bekannt. Es wächst sowohl auf trockenen wie auf feuchten Böden. Die Pflanze vermehrt sich sehr stark, man sollte daher den Samen rechtzeitig entfernen. Das Honiggras wächst auf allen Böden an sonnigen und halbschattigen Standorten.

H. mollis 'Albovariegatus'	Juni-Juli, 20 (30)

Holcus mollis

Indocalamus

BAMBUS

Dies ist ein außergewöhnlicher Bambus: Er trägt sehr große Blätter (bis 50 cm) und verlangt einen schattigen Standort. *I. tsuboianus* ist insgesamt kleiner als *I. tesselatus*. Beide sind jedoch gut als Grünpflanzen für kleinere Gärten geeignet.

I. tesselatus	überhängend, 150
I. tsuboianus	grüne Stengel, 100

Juncus

BINSE

Siehe: Wasser- und Sumpfpflanzen

Koeleria

BLAUKAMMSCHMIELE

Dieses Blaugras wächst in Horsten und bevorzugt sonnige, eher trockene als feuchte Standorte und hat, wie der Name schon sagt, eine blaugrüne Färbung. Die im Juni erscheinenden Blütenähren sind grün.

K. glauca	blaugrün, Mai-Aug., 20 (35)

Koeleria glauca

Leymus

STRANDHAFER

Die Halme von *Leymus,* früher *Elymus,* sind blau bereift, die Blütenähren, die ab Mai erscheinen, haben eine gelbe Färbung. Wegen seines enormen Ausbreitungsdranges kann man den Strandhafer kaum frei im Garten auspflanzen, es empfiehlt sich daher die Kultur im versenkten Kübel.

Leymus arenarius

L. arenarius	blaugrau, Mai-Juli, 60 (120)

Luzula

MARBEL

Weil die Waldmarbel, *L. sylvatica,* Schatten verträgt und sich von den Wurzeln der Bäume und Sträucher nicht behindern läßt, ist sie ein ideales Gewächs zur Unterpflanzung von Gehölzen. Sofern sie nicht der winterlichen Morgensonne ausgesetzt wird, ist sie zuverlässig immergrün.

L. nivea	graugrün, Juni-Aug., 30 (50)
L. pilosa	weiß, April-Juni, 30 (50)
L. sylvatica	frischgrün, April-Juni, 30 (60)
L. s. 'Marginata'	gelbes Blatt, April-Juni, 30 (60)
L. s. 'Tauernpass'	wintergrün, April-Juni, 30 (60)

Luzula nivea

Matteuccia

STRAUSSFARN

Der Straußfarn hat einen starken Ausbreitungsdrang, auf kleinen Flächen kann er leicht lästig werden. Er kommt vor allem an Bächen und Flußläufen auf tiefgründigen Schwemmböden zur Anpflanzung; es darf jedoch keine Staunässe herrschen. Seine Blätter vergilben bei trockenem Stand sehr früh im Herbst.

M. pensylvanica	dunkelgrün, 150
M. struthiopteris	hellgrün, 100

Matteuccia struthiopteris

Melica

PERLGRAS

Das Wimperperlgras, *M. ciliata*, liebt die Sonne und bevorzugt kalkhaltige Böden. Die Blätter des horstbildenden Grases sind graugrün, die ab Mai erscheinenden Ährenrispen wechseln von Braun zu Hellgelb. Die Art paßt in den Steingarten oder an den Rand einer Staudenrabatte, an Gartenwege oder an die Terrasse.

M. ciliata	weiße Ähren, Mai-Juli, 30 (60)

Melica ciliata

Miscanthus

CHINASCHILF

Neben einigen Bambusarten ist der Riesenmiscanthus, *M. floridulus,* das wohl mächtigste Gras, das wir in unseren Garten holen können. Es wird 300 bis 400 cm hoch, ist absolut winterhart, wächst in tiefem Schatten ebensogut wie in der vollen Sonne und läßt sich problemlos verpflanzen. Für dieses Gras kommt nur eine Einzelstellung in Frage, vor einer Hauswand, etwas abgerückt in Terrassennähe oder aber auch in den Hintergrund eines Gartenteichs.

M. floridulus	Blatt überhängend, Sept.-Okt., 300
M. sacchariflorus	große Ähren, Sept.-Nov., 250
M. sinensis 'Gracillimus'	schmales Blatt, Sept.-Okt., 40
M. s. 'Silberfeder'	weiße Ähren, Sept.-Okt., 150
M. s. 'Strictus'	gelbgefleckt, Aug.-Sept., 175
M. s. 'Variegatus'	weißgestreift, Aug.-Sept., 175
M. s. 'Zebrinus'	gelbe Querstreifen, Sept.-Okt., 150

Miscanthus sacchariflorus

Molinia

PFEIFENGRAS

Besonders auffällig am Pfeifengras ist seine goldgelbe bis goldbraune Herbstfärbung der Halme im September und Oktober. Alle Pfeifengräser gedeihen in voller Sonne oder lichtem Schatten und sterben im Winter oberirdisch ab. Man pflanzt dieses dekorative Gras am besten in Einzelstellung, man kann es aber auch in Rabatten oder zur Randbepflanzung vor Gehölzgruppen verwenden. Seine langen Blütenhalme eignen sich gut für frische oder getrocknete Blumensträuße.

M. arundinaria	grün, Juli, 100 (150)
M. a. 'Karl Foerster'	dunkelgrün, Aug.-Sept., 100 (150)
M. caerulea	grün, Aug.-Okt., 60 (120)
M. c. 'Moorhexe'	Ähren dunkel, Aug.-Okt., 40 (80)
M. c. 'Variegata'	Blatt weißbunt, Aug.-Okt., 30 (60)

Molinia caerulea 'Moorhexe'

Onoclea

PERLFARN

Besonders gut eignet sich der Perlfarn für feuchte Standorte; je nasser er steht, desto mehr Sonne kann er auch vertragen. Er wirkt durch sein zartes, hellgrünes Blattwerk.

O. sensibilis	frischgrün, 50

Onoclea sensibilis

Osmunda

KÖNIGSFARN

Der Königsfarn wächst gern in feuchten und sauren Böden, er bevorzugt den lichten Schatten und läßt sich solitär und in Gruppen verwenden. Das obere Drittel der ersten Wedel ist fertil, sie werden nach der Sporenreife braun.

O. regalis	hellgrün, 100
O. r. 'Purpurascens'	Stengel rot, 100

Osmunda regalis

Panicum

RUTENHIRSE

Die Rutenhirse läßt sich gut für Blumensträuße verwenden und kann durch Aussaat, die Sorten allerdings nur durch Teilung vermehrt werden. Die Sorte 'Strictum' hat eine goldgelbe Herbstfärbung. Die Pflanzen wachsen auf allen Böden in der Sonne und im Schatten.

P. virgatum 'Rehbraun'	braunrot, Juli-August, 80 (125)
P. v. 'Strictum'	Juli-August, 90 (150)

Pennisetum

LAMPENPUTZERGRAS

Ein ausgezeichnetes Gras für Einzel- oder Gruppenpflanzungen an voll sonnigen Standorten, zwischen Steinen, in Wassernähe und auf Rabatten ist das reizvolle Lampenputzergras. Es kann gut mit bodendeckenden Rosen oder anderen Bodendeckern kombiniert werden. Junge Pflanzen sollte man gut wässern und im ersten Jahr mit einer leichten Laubdecke schützen.

P. alopecuroides	bräunlich, Aug.-Okt., 80 (100)
P. a. 'Hameln'	reich blühend, Juli-Sept., 50 (60)

Pennisetum alopecuroides 'Hameln'

Phalaris

GLANZGRAS

Das bis 100 cm hohe Bunte Glanzgras wächst buschig und ist äußerst robust. In humos-lehmigen, nährstoffreichen Böden empfiehlt es sich, es eher an frischen als an zu feuchten Stellen zu verwenden; dadurch wird die Neigung zum Wuchern etwas gemildert. Seine schilfartigen, rötlichvioletten und weiß gestreiften Blätter eignen sich für Schnittzwecke. Bei Blattschäden durch Trockenheit hilft ein Rückschnitt.

P. arundinacea 'Picta'	weißgestreift, Juli-Aug., 80

Phyllitis

HIRSCHZUNGE

Bei der Hirschzunge handelt es sich um eine ausgesprochene Schattenpflanze. Ihre Blätter sind wintergrün, zungenförmig und glänzend grün.

P. scolopendrium	hellgrün, 50
P. s. 'Angustifolia'	lang und schmal, 50
P. s. 'Cristata'	kammförmig, 40
P. s. 'Furcatum'	kammförmig, 40
P. s. 'Undulata'	dunkelgrün, 50

Phyllitis scolopendrium

Phyllostachys

BAMBUS

Alle *Phyllostachys* sollten gut mit organischen Nährstoffen versorgt werden, weil ihr Stickstoffbedarf hoch ist. Diese Bambus-Arten können mehrere Meter hoch werden und bilden mit ihrem Blattwerk im Lauf der Jahre dichte, aufrecht wachsende Büsche.

P. aurea	gelbgrün, kleinblättrig, 350
P. aureosulcata	frischgrün, gewunden, 450
P. a. 'Aureocaulis'	grüne Halme, 500
P. bambusoides	dicke Stämme, 550

Phalaris arundinacea 'Picta'

P. bissetii	dunkelgrün, strauchartig, 400
P. flexuosa	hellgrüne Halme, 300
P. nidularia	dunkelgrün, buschig, 250
P. nigra	dunkelgrün, klein, 400
P. n. 'Boryana'	Halme gefleckt, 450
P. n. 'Hemonis'**	grüne Halme, 900
P. viridi-glaucescens	dunkelgrüne Halme, 900

Pleiobastus

BAMBUS

Von diesen großen und dichtwachsenden Bambussen eignet sich *P. humilis* var. *pumilus* für alle möglichen Standorte.
Die Pflanze kann sowohl in der Sonne als auch im Schatten wachsen.

P. chino 'Elegantissimum'	weißgestreiftes Blatt, 75
P. c. f. *angustifolius*	kleines Blatt, 200
P. fortunei 'Variegata'	weißgestreiftes Blatt, 50
P. humilis var. *pumilus*	breitwachsend, 60
P. pygmaeus	Blatt schmal, 30
P. simonii 'Variegatus'	
P. viridi-striatus 'Auricoma'	gelbbunt, 80

Pleiobastus viridi-striatus 'Auricoma'

Polypodium

TÜPFELFARN

Der Tüpfelfarn ist sehr anpassungsfähig. Er wächst sowohl im tiefen Schatten als auch an halbschattigen Standorten mit kalkarmem Boden. Als Bodenbedecker verwendet, überwächst er gerne Steine.

P. vulgare	hellgrün, 30
P. v. 'Bifido Multifidum'	geschlitztes Blatt, 30

Polystichum

SCHILDFARN

Entsprechend ihrem natürlichen Vorkommen sind die Schildfarne für den Steingarten geeignet. Sie bevorzugen halbschattige bis schattige Standorte. *P. setiferum* ist ein schöner Solitärfarn.

P. aculeatum	großes Blatt, 75
P. minutum	dunkelgrün, lederartig, 75
P. ringens	dunkelgrün, matt, 40
P. setiferum	stark gefiedert, 40
P. s. 'Congestum'	schmal auswachsend, 30
P. s. 'Dahlem'	hellgrün, groß, 100
P. s. 'Herrenhausen'	breit, 70
P. s. 'Proliferum'	dunkelgrün, spitz, 50
P. s. 'Pr. Plumosum Densum'	doppelt gefiedert, 50
P. tsus-simense	dunkelgrün, klein, 30

Polystichum setiferum

Polypodium vulgare

Pseudosasa

PFEIFENBAMBUS

Als Sichtschutz- und Windschutzhecke gehört der Pfeifenbambus mit seinen bis 4 m hohen Trieben in wintermilden Gebieten zu den standfesten Arten. Ihre Breitblättrigkeit gibt der Pflanze ein exotisches Aussehen. Die straff aufrechten Triebe neigen sich mit zunehmender Verzweigung. Man sollte kalte und zugige Pflanzorte meiden und geschützte, schattige Standorte auswählen.

P. japonica	grün, breites Blatt, 250

Pseudosasa japonica

Pteridium

ADLERFARN

Allgemein verbreitet und besonders im atlantischen Gebiet sehr häufig ist der Adlerfarn, der in der Natur oft dichte Bestände bildet. Mit seinen unterirdischen Ausläufern verbreitet er sich im Garten enorm schnell und kann während eines Jahres viele Meter zulegen. Adlerfarn wächst in der vollen Sonne und im Schatten.

P. aquilinum	Blätter einzeln, 150

Sasa

ZWERGBAMBUS

Die Sasa-Arten sind Pflanzen ostasiatischer Laubwälder, die sich gut zur Gehölzunterpflanzung verwenden lassen. Auch als Bodenbefestiger von rutschgefährdeten Hängen eignen sie sich ausgezeichnet.

S. kurilensis hat anfangs dunkelgrüne Blätter, die im Herbst am Rand weiß zurücktrocknen. *S. palmata,* der Immergrüne Halbrohrbambus, bildet kurze Ausläufer.

S. kurilensis	überhängendes Laub
S. palmata	palmwedelähnliches Blatt, 250
S. veitchii	breites Blatt, heller Rand, 75
S. v. f. *minor*	Blattrand heller, 30

Sasa veitchii

Sasaella

Kennzeichen dieser Bambus-Gattung sind bleibende Halmscheiden. Die japanische Art *S. glabra* erreicht

Pteridium aquilinum

eine Höhe von ca. 60 cm, ihre Halme sind auffallend rot mit kräftig grünem Laub.

S. glabra 'Albovariegata'	buntes Blatt, 75
S. masamuneana 'Albostriata'	buntes Blatt, 150

Sesleria

Kopfgräser lieben einen etwas halbschattigen Platz und leicht kalkhaltigen, jedenfalls nicht sauren Boden. Die dicht wachsenden Horste passen gut in Heide- oder Steingärten.

S. caerulea	silbergrau, Juli-Aug., 20 (30)

Sinarundinaria

BAMBUS

Siehe: *Fargesia*

Spartina

GOLDLEISTENGRAS

Die hier beschriebene Sorte fällt durch die gelben Säume der Blätter auf, die bis zu 150 cm hoch wachsen und sich in elegantem Bogen wieder zu Boden biegen. Das Gras kann zu wunderschönen Büschen auswachsen und verträgt Trockenheit.

S. pectinata 'Aureomarginata'	gelbgrün, 120, (150)

Spartina pectinata

Stipa

FEDERGRAS

Dieses zarte und elegant überhängende Gras, ein Ziergras aus Südeuropa, sieht in Trockensträußen sehr hübsch aus und wirkt auch im winterlichen Garten. Man setzt es am besten an warme, sonnige Plätze, wo der Boden etwas kalkhaltig ist.

S. capillata	lockere Rispen, Juli-Aug., 80 (120)
S. pennata	schmale Rispen, Juni-Juli, 50 (75)

Thelipteris

SUMPFFARN

Der Sumpffarn steht gerne in Begleitung von Wasserpflanzen, aber er verträgt auch trockeneren Boden. Manchmal findet man diese Gattung auch unter den Namen *Dryopteris* oder *Lastrea.*

T. palustris	frischgrün, 40

Woodsia

Dieser zarte, fragile Farn braucht einen Platz, wo er auch wirken kann. Man pflanzt ihn möglichst in Kombination mit anderen zarten Blütenpflanzen an einen Standort im Halbschatten.

W. obtusa	zart, hellgrün, 40

Stipa pennata

9. Zwiebel- und Knollengewächse

In diesem Kapitel befassen wir uns mit dem Gartensortiment an Zwiebel- und Knollenpflanzen. Stark frostempfindliche Pflanzen haben wir nicht mit aufgenommen, bei denjenigen Arten, die einen geschützten Standort brauchen, vermerken wir dies. Die Bedürfnisse der Zwiebel- und Knollengewächse, besonders im Hinblick auf Bodenbeschaffenheit und Standort, sind sehr unterschiedlich. Die einen brauchen viel Sonne oder trokkenen Boden, die anderen Humus oder Halbschatten. Wenige bevorzugen feuchte oder vollschattige Plätze. Die meisten Zwiebelpflanzen gedeihen am besten in gut durchlässigem Lehmboden in sonniger Lage. In sandiger Erde können die Zwiebeln vertrocknen, in stark lehmigem Boden faulen sie bei lang anhaltendem Regen. In diesem Kapitel werden folgende Zeichen verwendet:

*	=	*nur über den spezialisierten Fachhandel erhältlich*
**	=	*kaum erhältlich und verhältnismäßig kostbar*

Acidanthera (syn. Gladiolus)

STERNGLADIOLE, ABESSINISCHE GLADIOLE

Die Sterngladiole wurde 1936 aus Abessinien (dem heutigen Äthiopien) eingeführt. Sie braucht einen sehr sonnigen Platz in warmer Erde. Im Herbst, nach dem Welken der Blätter, nimmt man die Knollen aus der Erde und legt sie zum Trocknen aus.

A. bicolor	creme/purpurf. Flecken, Aug., 80
A. tubergenii	weiß, dunkles Zentrum, Juli, 80

Agapanthus

AFRIKANISCHE LILIE, SCHMUCKLILIE

Ein Kübel mit blühendem Agapanthus ist immer ein Glanzstück in einer geschützten Sonnenecke auf der Terrasse oder auf dem Balkon. Bei geringem Pflegeaufwand zaubert sie ein herrliches Bild an blütenarme Stellen. Sie wächst aus einem kurzen, dicken Erdstamm mit fleischigen Rhizomen und Büschelwurzeln. In kühlerem Klima bringt man sie zum Überwintern in ungeheizte, nicht zu dunkle Räume. Auch als Schnittblumen eignen sie sich.

A. africanus	blau, 100
A. a. 'Albidus'	weiß, Aug.-Sept., 70
A. (Hybride) 'Blue Triumphater'	blau, Aug.-Sept., 80
A. 'Donau'	blau, Juli-Aug., 120
A. 'Liliput'	blauviolett, Juli-Aug., 45
A. orientalis	blau, 50

Agapanthus 'Blue Triumphator'

Acidanthera tubergenii

Allium

LAUCH

Die Gattung Lauch ist mit ihren rund 450 Arten eine der größten Blumenzwiebelgattungen. Von den vielen Laucharten können hier nur einige der bekanntesten Vertreter behandelt werden. Nur wenige Zwiebelblumen blühen über einen so langen Zeitraum hinweg, wie der Blumenlauch vom Frühling über den Sommer bis zum Herbst. Mit ihren strahligen Dolden oder Kugelblüten setzt der Lauch farbige Blickpunkte in die Blumenbeete. Wenn man einige Pflanzenteile verletzt oder abschneidet, wird der typische Lauchgeruch wahrnehmbar. Die meisten Arten lieben einen sonnigen Standort auf kalkreichem oder neutralem, nicht zu feuchtem Boden. Die hochwüchsigen Arten passen vorzüglich ins Staudenbeet, die kleineren Zwergarten lockern sowohl Steingarten als auch Tröge reizvoll auf und eignen sich hervorragend zum Verwildern. Noch lange nach der Blüte zieren sie mit ihren attraktiven Fruchtständen die Beete oder als Trockenblumen unsere Wohnungen.

A. afluatense	lila/rosa, Mai, 75
A. albopilosum	lila, Mai, 50
A. atropurpureum	aubergine, Mai, 70
A. caeruleum (A. azureum)	himmelblau, Juni, 50
A. caesium (A. urseolatum)	violettblau, 40
A. cernuum	lila, Juli, 30
A. christophii	silberviolett, Mai, 30
A. flavum	goldgelb, Juli-Aug., 30
A. giganteum	violett, Juli, 120
A. karataviense	grün/weiß, Mai, 20
A. maximowiczii	rosa, April, 20
A. moly (A. luteum)	gelb, Juni-Juli, 20
*A. narcissiflorum**	violett, Juni-Juli, 30
A. nigrum	weiß, grünes Zentrum, Juni, 70
A. oreophyllum	violett, Juni/Juli, 15
A. roseum	weiß, Juni, 30
A. schoenophrasum	violett, Mai-Juli, 40
A. s. 'Forescate'	tief lilarot, Mai-Juli, 30
A. siculum	braun/grün, Juni, 60-100
A. sphaerocephalum	violettrot, Juli, 40
A. stipitatum	dunkelrosa, Juli, 160
A. triquetrum	weiß, hängend, Mai-Juni, 50
A. unifolium	lachsrosa, Mai-Juni, 40
A. ursinum	weiß, Mai-Juni, 30
A. zebdanense	weiß, April, 25

Allium giganteum

Anemone

WINDRÖSCHEN

Unter den Anemonen gibt es Erscheinungsformen mit verschiedenen Wurzelsystemen. Einige haben die normalen Wurzeln der Stauden, andere sind mit knollenförmigen Verdickungen an den Wurzeln ausgestattet, und eine weitere Gruppe bildet ausdauernde Knollen aus. Wir besprechen hier knollenbildende Frühjahrsblüher *(z. B. A. blanda)* und solche, die großblütig sind und später blühen *(A. coronaria),* und auch Arten, die aus dem Wurzelstock auswachsen *(z. B. A. nemorosa). A. blanda,* die Strahlenanemone, eine der reizvollsten Arten, bereichert den Vorfrühlingsgarten. Auf warmen Kalkböden breitet sie sich üppig aus. Sie liebt vollsonnige Standorte, doch sie gedeiht auch im lichten Schatten oder Halbschatten. Das einheimische Buschwindröschen *(A. nemorosa)* bedeckt im Frühling den Boden der Laubwälder.

Frühjahrsblüher mit Knollen:

*A. apeninna**	hellblau, März-April, 10
A. blanda 'Blue Shades'	unterschiedl. tiefblau, 10
A. b. 'Charmer'	dunkelrosa, 10
A. b. 'Pink Star'	rosaviolett, 10
A. b. 'Radar'	violettrosa, weißes Zentrum, 10
A. b. 'Rosea'	klares rosa, 10
A. b. 'White Splendour'	weiß, große Blüte, 15

***A. coronaria,* De Caen-Sorten, einfachblühend, großblütig (April-Mai, 25):**

A. c. 'The Bride'	weiß
A. c. 'Hollandia'	rot
A. c. 'Mr. Fokker'	violett, blau
A. c. 'Sylphide'	violett

Anemone coronaria, De Caen-type, einfachblühend

gefüllt (April-Mai, 25):

A. c. 'King of the Blues'	dunkelblau
A. c. 'Lord Derby'	violett/blau
A. c. 'Lord Lieutenant'	tief blau (hg)
A. c. 'Mount Everest'	weiß (hg)
A. c. 'Queen of the Violets'	purpur
A. c. 'Surprise'	rot
A. fulgens	scharlachrot, April-Mai, 25
Frühjahrsblüher mit Wurzelstock:	
A. nemorosa	weiß, Außenseite rosa überhaucht, 10
A. n. 'Alba Plena'*	weiß (g), 10
A. n. 'Robinsoniana'**	hellblau, 10
*A. ranunculoides**	dunkelgelb, 10

Anemone ranunculoides

Arisarum

Dieser Bodendecker für kühle, schattige Lagen und humosen Boden hat kleine, dunkelgrüne Blätter, die denen des Aronstabs ähneln. Sie können sich zu einem dichten Teppich ausbreiten. Im Herbst trägt die Pflanze grüne Beeren.

A. proboscideum	kastanienbraun, März-April, 20

Arisarum proboscideum

Arum

ARONSTAB

Der Aronstab besitzt als Gartenpflanze einen enormen Schmuckwert, wirkt er doch nicht nur durch sein schönes Laub im Frühling, sondern auch durch den callahaften Blütenstand und den feurigroten Fruchtstand im Herbst. Aus einem knolligen Wurzelstock entwickeln sich die typisch pfeil- oder spießförmigen Blätter, die bei einigen Arten glänzend oder gesprenkelt sind. Die Gattung *Arum* ist einhäusig. Am oberen Kolbenteil befinden sich die männlichen, am Grund des Kolbens die weiblichen Blüten. Die Pflanzen stehen gerne im tiefen Schatten unter Laubbäumen und sind giftig. Die Art *Arum dracunculus* ist unter *Dracunculus vulgaris* zu finden.

A. italicum	grünweiß, April-Mai, 40
A. i. 'Marmoratum'	grünweiß, Blatt mit hellgrünen Adern, 40
A. maculatum	grünweiß, geflecktes Blatt, 40

Arum italicum

Begonia

SCHIEFBLATT, KNOLLENBEGONIE

Es gibt etwa 1 000 Begonienarten, und einige dieser Arten vertragen sogar Frost. Als Sommerblumen für halbschattige Standorte (sie gedeihen auch in der Sonne) sind sie unübertroffen, dort entwickeln sie sich am besten. Die nachfolgend aufgeführten Arten wachsen aus unterirdischen Sproßknollen. Behandeln Sie die Knollenbegonien so ähnlich wie Dahlien, aber pflanzen Sie sie nicht zu früh: Späte Nachfröste können ihnen schaden. Vor dem Erscheinen der Triebe bis zum Ende der Blüte können sie alle 2-3 Wochen gedüngt werden. Sobald im Herbst das Laub vergilbt und abgestorben ist, gräbt man die Knollen vorsichtig aus und läßt die Erde gut abtrocknen, bis sie sich mitsamt den Stengelresten gut entfernen läßt. Wir stellen hier nur die unterschiedlichen Gruppen vor:

Begonia, großblütige

Großblütige Hybriden:	
Kamelienblüte	
Rosenblüte	
Blütenränder gekräuselt	
Blütenränder andersfarbig	
Blütenblätter gestreift	
Blüten halbgefüllt oder gefüllt	
Kleinblumige Hybriden:	
B. 'Bertinii'	orange, hängend
***Multiflora maxima*-Hybriden**	

Begonia

WINTERHARTE KNOLLENBEGONIEN

Nur eine Begonienart ist winterhart, wenn sie vor Beginn der Frostperiode gut abgedeckt wird. Pflanzen Sie diese Begonien an einen warmen Platz, keinesfalls in die volle Sonne, und auf gut durchlässigen Boden, um zu verhindern, daß sie im Winter verfaulen.

*B. grandis***	hellrosa, Juli-Sept., 30
B. g. 'Alba'**	weiß, Juli-Sept., 30

Begonia grandis

Brodiaea

Diese Schnittpflanze erinnert an Agapanthus. Sie braucht leicht feuchten, gut durchlässigen Boden in voller Sonne oder lichtem Halbschatten (siehe auch: *Ipheion*).

B. californica	blauviolett, Juni, 70

Brodiaea californica

Camassia

Die Pflanzen zählen zu den besonders aparten Erscheinungen unter den Liliengewächsen. Sie eignen sich gut zum Verwildern. Ihre Blütezeit ist im Juni-Juli.

C. cusickii	himmelblau, 60
C. c. 'Zwanenburg'	hellblau, 60
C. l. 'Caerulea'	hellblau, 80
C. l. 'Plena'	weiß (hg), 80
C. quamash (C. esculenta)	hellblau, 40
C. q. 'Orion'*	dunkel violettblau, 40

Camassia quamash (C. esculenta)

Chionodoxa

SCHNEERUHM, SCHNEEGLANZ

Wenn die Märzsonne die letzten Schneereste schmilzt, kann man bereits den Schneeglanz blühen sehen. Die Pflanze ist winterhart und völlig anspruchslos in der Pflege, wenn man sie in gut wasserdurchlässige Erde an einen sonnigen bis halbschattigen Standort pflanzt.

*C. forbesii**	hellblau, weißes Zentrum
C. luciliae	lavendelblau, weißes Zentrum
C. l. 'Alba'	weiß
C. l. 'Blue Giant'	blau
C. l. 'Pink Giant'	zart rosaviolett
C. l. 'Zwanenburg'	hellblau, weißes Zentrum
C. sardensis	hell enzianblau

Chionodoxa luciliae

Colchicum

HERBSTZEITLOSE

Der Blütenflor der wilden Herbstzeitlosen *(C. autumnale)* überdeckt ab dem Spätsommer große Gebiete der Wiesenregionen. Bei den Gartenformen sind die Blüten in verschiedenen Farbabstufungen von Lila bis Rosa getönt, auch weiße Formen gibt es. Die Blüten haben viel Ähnlichkeit mit dem Krokus, sind aber im Blütenaufbau verschieden. Ohne Laub kommen die Blüten gewissermaßen aus dem „Nichts" hervor. Erst im nächsten Frühjahr erscheint dann die Frucht, und gleichzeitig wachsen die derben, langen Blätter aus, die dann im Frühsommer wieder einziehen. Alle Teile der Pflanze sind giftig, das enthaltene Alkaloid Colchicin ist ein Kapillargift mit zentrallähmender Wirkung.

C. agrippinum	rotviolett, gesprenkelt, Sept.-Okt.
C. autumnale	hell violettrosa, Anfang Sept.
C. a. 'Album'*	weiß, Aug.-Sept.
C. a. 'Album Plenum'**	weiß (g), Aug.-Sept.
C. a. 'Roseum Plenum'**	violett, Okt.
C. byzantinum	violettrosa, Sept.
C. b. 'Album'*	weiß, Sept.
C. cilicum	hell rosaviolett, Ende Sept.

C. hybr. 'Waterlily'	rosaviolett, Sept.-Okt.
*C. luteum**	orangegelb, Jan.-März
C. speciosum	hell violettrosa, Sept.-Okt.
C. s. 'Album'**	weiß, Sept.-Okt.
C. 'Waterlily'	lilarosa (g), Sept.-Okt.

Colchicum byzantinum

Corydalis

LERCHENSPORN

Diese Arten, die der Familie der Mohngewächse zuzuordnen sind, eignen sich ausgezeichnet zum Verwildern unter Bäumen und Sträuchern: Nach einigen Jahren können sie wahre Blütenteppiche ausbilden. Sie brauchen einen humusreichen, frischen Boden in geschützer Lage und fühlen sich sowohl an sonnigen als auch an halbschattigen Stellen wohl. Alle Arten sind Frühblüher (siehe auch: Stauden). Ihre Vermehrung erfolgt durch Aussaat (oft Selbstaussaat) und Teilung.

Corydalis solida

*C. angustifolia**	weiß, März-April, 20
C. bulbosa (C. cava)	rosaviolett oder weiß, April, 30
*C. diphyla**	weiß/purpur, April, 10
C. solida	hell lila, März-April, 25

Crinum

Bei diesem Zwiebelgewächs ist schon die Größe der keulenartigen Zwiebel beeindruckend. Bei manchen Arten kann die Bulbe einer ausgewachsenen Pflanze an der Grundfläche die Größe eines Kinderkopfes erreichen. Geben Sie der Pflanze einen schattigen Standort auf durchlässigem Boden.

C. powelii	rosa, Aug.-Sept., 100
C. p. 'Album'	weiß, Aug.-Sept., 100

Crinum powelii

Crocosmia

MONTBRETIE

Eine verhältnismäßig seltene, aber für Beete und Vasen sehr beliebte Pflanze ist diese ausdauernde Knollenpflanze. Über den ganzen Sommer hinweg bis in den Herbst hinein bringen ihre langrispigen Blütenstände, die ein wenig an Fresien erinnern, goldorange Farbtöne in die Staudenrabatten und Schnittblumenbeete.

C. masonorum	orangefarben, Aug., 100
C. x *crocosmiiflora*	orange, 70-90
C. x *c.* 'Aurora'	reinorange
C. x *c.* 'Carmen Brilliant'	karminrot, (kleinbl.)
C. x *c.* 'Lady Wilson'	orange
C. x *c.* 'Lucifer'	rot, ziemlich winterhart

Crocus

KROKUS

Keine andere Pflanze zaubert soviel Frühling in den wintergrauen Garten wie der Krokus. Unendlich viele Sorten und Arten mit unterschiedlichen Farbnuancen, Zeichnungen und Größen geben diesen Pflanzen einen besonderen Liebreiz, der sie zu Gartenlieblingen macht. Die kleinen Pflanzen beginnen mit ihrer Blüte mit dem aus einer Wildart entstandenen Vorfrühlingskrokus schon im Februar. Dann folgen die Arten mittlerer Statur, etwas später blühen die Gartenkrokusse. Gerade die Wildarten haben sich durch ihre Schönheit in den letzten Jahren neben den vielen Prachtkrokussen zunehmend durchgesetzt und so manche edle Krokus-Züchtung beeinflußt. Die Pflanzen besitzen verschieden haselnußgroße und flachkugelige Knollen mit braunen, faserigen Schalen. Aus ihnen wachsen die grasartigen Blätter, die teils mit den Blüten und teils nach der Blüte erscheinen. Durch das schmale Einzelblatt zieht sich ein länglicher, weißer Streifen.

Kleinblütige Arten und Sorten:

Crocus chrysanthus 'Blue Bird'	weiß, Innenseite graublau
C. c. 'Blue Pearl'	silberblau, Innenseite zartblau
C. c. 'Blue Peter'	purpurblau mit gelbem Schlund
C. c. 'Buttercup'	goldgelb, Innenseite braun
C. c. 'Crean Beauty'	cremegelb, purpurf. Streifen
C. c. 'E. P. Bowles'	zitronengelb
C. c. 'Ladykiller'	purpurviolett mit weißem Rand
C. c. 'Snowbunting'	weiß, Innenseite purpurgestreift
C. c. 'Zwanenburg Bronze'	bronze, Innenseite gelb
C. corsicus	dunkellila, Innenseite gestreift
C. tommasinianus	hell lavendelblau
C. t. 'Albus'**	silberweiß
C. t. 'Pictus'**	lavendel, purpurgefleckt
C. t. 'Whitewell Purple'*	rotviolett
C. vernus	alle Farben
C. versicolor 'Picturatus'	weiß, violette Streifen

Großblütige Sorten:

C. 'Blue Pearl'	blau
C. 'Jeanne d'Arc'	weiß
C. 'King of the Striped'	blau, gestreift
C. 'Pickwick'	silbergrau mit lilablauen Streifen
C. 'Purpureus Grandiflorus'	violettblau
C. 'Remembrance'	purpurblau
C. 'Yellow Mammoth'	sattgelb

Herbstblüher:

*C. goulimyi**	zartlila, 15
*C. karduchorum***	lavendelrosa, 10
*C. pulchellus***	hell lila/violette Streifen, 10
*C. sativus**	lila, 10
*C. speciosus**	dunkel violettblau, 15

Crocosmia x *crocosmiiflora*

Crocus tommasinianus 'Whitewell Purple'

Cyclamen

Jedermann kennt die großblumigen Zimmeralpenveilchen, doch die kleinen Wildarten für den Garten sind längst nicht so bekannt. Die meisten Wildarten wachsen in ihrer Heimat an halbschattigen Stellen in Laub- und Koniferenwäldern und gedeihen auch im

Steinschotter in voller Sonne. Einige Arten lassen sich leicht in unseren Gärten ansiedeln. In kalten Lagen empfiehlt sich ein Winterschutz aus Tannenreisig, in extrem rauhen Klimagebieten sollten sie in einem Kalthaus überwintert werden. *C. coum* blüht bei uns gegen Ende des Winters, sie fühlt sich am wohlsten unter laubabwerfenden Bäumen oder Sträuchern, die sie im Sommer beschatten und die Erde nicht ganz austrocknen lassen. Der Boden sollte etwas kalkhaltig sein.

C. cilicium	rosarot, Sept.-Nov., 5
C. coum	rosaviolett, Dez.-März, 5
C. hederifolium	
(C. neapolitanum)	rosa, Sept.-Nov., 10
C. h. 'Album'*	weiß, Sept.-Nov., 10
C. persicum	weiß/rosa, Dez.-März, 5

Cyclamen persicum

Dahlia

Dahlien sind sehr anpassungsfähige Pflanzen, die überall in Deutschland kultiviert werden können, wenn man ihre Wurzelknolle vor Frost schützt. Deshalb gräbt man im Herbst vor den starken Frösten die Knollen aus, schneidet Stengel und Blattwerk zurück und legt sie an einen trockenen Platz. Nach dem Abtrocknen des Blattwerks entfernt man alle verwelkten Teile und legt die Knollen in mit Sand gefüllte Kästen. Man lagert sie in einem trockenen, kühlen Raum. Im Frühling pflanzt man sie dann, je nach Größe der Knolle, so tief ein, daß man sie noch ca. 5 cm mit Erde oder Kompost bedecken kann. Dahlien lieben einen sonnigen Standort. Sie finden sich in jedem Gartenboden zurecht. Die Vielfalt ihrer Farben, der Wuchshöhe und der Formen ist inzwischen so groß, daß man die Dahlien nicht nach Sorten, sondern in Gruppen nach der Form der Blüte unterscheidet. Diese unterschiedlichen Gruppen stellen wir hier vor:

Anemonenblütige Dahlien	30-40
Halskrausen-Dahlien	30-40
Kaktus und Semikaktusdahlien	80-120
Mignon-Dahlien	40-70
Orchideenblütige Dahlien	70-100
Pompondahlien	100-120
Schmuckdahlien	80-120
Zwergdahlien	30

Die anemonenblütige Dahlie 'D. Guinea'

Kaktusdahlie 'Red Pygmy'

Pompondahlie 'Golden Scepter'

Dracunculus

DRACHENWURZ

Nur in sehr mildem Klima ist die Drachenwurz bei gutem Frostschutz winterhart. Sie verlangt einen warmen Platz im Halbschatten und muß gegen Wind geschützt werden. Man pflanzt die Knollen im April in humus- und nährstoffreiche Erde. Sie besitzt sehr große Ähnlichkeit mit den Aronstabgewächsen, unterscheidet sich von ihnen jedoch vor allem durch die fußförmig eingeschnittenen Blattspreiten. Die winzigen Blüten riechen unangenehm.

*D. vulgaris**	rot/schwarz, Mai-Juni, 80

Dracunculus vulgaris

Endymion

HYAZINTHENÄHNLICHER BLAUSTERN

Siehe: *Hyacinthoides*

Eranthis

WINTERLING

Winterlinge sind ausgesprochene Frühblüher, die oft schon Anfang Februar durch die Schneedecke herausleuchten. Dieses kleine Knollengewächs wünscht einen halbschattigen Standort in windgeschützter Lage. Auch ein sonniger Platz, an dem es aber nicht zu heiß werden darf, sagt ihm noch zu. Winterlinge wachsen auf jedem Gartenboden, wenn er etwas tiefgründig ist. Vor dem Einpflanzen der Knollen im Spätsommer legt man sie ins Wasser.

E. cilicica	gelb, März, 10
E. hyemalis	gelb, Febr., 10

Eremurus

STEPPENKERZE, LILIENSCHWEIF, KLEOPATRANADEL

In den ersten Jahren sind die jungen Pflanzen frostempfindlich, sie sollten mit Fichtenreisig oder trockenem Laub abgedeckt werden. Steppenkerzen verlangen einen vollsonnigen Platz und einen gut wasserdurchlässigen Boden. Wenn Sie *Eremurus* zwischen mittelhohe Stauden pflanzen, bieten ihre wunderschönen Blütenkerzen einen großartigen Anblick.

E. aitchisonii	hellrosa, Mai-Juni, 200
E. 'Cleopatra'	orange/dunkelrot, Juni, 140
E. himalaicus	weiß, Mai-Juni, 90
*E. olgae**	blaßrosa, Juli-Aug., 100
E. robustus	rosarot, Aug., 250

Eremurus 'Rexona'

Eranthis hyemalis

Erythronium

HUNDSZAHN

Diese eindrucksvolle Pflanze besitzt eine längliche Zwiebelknolle und verdient mehr Beachtung. Sie gedeiht an halbschattigen Standorten in lockerem, frischem Gartenboden. Sie liebt sandige Lehmböden mit schwach saurer Bodenreaktion. Ihre Blätter sind häufig marmoriert.

E. californicum 'White Beauty'	weiß, April-Mai, 20
E. dens-canis	weiß, rosa oder violett, März, 30
*E. hendersonii**	blauviolett, April, 30
E. 'Pagoda'	schwefelgelb, April-Mai, 30
E. tuolumnense	goldgelb, April-Mai, 30

Erythronium tuolumnense

Eucharis grandiflora

Eucharis

An das warme, feuchte Klima seiner Heimat Kolumbiens gewöhnt, gedeiht der Herzenskelch bei uns nur im Gewächshaus oder am Blumenfenster über einer Heizung. Seine schneeweißen, duftenden Blüten werden gerne für Brautsträuße verwendet. Es handelt sich hier um eine ausgesprochene Liebhaberpflanze.

*E. grandiflora***	weiß, Frühjahr/Herbst, 70

Eucomis

SCHOPFLILIE

Der schopfigen Blattrosette am Ende ihres Blütenstands verdankt die Pflanze ihren Namen. Es sind zwar keine winterharten, aber dennoch aparte und anspruchslose Gewächse, die im Sommer gepflanzt oder im Kübel aufgestellt werden können. Ihre Zwiebeln sollte man im April bis Mitte Mai ca. 15 bis 20 cm tief an einer windgeschützten und warmen Stelle in nährstoffreiches und wasserdurchlässiges Erdreich bringen.

E. autumnalis	weiß, Aug., 30
E. bicolor	hellgrün/violettbrauner Saum, 50
E. b. 'Alba'	schmutzig weiß, Aug., 50
E. comosus	weiß, lila Herz, Aug., 50

Im Vordergrund: *Eucomis bicolor*

Freesia

FREESIE

Lange Zeit war die Freesienkultur nur in Gartenbaubetrieben möglich, für unsere Gärten waren sie nicht robust genug. Jetzt sind einige Hybriden auf dem Markt, die sich auch für das Freiland eignen. Durch Spezialzüchtungen hat man erreicht, daß die Entwicklung ihrer Knollen verzögert wurde, so daß die Pflanzen später als in der gewohnten Zeit heranwachsen und auch blühen können. Leider kann man diese Pflanzen nur schlecht überwintern, deshalb sollten Sie sich lieber jedes Jahr neue Rhizomknollen kaufen.

Freesia

Fritillaria

SCHACHBRETTBLUME, KAISERKRONE

Alle *Fritillaria*-Arten für das Freiland lieben einen kräftigen, tiefgründigen und frischen, aber gut wasserdurchlässigen Boden. Die meisten Arten vertragen Sonne und lichten Schatten. Man pflanzt sie im Spätsommer unmittelbar nach Erhalt der Zwiebeln (ausgetrocknete Zwiebeln sollen nicht verwendet werden) je nach Größe 20 bis 25 cm tief in ein Sandbett ein. Mit guter Komposterde deckt man die Zwiebeln ab und düngt sie öfter. Verblühte Blätter dürfen nicht entfernt werden, sie müssen am Stiel verwelken, sonst blüht die Pflanze im darauffolgenden Jahr nicht. Starke Spätfröste können die manchmal schon erblühten Pflanzen beeinträchtigen, doch meist erholen sie sich rasch wieder. Unsere heimische Schachbrettblume, *F. meleagris,* wächst auf frischen Wiesen und Auen oder an feuchten Stellen in Waldlichtungen. Sie liebt auch in unseren Gärten einen Platz, der ihrem natürlichen Standort entspricht: sonnig oder zwischen lichtem Gehölz in frischer, feuchter Erde. Auch an einem Teichrand oder in einer nicht zu trockenen Blumenwiese wächst sie gerne. Ihre Blüte ist purpurbraun gefärbt und dabei schachbrettartig mit hellen und dunklen Karos überzogen.

*F. assyriaca**	braun, gelber Rand, 40
*F. camtschatcensis**	fast schwarz, 25
F. imperialis 'Lutea Maxima'	gelb, 100
F. i. 'Rubra Maxima'	rot, 100
F. meleagris	gemischte Farben, 20
F. meleagris 'Alba'	weiß, 20
F. persica	dunkelviolett, 100
*F. pontica**	grün, hellbraun gefleckt, 30
*F. verticillata**	creme, grüne Adern, 60

Fritillaria persica

Gagea

GELBSTERN, GOLDSTERN

Der Gelbstern braucht im Garten einen vollsonnigen Standort im Alpinum oder Steingarten und guten Gartenboden für die meist heimischen Arten. Die kleine, unscheinbare Pflanze ist ein zierliches Zwiebelgewächs, deren meist gelbe Blüten im Frühling zarte Rasen bilden können. Nachfolgend haben wir heimische Goldstern-Arten aufgeführt, die aber meist auch im Handel erhältlich sind. Am besten eignet sich Gelbstern für kleine Flächen, da die unscheinbaren Pflanzen in größeren Gartenräumen untergehen würden.

*G. lutea***	gelb, März-Mai, 20
*G. pratensis***	gelb, März-April, 10

*G. spathacea***	gelb, April-Mai, 20
*G. villosa***	gelb, März-April, 20

Gagea lutea

Galanthus

SCHNEEGLÖCKCHEN

Man pflanzt die Zwiebeln des Schneeglöckchens im Frühherbst ca. 15 cm tief in lockeres, humoses Erdreich, das während der Entwicklungs- und Blütezeit etwas feucht sein sollte. Von den winter- und frühblühenden Arten werden vollsonnige Standorte bevorzugt, während die Spätfrühjahrsblüher, insbesondere unser heimisches *G. nivalis,* an halbschattigen Stellen oder im Schatten von Laubgehölzen am besten gedeihen. Man kann Schneeglöckchen aus Samen ziehen oder die Zwiebeln nach dem Abblühen oder sogar während der Blütezeit teilen und verpflanzen.

G. elwesii	weiß, Febr.-März, 30
*G. ikariae**	weiß, März, 35

Galanthus elwesii

G. nivalis	weiß, März, 20
G. n. 'Flore Pleno'	weiß, Febr.-März, 20
*G. reginae-olgae***	weiß, Okt.-Nov., 20

Galtonia

KAPHYAZINTHE, SOMMERHYAZINTHE

Ihre weißen, glockenförmigen Blüten hängen an einem langen Schaft. Sie sind bei uns nicht winterhart und eignen sich zur Bepflanzung von Kübeln. Gepflanzt wird im Frühjahr in nahrhaftes Erdreich.

G. candidans	weiß, Juli-Aug., 150
*G. viridiflora**	weiß/grün, Aug.-Sept., 70

Galtonia candidans

Geranium

KNOLLEN-STORCHSCHNABEL

Pflanzen Sie diese nußartige Knolle in nicht zu feuchte, durchlässige Erde im Halbschatten. Die Gattung besteht aus mehreren hundert Arten, die meisten sind den Stauden zuzuordnen, nur einige Arten wachsen aus einem knolligen Wurzelstock.

G. malviflorum	dunkellila, Juni, 30
G. tuberosum	rosa-hellviolett, April-Juni, 25

x *Gladanthera***

Bei dieser Pflanze handelt es sich um eine Kreuzung zwischen der Gladiole und *Acidanthera.* Ihre Blüten ähneln denen der Gladiolen, sie riechen aber so gut

Geranium tuberosum

wie *Acidanthera*. Diese botanische Besonderheit und Liebhaberpflanze wurde 1955 in Neuseeland gezüchtet.

Gladiolus 'Green Bird'

Gladiolus

GLADIOLE, SIEGWURZ

Die Gladiolen zählen zu unseren wichtigsten Sommerpflanzen und den wertvollsten Schnittblumen, die wohl allgemein bekannt sind. Ihre Knollen müssen jährlich ausgegraben werden. Man behandelt sie so ähnlich wie die Dahlien. Sie werden meist nicht unter speziellen Sortennamen geliefert, sondern nach Farben. Nachstehend haben wir einige Sorten mit besonderen Farben aufgeführt. Da sie gegen Spätfröste empfindlich sind, pflanzt man sie erst ab Ende April bis Anfang Mai in guten, nahrhaften Gartenboden in sonniger Lage. Die Heimat der Gladiolen ist vor allem Südafrika, einige Arten stammen auch aus dem Mittelmeerraum. Sie werden in Zwerg-, kleinblütige, mittelgroßblühende, großblütige Gruppen u.a. unterteilt.

G. carneus	weiß/hellrosa-violett, April-Mai, 60
G. communis	rosaviolett/rot, Mai-Juni, 50
*G. imbricatus***	dunkelviolett, Juni-Juli, 75
*G. italicus***	karminrot, Juni, 80

Großblütige Sorten:

G. 'Green Bird'	cremegrün
G. 'Groene Specht'	gelbgrün
G. 'Invitation'	orchideenrosa-violett
G. 'Memorial Day'	grünpurpur
G. 'My Love'	creme, rosa Fransen
G. 'White friendship'	silberweiß

Gloriosa

In Mitteleuropa nicht winterhart ist die Ruhmeskrone, die bis zu 3 m hoch werden kann und sehr dekorativ wirkt. Man sollte sie in große Töpfe pflanzen, die man im Zimmer an einem warmen, aber nicht zu sonnigen Platz überwintert und im Sommer im Freien aufstellt. Im Frühling kann die Knolle geteilt werden.

G. rothschildiana	gelb/rot, Juli-Sept., 300

Gloriosa rothschildiana

Hermodactylus

WOLFSSCHWERTEL

Diese sich äußerst schnell ausbreitenden Pflanzen sehen so ähnlich aus wie Iris. Pflanzen Sie sie an einen sonnigen Standort in sandigen, gut durchlässigen Boden.

*H. tuberosus**	dunkelviolett-braun, April-Mai, 30

Hermodactylus tuberosus

Hyacinthoides

HYAZINTHENÄHNLICHER BLAUSTERN

Dieses Zwiebelgewächs stellen einige Fachleute häufig zu der Gattung *Scilla,* nach neueren Erkenntnissen stellt sie aber eine eigene Gattung dar. Diese anspruchslosen Gartengewächse lieben einen halbschattigen bis schattigen Standort und eignen sich vorzüglich zum Verwildern unter Bäumen und Sträuchern. Der Boden sollte humus-, nährstoffreich und keinesfalls trocken sein, da sie Feuchtigkeit lieben. Die Pflanzen kommen in einem naturnahen Garten besonders gut zur Wirkung. Man pflanzt die Zwiebeln, die meist als Mischungen von den Händlern geliefert werden, im September oder Oktober, ohne die Außenschalen zu verletzen. Die Vermehrung erfolgt durch reichlich ansetzende Nebenzwiebeln oder durch Aussaat. In Naturgärten vermehren sie sich leicht durch Selbstaussaat und bilden bald schöne, natürliche Bestände.

Hyacinthoides hispanica 'Danube'

H. hispanica 'Blue Queen'	lavendelblau
H. h. 'Dainty Maid'	violettrosa
H. h. 'Danube'	dunkelblau
H. h. 'Rosabella'	hellrosa
H. h. 'Rose Queen'	dunkelrosa
H. h. 'White Queen'	weiß, kleiner
H. non-scripta	blau, Mai, 20-40

Hyacinthus

HYAZINTHE

Dank ihres Farbenreichtums ist die Verwendungsmöglichkeit der Hyazinthe im Garten sehr groß. Für die Freilandpflanzung wählt man möglichst Zwiebeln mit einem Durchmesser von 5 cm. Hyazinthen benötigen stets einen vollsonnigen Standort und humosen, leichten Boden, der nährstoffreich und gut durchlässig sein sollte. Die Zwiebeln werden im September bis Oktober je nach Größe in eine Tiefe von 8-15 cm gesetzt. Man pflanzt sie gruppenweise in einem Abstand von etwa 15 cm. In sehr kaltem Klima ist ein Frostschutz aus einer Zweigabdeckung erforderlich, die aber im Frühjahr rechtzeitig wieder entfernt werden muß. Nach der Blüte werden die Stiele ausgebrochen. An sonnigen Stellen und bei nicht zu nassen Böden kann man die Zwiebeln ständig im Boden lassen. In feuchten Lagen nimmt man sie aus der Erde.

H. 'Anna Marie'	zartrosa, früh
H. 'Blue Jacket'	dunkelblau/purpurfarbene Streifen
H. 'Carnegie'	weiß, früh
H. 'City of Haarlem'	hellgelb, mittelfrüh
H. 'Delfts Blauw'	hellblau, früh
H. 'Fürst Bismarck'	hellblau, sehr früh
H. 'Jan Bos'	rot, weißes Herz
H. 'Lady Derby'	rosa, spät
H. 'L'Innocence'	weiß
H. 'Lord Balfour'	violett, spät
H. 'Maria Christina'	aprikot
H. 'Mulberry Rose'	rosa

H. 'Ostara'	blau/violett, früh
H. 'Pink Pearl'	rosa
H. 'Prins Hendrik'	hellgelb, früh

Hyacinthus 'Ostara'

Hymenocallis

SCHÖNHÄUTCHEN

Zarte und bizarr geformte Blüten geben dieser Pflanze ein außergewöhnliches Aussehen. Sie ist äußerst frostempfindlich und wird deshalb nur im Kalthaus, Warmhaus oder im temperierten Zimmer kultiviert.

H. festalis	weiß, Juni-Juli, 60
*H. longipetala**	weiß, Juni, 50

Hymenocallis festalis

Incarvillea

FREILANDGLOXINIE

Diese Pflanze wünscht sich einen sonnigen Standort und sollte wegen ihrer Frostempfindlichkeit nicht zu feucht stehen. Im Winter muß man sie gut abdecken. Sie eignet sich als Kübelpflanze, wird aber auch als Gartenstaude angeboten. Die Vermehrung erfolgt durch Aussaat oder Teilung der rübenartigen Wurzeln.

I. delavayi	rosa, Juni, 60

Incarvillea delavayi

Ipheion

Der Frühlingsstern ist eines der meistgekauften Zwiebelgewächse. Mit seinen zierlichen, sternförmigen Blütchen über dem grasartigen Laub zählt er mit zu den schönsten Frühlingsblühern. Nur im Süden Deutschlands überdauert er den Winter im Freien.

I. uniflorum	violettblau, Mai-Juni, 25
I. u. 'Rolf Fiedler'**	tiefblau, April, 15
I. u. 'Wisley blue'	hellblau, Mai, 20

Ipheion uniflorum

Iris

Diese beliebten und bekannten Gewächse dürfen in keinem Garten fehlen. Die Arten *I. danfordiae* und *I. reticulata* zeichnen sich durch eine extrem frühe Blütezeit aus. Die Arten werden ca. 20 cm hoch. Die Pflanzung der Schwertlilienrhizome oder Zwiebeln erfolgt am besten im Oktober bis November; früher sollte nicht gepflanzt werden, weil das früh austreibende Laub sonst erfriert.

Frühblühend:	
I. danfordia	hellgelb, Febr., 15
*I. histrioides**	tiefblau, Febr., 15
I. h. 'George'	violett, dunkel gezeichnet
I. h. 'Major'*	tiefblau
I. reticulata 'Alba'*	weiß, Febr., 15
I. r. 'Cantab'	flachsblau, orange gez.
I. r. 'Clairette'*	himmelblau, Lippe dunkelpurpur
I. r. 'Harmony'	kornblumenblau, Lippe dunkler
I. r. 'Hercules'	samtviolett, orange gez.
I. r. 'Joyce'	hellblau, orange gez.
I. r. 'Royal Blue'*	dunkel purpurblau, gelb gezeichnet
I. r. 'Violet Beauty'*	violett, Lippe dunkler, orange gez.
Vor dem Sommer blühend:	
*I. bucharica**	creme, gelber Fleck, Mai, 30
*I. hoogiana**	lavendelblau, Mai, 60
I. h. 'Alba'*	weiß, Mai, 50
*I. magnifica**	zartlila, Mai, 60

Iris reticulata 'Harmony'

Ismene

Siehe: *Hymenocallis*

Ixia

AFRIKANISCHE KORNLILIE

Ixien können nur in Gegenden mit mildem Klima im Freiland kultiviert werden. Leider sind sie in vielen Gärten nicht winterhart genug und müssen im Herbst aus der Erde herausgenommen und im Frühling neu gepflanzt werden. Sie benötigen volle Sonne und einen leichten, gut durchlässigen Boden. Anfang Dezember pflanzt man die Knollen an einer warmen Stelle etwa 10-15 cm tief in lockeres, nicht zu trockenes Erdreich. Man darf nicht früher pflanzen, da sie sonst zu früh austreiben und das zeitig erscheinende Laub unter Spätfrösten leidet. Ein guter, trockener Winterschutz aus Tannenzweigen oder ähnlichem Material ist erforderlich.

I. hybride 'Giant'	weiß, rotes Zentrum, Juni-Aug., 70
I. h. 'Roze Emperos'	hellrosa, rotes Zentrum, Juli, 60
I. 'Mabel'	tief karminrosa, Juli, 40
I. paniculata	cremerosa, Aug.-Sept., 40
*I. speciosa**	rot, Aug., 50
*I. viridiflora***	grün, Aug., 50

Ixia 'Mabel'

Ixiolirion

Auch hier handelt es sich wieder um eine extrem frostempfindliche Pflanze, die einen warmen Standort braucht (siehe *Ixia*).

I. montanum (palassii)	hellblau, Mai-Juni, 40
*I. tataricum**	tiefblau, Mai-Juni, 30

Ixiolirion montanum (palassii)

Leucojum

KNOTENBLUME, MÄRZENBECHER

L. aestivum braucht einen feuchten, humosen Boden in einem halbschattigen Gartenteil. *L. vernum* bevorzugt tiefgründigen, frischen Boden im Schatten. Auffallend ist ihr glänzend dunkelgrünes Blatt. Die Vermehrung erfolgt durch Teilung, durch Brutzwiebeln oder Samen.

L. aestivum	weiß/grün, April-Mai, 25-35
L. a. 'Gravetye Giant'	weiß/grün, Mai-Juni, 40
L. vernum	weiß, Febr.-März, 20

Leucojum aestivum

Liatris

PRACHTSCHARTE

Dieses sommerblühende Knollengewächs wird meist unter den Stauden aufgeführt. Sie eignet sich gut als Schnittblume und für Staudenrabatten; ihre Blütenähre hat die Eigenschaft, von oben nach unten aufzublühen.

L. spicata	purpurrosa, Juli-Aug., 70
L. s. 'Floristan Weiss'	weiß, Juli-Aug., 90
L. s. 'Kobold'	violettblau, Juni-Sept., 50

Liatris spicata

Lilium

LILIE

Lilien gehören mit zu unseren ältesten Kulturpflanzen. Sie wirken nicht nur im Garten sehr dekorativ, sie gehören auch mit zu den eindrucksvollsten Schnittblumen. Wichtig für ihr Gedeihen im Garten ist die Bodenbeschaffenheit. Der Boden sollte weder zu sauer noch zu alkalisch sein. Manche Arten lieben auch etwas kalkhaltigen Boden. Gepflanzt werden können Lilienzwiebeln im Frühjahr oder Herbst. Für die Pflanztiefe der Zwiebeln gilt, daß sich die Zwiebelspitze doppelt so tief unter der Erdoberfläche befinden muß, wie die Zwiebel hoch ist. Nachstehende Arten sind gut winterhart.

L. auratum	weiß, rote Tüpfel, Juli, 80
L. candidum	weiß, Juni, 100
L. cernuum	zart purpurlila, Juli, 50
*L. martagon**	braunviolett, Juni, 100

L. m. var. *album***	weiß, Juni-Juli, 100
L. pumilum	feuerrot, Juli, 60
L. regale	weiß, gelbes Zentrum, Juli, 100
L. tigrinum	orangerot, Tüpfel, Juli-Sept., 125

Lilium regale

Muscari

TRAUBENHYAZINTHE

Nur wenige der im Frühling blühenden Zwiebelgewächse benötigen so wenig Pflege wie die Traubenhyazinthen. Die meisten Arten dieser Gattung sind winterhart. Sie bevorzugen volle Sonne, gedeihen aber auch im Schatten. Sie gedeihen in jedem guten Gartenboden, vorausgesetzt, daß dieser nicht zu naß ist. Sie eignen sich zur Unterpflanzung unter Gehölz.

M. armeniacum	blau, März-April, 20
M. a. 'Blue Spike'	blau (g), April-Mai, 20
M. a. 'Saffier'	dunkelblau, April-Mai, 20
M. azureum	azurblau, März-April, 15
M. a. 'Album'	weiß, März-April, 15
M. botryoides 'Album'	weiß, April-Mai, 20
M. comosum	zart violettblau, Mai-Juli, 40
M. c. 'Plumosum'	violettblau, Mai-Juli, 40
*M. latifolium**	hellblau/dunkelblau, April, 25
*M. neglectum***	schwarz/hellblau, März-April, 25

Muscari azureum

Narcissus

NARZISSE

Die Züchtung mit Narzissen begann im 18. Jahrhundert. Vor allem in England und Holland waren viele erfolgreiche Züchter tätig, man kreuzte im Laufe der Jahre viele Narzissensorten miteinander. Das Resultat ist eine kaum überschaubare Menge von Typen und Sorten. Es wurde deshalb von der *Royal Horticultural Society* in England ein besonderes System entwickelt, nach dem die Narzissen in elf Gruppen untergliedert werden können. Die Narzissen, die sich am besten zum Verwildern eignen, gehören zu den *Poeticus*-Narzissen 'Pheasant's Eye', 'Keats'** und 'Actaea': Die Sorten haben in der Regel pro Stengel nur eine duftende Blüte mit weißen, sternartigen Blütenblättern. Sie eignen sich auch für hochwachsende Wiesen. Für kleine Gärten und Grundstücke empfehlen sich die meist zierlichen Wildnarzissen; eine besondere Kostbarkeit innerhalb dieser Gruppe ist die gelbblühende Reifrocknarzisse, *C. bulbodicum.*

Wildnarzissen:

N. caniculatus	weiß, goldgelbe Krone, 10
N. minor	gelb, März, 5
N. nanus (lobularis)	gelb, März, 20
N. odorus	hellgelb, April-Mai, 30

Narcissus triandus 'Albus'

Narcissus 'Barrett Browning'

Narcissus 'Texas'

Narcissus 'Peeping Tom'

N. poeticus var. *recurvus*	
'Pheasant's Eye'	40
N. p. 'Actaea'	weiß, Krone gelb, oranger Rand, 40
N. p. 'Keats'**	weiß, zart, Krone gelb, oranger Rand, 40
N. p. 'Sinopel'*	weiß, Krone grün, gelber Rand, 40
N. triandus 'Albus'	weiß, 20
N. t. 'Hawera'	gelb, 20
N. t. 'Thalia'	weiß, 40
N. W. 'P. Milner'	weiß/gelb, 20

Trompetennarzissen:

N. 'Golden Harvest'	gelb
N. 'King Alfred'	gelb
N. 'Mount Hood'	creme

Narzissen mit breiter Nebenkrone:

N. 'Carlton'	gelb
N. 'Flower Record'	weiß, Krone dunkelgelb
N. 'Fortune'	goldgelb, Krone orangerot
N. 'Ice Follies'	zartgelb, Krone hellgelb

Kurzkronige Narzissen:

N. 'Barrett Browning'	weiß, Krone orange
N. 'Quirinus'	zitronengelb, Krone gelborange
N. 'Verger'	weiß, Krone dunkelrot

Gefülltblühende Narzissen:

N. 'Dick Wilden'	gelb
N. 'Petit Four'	weiß/aprikot
N. 'Texas'	gelb/orange
N. 'White Lion'	weiß/hellgelb

Cyclamineus- oder Alpenveilchen-Narzissen:

N. 'February Gold'	hellgelb, 25
N. 'February Silver'	rahmweiß, 25
N. 'Jack Snipe'	weiß, Krone gelb, 20
N. 'Peeping Tom'	tiefgelb, 35
N. 'Tête à Tête'	gelb, Krone dunkler, 20

Jonquillen-Narzissen (stark duftend):

N. 'Baby Moon'	zartgelb, 25
N. 'Bellsong'*	gelb, Krone rosa, 30
N. 'Sundial'	dunkelgelb, grünes Zentrum, 25

Tazetten-Narzissen:

'Cragford'	weiß, Krone orange, 40
'Geranium'	weiß, Krone orange, 40

Nectarascordum

Eine starkwüchsige Art für Staudenbeete ist *N.*, die den Laucharten ähnelt. Sie blühen im Mai und gedeihen gut in leichter, kalkreicher Erde mit durchlässigem Untergrund an einem sonnigen oder halbschattigen Platz.

N. siculum	grün/violett, weißer Rand, Juni, 50

Nectarascordum siculum

Nerine

Nerinen benötigen einen sonnigen und geschützten Standort und sollten wie Kübelpflanzen behandelt werden. Sie sollten die Pflanzen nicht unter 5 °C in einem hellen Raum überwintern und darauf achten, daß sie nicht austrocknen. Für den Garten geeignet ist *N. undulata;* ihren Artnamen erhielt sie wegen ihrer gekräuselten Blütenblätter. Die Blüten sind zartrosa, etwa 2 cm lang, sehr zierlich in der Form und stehen zu 15 in auffallend duftigen Dolden zusammen.

N. bowdenii	rosa, Sept.-Okt., 50
N. flexuosa 'Alba'*	weiß, Sept.-Okt., 40
*N. undulata**	zartrosa, Aug.-Sept., 40-50

Ornithogalum

MILCHSTERN, VOGELMILCH

Diese dankbaren Zwiebelgewächse, die sich gut zum Verwildern eignen, schmücken auch die Vasen in unseren Räumen. Fast alle Milchsternarten sind gut winterhart, eine Ausnahme stellt *O. thyrsoides* dar, eine Art aus Südafrika. Sie wachsen auf humosem, gut durchlässigem Boden in sonniger oder halbschattiger Lage. Sie ziehen nach der Blüte ein.

O. arabicum	weiß, Mai-Juni, 60
*O. balansae**	weiß/grün, März-April, 15
*O. magnum**	weiß, Mai-Juni, 60
O. nutans	weiß/silbergrün, April, 30
O. pyramidale	weiß, Juni, 120
*O. sintenisii***	weiß, grüne Streifen, April, 10
O. umbellatum	weiß, April, 15

Ornithogalum arabicum

Nerine undulata

Oxalis

SAUERKLEE

Die reichblühende, winterharte, aus knollenartigen Rhizomen wachsende Art *O. adenophylla* stammt aus Chile und Westargentinien und liebt deshalb bei uns einen warmen, sonnigen bis halbschattigen Standort und normale, mehr trockene Erde. Sie sollte unter einer trockenen Abdeckung im Freien überwintern, da die Pflanze nach dem Einziehen keine Nässe verträgt. Nicht winterhart ist *O. deppei,* der Glücksklee.

O. adenophylla	rosa, Sommer, 20

Oxalis adenophylla

Pushkinia

Für den Laien ist die Puschkinie kaum von der *Scilla* oder der *Chionodoxa* zu unterscheiden. Der Unterschied besteht jedoch im Aufbau der Blüte. Sie ist als robuster und ausdauernder Frühlingsblüher bekannt. Die winterharten Pflanzen bevorzugen Gegenden mit kühlerem Klima, in denen sie in voller Sonne oder Halbschatten gedeihen.

P. scilloides var. libanotica	lichtblau, März, 20
P. s. var. *libanotica* 'Alba'	reinweiß, März, 20

Pushkinia scilloides var. *libanotica*

Ranunculus

HAHNENFUSS

Meinem Gefühl nach werden die Gartenranunkeln als Zierpflanzen viel zu wenig beachtet. Man unterscheidet Türkische oder Turbanranunkel (meist gefüllte Blüten), Persische Ranunkel (halbgefüllte Blüten), Französische Ranunkel (locker gefüllte Blüten) und Päonienblütige Ranunkel (mit dicht gefüllten Blütenbällchen). In unserem Klima sind Ranunkeln nur in ganz warmen Gebieten, an geschützten Plätzen bei guter Abdeckung winterhart. Die Pflanzen benötigen einen zwar sehr sonnigen, jedoch vor heißer Mittagssonne geschützten Platz und humusreiche, etwas feuchte Erde. Man pflanzt sie im März, weicht die Knollen aber zuvor in Wasser ein. Danach kommen die Knollen etwa 5 cm tief in frische bis feuchte Erde.

Türkische Ranunkeln:	
R. 'Boule d'Or'*	goldgelb, früh
R. 'Hercules'	weiß
R. 'Merveilleuse'*	kupferfarben gelb
R. 'Romano'*	rot
Französische Ranunkeln:	
R. 'Mathilde Christina'*	weiß
R. 'Orange Queen'	orange
R. 'Primrose Beauty'*	gelb
R. 'Veronica'*	rot
Päonienblütige Ranunkeln:	
R. 'Brilliant Star'*	rot
R. 'Champagne'	hellgelb
R. 'Flora'*	karmin, schwarzes Zentrum
R. 'Golden Ball'*	gelb
Persische Ranunkeln:	
R. 'Barbaroux'	rot
R. 'Fire Ball'	dunkelrot
R. 'Jaune Suprême'	gelb
R. 'Pink Perfection'	rosa

Ranunkel-Mischung

Scilla

BLAUSTERN

Man kann sich kaum einen Frühlingsgarten ohne den Blaustern vorstellen. In unseren Auwäldern und auf den Alpenwiesen blühen die Pflanzen in großen Massen und sind häufig aspektbildend. Alle Arten kommen in Gruppen am besten zur Geltung. Sie wirken besonders hübsch zwischen gelben Winterlingen oder Krokussen oder auch frühblühenden roten Tulpen. Die winterharten Arten stellen keine besonderen Ansprüche, sie gedeihen in voller Sonne ebenso wie im Schatten.

S. bifolia	enzianblau, März, 10
S. mischtschenkoana	porzellanblau, Febr.-März, 10
S. sibirica	leuchtend-blau, März-April, 15
S. s. 'Alba'	weiß, März-April, 15
S. s. 'Spring Beauty'	dunkelblau, März-April, 20

Scilla bifolia 'Rosea'

Sternbergia

GOLDKROKUS, GEWITTERBLUME

Wenn im Herbst der Goldkrokus blüht, könnte man ihn auf den ersten Blick tatsächlich mit einem echten, herbstblühenden Krokus verwechseln.

S. lutea	gelb, Sept.-Nov., 15

Trillium

Das Dreiblatt (auch: Waldlilie) ist leicht an den dreizähligen Blüten erkennbar. Als Standort benötigt es schattige, kühle Plätze. Es gedeiht in tiefen, feuchten Humusböden.

T. ozarkianum	weiß, Mai-Juni, 20
T. sessile	braungrün, Mai-Juni, 20
T. s. 'Californicum'	braunrot, Mai-Juni, 20

Trillium sessile 'Californicum'

Triteleia

Nur in milden Gebieten sind die Frühlingssternblumen bei uns unter entsprechendem Frostschutz winterhart. Die Zwiebeln müssen im Winter abgedeckt werden.

*T. hendersonii**	gelb, Juni-Juli, 30
T. ixioides 'Splendens'**	gelb, Juni, 50
T. laxa 'Königin Fabiola'	violettblau, Juni, 50

Sternbergia lutea

Triteleia laxa 'Königin Fabiola'

Tritonia

Diese nicht winterharten Knollenpflanzen sehen den Crocosmien ähnlich und bringen mit ihren strahlenden Blüten leuchtende Farben in unsere Staudenbeete, aber auch in Räume, denn es sind ausgezeichnete Schnittpflanzen.

T. crocata	gemischt, Juni-Juli, 25

Tritonia crocata

Tulipa

TULPE

Was soll ich über Tulpen schreiben? Während die Gartentulpen zum festen Bestand der meisten Gärten gehören, setzen besonders die botanischen Arten neue Akzente im gewohnten Tulpenbild. Die ca. 4000 Kultursorten werden in 15 Klassen unterteilt, eine Klassifizierung, die von der *Royal Horticultural Society* in London kontrolliert und ständig auf den neuesten Stand gebracht wird. Tulpen bevorzugen sonnige Standorte, vertragen aber auch Halbschatten. Die frühen Sorten und die Wildtulpen brauchen am meisten Sonne. Die Zuchtsorten bevorzugen sandigen Lehmboden, gedeihen aber auch in jedem anderen Gartenboden. Saurer Boden bekommt ihnen nicht. Wie die meisten Zwiebelpflanzen verlangen sie ein Erdreich ohne Staunässe.

Wildtulpen:

T. acuminata	rot/gelb, April, 50
T. aucheriana	tiefrosa, April, 5
*T. batalinii**	gelb, April, 15
T. biflora	weiß/grün, April, 15-25
*T. celciana**	rot, Mai, 10
T. clusiana	weiß/rot, April-Mai, 30
*T. ferganica***	gelb/rötlich, April, 15
T. hageri	rot, April, 15
T. kolpakowskiana	gelb/grünlich, April, 15
*T. lanata**	orangerot, gelber Rand, April, 25
T. liniflora	scharlachrot, April-Mai, 15
T. marjolettii	zartgelb, rosa Rand, Mai, 50
*T. polychroma**	weiß/gelb, April, 10
T. praestans	rot, April, 25
T. pulchella var. *humilis*	violett/rosa, Febr.-März, 10
T. saxatile	rosa-violettrosa, März-April, 30
T. sylvestris	gelb, April, 25
T. tarda	gelb/weiß, April, 10

Tulipa hageri

Tulipa urumiensis, Botanische Tulpe

Tulipa 'Lustige Witwe', Triumph-Tulpe

T. turkestanica	weiß, gelbes Herz, März, 25
T. urumiensis	goldgelb, rote Tüpfel, April-Mai, 20

Die international gebräuchliche Klassifizierung der Tulpen erfolgt nicht nur nach den jeweiligen Abstammungen und Blüteeigenschaften, sondern auch nach der Blütezeit. Bei der Blütezeit geht man von den Freilandbeständen aus. Man unterscheidet vier Gruppen, die insgesamt aus 15 Klassen bestehen:

Frühe Tulpen:
Einfache Tulpen
Gefüllte Tulpen

Mittelfrühe Tulpen:
Darwin-Tulpen
Mendel-Tulpen
Triumph-Tulpen
Späte Tulpen:
Chamäleon- oder Rembrandt-Tulpen
Cottage-Tulpen
Lilienblütige Tulpen
Späte Darwin-Tulpen
Späte gefüllte Tulpen
Papageien-Tulpen
Tulpen-Arten und ihre Hybriden:
Tulipa kaufmanniana, T. fosteriana, T. greigii, andere Species

Tulipa 'Brilliant Star'

Tulipa 'Lilac Perfection': doppelte, lilienblütige Tulpe

Urginea

MEERZWIEBEL

Im Freiland gedeiht die Meerzwiebel nur in extrem warmen Gebieten und an besonders geschützten Plätzen. Ansonsten ist eine Kultur im Kalthaus erforderlich, wo die Pflanzen in Töpfen dicht an der hellen, warmen Glaswand stehen sollten. Während der Entwicklung braucht die Pflanze viel Feuchtigkeit.

*U. maritima**	weiß, Aug.-Sept., 120

Vallota

Die nicht winterharte Sommeramaryllis muß im Winter hell und kühl bei etwa 4 bis 8 °C aufbewahrt werden.

V. speciosa	orangerot, Juli, 50

Zephyranthes

Behandeln Sie diese Gattung ebenso wie *Vallota*. Nur *Z. candida* kann, wenn sie gut abgedeckt wurde, im Freien überwintern, die anderen Arten müssen frostfrei aufbewahrt werden.

Vallota speciosa

Z. candida	weiß, Sept.-Okt., 20
*Z. grandiflora**	hellrosa, Mai-Juni, 30
*Z. rosea**	rosa, Sept.-Okt., 20

Zephyranthes grandiflora

10. Wasser- und Sumpfpflanzen

Das Sortiment an Wasserpflanzen ist erheblich größer als das, was von einem Gartencenter normalerweise angeboten wird. Die meisten Pflanzen müssen über Spezialgärtnereien für Sumpf- und Wasserpflanzen bestellt werden. In jedem Fall müssen Teichpflanzen über den Fachhandel und andere Teichbesitzer bezogen werden, da ein Entnehmen von Pflanzen oder Tieren aus der Landschaft im Gegensatz zu jedem Naturschutzgedanken steht. Vielen heimischen Pflanzen, die in der Natur selten geworden sind, können Sie in Ihrem Naturteich einen Lebensraum schaffen. Die richtige Tiefe ist für Wasserpflanzen essentiell, deshalb beginnen unsere Angaben zu den einzelnen Arten mit der Wassertiefe (in cm). Die erste Ziffer gibt die Tiefe der Pflanzen unter Wasser an, die Höhe oberhalb des Wassers wird durch das + angezeigt. Auf die Wassertiefe folgen Blütenfarbe, Blütezeit und, wenn wesentlich, die gesamte Wuchshöhe der Pflanzen in cm.

Acorus

KALMUS

Diese heimische, aromatische Pflanze wird bis zu 1 m hoch und blüht nicht auffällig.

A. calamus	0-20, weiß, Juni-Aug., 70
A. calamus 'Variegatus'	0-20, gelbe Streifen, Juni-Aug., 70
A. gramineus	10, hellgelbe Streifen, 30

Alisma

FROSCHLÖFFEL

Der Froschlöffel eignet sich auch für den Sumpfbereich und hat hübsche Samenstände, die auch im Winter dekorativ wirken. Seine Blüten stehen in rispigen, quirlig verzweigten Blütenständen.

A. natans	schwimmend, weiß, Mai-Aug., 40
A. plantago-aquatica.	30-+10, weiß, Juli-Aug., 70

Links: *Sagittaria latifolia*

Acorus calamus 'Variegatus'

Aponogeton

WASSERÄHRE

Der Reiz dieser 20 cm lange Schwimmblätter tragenden Art liegt in ihrem Blütenstand, einer zweizeiligen Ähre, die sich mit weißen Blütenblättern

Alisma plantago-aquatica

und sechs dunklen Staubblättern je Blüte ein wenig über das Wasser erhebt. Sie sollte in einem Gewächshausbecken überwintert werden.

A. distachyos 30-50, weiß, Juni-Okt., 5

Aponogeton distachyos

Azolla

FEENMOOS

Zum Schattieren sonniger Teiche ist das Feenmoos, eine kleine Schwimmpflanze, hervorragend geeignet, weil es sich stark ausbreitet. Nur in milden Wintern überdauert es im Freiland.

A. caroliniana schwimmend, grün, braunrot

Azolla caroliniana

Baldellia (Echinodorus)

IGELSCHLAUCH

Der Igelschlauch ist eine kleine Sumpfpflanze mit grasartigen Blättern und einer zarten Blüte. Die Arten *Alisma, Luronium und Echinodorus* wurden unter dem Namen *Alisma* (Froschlöffel) zusammengefaßt. Die stets wechselnden botanischen Bezeichnungen sorgen für große Verwirrung (siehe auch: *Alisma*).

B. ranunculoides 5-+5, weiß, Juni-Sept., 20

Baldellia ranunculoides

Butomus

SCHWANENBLUME

Diese attraktive, heimische, wärmeliebende Pflanze verträgt eine Wassertiefe von höchstens 50 cm. Ihre rosafarbenen Scheindolden sind im Juli sehr dekorativ.

B. umbellatus 30-0, rosa, Juli-Aug., 100

Butomus umbellatus

Calla

SCHLANGENWURZ

Auf sauren Sumpfböden, im flachen Wasser und im Schatten fühlt sich die Schlangenwurz wohl. Sie wird meist durch Schnecken bestäubt.

C. palustris	15-0, weiß, Juni-Juli, 20

Calla palustris

Caltha

SUMPFDOTTERBLUME

Die Sumpfdotterblume ist eine wüchsige Uferpflanze, die zeitig im Frühjahr mit ihren leuchtend gelben Blüten im Wassergarten Farbakzente setzt. Beliebt ist auch die gefüllte Sorte 'Multiplex'. Etwas später im Frühjahr erscheinen die weißen Blüten der Sorte 'Alba'.

C. palustris	10-0, goldgelb, April-Mai, 30
C. p. 'Alba'	10-0, weiß, Mai-Juni, 20
C. p. 'Multiplex'	10-0, gelb, April-Mai, 30
*C. polypetale**	10-0, Mai-Juni, 60

Caltha palustris 'Alba'

Carex

SEGGE

Die charakteristischen Blütenähren dieser Sumpf- und Wasserpflanzen sind sehr schön; bemerkenswert ist aber auch, daß sie wintergrün sind.

C. otrubae	10-0, braun, Mai-Juni, 60
C. paniculata	10-0, grün, Mai-Juni, 100
C. pendula	10-0, braun, Juni-Juli, 150
C. pseudocyperus	20-0, braun, Juni-Juli, 100
C. riparia	10-+10, braun, Juni-Juli, 100

Carex pendula

Ceratophyllum

HORNBLATT

Dieser ausgezeichnete Sauerstoffspender kann im Boden wurzeln oder freischwimmend vorkommen. Die Blüten sind unscheinbar.

C. demersum	100-30, grün, 0

Ceratophyllum demersum

Chrysosplenium

MILZKRAUT

Die Pflanze steht gerne im Wasser. In langsam fließenden Gewässern kann das Milzkraut auch unter Wasser wachsen. Obwohl es sich um eine heimische Pflanze handelt, wird sie nur sehr selten angeboten.

*C. alternifolium** 10-+10, gelb, Juli-Sept., 10

Chrysoplenium alternifolium

Cicuta

WASSERSCHIERLING

Für den Giftbecher von Sokrates hat man den Wasserschierling benutzt. Ein deutliches Kennzeichen dieser Pflanze ist ihr gekammerter Wurzelstock. Der Wasserschierling gehört mit zu den giftigsten heimischen Pflanzen.

C. virosa 10-0, weiß, Juli-Sept., 100

Cicuta virosa

Cladium

SCHEIDE

Die Scheide wächst hinter dem Schilfgürtel von Seeufern und Gräben. Sie verträgt auch zeitweise trokken fallende Standorte. Ihr Blütenstand ist für Trokkensträuße geeignet.

*C. mariscus** 30-10, grün, Juni-Juli, 150

Cladium mariscus

Cochleria

LÖFFELBLATT

Verschiedene Arten des Löffelblatts sind heimisch. Die Pflanze verträgt Brackwasser, worauf wohl die fleischigen Blätter zurückzuführen sind.

C. officinalis 5, weiß, April-Mai, 25

Colocasia

Die Wasserpflanze wirkt durch ihr schönes Blattwerk, das an Pfeilkraut erinnert.

*C. esculenta*** 50-20, Aug.-Nov., 100

Comarum

SUMPFBLUTAUGE

Siehe: *Potentilla*

Cotula

C. squalida (siehe: Stauden), ein Flächendecker mit mattenförmigem Wuchs, ist geeignet für die Uferrandbepflanzung, speziell bei Folienteichen. Die

Colocasia esculenta

Blütenköpfchen der Art *C. coronopifolia* sind auffälliger als die der anderen Arten.

*C. coronopifolia**	5-0, gelb, Mai-Juni, 20

Cyperus

ZYPERGRAS

Das schirmartige Aussehen ihrer attraktiven Wedel mit schmalen, überhängenden Grasblättern machen das Zypergras für Gräserliebhaber interessant.

C. alternifolius	10-0, hellgrün, 70

Cyperus alternifolius

C. longus	20-0, grünbr., Juli-Sept., 100

Dactylorhiza

KNABENKRAUT

Nur wenige Arten heimischer Orchideen sind in Kultur, deshalb können sie auch nur selten käuflich erworben werden. Wenden Sie sich an spezielle Orchideenzüchter und -gärtnereien, wenn Sie in Ihrem Wassergarten Orchideen pflanzen wollen. Diese Pflanzen fühlen sich an nährstoffarmen, ungedüngten Standorten wohl.

*D. praetermissa**	+5-+20, fleischfarben, Mai-Juni, 40

Dactylorhiza praetermissa

Echinodorus

IGELSCHLAUCH

Siehe: *Baldellia*

Egeria

WASSERPEST

In fast allen stehenden Gewässern kommt die eingeschleppte Wasserpest vor. Sie ist eine ausgezeichnete Sauerstoffpflanze. Die Pflanze schwimmt frei im Wasser kann aber auch im Boden wurzeln. Sie verbreitet sich so stark, daß sie regelmäßig ausgedünnt werden muß.

E. densa	100-20, grün

Eichhornia

WASSERHYAZINTHE

Siehe: Kübel- und Kalthauspflanzen

Eleocharis

SUMPFSIMSE

Die heimische Pflanze ist relativ unscheinbar, sie wächst in Büscheln und ist für naturnahe Wassergärten geeignet. Sie hat keinen auffallenden Blütenstand.

E. acicularis	30-0, grün, 30
E. palustris	0-+20, grün, 30

Elodea

WASSERPEST

Diese sauerstoffspendende Unterwasserpflanze kann entweder im Boden wurzeln oder frei schwimmend vorkommen. *E. canadensis* ist die Kanadische Wasserpest, sie wurde weltweit verschleppt und vielfach eingebürgert; bei uns kommt sie verwildert vor. Die Blüten sind unscheinbar.

E. canadensis	100-20, grün, Mai-Aug.

Elodea canadensis

Epilobium

WEIDENRÖSCHEN

Das Weidenröschen ist ein kaum ausrottbares Unkraut. Diese Wildstaude eignet sich als Uferpflanze für naturnahe Tümpel und Weiher. Beide Arten sind heimisch.

E. angustifolium	0-+10, rosa, Juli-Okt., 100
E. hirsutum	0-+10, rosa, Juli-Nov., 120

Epilobium hirsutum

Epipactis

SUMPFSITTER

Diese einheimische Orchideenart breitet sich durch Rhizome aus und wird von Spezialgärtnereien vegetativ vermehrt und angeboten.

*E. palustris**	+10, braun/weiß, Juni-Aug., 40

Equisetum

SCHACHTELHALM

E. fluviatile und *E. palustre* sind heimische Schachtelhalmarten. Es handelt sich hierbei nicht um Blütenpflanzen, sondern sie vermehren sich durch Sporen. Die Arten sind wuchsfreudig, sie bilden Ausläufer und breiten sich stark aus.

E. fluviatile	30-+10, weiße Sporangien Mai-Juni, 50
E. japonicum	30-+10, braune Sporangien, 80
E. palustre	10-+5, grün, Mai-Juni, 40
E. scirpoides	10-0, braune Sporangien, 20

Eriophorum

WOLLGRAS

Das Gras verdankt seinen Namen dem schneewei-

Equisetum japonicum

ßen, flauschigen Wollschopf der Fruchtstände. Am besten sind Wollgräser für die Bepflanzung von Moorbeeten geeignet, sie lieben saure Moorböden.

E. angustifolium	0-+10, weißer Schopf, April-Mai, 30
E. latifolium	0-+10, weißer Schopf, April-Mai, 60
E. vaginatum	0-+10, weißer Schopf, April-Mai, 40

Eriophorum vaginatum

Euphorbia

SUMPFWOLFSMILCH

Wie viele Wasserpflanzen ist auch diese heimisch. Die Sumpfwolfsmilch steht gerne in flachem Wasser. Neben attraktiven Blütenständen hat die Pflanze auch eine sehr schöne Herbstfärbung.

E. palustris	0-+10, gelb, Mai-Juni, 120

Filipendula

MÄDESÜSS, SPIERSTAUDE

Diese Pflanze ist für das feuchte Ufer geeignet, sie mag Sonne und auch Halbschatten, jedoch keinen totalen Schatten. Die Art *F. vulgaris* (Knolliges Mädesüß) steht lieber trockener, sie wächst normalerweise auf Halbtrockenrasen.

F. ulmaria	0-+10, creme, Aug.-Sept., 80
F. u. 'Plena'	0-+10, weiß, Juli-Aug., 70
F. u. 'Variegata'	0-+10, weiß, buntes Blatt, Juli-Aug., 70
F. vulgaris	+10-+20, weiß, Juni-Juli, 50
F. v. 'Plena'	+10-+20, weiß, Juni-Juli, 40

Filipendula vulgaris 'Plena'

Fritillaria

Siehe: Zwiebel- und Knollengewächse

Glyceria

SCHWADEN

Der anspruchslose Wasser-Schwaden kommt auch in verschmutzten Gewässern mit stark schwankendem Wasserstand vor. Mit langen, unterirdischen Ausläufern wächst er sehr stark. Die Sorte 'Variegata' hat rahmweiß-grün gestreifte Blätter.

G. maxima 'Variegata'	10-+10, Juli-Sept., 40

Glyceria maxima

Groenlandia

BRUNNENKRAUT

Bei dieser Wasserpflanze bleibt auch die Blüte unter Wasser. Sie wurzelt am Boden und fühlt sich in relativ seichtem Wasser wohl. Die Gattung *Groenlandia* ist eine Abgliederung von der Gattung *Potamogeton.*

G. densa	10-40, Juni-Sept.

Hippuris

TANNENWEDEL

Die winzigen grünen Blütchen des Tannenwedels sind unscheinbar. Der Wurzelstock der anpassungsfähigen Pflanze wuchert unter Wasser, während die Wedel weit herausragen.

H. vulgaris	60-20, grün, 30

Hottonia

WASSERFEDER

Die Wasserfeder hat schöne, zarte Blüten, die etwa 30 cm über die Wasserfläche hinausragen. Sie bevorzugt fließendes Wasser und verträgt Halbschatten.

H. palustris	80-10, rosa, Mai-Juni, 40

Hottonia palustris

Houttuynia

Siehe: Stauden

Hydrocharis

FROSCHBISS

Diese Schwimmpflanze hat Seerosenblätter im Kleinstformat und ist für flaches Wasser geeignet.

H. morsus-ranae	Schwimmpflanze, weiß, Juli-Aug., 5

Hippuris vulgaris

Hydrocotyle

WASSERNABEL

Flachmoore, Sumpf- und Moorwiesen zählen zu den typischen Standorten des Wassernabels. Er verträgt wechselnden Wasserstand.

H. leucocephala	10-+10, weiß, Juni-Aug., 20
H. vulgaris	20-+5, weiß bis rot, Juni-Sept., 10

Hydrocotyle vulgaris

Inula

ALANT

Siehe: Stauden

Iris

SCHWERTLILIE

Den Namen Iris, Regenbogen, trugen die Schwertlilien schon im Altertum. Sie sind robuste, ausdauernde Gewächse mit Rhizomen, Knollen oder Zwiebeln. Beachten Sie die unterschiedlichen Standortansprüche der einzelnen Arten.

I. laevigata	0-+10, blauviolett, Juni-Juli, 80
I. l. 'Rose Queen'	zartes Lilarosa, Juni-Juli, 70
I. l. 'Snowdrift'	rein weiß, Juni-Juli, 70
I. pseudacorus	20-0, gelb, Juni, 100
I. p. 'Flore Pleno'	20-0, gelb, Juni, 100
I. p. 'Variegata'	20-0, gelb, bunt, Juni, 80
I. setosa	
I. versicolor	0-+20, blauviolett, Mai-Juni, 70

Juncus

BINSE

Binsen wachsen meist horstartig. Sie leben auf feuchten bis nassen, torfigen Böden. Besonders geeignet sind sie für naturnahe Gartenteiche und Tümpel.

J. effusus	10-0, braun, Juli-Aug., 60
J. e. 'Spiralis'	10-0, dunkelgrün, 30
J. ensifolius	5-0, dunkelbraun, Juli-Aug., 20
J. inflexus	10-0, braun, Juli-Aug., 60

Juncus effusus 'Spiralis'

Jussiaea

Jussiaea hat wunderschöne gelbe Blüten mit einem Durchmesser von 5 cm zwischen dunkelgrünen Blät-

Iris versicolor

tern. Sie kann durch Stecklinge vermehrt werden. Oft hält man die Pflanze für eine heimische Art, sie kommt aber aus Südost-Asien. *Jussiaea* wird auch als *Ludwigia* bezeichnet.

J. grandiflora	50-30, gelb, Juni, 30

Jussiaea grandiflora

Lemna

WASSERLINSE

Unkrautartig verbreiten sich die Wasserlinsen, sie entwickeln sich üppig, unabhängig von der Wassertiefe. Nährstoffreiche, stehende Gewässer werden allerdings bevorzugt. Als wichtige Konkurrenten zu den nährstoffliebenden Algen sind sie zum Beschatten der Wasseroberfläche geeignet.

L. trisulca	Schwimmpflanze, grün

Lobelia

Lobelien wachsen gerne an feuchten, schattigen oder auch zeitweise überfluteten Standorten, ähnlich wie die Priemeln, mit denen sie häufig kombiniert werden. *L. fulgens* sollte frostfrei überwintern, die anderen Arten müssen im Winter abgedeckt werden.

L. cardinalis	10-0, rot, Juli-Nov., 70
L. fulgens 'Queen Victoria'	10-0, rot, Juli-Nov., 70
L. sessilifolia	10-0, violett, Juli-Nov., 70
L. siphilitica	10-+20, hellblau, Aug.-Nov., 80

Lotus

HORNKLEE

Denken Sie bei dieser Art bitte nicht an die Lotosblume, die den wissenschaftlichen Namen *Nelumbo nucifera* hat (siehe: Kübelpflanzen und Kalthauspflanzen). Hier ist die Ufer- oder Sumpfpflanze gemeint, die natürlicherweise auf nassen Wiesen wächst. Die Pflanze bildet unterirdische Ausläufer und verträgt volle Sonne.

L. uliginosus	0-+20, gelb, Juni-Aug., 20

Ludwigia

Siehe: *Jussiaea*

Luronium

SCHWIMMENDER FROSCHLÖFFEL

Siehe: *Alisma natans*

Lysichiton

SCHEINKALLA

Aus kräftigen Wurzelstöcken gehen aronstabähnliche Blüten hervor. Sie erscheinen vor dem Blattaustrieb, die nachfolgenden Blätter erinnern an eine tropische Pflanze.

L. americanus	10-+10, gelb, April-Mai, 100
L. camtschatcensis	10-+10, weiß, April-Mai, 90

Lobelia cardinalis

Lysichiton americanus

Lysimachia

PFENNIGKRAUT

Das Pfennigkraut ist ein gut wachsender Bodendecker, der nährstoffreiche, frische bis feuchte Böden in wechselsonniger Lage bevorzugt. Er kann aber auch trockener stehen.

L. nummularia	5-+10, gelb, Mai-Juni, 5
L. n. 'Aurea'	5-+10, gelb, Mai-Juli, 5
L. thyrsiflora	10-0, gelb, Juni-Sept., 30

Lysimachia nummularia 'Aurea'

Lythrum

WEIDERICH

Siehe: Stauden

Mentha

WASSERMINZE

Die Blüten der Wasserminze sind nicht beeindruckend, sie bildet dichte Bestände unmittelbar am Wasserrand und ist stark wüchsig. Charakteristisch ist der Minzgeruch.

M. aquatica	10-0, violett, Juni-Sept., 30

Mentha aquatica

Menyanthes

FIEBERKLEE

Die gefransten, weißen Blüten des Fieberklees erinnern an die Blütenstände der Kastanien. Die Blätter sind sattgrün und dreigeteilt. Die Pflanze wächst in der Sonne bzw. im Halbschatten.

M. trifoliata	30-0, weiß, Juni-Sept., 20

Menyanthes trifoliata

Mimulus

GAUKLERBLUME

Die Gauklerblume wächst in der Natur in flachem, fließendem Wasser, sie kann auch trockener stehen.

Die Pflanzen müssen frostfrei überwintert werden.

M. guttatus	5-+5, gelb, Juni-Nov., 20
M. luteus	5-+5, orangegelb, Juni-Nov., 20
*M. ringens**	5-+5, hellviolett, Juni-Aug., 30

Mimulus guttatus

Molinia

PFEIFENGRAS

Im Gegensatz zu *M. caerulea* (siehe: Bambus, Gräser und Farne) ist diese Sumpfpflanze keine heimische Art.

M. altissima	+5-+10, braun, Juli-Nov., 80

Myosotis

SUMPF-VERGISSMEINNICHT

Die hellblauen, doldenartigen Blütenstände dieser Sumpfpflanze leuchten im Frühling an Teich- und Bachrändern. Die Pflanze liebt sumpfige bis mäßig feuchte Böden in voller Sonne.

M. palustris	5-+10, hellblau, Mai-Juli, 30

Myriophyllum

TAUSENDBLATT

Das Blatt dieser Unterwasserpflanze ähnelt dem des Wasserhahnenfußes. Sie wuchert mit langen Trieben und bildet dichte Unterwasserwiesen. Die Pflanze überwintert am Grund und beginnt auszutreiben, wenn im Frühling das Licht stärker wird.

M. aquaticum	100-30, grün, zartes Blatt
M. brasiliensis	70-30, grün, zartes Blatt
M. spicatum	100-30, grün, zartes Blatt

Myriophyllum aquaticum

Nasturtium

BRUNNENKRESSE

Eine üppige Begrünung für flache Sumpfränder an Bächen oder Gräben kann durch die kriechende heimische Brunnenkresse erreicht werden.

N. officinale	10-0, weiß, Mai-Okt., 10

Nuphar pumila 'Variegata'

Nuphar

MUMMEL

Eigenartig gebaut sind die gelben, rundlichen, flach über dem Wasser stehenden Blüten der Teichmummel. Sie ist für große Teiche geeignet, sie bevorzugt meist nährstoffreiche Böden und verträgt etwas Schatten.

N. luteum	100-50, gelb, Juni-Sept., 20
N. pumila 'Variegata'	80-40, gelb, Mai-Aug., 10

Nymphaea

SEEROSE

Für die meisten Menschen sind Seerosen der Inbegriff der Wasserpflanzen schlechthin. Die leuchtenden, überaus edel geformten Blüten entfalten ihre Pracht auf dem Wasser. Seerosen gibt es nicht nur in allen erdenklichen Farben, sondern auch für jede Wassertiefe. Der Wasserstand sollte zwischen 30 und 150 cm betragen. Nur die weiße Wildart verträgt größere Tiefen. Die kleinblättrigen Seerosen eignen sich für Kübel und Tröge, müssen jedoch überwintert werden. Seerosen brauchen einen sonnigen Standort.

Nymphaea 'Attraction'

Nymphaea 'Laydekeri Purpurata'

Nymphaea 'Pygmaea Helvola'

N. alba	250-100, weiß
N. 'Atropurpurea'	40, dunkelkarminrot
N. 'Attraction'	120-60, rot mit rosa
N. 'Aurora'	120-60, rosa-orange
N. 'Cardinal'	70, rot, innen heller
N. 'Charles de Meurville'	80, weinrot, Blütenspitzen heller
N. 'Chrysantha'	30, aprikosenfarbig
N. 'Colonel A. J. Welch'	120-60, kanariengelb, spät
N. 'Colossea'	70, fleischfarben/weiß
N. 'Comanche'	gelblich, später dunkler
N. 'Conqueror'	60, dunkelrot
N. 'Ellisiana'	60, pfirsichrot
N. 'Escarboucle'	120-60, dunkelrot
N. 'Gladstoniana'	100-50, reinweiß
N. 'Gloriosa'	60-40, gestreift, innen rot
N. 'Helvola'	20, schwefelgelb
N. 'Hermine'	80-50, silberweiß, tulpenförmig
N. 'James Brydon'	120-60, kirschrot
N. 'King of the Blues'	50-20, lila
N. 'Laydekeri Lilacea'	60-30, lilarosa, weiße Streifen
N. 'Laydekeri Purpurata'	60-30, lilarosa
N. 'Marleacea Albida'	100-60, weiß, gelbe Staubf.
N. 'Marleacea Carnea'	120-60, zartrosa
N. 'Marleacea Chromatella'	120-60, gelb
N. 'Marleacea Rosea'	120-60, dunkles Zartrosa
N. 'Maurice Laydeker'	60-30, orange bis rot
N. 'Mme Wilfron Gonnère'	80-50, rosa
N. 'Moorei'	120-60, gelb-marmoriertes Blatt

N. 'Newton'	60, rosa, Blüten unter Wasser
N. 'Odorata Alba'	50-30, weiß
N. 'Paul Hariot'	50-30, fleischfarben
N. 'Pink sensation'	60, rosa
N. 'Princess Elizabeth'	40-30
N. 'Pygmaea Alba'	60-30, weiß
N. 'Pygmaea Helvola'	60-30, hellgelb
N. 'Pygmaea Rubra'	60-30, rot
N. 'René Gérard'	60-30, zart-lachsrosa
N. 'Richardsonii'	100-50, weiß, blütenreich
N. 'Rose Arey'	60-30, rosa
N. 'Rosennymphe'	70-40, rosa
N. 'Sioux'	60-50, kupferrot
N. 'Sulphurea'	120-60, hellgelb
N. tetragona	30-10, weiß

Nymphaea tetragona

Nymphoides

SEEKANNE

Die Sommerwärme liebende Seekanne bevorzugt nährstoffreiche Gewässer. Kurzzeitiges Austrocknen übersteht sie, ihre volle Vitalität erreicht sie jedoch nur im Wasser. Sie ähnelt den Seerosen, ihre Blätter sind jedoch wesentlich kleiner. Die gelben Blüten ragen leicht über den Wasserspiegel hinaus.

N. peltata	80-20, gelb, Juni-Aug., 10

Oenanthe

WASSERFENCHEL

O. aquatica ist ein kerbelartiges heimisches Gewächs, das natürlicherweise in Gräben und Sümpfen vorkommt und für naturnahe Gartenteiche, Tümpel und Weiher geeignet ist. *O. f.* 'Flamingo' wird am häufigsten in Wassergärten gepflanzt.

O. aquatica	10-0, weiß, Juni-Aug., 100
O. fistulosa	10-0, cremefarben, Juni-Aug., 40
O. f. 'Flamingo'	10-0, hellrosa, Juni-Aug., 40

Orontium

GOLDKEULE

Die Goldkeule bohrt ihren Wurzelstock tief in den Schlamm und treibt oberseits dunkelgrüne Blätter, die sich bei flacherem Wasser daraus erheben.

O. aquaticum	20-0, leuchtend gelb, Mai-Aug.

Orontium aquaticum

Nymphoides peltata

Persicaria

KNÖTERICH

Siehe: *Polygonum*

Petasites

PESTWURZ

Siehe: Stauden

Phragmites

SCHILF

Schilf eignet sich für große Naturteiche, da die Pflanzen stark wuchern. Leider unterdrücken sie dadurch niedrig wachsende Arten und entwickeln sich leicht zu „Schilfmonokulturen". Folienteiche können durch die scharfen, spitzen Wurzelausläufer beider Arten beschädigt werden.

P. australis (communis)	30-+10, braun, Aug.-Sept., 150
P. a. 'Variegatus'	20-+10, buntes Blatt, 100

Pistia

MUSCHELPFLANZE, WASSERSALAT

Die hellgrünen, muschelförmigen Blätter glänzen silbrig und sind in einer Rosette angeordnet. Ihr aparter Wuchs macht sie zu einer hübschen Schwimmpflanze.

P. stratiotes	Schwimmpflanze, hellgrün

Pistia stratiotes

Polygonum

KNÖTERICH

Die meisten *Polygonum*-Arten sind Sumpfpflanzen und breiten sich stark aus. Sie haben auffällige, rosafarbene Blütenähren und gedeihen in voller Sonne oder im Halbschatten. Der Name *amphibium* bedeutet, daß die Art sowohl eine Wasser- als auch eine Landform ausbilden kann. Deshalb verträgt sie wechselnden Wasserstand.

P. amphibium	30-0, rosa, Juni-Juli, 5
P. bistorta	0-+10, rosa, Mai-Juli, 30

Polygonum amphibium

Pontederia

HECHTKRAUT

Diese Hyazinthen-ähnlichen Pflanzen dürfen in keinem Wassergarten fehlen. Die Blätter sind breit-

Pontederia lanceolata

herzförmig, langgestielt und glänzend grün. Aus den Blattscheiden entwickeln sich leuchtend blaue, attraktive Blütenähren. Die Pflanzen eignen sich sowohl für Teiche und Wasserbecken als auch für größere Kübel.

P. cordata	40-10, leuchtend blau, Juni-Sept., 70
P. c. 'Alba'	40-10, weiß, Juni-Sept., 70
P. lanceolata	60-40, blau, Juni-Okt., 140

Potamogeton

LAICHKRAUT

P. pectinatus und *P. crispus* sind für kleinere Teiche geeignet und wachsen auch im Schatten. *P. natans*, mit braungrünen Blättern, hat Blätter, die auf der Wasseroberfläche schwimmen. Sie vertragen Wasserstandsschwankungen und kurzfristige Austrocknung.

P. crispus	60
P. lucens	200
P. natans	bis 100
P. pectinatus	bis 150

Potamogeton natans

Potentilla

SUMPF-BLUTAUGE

Anders, als der Name vielleicht vermuten läßt, handelt es sich hier um keine besonders spektakuläre Art. Die rotbraune Färbung von Blütenkelch und Kronblättern war hier namensgebend.

P. palustris	5-+5, braun, Juni-Aug., 20

Ranunculus

WASSERHAHNENFUSS

R. aquaticus, der Wasserhahnenfuß, hat zwei Arten von Blättern: Seine Unterwasserblätter sind zart und fein zerteilt, die glänzenden Schwimmblätter sind nierenförmig. Die Blüten stehen auf kräftigen Stielen über dem Wasser. Die anderen Arten sind Uferpflanzen und mögen sumpfige Böden in voller Sonne.

R. aquatilis	100-30, weiß, Juni-Juli, 10
R. flammula	0-+10, gelb, Juni-Nov., 30
R. lingua	20-0, gelb, Juni-Aug., 50
R. l. 'Grandiflorus'	20-0, gelb, größere Blüten

Ranunculus aquaticus

Rumex

WASSERAMPFER

Bei dieser Pflanze zieren nicht die Blüten, sondern das Blattwerk macht ihren großen Charme aus. Sie möchte in der Sonne oder im Halbschatten stehen.

R. hydrolapathum	40-10, grün, Juni-Aug., 100

Sagittaria

PFEILKRAUT

Eine heimische Pflanze ist *S. sagittifolia*. Ihre pfeilförmigen, auffälligen Blätter ragen aus dem Wasser heraus.

Rumex hydrolapathum

Die folgenden Angaben zur Wassertiefe müssen nicht ganz genau eingehalten werden.

S. graminea	30-10, weiß, Juli-Nov., 40
S. latifolia	50-10, weiß, Juni-Aug., 70
S. sagittifolia	60-10, weiß, Juni-Aug., 50
S. s. 'Flore Pleno'	50-10, weiß, Juni-Aug., 50

Sagittaria sagittifolia 'Flore Pleno'

Salvinia

SCHWIMMFARN

Nur in milden Wintern überdauert der Schwimmfarn im Freiland. Die kleinen Pflänzchen wollen einen hellen und warmen Platz. Sie lassen sich im Raum an einem hellen Platz gut überwintern. Der Schwimmfarn breitet sich stark aus und eignet sich gut zum Schattieren von sehr sonnigen Becken.

S. natans	Schwimmpflanze, grün

Salvinia natans

Saururus

MOLCHSCHWANZ

Der Molchschwanz hat lockere und überhängend verlängerte Ähren. Die Rhizome der Ausläufer treibenden Sumpfpflanze kriechen weit im Schlamm. Winterschutz ist erforderlich.

*S. cernuus**	20-10, weiß, Juli-Aug., 120
*S. chinensis***	10, gelbweiß, Juni-Juli, 40

Saururus cernuus

Scirpus

BINSE

Die Teichbinse *S. lacustris* wird zur Wasserreinigung verwendet. Die weiteren Arten sind hauptsächlich Uferpflanzen, wobei die gestreiften Formen im Winter abgedeckt werden müssen.

S. lacustris	50-0, braun, Juli-Aug., 120
S. l. 'Albescens'	50-0, weiß gestreift, 100
S. maritimus	40-20, braun, Juli-Aug., 80
S. tabernaemontani 'Zebrinus'	40-0, weißgestreift, Juni-Aug., 100

Scirpus tabernaemontani 'Zebrinus'

Scutellaria

HELMKRAUT

In der Natur wächst das Helmkraut an Grabenrändern und in Schilfgebieten. Die nachstehende blauviolette Art verträgt auch leichten Schatten.

S. galericulata	10-0, blauviolett, Juni-Okt., 40

Senecio

SUMPFKREUZKRAUT

In Abhängigkeit von den Umweltbedingungen ist dies eine ein- oder zweijährige Pflanze, die sich gut aussät, besonders auf trockenfallendem Land. Die Pflanzen haben dicke, fleischige, klebrige und hohle Stengel.

S. congestus	10-0, gelb, Juni-Aug., 100

Solanum

BITTERSÜSS

Während die bunte Variante des Bittersüß gut als Kletterpflanze im Trockenen wächst, gefällt es der nachstehenden Art gut im niedrigen Wasser.

S. dulcamara	10-+10, violett, Juni-Nov., 70

Solanum dulcamara

Sparganium

IGELKOLBEN

Die Schönheit des Igelkolbens liegt in den interessanten Fruchtständen. Die Pflanze wuchert stark und ist deshalb nur für große Teiche geeignet. Der Igelkolben vermehrt sich über spitze Ausläufer, die Löcher in Folienteiche bohren können.

S. emersum	30-10, weiß, Juni-Aug., 50
S. erectum	50-20, weiß, Juni-Aug., 90

Scutellaria galericulata

Sparganium erectum

Stachys

SUMPFZIEST

Diese gute Bienenpflanze darf in einem Naturteich nicht fehlen. Der Sumpfziest verlangt Sonne oder Halbschatten.

S. palustris	20-0, rosa, Juni-Nov., 80

Stachys palustris

Stratiotes

KREBSSCHERE

Diese Schwimmpflanze mit zahlreichen langen Wurzelfäden überwintert auf dem Boden der Gewässer. Die schmalen Blätter sind rosettenförmig angeordnet und erheben sich etwa zur Hälfte über die Wasserfläche. Die weißen Blüten der Krebsschere ragen aus dem Wasser heraus.

S. aloides	150-60, weiß, Mai-Juli, 5

Symphitum

BEINWELL

Auch auf trockeneren Standorten kann der starkwüchsige heimische Beinwell wachsen. Er ist ein Flächendecker für Ränder größerer Teiche.

S. officinale	0-+20, weiß, rötlich bis violett, Juni-Aug., 80

Thelipteris

SUMPFFARN

Einer der wenigen Farne für den Bereich der Sumpfzone, der sowohl Sonne als auch Schatten verträgt, ist der feinblättrige Sumpffarn. Er verlangt sauren Boden und eignet sich auch gut als Moorbeetpflanze.

T. palustris	0-+10, grün, 20-30

Thelipteris palustris

Stratiotes aloides

Trapa

WASSERNUSS

Diese Schwimmpflanze wurzelt im Boden. Ihre Blätter sind ab dem Spätsommer rötlich überlaufen. Sie verlangt ein sonniges Gewässer und muß vor Enten und anderen Wasservögeln geschützt werden.

T. natans	Schwimmpflanze, weiß, Juli-Sept., 5

Trapa natans

Typha

ROHRKOLBEN

Die Samenstände der Rohrkolben lösen sich im Winter in watteähnliche Flocken auf, weshalb sie auch als „Sumpfzigarren" bezeichnet werden. Alle Arten sind recht wuchsfreudig, für kleinere Teiche sollte man *T. minima* oder *T. laxmanii* bevorzugen. Folienteiche können durch die scharfen Wurzeln Löcher bekommen und leck werden.

Typha minima

T. angustifolia	50-20, braun, Juli-Nov., 150
T. latifolia	50-20, braun, Juli-Nov., 200
T. l. 'Variegata'	50-20, Blatt gestreift, 180
T. laxmanii	40-10, braun, Juli-Okt., 90
T. minima	30-10, braun, Mai-Nov., 70

Valeriana

BALDRIAN

Die heimische Heilpflanze, aus deren Wurzeln Beruhigungsmittel hergestellt werden, besiedelt in der Natur Hochstaudenfluren, Moorwiesen, Gräben und Ufer.

V. officinalis	0-+20, hellrosa, Mai-Juli, 100

Valeriana officinalis

Veronica

BACHBUNGE

Die Bachbunge, eine alte Salatpflanze, breitet sich in Sonne und Halbschatten mit langen, am Boden wurzelnden Trieben in Sumpf und flachem Wasser aus. Sie hat hell- bis tiefblaue Blüten.

V. beccabunga	10-+10, blau, Mai-Nov., 20

11. Ein- und Zweijährige

Einjährige sind überwiegend krautartige Pflanzen, die oft bereits innerhalb weniger Monate aus Samen keimen, Stengel und Blätter entwickeln, knospen, blühen und fruchten. Danach sterben sie ab. Zu den Sommerblumen gehören auch Arten, die zweijährig oder ausdauernd sind, jedoch nur einjährig angebaut werden. Für einen erfolgreichen Anbau von Sommerblumen ist es wichtig, bereits vor dem Einkauf von Samen und Jungpflanzen aus dem umfangreichen Sortiment geeignete Arten und Sorten auszuwählen. Die wichtigsten Gesichtspunkte hierfür sind die Standortvoraussetzungen und die vorgesehenen Verwendungszwecke. So muß man beachten, ob vollsonnige oder halbschattige Plätze zur Verfügung stehen, ob es sich um geschützte Lagen handelt oder ob Sie den Pflanzen rauhe Bedingungen zumuten müssen. Für Einfassungen, niedrige Beete, Balkonkästen und andere Gefäße gibt es bewährte Sortimente. Ganz andere Sorten dagegen wählt man in der Regel, wenn man frische Blumen schneiden oder sogar zum Trocknen geeignete Schnittblumen gewinnen will.

Von Sommerblumen sollten Sie jährlich frisches Saatgut kaufen und die Keimfähigkeitsvermerke auf der Samentüte beachten. Normalerweise wird das Saatgut in speziellen keimgeschützten Verpackungen angeboten. Die Keimfähigkeit von nicht verbrauchtem Saatgut erhalten Sie am besten, wenn Sie die Tüten kühl und trocken lagern.

Viele Einjahrsblumen werden direkt an Ort und Stelle ins Freiland gesät. Einige empfindliche Arten ziehen Sie besser im Warmen vor. Bedenken Sie bei der Planung immer, daß die blütenreichen Gewächse einen sonnigen Platz brauchen. Pflanzen Sie sie nicht zu eng, damit sie Raum genug haben, um ihre Blütenpracht zu entfalten. Die meisten einjährigen Blumen brauchen guten, humusreichen Boden, aber sie sind mit einer einzigen Zusatzdüngung, die zu Beginn des Hauptwachstums – etwa Juni – erfolgen sollte, zufrieden. Als Pflegeregel gilt: Je sorgfältiger Sie alles Verblühte entfernen, desto reicher und länger werden Ihre Einjahresblumen blühen. Sie sind dann in der Lage, alle Kraft zur Bildung von Knospen zu verwenden. Samen dürfen sie nur dann bilden, wenn Sie selbst Saatgut für die nächste Gartensaison ernten möchten.

Wenn wir nachfolgend bei den einzelnen Gattungen keine Angaben zu den Blütezeiten gemacht haben, so bedeutet dies, daß die Pflanzen den ganzen Sommer über (von Mai bis Oktober) blühen. Sie brauchen volle Sonne, wenn nichts anderes vermerkt ist. Die Wuchshöhe der Pflanzen ist in cm angegeben.

Adonis

ADONISRÖSCHEN

Das Adonisröschen hat rote Blütchen zwischen zarten Blättern und paßt gut zusammen mit Stauden in Blumenrabatten. Die Pflanze gehört zu den Klassikern unter den Einjährigen und kann direkt an ihren Standort ausgesät werden.

A. aestivalis	blutrot, Juli-Sept., 100

Ageratum

LEBERBALSAM

Der Leberbalsam hat vielblütige, dichte Blütenköpfchen, die wie eine geschlossene samtene Farbdecke wirken. Sonnige, warme Lagen und ein nicht zu leichter Boden bieten ideale Wachstumsbedingungen. Für den Blumenschnitt werden mehrere hohe Sorten angeboten, die niedrigen Arten eignen sich zur Randbepflanzung.

A. houstonianum 'Blaukissen'	blau, 20
A. h. 'Blue Mink'	hellblau, 20

A. h. 'Dondoschnittperle'	70
A. h. 'Old Grey'	graublau, 40

Ageratum houstonianum 'Dondoschnittperle'

Agrostemma

KORNRADE

Die relativ seltene wildwachsende Pflanze mit enganliegenden, graufilzigen Blättern ist in vielen Ländern ein Getreideunkraut. Sie eignet sich gut für Blumenwiesen aus einjährigen Pflanzen. Sie liebt einen Standort in der vollen Sonne und trockenen Boden.
Ihre Samen sind giftig!

A. gracilis	violettrot, Juni-Juli, 80

Agrostemma gracilis

Alcea

STOCKROSE

Die zwei- bis mehrjährigen, hohen, dekorativen Pflanzen besitzen straffe Stengel; ihre Blüten sitzen in den Achseln der langen Trauben. Stockrosen verlangen einen sonnigen Standort und gedeihen in geschützter Lage besonders gut. Der Boden soll etwas lehmig, tiefgründig und nährstoffreich sein.

A. rosea 'Nigra'	zartrot, Juli-Sept., 175
A. r. 'Pleniflora'	gemischt (g), Juli-Sept., 175

Alcea rosea 'Nigra'

Alonsoa

Die dünnstengeligen Kräuter oder Halbsträucher blühen von Juli bis September, bei Rückschnitt auch bis zum Frost. Sie wollen einen sonnigen Standort und während der Wachstumszeit reichlich Wasser.

*A. meridionalis**	lachsfarben, 70

Alonsoa meridionalis

A. scutiflolia	hellrot, 70
A. linearis	tomatenrot, 40
A. warscewiczii	scharlachrot, 70

Althaea

STOCKROSE

Siehe: *Alcea* und Stauden

Alyssum

Siehe: *Lobularia*

Amaranthus

FUCHSSCHWANZ, AMARANT

Säen Sie den Fuchsschwanz an Ort und Stelle im April an einen sonnigen Platz aus und lassen Sie ihn nicht austrocknen. Die Pflanzen eignen sich für sandigen Boden. Nicht nur die Blütenähren, sondern auch das Blatt wirkt dekorativ.

A. caudatus	grün, Juli-Sept., 100
A. paniculatus	Juli-Sept.
A. p. 'Pigmy Touch'	blutrot, 40
A. p. 'Pigmy Virides'	grün, 40
A. p. 'Roter Dom'	dunkelrot, 100
A. p. 'Monarch'	bronzebraun, 100

Amaranthus caudatus

Ammobium

PAPIERKNÖPFCHEN, SANDIMMORTELLE

Die Sandimmortelle ist eine nicht allzu häufig angebaute Sommerblume. Sie steht gerne an sonnigen, warmen Standorten und liebt Sandböden. Sie eignet sich sehr gut als Trockenblume.

A. alatum	weiß, Juli-Aug., 80

Ammobium alatum

Anthirrhinum

LÖWENMAUL

Während die hohen Sorten vor allem für den Anbau von Schnittblumen geeignet sind, eignen sich die anderen für Beete, Einfassungen, für die Pflanzung zwischen Stauden und für Steingärten. Die Pflanz-

Antirrhinum majus 'Black Prince'

plätze und Beete sollten möglichst sonnig und bei den hohen Sorten auch windgeschützt liegen. Der Boden muß ausreichend und ausgewogen mit Nährstoffen versorgt sein.

A. majus 'Black Prince'	dunkel weinrot, 50
A. m. 'Orchid Monarch'	lilarosa, 50
A. m. 'The Rose'	hellrosa, 80

Arctotis

BÄRENOHR

An seinem graugrünen Blatt kann man ablesen, daß das Bärenohr einen Standort in der Sonne wünscht. In trocken-warmen Sommern entwickeln sich prächtige, reichblühende Pflanzen.

A. grandis	rosa-blau, Mai-Okt., 60

Arctotis grandis

Argyranthemum

SOMMERMARGERITE

Siehe: Kübelpflanzen und einige Kalthauspflanzen

Balsamina

GARTENBALSAMINE

Siehe: *Impatiens balsamina*

Begonia

Am besten pflanzen Sie die Begonien in der zweiten Maihälfte, sobald keine Spätfröste mehr auftreten, ins Freie. An sonnigen Standorten blühen sie besonders reich, aber auch halbschattige Plätze sind geeignet. Man begegnet ihnen auf Einfassungen, Teppichbeeten, Rabattenpflanzungen, in Balkonkästen und als Topfpflanzen.

B. semperflorens	rot, rosa oder weiß, 20

Begonia semperflorens

Bellis

MASSLIEBCHEN

Die als Gänseblümchen bekannte, ausdauernde Wildform ist in unserem Raum weit verbreitet. Die Gartensorten müssen jährlich geteilt und neu ausgepflanzt werden. Meist werden sie als wintereinjährige Pflanzen gezogen, d.h. die Aussaat erfolgt von Juni-August und das Auspflanzen Ende September oder auch erst im zeitigen Frühjahr.

Bellis perennis

Sie lassen sich gut in Blumenwiesen oder in naturnahen Bereichen ansiedeln.

B. perennis	rot, weiß oder rosa, 15
B. rotundifollia	zartlila, 10

Borago

BORETSCH

Dieses Küchengewürz macht sich auch gut zwischen Stauden in einer Rabatte. Die einjährige Pflanze bildet eine Blattrosette, aus der sich dann bis 80 cm hohe, reich verzweigte Pflanzen entwickeln (siehe auch: Stauden).

B. officinalis	blau, Mai-Sept., 80

Borago officinalis

Brassica

ZIERKOHL

Einen kahlen Garten kann man im Herbst mit Zierkohl farbenfroh gestalten; es gibt Farbkombinationen in Blau, Weiß, Rosa, Rot oder Grün. Die robuste Beetpflanze braucht ausreichende Bewässerung und verträgt auch einige Grade Frost.

B. oleracea 'Attraction'	rundblättrig, gemischt, 30
B. o. 'King'	gekräuseltes Bl., gemischt, 30
B. o. 'Plumosa'	gemischt, 30

Browallia

Unbedingt eine warme und geschützte Lage bei voller Sonne ist für Browallien erforderlich; der Boden sollte ebenfalls warm und von sandiglehmiger Beschaffenheit sein. Ihre schöne blauviolette Farbe ist unter den Sommerblumen nicht allzu häufig.

B. speciosa	blaulila, 50
B. viscosa	violett/weiß, 40

Brassica oleracea 'King'

Calceolaria

PANTOFFELBLUME

Ihre goldgelben Blütchen sind wesentlich kleiner als die der Zimmerpflanzen. Sie müssen vorgezogen werden; noch einfacher ist es, im Frühling Pflanzen zu kaufen.

C. integrifolia 'Goldwinner'	gelb, 25

Browallia speciosa

Calceolaria *integrifolia* 'Goldwinner'

Calendula

RINGELBLUME

Da sich bei dieser Art Schönheit und Anspruchslosigkeit mit einfacher Anzucht verbinden, ist sie eine der häufigsten Gartenpflanzen für Beete und Schnitt. Gesät wird an Ort und Stelle, zwischen März und Mai, auch Herbstsaat ist möglich.

C. officinalis	
'Apricot Beauty'	aprikot
C. o. 'Lemon Beauty'	zitronengelb
C. o. 'Cream Beauty'	rahmfarben

Calendula officinalis

Callistephus

SOMMERASTER

Die Sommeraster, eine ausgezeichnete Schnittblume, braucht vollsonnige Plätze bei lehmig-humosen Böden. Besonders wichtig für eine gute Entwicklung ist eine rechtzeitige und mehrmalige Bodenlockerung. Die Anbauflächen sollten jährlich gewechselt werden.

C. chinensis	alle Farben, Aug.-Sept., 40-80

Callistephus chinensis

Campanula

GLOCKENBLUME

Ein nährstoffreicher, kalkiger und nicht zu feuchter Gartenboden bei vollsonnigem Stand sind die Voraussetzungen für gesunde Pflanzen. Im Winter sollte man sie mit einer Reisigdecke vor Frostschäden

Campanula medium

schützen. Man sät sie im Juni für eine Blüte im darauffolgenden Jahr.

C. medium	lila, Juni, 75
C. m. 'Alba'	weiß, Juni, 75
C. m. 'Plena'	gefüllt, Juni, 90

Celosia

Die Celosie gibt es in mehreren eigenartigen schönen Formen, die schon seit langer Zeit als Zierpflanzen in den Gärten verbreitet sind. Sie gedeihen am besten in warmen Lagen auf leichten, jedoch ausreichend feuchten und nährstoffreichen Böden. In kühlen, regnerischen Sommern wachsen sie schlecht.

C. argentea 'Cristata'	hahnenkammf., 75
C. a. 'Globosa'	aufrecht rund, 75
C. a. 'Plumosa'	fackelförmig, 70

Celosia argentea 'Cristata'

Centaurea

KORNBLUME

In der Vase verbreiten die hübschen und haltbaren Kornblumen eine heitere Stimmung. Sie sehen besonders hübsch in Bauerngärten aus. Ab März kann man sie ins Freiland aussäen. Es sind bunte Mischungen im Handel erhältlich, z.B. „Jolly Joker" (lilarosa) oder „Blauer Junge" (blau).

C. cyanus 'Snowball'	weiß (g), 25
C. c. 'Black Boy'	schwarzviolett, 60

Cheiranthus

GOLDLACK

Der Goldlack ist zweijährig und kann in gelben, rötlichen, braunen oder violetten Farbtönen ausgesät werden. Bereits im Mai oder Anfang Juni sät man ihn; im September kommen die Pflanzen in Töpfe, die man dann am besten frostgeschützt überwintert.

C. cheiri	gemischt, April-Mai, 30-60

Cheiranthus cheiri

Chrysanthemum

CHRYSANTHEME, WUCHERBLUME

C. segetum wächst wild in Kornfeldern. *C. frutescens* (syn. *Argyranthemum frutescens*) ist die Strauchmargerite, von der man im Frühling Jungpflanzen kaufen kann. Die anderen Arten müssen ausgesät werden. Die hochwachsenden Arten können Sie gut als Schnittblumen verwenden. Die dankbaren Sommerblumen wollen einen Standort in der vollen Sonne und nicht zu feuchten Boden.

C. carinatum	gelb oder weiß, dunkles Z., 60
C. frutescens	weiß, gelbes Zentrum, 40

Centaurea cyanus

C. multicaule	butterblumengelb, 20
C. paludosum	weiß, gelbes Zentrum, 20
C. segetum	gelb, 60

Chrysanthemum segetum

Cineraria

Siehe: *Senecio*

Clarckia

Säen Sie das Wandelröschen direkt an Ort und Stelle. Das Saatgut wird meist gemischt geliefert, aber die dunkelroten, rosafarbenen, violetten und weißen Pflanzen harmonieren sehr schön. Diese guten Schnittblumen eignen sich sowohl für einen gepflegten als auch für einen naturnahen Garten.

C. elegans	gemischt, Juli-Sept., 60
C. e. 'Apple Blossom'	zartrosa, 60

Clarckia elegans

Cleome

SPINNENPFLANZE

Spinnenpflanzen benötigen wegen ihres schnellen Wachstums einen warmen, sonnigen und nährstoffreichen Boden. Auf lockerem und durchlässigem Boden wachsen sie zügig. Es werden meist Farbmischungen angeboten. Durch rechtzeitigen Rückschnitt abblühender Stiele entwickeln sich an den Seitentrieben neue Blütenstände.

C. hassleriana (syn. *C. spinosa*)	rosa, 120
C. h. 'Cherry Queen'	karminrosa, 120
C. h. 'Pink Queen'	zartrosa, 120
C. h. 'Purple Queen'	lilaviolett, 120
C. h. 'Violet Queen'	tiefviolett, 120
C. h. 'White Queen'	weiß, 120
C. serrulata	rosalila, 60-120

Cleome hassleriana 'Pink Queen'

Cobaea

GLOCKENREBE

In ihrer Heimat im tropischen Mittel- und Südamerika verholzen die Pflanzen, während wir sie einjährig ziehen. Sie klettern mit Hilfe von Blattranken. Wenn sich ihre Blüten dunkelviolett färben, beginnen sie, sehr angenehm zu riechen. Die Sommerkletterpflanze blüht nach Vorkultur von Juli bis Herbst.

C. scandens	dunkelviolett, Juli-Sept., 200

Coleus

BUNTNESSEL

Nach Vorkultur werden die jungen Pflanzen ab Mitte Mai ausgepflanzt. Die beste Laubfärbung bildet sich am sonnigen Standort. Die Verwendung als Blattschmuckpflanze reicht von kleinen Schalen über

Cobaea scandens

größere Standgefäße und Ampeln bis hin zu Rabatten.

C. blumei-Hybriden	Blatt rot/braun/grün, 50

Coleus blumei-Hybride

Convolvulus

ACKERWINDE

Für reichliche Blüte ist ein sonniger Gartenplatz Voraussetzung. Der Boden sollte durchlässig, warm, kalkreich und ausreichend mit Nährstoffen versorgt sein. Man sät sie Anfang Mai an Ort und Stelle.

C. tricolor	blau/weiß/gelb, Juli-Okt., 200

Convolvulus tricolor

Cosmos

KOSMEE

Kosmeen fordern eine Vorkultur, sie werden deshalb im März in kalte Kästen ausgesät. Das Auspflanzen erfolgt Mitte Mai. Typisch für die meisten Arten ist, daß sie erst mit zunehmender Tageslänge zu blühen beginnen.

C. bipinnatus 'Dazzler'	karminrot, 100
C. b. 'Gloria'	dunkelrosa, roter Ring, 100
C. b. 'Purity'	weiß, 120
C. b. 'Radiance'	hellrosa, 100
C. sulphureus 'Diablo'	blaßrosa, 80

Cosmos bipinnatus

Cucurbita

ZIERKÜRBIS

Als Zierkürbisse werden die Früchte dieser Abart unseres Gartenkürbis gern angebaut. Die harten Früchte sind ungenießbar, aber sie erfreuen auch nach Abschluß der Vegetation noch monatelang als exotisch anmutender Schalenschmuck. Aber auch das dichte Blattwerk kann dekorativ wirken und eignet sich hervorragend zum Abdecken von Beet-

und Böschungsflächen. An Mauern, Gerüsten, Pergolen und an frei stehenden Pyramidengerüsten kann man die Pflanzen klettern lassen. Bezüglich ihres schnellen Wachstums werden die Kürbisse kaum von anderen einjährigen Gartenpflanzen übertroffen.

C. pepo	gelbe Blüte, kriechend, 800

Cucurbita pepo

Cuphaea miniata 'Purpurea'

Cuphea

ZIGARETTENBLÜMCHEN

Diese Art ist eine willkommene Abwechslung zwischen niedrigen Sommerblumen oder als Einfassung von Rasenflächen. Sie blüht den ganzen Sommer über bis zum ersten Frost. Sie wächst an sonnigen und halbschattigen, nährstoffreichen Standorten und sollte während der Wachstumsphase reichlich gedüngt und gewässert werden.

C. miniata 'Purpurea'	rotweiß, 50

Cynoglossum

HUNDSZUNGE

Die Hundszunge kann direkt an Ort und Stelle an warmen und sonnigen Lagen ausgesät werden. Der Boden sollte kalkhaltig und nährstoffreich sein. Wenn man sie im August zurückschneidet, kann sie ein zweites Mal blühen.

C. amabile	blau

Cynoglossum amabile 'Firmament'

Dahlia

Dahlien wachsen und blühen am besten an vollsonnigen Standorten in jedem Gartenboden. Das breite Sortiment ermöglicht vielfältigste Verwendungen, als Schnittpflanzen oder für Rabatten. Siehe auch: Zwiebel- und Knollenpflanzen.

Delphinium

RITTERSPORN

Alle Rittersporne brauchen einen nährstoffreichen Gartenboden in gutem Zustand. Der Standort sollte vollsonnig und windgeschützt sein, da die hohen Arten nicht genügend Standfestigkeit haben. Sie eignen sich für bunte Sommerblumenrabatten ebenso wie für Einzelgruppen.

D. ajacis	niedrig, gem., (g), 50
D. ajacis	hoch, gem., (g), 100
D. consolida	versch. Farben, 100

Delphinium ajacis

Dianthus

NELKE

Viele der ein- oder zweijährigen Kräuter stammen aus dem Mittelmeergebiet. Säen Sie die zweijährigen Nelken im Juni aus. An den endgültigen Standort pflanzt man sie Mitte Juli; der Standort sollte vollsonnig sein. *D. chinensis* ist einjährig und muß unter Glas ausgesät werden.

D. barbatus	gemischt, Mai-Juni, 30-50
D. chinensis	rot, weiß oder rosa, Mai-Juni, 30

Digitalis

FINGERHUT

Die heimische Pflanze wird als Gartenpflanze überwiegend zweijährig behandelt. Halbschattige bis schattige Plätze entsprechen ihren natürlichen Standorten, entscheidend ist ein humoser, kalkarmer und durchlässiger Boden.

D. purpureus 'Alba'	weiß, 120
D. p. 'Giant Spotted'	weiß/rot, 120
D. p. 'Gloxinaeflora'	dicht besetzter Blütenst., 120
D. p. 'Sutton's Apricot'	aprikot, 120

Digitalis purpureus

Dipsacus

KARDE

Diese zweijährige Pflanze kann im Juli-August direkt an ihren Standort ausgesät werden, sie blüht dann genau ein Jahr später. Sie eignet sich ausgezeichnet als Trocken- und Schnittblume.

Dianthus chinensis

D. sativus lilapurpur, Juli-Aug., 150

Dipsacus sativus

Dorotheanthus

MITTAGSBLUME

Der sonnigste Platz ist gerade gut genug für die Mittagsblume, die auch auf trockensten Standorten erfolgreich wachsen kann. An sonnigen Tagen öffnen sich ihre Blüten täglich 6-8 Stunden, nachts und bei trübem Wetter sind sie geschlossen. Sie blühen von Juni-September. Wenn man die Samenkapseln nach dem Verblühen regelmäßig absammelt, fördert man eine Nachblüte.

D. bellidiformis alle Farben, 10
D. oculatus alle Farben, 10

Dorotheanthus bellidiformis

Eccremocarpus

HÄNGEFRUCHTRANKE

Die Aussaat dieser Kletterpflanze erfolgt im März im Gewächshaus, die Weiterkultur in kleinen Töpfen. Ausgepflanzt wird in der zweiten Maihälfte an warme, sonnige Plätze. Eine Überwinterung im Freien gelingt manchmal, wenn die Pflanzen zurückgeschnitten und mit einer Laubschicht abgedeckt werden.

E. scaber rot, Juli-Sept., 3

Eccremocarpus scaber

Echium

NATTERKOPF

Der Natterkopf eignet sich besonders für sonnige und trockene Standorte, ein Platz, an dem nur wenige Sommerblumen stehen können. Sorgfältige Pflege braucht er nicht. Zur Zeit werden die Arten als Bienenweide angebaut.

E. plantagineum blau, Juni-Aug., 35

Eschscholzia

SCHLAFMÜTZCHEN

Diese eigentlich ausdauernde, bei uns einjährig angebaute Art ist in den Küstengebieten von Oregon

Echium plantagineum

und Kalifornien beheimatet. Sie sollten sie an Ort und Stelle aussäen, denn wegen ihrer Pfahlwurzeln lassen sie sich nur schlecht verpflanzen.

E. californica	orange, Juli-Sept., 30
E. c. 'Flore Plena'	(g), 30

Eschscholzia californica 'Flore Plena'

Felicia

FELICIE

Felicien sind unter den richtigen Standortbedingungen schnellwüchsige, anspruchslose und reichblühende Sommerblumen, die bisher zu Unrecht vernachlässigt wurden. Warme und vollsonnige Lagen begünstigen eine gute Entwicklung und vor allem die Reichblütigkeit.

F. amelloides	blau, Juni-Okt., 40

Felicia amelloides

Gazania

Gazanien brauchen während ihrer langen Blütezeit eine gleichmäßige Bodenfeuchtigkeit und Nährstoffversorgung. Es kommen für sie nur vollsonnige und warme Plätze in Frage. Man kann sie in allen möglichen bunten Farbschattierungen erhalten.

G. ringens	gemischt, Juni-Sept., 20

Gazania rigens

Godetia

SOMMERAZALEE

Diese nette Schnittblume hält sich lange und hat ähnliche Bodenansprüche wie die Azaleen. Säen Sie sie unter Glas bei 20°C aus. Sie wachsen am besten an warmen Plätzen auf gut gedüngten, humosen, gleichmäßig feuchten und durchlässigen Gartenböden. Nachstehende Arten sind niedrig und haben einfache Blüten.

G. grandiflora 'Leuchtfunk'	feuerrot, 35
G. g. 'White Giant'	weiß, 35
G. g. 'Kelvedon Glory'	lachsrosa, 35

Godetia grandiflora

Gypsophila

SCHLEIERKRAUT

Diese einjährige Pflanze hat größere Blüten als das Staudenschleierkraut. Die Blütezeit im Juli ist durch Folgesaaten verlängerbar. Ab März-April kann das Sommerschleierkraut an Ort und Stelle in vollsonniger Lage ausgesät werden. Der Boden sollte nicht zu sauer und nicht zu feucht sein.

G. elegans	weiß/hellrosa, Juli-Aug., 60

Gypsophila elegans

Helianthus

SONNENBLUME

Die Motive für den Sonnenblumenanbau sind unterschiedlich, neben der Schmuckwirkung der Pflanze interessiert auch der Samen als Vogelfutter. Sie ist eine ideale Pflanze für Kinderwettbewerbe: Wer die höchste Pflanze zieht, ist der Gewinner. Wenn Sie schöne Schnittblumen im Garten haben möchten, wählen Sie unter folgenden Sorten:

H. annuus	gelb, schwarzes Zentrum, 250
H. a. 'Avondzon'	braun bis blutrot, 200
H. a. 'Golden Globe'	gelb gefüllt, 60
H. a. 'Moonshine'	zartgelb, schwarzes Z., 200
H. a. 'Sunbeam'	goldgelb, schwarzes Z., 160
H. a. 'Sunbright'	gelb, schwarzes Z., 200
H. a. 'Sungold'	gelb (g), 200

Helianthus annuus

Helichrysum

STROHBLUME

In unseren Kleingärten ist diese Art wohl die bekannteste Trockenblume. Sie wird zu diesem Zweck vor der Vollblüte rechtzeitig geschnitten und in Bündeln mit den Köpfen nach unten aufgehängt. Ein sonniger Standort bei durchlässigem Boden bekommt ihnen am besten.

H. bracteatum	gemischt, Juli-Aug., 80
H. monstrosum 'Nanum'	gemischt, 30

Heliotropium

HELIOTROP

Früher wurde Heliotrop frostfrei überwintert und

Helichrysum monstrosum 'Nanum'

durch Stecklinge vermehrt. Heute wird er, wie alle Sommerblumen, ausgesät und damit schnell für verschiedenste Freilandanpflanzungen herangezogen. Am besten entwickelt sich Heliotrop an geschützten, warmen und sonnigen Plätzen auf nicht allzu schwerem, durchlässigem Boden.
Die stark duftenden Pflanzen sind geschätzte Bienenweidepflanzen.

H. arborescens	reflektierend violett, 40

Heliotropium peruvianum

Helipterum

Diese gesellige Trockenpflanze darf in keinem naturnahen Garten fehlen. In Trockenblumengeschäften werden sie manchmal noch als *Rhodante* angeboten. Die Sonnenflügel brauchen sonnenreiche und warme Plätze bei etwas saurem, dabei humosem und durchlässigem Boden.

H. humboldtiana	gelb, Juli-Aug., 40
H. manglesii	rosa oder weiß, Juli-Aug., 30

Helipterum manglesii

Heracleum

BÄRENKLAU

Ihre weißen Blüten stehen in Doldenschirmen, die bis über 1 m breit werden können.

Heracleum mantegazzianum

Die rauh behaarten Blätter dieser zweijährigen oder staudigen Pflanzen enthalten Furanocumarine, Stoffe, die durch Berührung auf die Haut gelangen und dort die Wirkung des Sonnenlichtes vervielfachen und zu üblen Verbrennungen führen können. Daher stellen die Pflanzen besonders für Kinder im Garten eine akute Gefahr dar! Außerdem wuchern sie stark und haben einen enormen Ausbreitungsdrang.

H. mantegazzianum	weiß, Juni-Juli, 400

Hesperis

NACHTVIOLE

Die Blüten der zwei- bis mehrjährigen Kräuter stehen in lockeren Trauben. Ein besonderer Reiz liegt in ihrem Veilchenduft, der abends intensiv wird.
Die Pflanzen säen sich leicht selbst aus und siedeln sich dann an schattigen, frischen Stellen an.

H. matronalis	weiß oder rosa, Juni, 100

Hesperis matronalis

Humulus

JAPANISCHER HOPFEN

Der Japanische Hopfen wird als Sommerschlinger mit Vorkultur verwendet und kann extrem schnell große Flächen mit seinen großen Blättern bedecken. In seiner Heimat ist er ausdauernd, bei uns hält er nur in ganz milden Wintern durch. Seine Wuchskraft kann er besonders in nährstoffreichen und ausreichend feuchten Böden entwickeln; die Pflanzen können dann auch höher werden als hier angegeben.

H. scandens	grün, tief geschlitztes Blatt, 4
H. s. 'Variegatus'	weißgeflecktes Blatt, 3

Impatiens

FLEISSIGES LIESCHEN

Diese alte Gartenpflanze soll bereits vor 400 Jahren durch die Portugiesen nach Europa eingeführt worden sein. *I. walleriana*, das Fleißige Lieschen, ist eine der wenigen einjährigen Pflanzen, die lieber im Schatten wachsen; sie eignen sich zur Beeteinfassung, für Balkonpflanzen, für Schalen und Töpfe. Sie wirken in Gärten und Anlagen so farbenprächtig, daß man die Sorten gern in geschlossenen Pflanzungen verwendet. *I. balsamina* wünscht volle Sonne, einen genügend weiten Stand und, wenn notwendig, zusätzliche Düngung. Will man einen besonders reichen Flor erzielen, kann man im Juni/Juli alle Triebe, die noch keine Knospen angesetzt haben, entfernen.

I. balsamina	gemischt, Juni-Sept., 30-40
I. glandulifera	rosa/rot, Juni-Okt., 250
I. walleriana	viele Farben, Mai-Nov., 40

Impatiens walleriana

Humulus scandens

Ipomoea

PRUNKWINDE

Dieser einjährigen Kletterpflanze sichern vollsonnige und geschützte Plätze eine reiche und langanhaltende Blüte. Die raschwüchsigen Pflanzen, die sich gut als lebendiger Sichtschutz eignen, brauchen immer reichlich Wasser und Nährstoffe. Die Art wird mit Vorkultur angezogen.

I. tricolor 'Heavenly Blue'	himmelblau, 250
I. t. 'Wedding Bells'	lila bis rosa, 250

Ipomoea tricolor 'Wedding Bells'

Kochia

KOCHIE, SOMMERZYPRESSE

Seidig behaartes Laub und ein lichtes, zartes Grün macht die Sommerzypressen zu ausgleichenden Elementen in Mischpflanzungen mit Sommerpflanzen. Ihre Blüten sind unauffällig und für den Schmuckwert der Pflanze ohne Bedeutung. Bei gruppenweiser Anordnung der Pflanzen kann man sie auch im Halbschatten unterbringen.

Kochia heterophylla 'Trichophylla'

K. heterophylla 'Acapulco Silver'	junges Blatt cremef., 90
K. h. 'Childsii'	lindgrün, 90
K. h. 'Trichophylla'	rot, 90

Lagurus

HASENSCHWANZGRAS

Im Mittelmeergebiet verbreitet ist dieses einjährige, weichbehaarte Gras mit flachen, graugrünen Blättern. Der Blütenstand, eine kopfige Scheinähre, erinnert an ein Hasenschwänzchen.

L. ovatus	hellgrün-creme, 30
L. o. 'Nanus'	hellgrün-creme, kleiner

Lagurus ovatus

Lathyrus

WOHLRIECHENDE EDELWICKE

Es sind Sortengruppen für den Freilandanbau und solche für die Frühkultur unter Glas auf dem Markt. Sie unterscheiden sich durch ihre Wuchs- und Blüheigenschaften. Neben den kletternden Sorten gibt es auch eine Gruppe, die nur 60 cm hoch wird

Lathyrus odoratus

und kein Klettergerüst benötigt, da sich die Pflanzen gegenseitig stützen. Der Boden sollte nährstoffreich und durchlässig sein.

L. odoratus	alle Farben, 80-200

Lavatera

Die Bechermalve ist eine imposante Erscheinung in den Rabatten: Sie blüht reich und langanhaltend. Sie gedeiht auf trockenem, gut durchlässigem Boden und in der vollen Sonne.

L. trimestris 'Pink Beauty'	zartrosa, 70
L. t. 'Ruby Regis'	dunkelrosa, 50
L. t. 'Mont Blanc'	weiß, 50
L. t. 'Mont Rose'	hellrosa, fest, 50
L. t. 'Silvercup'	lachsrosa, groß, 50

Lavatera trimestris 'Silvercup'

Limnanthes

SUMPFBLUME

Säen Sie Sumpfblumen direkt an Ort und Stelle; dort kommen sie dann im nächsten Jahr meist von selbst wieder hoch. Ihre Samen enthalten ein Öl, das eine ähnliche Zusammensetzung wie das Walspermöl hat.

L. douglasii	gelb mit weiß, Aug.-Okt., 20

Limonium

STRANDFLIEDER, MEERLAVENDEL

Limonium-Arten sind wertvolle Trockenblumen. Hierfür werden die Blütenstände geschnitten, sobald die letzten Kelche geöffnet sind. Auf Gartenbeeten wirken sie am besten in frei stehenden Gruppen.

L. sinuatum	div. Farben, Juni-Okt., 80
L. suworowii	rosa, Juli-Aug., 60
L. perezii	tiefblau, Sept.-Nov., 75

Limonium sinuata

Lobelia

In der Regel unterscheidet man Hängelobelien (*Pendula*-Hybriden) von den stehenden mit einem weißen Auge (*L.* 'Rosamund'). Unser Männertreu eignet sich für alle niedrigen Pflanzungen und Teppichbeete, Einfassungen, Balkonkästen und die hängenden Sorten auch für Ampeln.

***L. erinus* – *Compacta*-Hybriden:**

L. e. 'Cambridge Blue'	hellblau, grünbl., 20
L. e. 'Kaiser Wilhelm'	enzianblau, 10
L. e. 'Marine'	mittelblau, grünbl., 10
L. e. 'Rosamund'	rosa, weißes Auge, 10
L. e. 'White Lady'	grünbl., 20

Limnanthes douglasii

L. erinus – Pendula-Hybriden:

L. p. 'Blue Cascade'	hellblau, 60 (lang)
L. p. 'Lilac Fountain'	zartlila, 60 (lang)
L. speciosum 'Fan Cinnabar Rose'	lachsrosa, 90
L. s. 'Fan Deep Red'	hellrot, 90

Lobelia erinus

Lobularia

DUFTSTEINRICH

Diese Art benutzt man gerne zur Bodenbedeckung kleinerer und größerer Flächen oder zum Füllen von Lücken im Steingarten. Sie säen sie am besten im April breitwürfig auf trockenen, kalkhaltigen Böden an Ort und Stelle aus.

L. maritima 'Carpet of Snow'	weiß, April-Okt., 10
L. m. 'Oriental nights'	violettpurpur, 5
L. m. 'Rosario'	hellrosa, 10
L. m. 'Rosy O'Day'	tiefrosa, 10
L. m. 'Royal Carpet'	violettpurpur, 5
L. m. 'Wonderland'	rosarot, 5

Lobularia maritima 'Carpet of Snow'

Lunaria

SILBERLING

Der anspruchslose Silberling wächst an sonnigen, aber auch halbschattigen Plätzen bei etwas feuchtem Boden am besten. Wenn ihm sein Standort zusagt, sät er sich jährlich selbst aus. An rauhen Stellen kann es vorkommen, daß er ohne leichten Winterschutz auswintert.

L. biennis 'Alba'	weiß, Mai-Juni, 100
L. b. 'Violet'	violett, Mai-Juni, 100

Lunaria biennis 'Violet'

Lupinus

LUPINE

Alle Lupinen brauchen sonnige, warme Stellen mit tiefgründigem, wasserdurchlässigem, kalkfreiem Boden. Die einjährige, gelbe *L. luteus* wird gerne als Gründüngung im Gartenbau verwendet. Man sät sie direkt an Ort und Stelle aus.

Lupinus nanus

L. luteus	gelb, Aug.-Sept., 60
L. 'Nanus'	

Lycopersicon

ZWERGTOMATE, KIRSCHTOMATE

Im Gegensatz zur gewöhnlichen Gartentomate eignet sich die Kirschtomate gut für Staudenrabatten oder für die Bepflanzung von Kübeln. Sie erreicht eine maximale Höhe von 2 m, muß gestabt und vergeizt werden wie normale Tomaten. Man kann sie ganz einfach züchten: Ziehen Sie die Pflanzen in der Wärme vor!

L. esculentum 'Gardeners Delight'	rot, 200
L. e. 'Golden Pigmy'	gelb, 30

Matthiola

LEVKOJE

Es gibt ein- und auch zweijährige Levkojen. Die nachstehenden einjährigen Arten eignen sich als Beetsorten oder für den Schnitt. Im Mai werden sie ausgesät. Es gibt standfeste Sorten mit langen, festen Stielen.

M. bicornis	lila/weiß, Juni-Sept., 40
M. incana	gemischt, Juli-Sept., 70

Matthiola incana

Mesembryanthemum

MITTAGSBLUME

Siehe: *Dorotheanthus*

Mirabilis

WUNDERBLUME

Die interessante Blütenpflanze wurde zur Erforschung der Vererbungsregeln benutzt; trotzdem ist sie immer noch in unseren Gärten eine Rarität. Ihre Farbe variiert von Weiß über Gelb und Rot, es können auch mehrfarbig gestreifte Blüten auftreten. Häufig trägt eine Pflanze Blüten in unterschiedlichen Farben. Die Blüten öffnen sich abends und schließen sich am Morgen, nur im Spätherbst sind sie ganztags geöffnet.
Ein warmer, geschützter Standort bei tiefgründigem, durchlässigem Boden bietet ideale Wachstumsbedingungen.

M. jalapa	gemischt, Juli-Sept., 90

Mirabilis jalapa

Myosotis

VERGISSMEINNICHT

Vergißmeinnicht gibt es nicht nur in Blau, sondern auch in Rosa und Weiß. Es handelt sich um ein-, zwei- oder mehrjährige Kräuter mit verzweigtem Wuchs und einer Vielzahl von Einzelblüten, die in dichten Wickeln zusammengefaßt sind. Sie vertragen auch leichten Schatten.

M. alpestris 'Blue Ball'	blau, April-Juni, 15
M. a. 'Snow Queen'	weiß, April-Juni, 40

Myosotis alpestris 'Blue Ball'

Nemesia

ELFENSPIEGEL

Der Elfenspiegel kann in allen möglichen Farben blühen. Die Pflanzen wünschen sonnige und warme Lagen bei nicht zu schwerem Boden. Besonders empfindlich sind sie gegenüber Kälte und Nässe, aber auch Hitze und Trockenheit kann ihnen schaden.

N. strumonia	gemischt, 20
N. s. 'Parade'	dunkelrot/weiß, 20

Nemesia strumonia

Nicandra

Die einjährige, stark verzweigte, bis 1 m hohe Pflanze schmückt sich mit großen blauen Blüten. Ihre Fruchtstände, eine Beere, die von den Kelchblättern umschlossen bleibt, können getrocknet in Sträußen verarbeitet werden.

N. physaloides	hellviolett, Juli-Aug., 100
N. p. 'Black Pod'	dunkelviolett, Juli-Aug., 100

Nicotiana

TABAK

Die südbrasilianische Staude kann bei uns ausschließlich einjährig angebaut werden. Sie braucht viel Sonne und Wärme sowie einen geschützten Gartenplatz. Weiterhin muß der Boden tiefgründig, humos und nährstoffreich sein. Während der Wachstumsphase sind zusätzliche Düngung und Bewässerung erforderlich. Die hohen Formen eignen sich als Solitärpflanzen.

N. x *sanderae* 'Lime Green'	grüngelb, Juli-Sept., 150
N. suaveolens	weiß, Juli-Okt., 60
N. sylvestris	weiß, Juli-Sept., 60
N. s. 'Only the Lonely'	weiß, Juli-Sept., 150

Nicotiana sylvestris

Nigella

JUNGFER IM GRÜNEN

Diese altmodische Blume aus der Familie der Hahnenfußgewächse gehört mit zu den bezauberndsten Einjahrespflanzen. Ihre offenen Sternblüten sind von einem Kranz zart gefiederter Blätter umgeben. Die aparten Samenstände eignen sich gut für Trockensträuße. Die Jungfer im Grünen sät sich leicht aus und kommt von selbst wieder.

Nigella damascena

N. damascena 'Alba'	weiß, 60
N. d. 'Miss Jekyll'	rosa, dunkle Samenkapseln, 40
N. d. 'Mulberry Rose'	rosa, 60
N. d. 'Oxford Blue'	tiefblau, 75
N. hispanica	tief violettblau, 45
N. orientalis 'Transformer'	gelb, 50
N. sativa	blaßblau

Papaver

MOHN

Es gibt verschiedene einjährige Mohngewächse für den Garten. Wegen seiner langen Pfahlwurzeln verträgt der Mohn das Verpflanzen nicht. Sie sollten ihn deshalb von März bis Mai an Ort und Stelle breitwürfig aussäen. Wenn Sie die Samenkapseln auf dem Beet ausreifen lassen, säen sich die meisten Mohnarten von selbst aus. Mit Mohn können Sie „kahle" Stellen im Blumenbeet und in der Rabatte einsäen und somit schließen. Die Pflanzen brauchen viel Sonne, sind aber ansonsten anspruchslos.

P. nudicaule	gelb oder orange, Juni-Okt., 30
P. rhoas	rot oder orange, Juni-Aug., 40
P. somniferum	viele Farben, Juli-Sept., 100

Papaver somniferum

Pelargonium

Die Pflanzen aus der Familie der Storchschnabelgewächse werden mit dem wissenschaftlichen Namen *Geranium* bezeichnet; Pelargonien eignen sich für alle möglichen Töpfe, Gefäße, Ampeln oder Kübel. Sie können entweder gesät oder gesteckt werden. Sämlinge kommen in der Anschaffung günstiger als Stecklinge. Menschen mit „grünen Daumen" gelingt es, sie über den Winter im Zimmer zu halten. Wenn Sie nicht soviel Glück und Geschick haben, dann müssen Sie sich eben jährlich neue Pflanzen kaufen. Nachstehend haben wir nur einige Gruppen von Pelargonien aufgeführt.

P. zonale	Beetpelargonie
P. peltatum	Hängepelargonie
P. grandiflorum	Französische Pelargonie
P. odoratissimum	Zitronenpelargonie
P. radens	Rosenpelargonie

Pelargonium grandiflorum

Perilla

SCHWARZNESSEL

Die Gartenformen der Schwarznessel wünschen einen sonnigen und warmen Standort bei ausreichender Bodenfeuchtigkeit. Intensives Hacken während der Hauptwachstumszeit wirkt sich günstig aus.

P. frutescens 'Atropurpurea'	60, dunkles Blatt
P. nankinensis 'Atropurpurea Laciniata'	60, eingeschnittenes Blatt

Petunia

Der Gärtner sät Petunien im Februar/März in Saatgefäße unter Glas aus. Dabei ist zu beachten, daß eine sandig-humose Erde verwendet und nicht zu dicht gesät wird, damit man kräftige Jungpflanzen erhält. An ihren endgültigen Standort werden die Petunien ab Mitte Mai gesetzt. Gute Entwicklung und reichblühende Pflanzen bis in den Herbst hinein erhalten Sie, wenn Sie geschützte, sonnige und warme Plätze auswählen. Petunien sind außerordentlich frostempfindlich; deshalb sollten Sie die Jungpflanzen in gefährdeten Lagen wirklich erst dann auspflanzen, wenn man davon ausgehen kann, daß keine Fröste

Perilla frutescens

mehr zu erwarten sind. Es wird ein reiches Sortiment an Sorten angeboten, zu dem fast jährlich neue Züchtungen hinzu kommen.

Phacelia

BIENENFREUND

Der Bienenfreund dient als bodenverbessernde Mischkultur in Blumen- und Nutzgärten. Seine Blüten sind ein hervorragendes Bienenfutter. Auf trockenen Böden blüht er besonders reich.

P. tanacetifolia	blau, Juli-Okt., 100
*P. campanularia**	enzianblau, Juli-Aug., 25
*P. congesta**	lavendelblau, Juli-Sept., 30
*P. viscida**	himmelblau, Juli-Sept., 60

Petunia-Hybride 'Flore Plena'

Phacelia tanacetifolia

Phalaris

KANARIENGRAS

Aus dem Mittelmeergebiet stammt dieses Gras, das auch als Nutzpflanze verwendet wird. Es blüht im Juli/August mit hellgrünen Ährchen. Im März sollte es unter Glas ausgesät werden. Besonders wohl fühlt sich das Kanariengras an einem vollsonnigen Standort.

P. canariensis	zartgrün, 70

Phlox

FLAMMENBLUME

In bunte Beete paßt der *Phlox* ebensogut wie in geschlossene Pflanzungen und Einfassungen. Bei

Phlox drummondii

Trockenheit müssen die Pflanzen gewässert werden, in nassen, kalten Sommern versagen sie.

P. drummondii	alle Farben außer gelb, Juli-Sept.
P. d. 'Blue Beauty'	lavendelblau, 20
P. d. 'Brilliant'	rosa, 40
P. d. 'White Swan'	weiß, 40

Polygonum

KNÖTERICH

Diese Gattung kennen wir schon von den Kletterpflanzen und den Stauden. Der einjährige Knöterich ist eine ansprechende und wirkungsvolle Gartenpflanze, die sich für Einzelstellung oder Gruppen eignet.

P. capitatum	rosa, Mai-Okt., 10
P. orientale	karminrot, Juli-Okt., 150

Polygonum orientale

Portulaca

PORTULAK

Mit dieser reizenden Art kann man gut größere Flächen bedecken. Im Schatten und bei kühler Witterung blühen die Pflanzen schlecht, sie brauchen vollsonnige und warme Plätze bei trockenem, durchlässigem Boden.

P. grandiflora	alle Farben, Juni-Okt., 10

Reseda

Reseden sind recht anpassungsfähige Pflanzen, die auch noch bei Halbschatten befriedigend wachsen können.
Man pflanzt sie hauptsächlich wegen ihres sehr starken und angenehmen Duftes, nicht wegen ihrer Blüten.

R. odorata	weiß, 45

Reseda odorata

Portulaca grandiflora

Ricinus

WUNDERBAUM

Die marmorierten Samen dieser zu den Wolfsmilchgewächsen gehörenden Pflanzen sind äußerst giftig! Der Wunderbaum muß bei uns immer vorkultiviert werden. Man pflanzt ihn an einen sonnenreichen Platz in nährstoffreichen und ausreichend feuchten Boden.

R. communis	grünes Blatt, 200
R. c. 'Impala'	bronzef. Blatt, 150
R. c. 'Gibsonii'	bronzef. Blatt, 150

Ricinus communis

Salpiglossis

Die Trompetenzungen vertragen kalkhaltigen Boden in der vollen Sonne. Während der Wachstums- und Blütezeit müssen Sie für ausreichende Bodenfeuchtigkeit sorgen. Unter günstigen Bedingungen können Sie die Pflanzen im April direkt an Ort und Stelle aussäen. Man bewundert an den Trompetenzungen hauptsächlich die farbenfreudigen großen Einzelblüten mit den farbigen Aderungen.

S. sinuata	gemischt, Juli-Sept., 80
S. s. 'Kew Blue'	violettblau, Juli-Sept., 70

Salvia

SALBEI, SALVIE

Die beliebte und bekannte rote *S. splendens* wird gern für geschlossene Beetpflanzungen, für Teppichbeete, als Grabschmuck und als Topfpflanze, aber auch für Blumenparks im viktorianischen Stil verwendet. Aber er wird meist nicht in einer richtig roten Farbe angeboten; oft erhält man zur Zeit nur orangefarbene Pflanzen (siehe auch: Kübelpflanzen und einige Kalthauspflanzen).
Die hohen Sorten von *S. farinacea, S. coccinea* und *S. patens* sind zum Schnitt geeignet und in bunten Sommerblumensträußen bestens zu verwenden. *S. patens,* mit der schönste blaue Salbei, ist eigentlich eine mehrjährige Staude, die sich aber für unser Klima nur schlecht eignet. Die Art wurde früher, ähnlich wie Dahlien, mittels der Wurzelrhizome frostfrei überwintert. Heute wird sie ausschließlich durch Samen vermehrt. Die Böden sollen für Salvien kalkreich sein und müssen gleichmäßig feucht gehalten werden. Bei sehr nährstoffreichen Böden entwickelt sich das Laub zu stark auf Kosten der Blüten.

S. coccinea 'Lady in Red'
S. c. 'Coral Nymph'
S. farinacea
S. f. 'Blue Bedder'

Salpiglossis sinuata

S. f. 'Victoria'	tiefblau, 40
S. patens	hellblau, Juni-Sept., 60
S. sclarea	hellblau, Juli-Aug., 80
S. splendens	blaßrot, Juni-Okt., 25
S. viridis 'Blue Bird'	dunkelblau, Juli-Okt., 60
S. v. 'Pink Gem'	hellrosa, 50
S. v. 'White Swan'	weiß, 50

Sanvitalia

Früher war die Sanvitalie eine Wildpflanze, heute ist sie zu Unrecht in Vergessenheit geraten. Die zahlreichen kleinen Blütchen bestehen aus einer dunklen Mittelscheibe und einem Kranz orangegelber zungenförmiger Randblüten. Sie brauchen lockeren, durchlässigen, humosen Boden.

S. procumbens	gelb, Juni-Okt., 15

Sanvitalia procumbens

Senecio

GREISKRAUT

Das Greiskraut ist eine ausgesprochene Blattschmuckpflanze, bei der die Blumen für den Zierwert bedeutungslos sind. Alle Gartenpflanzen mit besonders intensiv roten, blauen und gelben Blütenfarben ergeben gemeinsam mit dieser Art eine herrliche Kontrastwirkung. Die wichtigste Bedingung für ein gutes Wachstum der Pflanzen ist, daß sie während des Sommers vollsonnig stehen, denn nur dann färbt sich die ja eigentlich dem Sonnenschutz dienende silberweiße Belaubung voll aus.

S. bicolor ssp. *cineraria* 'Silverdust'	graues Blatt, 20

Stratice

Siehe: *Limonium*

Tagetes

STUDENTENBLUME

Bekannt sind mehr als 30 Arten ein- oder zweijähriger Kräuter aus wärmeren Gebieten Amerikas. Studentenblumen sind ausgesprochen sonnenhungrig und benötigen entsprechende Lagen. An die Bodenverhältnisse stellen sie keine großen Ansprüche. Durch diese Anspruchslosigkeit, ihre Schönheit und Vielfalt und eine Blütezeit, die bis zum Eintritt des Frosts dauern kann, gehören Tagetes zu den beliebtesten und am häufigsten angebauten Sommerblumen.
Man schätzt auch die hohe Widerstandsfähigkeit der Pflanzen bei ungünstiger Witterung.

T. erecta	hoch und niedrig, große Blüte
T. patula	niedrig
T. tenuifolia	niedrig, kleine Blüte

Tagetes erecta

Senecio bicolor ssp. *cineraria* 'Silverdust'

Thunbergia

SCHWARZÄUGIGE SUSANNE

Man sät sie im März bei Zimmertemperatur aus und pflanzt Ende Mai ins Freie. Die Triebe bindet man rechtzeitig an Stäben auf. Sie eignet sich für keramische Gefäße und Fensterkästen.

T. alata	orangegelb, schw. Auge, 100

Thunbergia alata

Verbascum

KÖNIGSKERZE

Königskerzen sind meist zweijährige Pflanzen; ein Teil der Arten wächst auch als ausdauernde Stauden. Die kleineren Sorten wirken gut als Solitärpflanzen, besonders in Steingärten. Einige Arten säen sich stark selbst aus. Sie brauchen kalkreichen, trockenen Boden in der vollen Sonne.

V. blattaria	gelb, Juni-Juli, 100
V. bombyciferum	gelb, wollig, Juni-Aug., 150
V. chaixii 'Album'	weiß, Juli-Aug., 90
V. densiflorum	gelb, Juli-Sept., 100
V. nigrum	gelb, Juli-Sept., 150
V. olympicum	gelb, Juli-Sept., 170

Verbascum chaixii 'Album'

Tropaeolum

KAPUZINERKRESSE

Mit *T. peregrinum,* einer Kletterpflanze, können Sie auf das vielseitigste Gerüste, Mauern, Wände, Zäune und sogar Baumstämme begrünen. Die wärmebedürftige Art erfordert einen geschützten und sonnigen Gartenplatz. Sie ist schnellwüchsig und braucht reichlich Wasser und Nährstoffe. Die eigentlich ausdauernde *T. majus* wird bei uns einjährig angebaut. Es existieren mehrere unterschiedliche Wuchsgruppen: niedrige, etwa 25 cm hohe Hybriden und 3 bis 4 m weit kriechende oder hoch kletternde Vertreter. Am reichsten blühen die Bestände immer in sonnigen Lagen.

T. majus	div. Farben, niedrig und hoch
T. peregrinum	gelb, Juli-Sept., 200

Tropaeolum peregrinum

Verbena

VERBENE

Angeblich sollen die Pflanzen im Altertum bei Opferhandlungen und Schwüren benutzt worden sein. Man schätzt an diesen Sommerblumen vor allem den langanhaltenden Flor, farbenfreudige Blütenpracht sowie die außergewöhnliche Widerstandsfähigkeit. Zum reichlichen Blühen brauchen sie einen warmen und sonnigen Standort. Die Gartenverbenen werden gerne für gemischte Beetpflanzungen, für Einfassungen oder Balkon- und Fensterkästen verwendet. *V. rigida* wirkt ausgezeichnet zusammen mit gelben Pflanzen auf großen Flächen. Sie wird auch gerne zum Schnitt für bunte Sträuße verwendet.

V. aubletia	lila, rosa oder weiß, Juni-Nov., 40
V. bonariensis	violett, Juli-Okt., 150
V. x *hybrida*	div. Farben, Mai-Okt., 30
V. rigida	orange, div. Farben, Juni-Okt., 40

Verbena x *hybrida*

Viola

STIEFMÜTTERCHEN

Stiefmütterchen werden meist ab Ende Juni bis Juli im Frühbeet ausgesät. Anfang September pflanzt man sie in Freilandbeete aus, wo die Pflanzen bis zu ihrer endgültigen Verwendung bleiben. Die Anzuchtplätze und auch die späteren Standorte sollten möglichst vollsonnig und geschützt liegen. Ein Winterschutz mit Reisigzweigen empfiehlt sich.

V. tricolor

Zea

MAIS

Im Ziergarten macht sich der Mais nicht so gut, wohl aber im Schnittblumengarten. Vor allem für Kinder ist dies eine phantastische Pflanze, die sie selbst aussäen und dann beobachten können, wie sie während eines Jahres höher wachsen als sie selbst. Die männlichen Blüten stehen an der Spitze, darunter entwickeln sich die eßbaren Kolben.

Z. mays	grün, 150
Z. m. 'Aardbeienmaïs'	Kolben rot, 80

Zea mays 'Aardbeienmaïs'

Zinnia

Unter Voraussetzung des geeigneten Standorts, der vollsonnig und geschützt sein sollte, eignen sich die niedrigen Sorten als reichblühende, dankbare Pflanzen sowohl für Blumenbeete als auch für Topfpflanzungen. Die mittelhohen Sorten sind schöne Schnittpflanzen. Die Aussaat erfolgt ab Ende März unter Glas.

Z. haageana	häufig gemischt

Zinnia haageana

12. Kübelpflanzen und einige Kalthauspflanzen

Das Sortiment an Kübelpflanzen wechselt ständig, da die Pflanzen modischen Trends ausgesetzt sind. Bevor der erste Frost kommt, müssen Pflanzen, die in den Tropen beheimatet sind, eingeräumt werden. Die meisten anderen Kübelpflanzen vertragen durchaus leichten Frost, manche brauchen sogar diese tieferen Temperaturen, weil der Frost die Winterruhe einleitet.

Wo überwintern Sie Ihre Kübelpflanzen am besten? Ein unbeheizter Wintergarten oder ein verglaster Anbau am Haus ist das ideale Winterquartier für lichtbedürftige Kübelpflanzen; Voraussetzung ist allerdings, daß die Temperatur hier nicht unter 5°C fällt und nicht über 15°C ansteigt. Weitere Möglichkeiten sind unbeheizte Kleingewächshäuser im Garten, leerstehende Gästezimmer mit großen Fenstern im Haus, geräumige Keller mit Fenstern, Trockenspeicher unter dem Dach, ein helles Treppenhaus oder massiv gebaute Garagen. Wo auch immer Sie Winterquartiere für Ihre Pflanzen schaffen, die Stichworte „hell und kühl" sollten Sie immer bedenken. Als Faustregel gilt: Je heller die Pflanze steht, desto wärmer darf der Raum sein. Für die Bewässerung gilt allgemein: Je dunkler die Pflanzen stehen, desto sparsamer muß gegossen werden. Die immergrünen Pflanzen brauchen etwas mehr Wasser als die laubabwerfenden. Gießen Sie lieber alle 2 Wochen wenig als alle vier Wochen durchdringend. Staunässe vertragen die Pflanzen im Winterquartier noch weniger als im Sommer. Gießen Sie deshalb auch im Winter nur dann, wenn es notwendig ist.

Auch in Wohnräumen kann man eine ganze Anzahl von Kübelpflanzen überwintern. Die Pflanzen haben hier keine Gelegenheit zur Winterruhe, die ihnen die Natur eigentlich vorschreibt, und das kann sie schwächen. Die Heizungsluft im Zimmer ist immer zu trocken für die Pflanzen, also müssen Sie sprühen. Kübelpflanzen, die den Winter im beheizten Zimmer verbringen, muß man wie Zimmerpflanzen behandeln, d.h. regelmäßig gießen und auch düngen. In diesem Kapitel machen wir bei jeder Pflanze Angaben zur Überwinterungstemperatur, zur Blütenfarbe, -zeit, und Wuchshöhe. Bei der Auswahl haben wir uns auf die „Klassiker" beschränkt.

Agapanthus

AFRIKANISCHE LILIE

Siehe: Zwiebel- und Knollengewächse

Agave

Ursprünglich kommen die Agaven aus Nordamerika,

Agave americana

sind aber inzwischen in allen tropischen und subtropischen Gebieten eingebürgert. Nach der Blüte – der Blütenstand kann bis zu 3 m hoch werden – stirbt bei den meisten Arten die Mutterpflanze ab. Sie brauchen wenig bis keine Pflege: Im Kübel gehalten gibt man ihnen einen Dauerdünger und wässert gelegentlich. Staunässe vertragen sie nicht. *A. americana,* die bekannteste, aus Mexiko stammende Art, verträgt nur wenig Frost, sie kann kaum vor Mitte April ausgeräumt werden. Im Winterquartier sollten Sie die Pflanzen nicht gießen.

A. americana	5°C, graugrün, 100
A. a. 'Marginata'	graugrün, gelber Rand, 100
A. filifera	5°C, steif, sehr scharf, 50

Ampelopsis

Die Scheinrebe, eine graziöse Pflanze aus China, wirkt fast wie ein kleiner Weinstock. Die laubabwerfende Rankpflanze eignet sich für ungeheizte Räume oder Wintergärten.

A. brevipedunculata	0-5°C, grünes Blatt, 400
A. b. 'Elegans'	0-5°C, weiß-rotgeflecktes Blatt, 200

Ampelopsis brevipedunculata 'Elegans'

Arbutus

ERDBEERBAUM

Alle Teile des Erdbeerbaums sind attraktiv: die lorbeerähnlichen Blätter, die rotbraune Borke, die maiglöckchenähnlichen Blüten und seine Früchte, die einer Walderdbeere ähneln.
Überwinterungstemperatur ist zwischen 3 und 5°C, aber die Pflanzen halten durchaus einige Grad Frost aus.

A. unedo	weiß, 3-5°C, weiß, Sept.-Nov., 300

Arbutus unedo

Argyranthemum

Diese Pflanzen werden auch als Einjährige im Frühjahr verkauft, aber man kann sie gut überwintern. Als Hochstammbäumchen sind die Pflanzen sehr attraktiv. Sie gehören mit zu den am längsten blühenden Kübelpflanzen.

A. frutescens	5°C, weiß, gelbes Herz, Mai-Okt., 70

Argyranthemum frutescens

Brugmansia

DATURA, ENGELSTROMPETE

Neben dem Oleander ist Datura die mit Abstand am weitesten verbreitete Kübelpflanze. Die Botaniker haben immer noch Schwierigkeiten bei der genauen Benennung der Arten. Deshalb unterscheidet man verwendungsorientiert zwischen schwach, mittelstark und stark wachsenden Daturas. Die Pflanzen haben einen immensen Wasserbedarf und sollten reichlich gedüngt werden. Beim Einräumen ins Winterquartier schneidet man sie stark zurück.

B. suaveolens	5°C, viele Farben, Juli-Sept., 200

Brugmansia suaveolens

Camellia

KAMELIE

Für Besitzer kühler Wintergärten gehören die Kamelien zu den Pflanzen, die man unbedingt haben muß. Sie haben ähnliche Ansprüche wie Azaleen und Rhododendren, also möglichst torfreichen Boden und keinen Kalk. Man sollte sie regelmäßig wässern und düngen. Sie reagieren auf plötzlich veränderte Umweltbedingungen sehr sensibel, im harmlosesten Fall werfen sie schlagartig alle Knospen ab. Bei den im Sommer über im Freien kultivierten Kübelpflanzen ist das Ein- und Ausräumen kritisch. Man kann sie fast beliebig schneiden.

C. japonica	-5-5°C, rosa, April-Mai, 300

Canna

INDISCHES BLUMENROHR

Man behandelt das Indische Blumenrohr ungefähr wie Dahlien; allerdings muß die Überwinterungstemperatur höher sein: 15°C ist ideal, bei niedrigeren Temperaturen verfaulen sie leicht. Sie blühen zwischen August und Oktober.

C. indica 'Lucifer'	15°C, rot, gelber Rand, 100
C. i. 'Alberich'	lachsrosa, 150
C. i. 'Perkeo'	rot, 150
C. i. 'Puck'	gelb, 150

Canna indica 'Lucifer'

Camellia japonica

Chamaerops

ZWERGPALME

Chamaerops, die buschartig wachsende Zwergpalme, läßt sich sowohl in einem warmen Zimmer als auch in einem dunklen Keller überwintern. Geben Sie ihr nach Möglichkeit einen sonnigen Standort.

C. humilis	-2-10°C, fächerf. Blatt, 80

Chamaerops humilis

Choisia

Nahe mit den Zitrusfrüchten verwandt ist diese Gattung immergrüner kleiner Sträucher. Neben dekorativen Blättern haben sie auch attraktive, angenehm duftende Blüten. Sie wachsen am besten in der Sonne oder im Halbschatten; im Schatten werden sie sparrig.

C. ternata	-5-10°C, weiß, April, 200
C. t. 'Sundance'	-5-10°C, weiß, gelbgrünes Blatt

Chrysanthemum

STRAUCHMARGERITE

Siehe: *Agyranthemum*

Citrus

LIMETTE, POMERANZE, ORANGE ETC.

Alle *Citrus*-Arten lieben einen kräftigen, nährstoffreichen Boden mit hohem Wasserhaltevermögen und gleichzeitig einer guten Drainage. Ständig hohe Feuchte im Wurzelbereich lieben sie nicht, die Wurzeln und vor allem der Stammgrund werden leicht von Fäulnis befallen. Bei der üblichen Überwinterungstemperatur von 5-10°C darf Citrus nur alle 6-8 Wochen gegossen werden, bei höheren Temperaturen, oder wenn die Pflanzen in Terrakottatöpfen stehen, etwas häufiger. Außer der Wassermenge ist die Wasserqualität ein kritischer Faktor: Citrus-Arten dürfen nicht mit kalkhaltigem Leitungswasser gegossen werden; wenn das der Fall ist, werden ihre Blätter gelb und fallen ab.

Citrus	10-15°C, weiß, Mai-Okt., 300
C. aurantiifolia	Limette

Citrus aurantium

Choisia ternata

C. aurantium	Pomeranze
C. limon	Zitrone
C. paradisii	Grapefruit
C. reticulata	Mandarine
C. sinensis	Apfelsine, Orange

Clivia

Diese altbekannte, äußerst robuste Topfpflanze stammt aus Südafrika. Eigentlich ist sie eher als Zimmerpflanze bekannt; wir meinen aber, daß sie sich auch als Kübelpflanze ganz gut macht. Stellen Sie die Pflanze im Sommer im Freien im Schatten auf (keine pralle Sonne!) und bringen Sie das Riemenblatt im Winter in ein kühles Zimmer; die ideale Temperatur ist hier 18°C. Die orangeroten Blütenstände erscheinen im Frühjahr, nach einer Ruhezeit von 2-3 Monaten. Sobald sich der Blütenschaft zeigt, sollte die Temperatur auf ca. 15-20°C erhöht werden.

C. miniata	8-15°C, orange, rot
C. m. 'Citrina'	8-15°C, creme
C. m. 'Striata'	8-15°C, Blatt gestreift
C. nobilis	8-15°C, rot, eher hängend

Clivia miniata

Cordiline

Mit zu den Standardkübelpflanzen gehört *Cordiline*. Sie ist so robust, daß man sie im warmen Zimmer und auch nur gerade frostfrei überwintern kann. Ihre schwertartigen Blätter stehen als Blattschopf an der Triebspitze, weshalb sie häufig mit Yucca verwechselt werden. Man verwendet sie meist solitär als Palmenersatz, vor allem dort, wo Palmen zu mächtig wären.

C. australis	0-10°C, grün, 200

Cordiline australis

Corokia

ZICKZACKSTRAUCH

Der bizarre Strauch eignet sich gut für Indoor-Bonsais. Seine zickzackartig wachsenden Triebe sind im Jugendstadium von hellen Flaumhärchen überzogen, werden später jedoch schwarz.

C. cotoneaster	4-10°C, weiß, April-Mai, 200

Corokia cotoneaster

Crinum

Siehe: Zwiebel- und Knollengewächse

Cupressus

ZYPRESSE

Die Zypressen sind durchweg anspruchslose, viel Trockenheit vertragende Gehölze. Einige Arten sind in Mitteleuropa an der Grenze ihrer Winterhärte, in milden Klimabereichen halten sie in geschützten Lagen oft aus. Als Kübelpflanzen sind sie gut geeignet, denn sie lassen sich ohne weiteres liegend in einer ungeheizten Garage überwintern.

C. sempervirens	-5-10°C, blaugrün, Säulenform, 500

Cycas

Zu Unrecht spricht man von einer Cycaspalme, weil die Pflanze zur Familie der *Cycadaceae* gehört und nicht zu der der *Palmae.* In der prallen Sonne verbrennen ihre Blätter leicht. Man überwintert sie am besten in einem kühlen Zimmer; sie vertragen auch einige Grade an Frost, aber nicht über einen langen Zeitraum.

C. revoluta	5-15°C, breit, 60

Cycas revoluta

Datura

STECHAPFEL

Der Stechapfel ist eine einjährige Pflanze mit graugrünen Blättern und weißen, nachts duftenden Blüten. Die heimische Pflanze kommt meist nur in verwahrlosten Gärten oder auf Müllhalden vor. Sie enthält äußerst giftige Alkaloide.

D. stramonium	weiß, Juni-Sept., 100

Dicksonia

BAUMFARN

Obwohl *Dicksonia* in der Kultur völlig unkompliziert sind – man behandelt sie wie Farne –, werden sie wegen ihres langsamen Wachstums wohl Liebhaberpflanzen bleiben. Sie eignen sich für Kübel im Halbschatten und Schatten, ebenso für absonnige, kühle Wintergärten. Ausgepflanzt vertragen sie ein paar Grad Frost.

D. antarctica	5-10°C, Breite 300, Höhe 400

Dicksonia antarctica

Datura stramonium

Eichhornia

WASSERHYAZINTHE

Diese Wasserpflanze überwintert man am besten im Haus, vielleicht in einem Aquarium schwimmend und an einem hellen Fenster. Im Sommer schwimmt sie am liebsten auf einem sonnigen Teich an einer warmen Stelle im Wasser. In sehr warmen Sommern bildet sie ihre hyazinthenähnlichen, hellvioletten Blütenkerzen aus. Auch ohne Blüten ist *Eichhornia* eine reizvolle Schwimmpflanze.

E. crassipes	15°C, Schwimmpflanze, blauviolett, 20

Eichhornia crassipes

Eucalyptus

In ihrer Heimat Australien bestimmen die *Eucalyptus*-Arten das Aussehen weiter Landstriche. Ihre Kultur ist recht einfach; Krankheiten und Schädlinge bekommen sie fast nie, einige Arten sind gegenüber Staunässe empfindlich. Bemerkenswert ist, daß das Alterslaub stark von dem der Jungpflanze abweicht. Sie brauchen volle Sonne und lassen sich beliebig zurückschneiden.

E. gunnii	0-10°C, (in der Jugend) blaugrün, 10
E. niphophila	0-10°C, (in der Jugend) graugrün, 10

Eucomis

ANANASPFLANZE

Siehe: Zwiebel und Knollengewächse

Fatsia

Früher war die Aralie eine bekannte Zimmerpflanze, heute ist sie zu einer Kübelpflanze degradiert worden. Obwohl die Aralie ziemlich langsam wächst, kann sie doch im Alter ein bis zu 5 m hoher, aber nur wenig verzweigter Strauch werden, falls man sie nicht zurückschneidet. Sehr auffällig sind auch die zwischen Spätsommer und Winter erscheinenden Blüten.

F. japonica	4-8°C, grün, 200

Fatsia japonica

Fuchsia

FUCHSIE

Für schattige Plätze, an denen sonst nur immergrüne Pflanzen gedeihen, gibt es keine dankbarere Pflanze als die Fuchsie. Auch dort, wo nur wenige Stunden am Tag die Sonne scheint, blühen sie üppig von

Eucalyptus (species)

Anfang Juni bis zum späten Herbst. Als Kübelpflanzen werden Fuchsien bis 1,5 m hoch. Ihr besonderer Vorteil ist, daß man sie in beliebige Formen schneiden kann. Ob als Hochstämmchen oder einfach als Strauch, Fuchsien machen in jeder Form einen guten Eindruck.

Fuchsia

Galtonia

Siehe: Zwiebel- und Knollenpflanzen

Grevillea

Die in Australien beheimatete, vielgestaltige Gattung *Grevillea* wird nie langweilig, weil die Pflanzen in Größe, Belaubung, Habitus, Blütencharakter und -farbe stark voneinander abweichen. Sie brauchen volle Sonne und vertragen weder Staunässe noch Kalk.

G. robusta 4-10°C, weißgelb, 500

Grevillea robusta

Griselinia

Diese grünbleibende Pflanze mit lederartigen, hellgrünen, runden Blättern kann ein paar Grade Frost vertragen, sollte aber nie vollkommen durchfrieren. Sie macht sich gut im Kalthaus oder in einem schattigen Innenhof. Ihre Blüten sind relativ unauffällig. Männliche und weibliche Blüten sitzen an verschiedenen Pflanzen.

*G. litoralis** -5-5°C, weiß, Sommer, 400

Griselinia litoralis

Hebe

Die wintergrüne Strauchveronika kann an einem schattigen Platz im Freien überwintern; wenn man die Möglichkeit hat, stellt man sie aber lieber in ein Kalthaus. In den Boden ausgepflanzte Sträucher überwintern besser im Freien als solche, die in Kübeln stehen. Heben bevorzugen sauren Boden, sowohl im Blumentopf als auch als Gartenboden. Die

Hebe armstrongii

Arten *H. strongii* und *H. cupressoides* ähneln Koniferen und wachsen baumartig; die anderen Arten haben „normale" Blätter. Der Arten- und Sortenreichtum ist fast unüberschaubar und weitet sich ständig noch aus. Wir nennen hier nur die verbreitetsten Sorten. Die Hybriden sind stärker frostempfindlich als die Arten.

H. albicans	weiß, Juli-Aug.
H. a. 'Andersonii'	blau, Aug.-Sept.
H. a. 'Autumn Glory'	violett, Sept.-Okt.
H. a. 'Blue Clouds'	hellblau, Juli
H. a. 'Midsummer Beauty'	lilarosa, Sept.
H. armstrongii	weiß
H. buxifolia	weiß
H. cupressoides	weiß, Juni-Juli
H. kirkii	weiß, Aug.-Sept.
H. pinguifolia	weiß, Juni-Aug.
H. salicifolia	lila, Aug.-Sept.

Heliotropium

HELIOTROP

Siehe: Ein- und Zweijährige

Jasminum

WINTERJASMIN

Die Jasmin-Pflanzen werden besonders wegen ihrer Blüten geschätzt, einige haben auch sehr dekoratives, gefiedertes Laub. Ihre Kultur ist nicht schwierig, die starkwachsenden Arten leiden jedoch – im Kübel gezogen – oft an Nährstoffmangel. Benutzen Sie deshalb möglichst große Kübel für die Pflanzen, gießen und düngen Sie reichlich. Da die Pflanzen alle mehr oder weniger klettern, brauchen sie ein Spalier. Jasmin-Pflanzen können beliebig zurückgeschnitten werden.

Jasminum mesnyi

*J. mesnyi**	0-10°C, hellgelb, März-Mai, 400
J. officinale	5-10°C, weiß, Juni-Aug., 800
J. o. 'Affine'	5-10°C, weiß, auch rosa, 800
*J. polyanthum**	5-12°C, Mai-Sept., 700
*J. sambac**	10-15°C, weiß (g), Sommer, 300

Lantana

Am Naturstandort im tropischen Amerika und Afrika immergrün, verlieren die Wandelröschen hier bei kühler Überwinterung ihr Laub vollständig. Lantanen brauchen Sonne, man kann sie aber dunkel überwintern.

L. camara	5-10°C, rot/gelblich, Juni-Sept., 200

Lantana camara

Laurus

(ECHTER) LORBEER

In seiner Heimat im Mittelmeergebiet kann der Lorbeer ein bis zu 12 m hoher, breit kegelförmiger Großstrauch werden. Zwar ist der Lorbeer auch freiwachsend sehr schön, er wird aber meist als Stämmchen oder Pyramide gezogen, da er sich problemlos schneiden läßt. Er gedeiht in der vollen Sonne wie im Schatten. Während des Austriebs darf er nicht trocken stehen. Selbst im Kübel hält er Fröste bis -10°C aus.

L. nobilis	-5-10°C
*L. azorica***	5-10°C, grün, 150

Laurus nobilis

Lavandula

LAVENDEL

Diese hübsche Pflanze wirkt sehr schön in Terrakotta-Gefäßen (siehe: Stauden).

*L. stoechas**	0-5°C, rosaviolett, Juni-Sept., 50

Lavandula stoechas

Leptospermum

NEUSEELÄNDISCHER „TEA-TREE“

Bisher kannte man den sogenannten „Tea-Tree“ nur als Schnittblume, als Topfpflanze oder als seltene Kübelpflanze. Bereits im Jugendstadium blühen die Pflanzen vom Winter bis zum Frühsommer. Licht und Sonne sind besonders wichtig, vor allem darf die Pflanze nie austrocknen. Nach der Blüte schneidet man sie zurück.

L. scoparium	weiß, Mai-Juni, 200
L. s. 'Album Plenum'	weiß (g), 150
L. s. 'Crimson Sentry'	rot, Mai-Juni, 150
L. s. 'Kea'	rosa, Mai-Juni, 100
L. s. 'Kiwi'	dunkelrosa, Mai-Juni, 150
L. s. 'Kotuki'	rosa, Mai-Juni, 100
L. s. 'Nanum'	rosa, Mai-Juni, 30
L. s. 'Nichollsii'	karmesinrot, Juni-Juli, 150
L. s. 'Red damask'	dunkelrot (g), Juni-Juli, 150
L. s. 'Ruby Glow'	weinrot (g), Juni-Juli, 150

Leptospermum scoparium

Liriope

Siehe: Stauden

Magnolia grandiflora

Siehe: Schling- und Kletterpflanzen

Malvaviscus

Ähnlich wie einige *Hibiscus*-Arten sind die halbimmergrünen Sträucher weichholzig und ziemlich raschwüchsig. Sie vertragen allerdings nur sehr wenig Frost. Wo es warm genug ist, blühen sie das ganze Jahr über. Nachteilig ist ihre Anfälligkeit für Blattläuse und Weiße Fliege.

M. arboreus	10-12°C, hellrot, Juli-Sept., 100

Malvaviscus arboreus

Myrtus

MYRTE

Schon im Altertum zu kultischen Zwecken und in der Medizin verwendet, gehört die Myrte zu den ältesten Zimmer- und Kübelpflanzen überhaupt. Sie braucht sauren Boden und ist frostempfindlich.

*M. communis**	5-10°C, weiß, Juli-Sept., 200

Myrtus communis

Nelumbo

LOTOS

Der Name Lotos hat einen magischen Klang. Liebhaber züchten sie in Wasserbottichen oder einer Plastikwanne, die sie im Sommer an den wärmsten Platz im Garten stellen. Bei flachem Wasserstand und einem vollsonnigen, warmen Platz erscheinen im Juli/August die seerosenähnlichen Blüten, die sich bis zu 1 m über den Wasserspiegel erheben können. Obwohl Lotos verschiedentlich als winterhart bezeichnet wird, ist es doch besser, die Rhizome an einem kühlen, frostfreien Standort zu überwintern. Die Schönheit der Pflanze rechtfertigt alle Mühen, die sie zum guten Gedeihen braucht.

*N. nucifera***	15°C, rot oder weiß, Juli-Sept.

Nelumbo nucifera

Nerium

OLEANDER

Der immergrüne Strauch mit dem üppigen Blüten-

Nerium oleander

schmuck ist die Kübelpflanze überhaupt. In warmen Sommern blüht er überreich. Für einen guten Blütenansatz sollten Sie ihn nicht zu warm überwintern. Er ist in allen Pflanzenteilen giftig!

N. oleander	5-10°C, alle Farben, Juli-Sept., 200

Olea

OLIVEN-, ÖLBAUM

Als Kübelpflanze spielt der Ölbaum eher eine untergeordnete Rolle; seine Blütchen sind eher unauffällig, er wirkt aber durch die grün-silbrigen Blätter. Überwinterung ist in einem kalten, hellen Raum möglich.

O. europaea	0-10°C, weiß, 200

Olearia

Dieser wintergrüne Strauch für sehr schattige Wintergärten wächst nicht so gut im Kübel, er sollte besser in den Boden eines Kalthauses ausgepflanzt werden. Er verträgt -5° C. Die weiteren Arten sind für unser Klima wenig geeignet.

O. haastii	-5-5°C, weiß, Juli-Aug., 200

Olearia haastii

Passiflora

PASSIONSBLUME

Passionsblumen sind nicht nur bezaubernde Zierpflanzen, einige Mitglieder dieser riesigen Gattung gehören auch zu den wichtigsten tropischen Obstarten (z. B. Maracuja). Während der Hauptwachstumszeit brauchen alle *Passiflora*-Arten viel Wasser und Nährstoffe, andernfalls werden die ältesten Blätter schnell gelb und fallen ab. Ihre Ansprüche an den Boden sind gering, es muß aber Staunässe vermieden werden.

P. caerulea 'Constance Elliot'	5-10°C, weiß, Juni-Okt., 300
*P. edulis***	5-10°C, purpurweiß, Juli-Sept., 300

Passiflora caerulea

Phoenix

DATTELPALME

Weil sie bei guter Pflege sehr schnell zu einem breit ausladenden Exemplar heranwachsen kann, ist die Kanarische Dattelpalme sehr beliebt. Am schönsten wirkt sie als Solitärpflanze im Garten oder auf einer ausreichend großen Terrasse. Im Sommer tut es ihr

Phoenix canariensis

gut, wenn man sie immer wieder mit dem Gartenschlauch abspritzt.

P. canariensis	5-10°C, 300
P. roebelenii	8-10°C, 300

Phormium

NEUSEELÄNDISCHER FLACHS

Neuseeland ist die Heimat dieser meist mächtigen Pflanzen. Früher war *P. tenax* eine subtropische Nutzpflanze, die die stärksten Fasern lieferte, die das Pflanzenreich kennt. In feuchtem, nahrhaftem Boden können die Blätter eine Länge von 3 m erreichen und die Blütenstände können über 4 m hoch werden. Im Kübel gehalten bleiben die Pflanzen meist etwas kleiner. Alle Arten sind anspruchslos und vielseitig verwendbar.

P. colensoi	0-5°C, dunkelgrün, 100
P. tenax	-5-5°C, grünes Blatt, 150
P. t. 'Bronze'	-5-5°C, braunrotes Blatt, 50
P. t. 'Variegata'	-5-5°C, gelbgestreift, 150

Phormium tenax 'Purpureum'

Pittosporum

Die immergrünen Sträucher mit lederigen, glänzenden Blättern und weißen, stark duftenden Blüten werden gerne als Solitär- oder auch als Heckenpflanze verwendet. Sie vertragen ein paar Grade Frost.

P. crassifolium	-2-10°C, purpur, Juni-Juli, 300
P. tenuifolium	5-10°C, weiß, 300
P. tobira	0-10°C, braunpurpur, Mai-Juni, 300
P. t. 'Variegatum'	0-10°C, braunpurpur, Mai-Juni, 300
P. undulatum	0-10°C, weiß, Mai-Juli, 200
P. u. 'Variegatum'	0-10°C, silberbunt, Mai-Juli, 200

Pittosporum undulatum

Plumbago

BLEIWURZ

Im Widerspruch zu ihrem schwerfälligen Namen ist die Bleiwurz ein filigraner Strauch, den man in vielerlei Gestalt ziehen kann. Vom Juli bis zum Herbst blühen die Pflanzen unermüdlich, auch in klimatisch ungünstigen Lagen. Vor dem Einräumen ins Winterquartier schneidet man die Triebe um ein Drittel zurück.

Plumbago auriculata 'Alba'

P. auriculata	5-10°C, hellblau, Juni-Okt., 200
P. a. 'Alba'	5-10°C, weiß, Juni-Okt., 200
P. capensis 'Alba'	5-10°C, weiß, Juni-Okt., 200

Punica

GRANATAPFEL

Der anspruchslose, leicht zu überwinternde Strauch wird bis zu 2 m hoch. Er blüht von Juni bis zum Laubabfall, die Blüten sind je nach Sorte gefüllt oder ungefüllt, granatrot, weiß oder orange. Die fruchtbringenden Sorten blühen bei uns in Europa nur sehr spärlich, besser als Kübelpflanzen geeignet sind die ausgesprochenen Ziersorten. Ihr Standort sollte hell und sonnig sein.

P. granatum	0-10°C, rot, Juni-Aug., 300
P. g. 'Nana'	0-10°C, rot, Juni-Aug., 100

Punica granatum

Rhodochiton

Diese einjährige Kletterpflanze kann auch als frostfrei zu überwinternde Kübelpflanze gezogen werden. Bei hellsonniger Überwinterung und 10-15°C blüht die Pflanze den ganzen Winter hindurch. Sie verträgt eher Trockenheit als Feuchtigkeit und Nässe und braucht kräftige Düngung.

R. atrosanguineus	4-12°C, dunkelpurpur, Juni-Okt., 200

Rosa

ROSE

Ein unbeheiztes Gewächshaus kann mit den nachfolgend aufgeführten, gut duftenden, kleinblütigen Rosenarten begrünt werden. Sie sind nicht frostempfindlich und müssen nicht geschnitten werden; knipsen Sie nur weg, was Sie an überhängenden Zweigen stört. Die Rosen sind nur über spezielle Züchter erhältlich. Normalerweise blühen sie erst am dreijährigen Holz, natürlich bestätigen Ausnahmen die Regel.

R. banksiae var. *banksiae**	-2-5°C, weiß, Juni-Juli, 1000
R. b. var. *lutea**	-2-5°C, rahmgelb (g), Juni-Juli, 1000
R. b. 'Alba Plena'	-2-5°C, weiß (g), Juni-Juli, 1000
R. b. 'Lutescens'	-2-5°C, gelb, Juni-Juli, 1000

Rosa banksiae

Rhodochiton atrosanguineus

Rosmarinus

ROSMARIN

Die Würzpflanze Rosmarin ist eine robuste und hübsche Kübelpflanze. Der immergrüne Busch mit den schmalen grünblauen, aromatisch duftenden Blättern wird im Kübel bis zu 1 m hoch. Er kann im Freien bleiben, bis sich Dauerfrost ankündigt.

R. officinalis	0-5°C, blau, März-April, 50

*Salvia***

SALBEI

Manchmal werden einige Salbei-Arten als Kübelpflanzen gezogen; eigentlich handelt es sich aber um einjährige Sommerblumen mit Vorkultur. Die Arten sind nicht winterhart, sie müssen in einem Kalthaus überwintert werden. Ab April kann man sie dann in durchlässigen Boden auspflanzen. Als Kübelpflanzen eignen sie sich weniger gut.

*S. involucrata**	rosarot, 80
*S. coccinea**	blutrot, 50
*S. sccabra**	hellblau
*S. patens**	blau, 60
*S. discolor**	dunkelblau
*S. guaranitica**	kornblumenblau

Salvia patens

Solanum

Raschwachsende Stauden, Sträucher und kleine Bäume, aber auch Lianen gehören zur Familie der Nachtschattengewächse. Sie gedeihen besonders gut an warmen, geschützten, nicht unbedingt vollsonnigen Standorten und brauchen viel Wasser und Nährstoffe. Man kann sie leicht überwintern, auch in dunklen Räumen.

S. crispum 'Glasnevin'*	0-5°C, blau, Juni-Sept., 300
S. jasminoides	-5-5°C, hellblau, Juni-Okt., 300
S. j. 'Album'	-5-5°C, weiß, Juni-Okt., 300
*S. laciniatum***	5-10°C, violett, Juli-Sept., 400
*S. rantonettii***	5-10°C, violettblau, Juli-Sept., 300
S. wendlandii	5-10°C, lilablau, Juli-Sept., 300

Solanum wendlandii

Sparmannia

ZIMMERLINDE

Früher gehörte sie mit zur Wohnausstattung, denn helle, kühle Räume waren keine Seltenheit. Sie eignet sich gut für Wintergärten. Rückschnitt bis ins alte Holz nach der Blüte im Frühjahr ist bei älteren Pflanzen möglich.

S. africana	8-12°C, weiß, Febr.-April, 300

Tibouchina

Die strauchig wachsende Pflanze aus Brasilien mit samtigen, blauvioletten Blüten und silbrigem Laub

Sparmannia africana

war lange Zeit eine Rarität unter den Kübelpflanzen. Nach der Blüte schneidet man sie zurück.

T. urvilleana	10-15°C, blauviolett, Sept.-Okt., 200

Tibouchina urvilleana

Viburnum

Als Kübel- wie als Wintergartenpflanze ist der Mittelmeerschneeball von Bedeutung, er wurde schon vor Jahrhunderten in den Orangerien gepflegt. Er ist relativ frosthart und kann in geschützten Lagen im Weinbauklima auch in Mitteleuropa übermannshoch werden. Für ungeheizte bis lauwarme Wintergärten ist er ein ideales Gewächs.

V. tinus	-5-5°C, weiß, Okt.-Apr., 150

Viburnum tinus

Washingtonia

PETTICOAT-PALME

Die Petticoat-Palme ist nicht so ausladend wie die Dattelpalme, wächst aber ebenso schnell und unkompliziert. Sie hat einen dekorativen, schuppigen Stamm. Mit ihren älteren, nach unten hängenden Blättern erinnert sie an einen Petticoat, daher hat sie auch ihren Namen.

W. filifera	5-10°C, grün, 200
W. robusta	8-12°C, grün, 200

Washingtonia filifera

Register – deutsch

Abessinische Gladiole 227
Ackerwinde 281
Adlerfarn 225
Adonisröschen 145, 273
Afrikanische Kornlilie 242
Afrikanische Lilie 227
Agave 301
Ahorn 10, 87
Akelei 149
Alant 181
Albarosen 115
Amarant 275
Amberbaum 15
Anemone 148
Apfel 94
Apfelbeere 55
Aralie 55
Araukarie 102
Aronstab 229
Austinrosen 116
Azaleen-Hybriden 78

Bachbunge 272
Baldrian 272
Ballonglocke 196
Bambus 214, 218, 219, 223, 224
Bärenklau 287
Bärenohr 276
Bärentraube 33
Bartfaden 193
Baumfarn 306
Baumwürger 133
Begonie 276
Beifuß 150
Beinwell 207, 271
Berberitze 34, 55, 88
Bergenie 155
Bergtee 41
Besenheide 35
Bienenfreund 295
Binse 261, 269
Binsenginster 82
Birke 12, 23
Birnbaum 30
Bittersüß 270
Bitterwurz 185
Blasenbaum 26
Blasenspiere 76
Blasenstrauch 60
Blauglöckchen 190
Blauglockenbaum 16
Blaukammschmiele 220
Blaukissen 154
Blauregen 142
Blaustern 248
Blaustern, Hyazinthenähnlicher 240

Bleiwurz 313
Blutweiderich 188
Boretsch 156, 277
Bourbonrosen 118
Braunelle 199
„Brennender Busch" 166
Brombeere 50, 81
Brunnenkraut 260
Brunnenkresse 264
Buche 13, 25, 91
Buchsbaum 35, 88
Buntnessel 280
Buschmalve 184
Butterblume 200

Centifoliarosen 118
Chinarosen 119
Chinaschilf 221
Chinesische Goldlärche 109
Chinesisches Rotholz 106
Christrose 178
Chrysantheme 279
Clematis 161
Clivia 305

Dahlie 234, 282
Damascenarosen 119
Dattelpalme 312
Datura 303
Deutzie 64
Dill 148
Diptam 166
Douglasfichte 110
Drachenwurz 235
Dreimasterblume 209
Duftblüte 45
Duftsiegel 206
Duftsteinrich 290

Eberesche 20, 32
Echter Lorbeer 309
Edeldistel 170
Edelkastanie 12
Edelweiß 184
Edelwicke, Wohlriechende 289
Efeu 41, 92, 135
Ehrenpreis 211
Eibe 99, 111
Eibisch 68, 147
Eiche 18
Eisenfarn 217
Eisenhut 145
Elfenblume 168
Elfenspiegel 293
Engelstrompete 303
Enzian 173
Erbsenstrauch 57

Erdbeerbaum 302
Erle 11, 22, 88
Esche 14, 25
Essigbaum 79
Eukalyptus 307

Fächermispel 135
Fackellilie 183
Falscher Jasmin 76
Faulbaum 77
Federgras 226
Federmohn 189
Feenmoos 254
Feige 66
Feinstrahl 170
Feldahorn 87
Feldulme 100
Felicie 285
Felsenbirne 23, 54
Fenchel 172
Feuerdorn 47, 141
Fichte 107
Fichte, Serbische 95
Fieberklee 263
Fingerhut 166, 283
Fingerkraut 46, 76, 198
Flammenblume 194, 295
Fleißiges Lieschen 288
Flieder 84
Flockenblume 158
Floribundarosen 120, 125
Flügelnuß 18
Flußzeder 102
Frauenfarn 214
Frauenhaarfarn 213
Frauenmantel 146
Freesie 236
Freilandgloxinie 241
Froschlöffel 253
Frsochbiß 260
Fuchsie 66, 91, 307
Fuchsschwanz 275
Fuchsschwanzgras 213
Funkie 179

Gagel 74
Gallicarosen 120
Gänsekresse 150
Garbe 144
Gauklerblume 191, 263
Gazanie 285
Gedenkemein 192
Geißbart 151
Geißblatt 73, 137
Gelbstern 237
Gelenkblume 195
Gemswurz 167
Germer 210
Geweihbaum 15
Gewitterblume 248

Gewürzstrauch 57
Ginster 63, 67
Gladiole 239
Gladiole, Abessinische 227
Glanzgras 223
Glanzmispel 29, 45, 95
Glatthafer 214
Gleditschie 15, 26
Glockenblume 157, 278
Glockenheide 39
Glockenrebe 280
Goldglöckchen 66, 135
Goldkeule 266
Goldkrokus 248
Goldlack 279
Goldlärche, Chinesische 109
Goldleistengras 226
Goldnessel 183
Goldregen 26, 71
Goldrute 206
Goldstern 237
Goldtröpfchen 160
Götterblume 166
Granatapfel 314
Grasnelke 150
Greiskraut 298
Gundermann 175
Günsel 145
Gurkenstrauch 64

Hahnenfuß 200, 247
Hainbuche 12, 89, 133
Hängefruchtranke 284
Hartheu 180
Hartriegel 60, 162
Haselnuß 13, 24, 61
Haselwurz 151
Hasenschwanzgras 289
Hauswurz 205
Hebe 308
Hechtkraut 267
Heckenkirsche 44, 73, 93
Heidelbeere 52
Heiligenkraut 203
Heliotrop 286
Helmkraut 270
Hemlockstanne 113
Henne und Küken 209
Herbstaster 152
Herbstzeitlose 231
Hibalebensbaum 113
Himbeere 50, 81
Hirschzunge 223
Holunder 82, 98
Honiggras 219
Hopfen 136
Hopfen, Japanischer 288
Hopfenbuche 16

Hornblatt 255
Hornklee 262
Hornkraut 159
Hornmohn 175
Hortensie 69, 92
Hundskamille 149
Hundszahn 236
Hundszunge 282
Hungerblümchen 167
Hyazinthe 240
Hyazinthenähnlicher Blaustern 240
Hybrid-Rosen 120

Igelkolben 270
Igelschlauch 254
Immergrün 211
Indianernessel 191
Indigostrauch 70
Indisches Blumenrohr 303
Inkalilie 146
Iris 181, 242
Irische Glockenheide 37

Jakobsleiter 196
Japanische Azaleen 49
Japanischer Fächerahorn 53
Japanischer Hopfen 288
Japanischer Knöterich 200
Japanischer Tempelbaum 14, 25
Japanorchidee 156
Jasmin, Falscher 76
Johannisbeere 80
Johanniskraut 70, 92, 180
Judasbaum 13
Jungfer im Grünen 293
Junkerlilie 152

Kaiserkrone 237
Kalmus 253
Kamelie 36, 303
Kanariengras 295
Kaphyazinthe 238
Kapuzinerkresse 299
Karde 283
Kastanie 11, 22, 54
Katsurabaum 23
Katzenminze 94, 191
Katzenpfötchen 149
Kaukasus-Vergißmeinnicht 156
Kermesbeere 196
Kerrie 71
Kiefer 108
Kirsche 18
Kirschlorbeer 46, 96
Kirschtomate 292
Kiwi 131
Kleopatranadel 235
Kletterbrombeere 141
Kletterhortensie 137
Kletterrosen 121
Kletterspindel 135
Knabenkraut 257
Knäuelgras 217
Knollen-Storchschnabel 238
Knollenbegonie 230
Knotenblume 243
Knöterich 197, 267, 296
Knöterich, Japanischer 200
Kochie 289
Kokardenblume 172
Königsfarn 222
Königskerze 299
Korkbaum 17, 29
Kornblume 158, 279
Kornelkirsche 24, 60, 89
Kornlilie, Afrikanische 242
Kornrade 274
Kosmee 281
Krähenheide 39
Krebsschere 271
Kreuzdorn 77
Kreuzkraut 185
Krokus 233
Krötenlilie 209
Kuchenbaum 23
Küchenschelle 200
Kugeldistel 168

Labkraut 173
Laichkraut 268
Lampenputzergras 222
Lampionblume 195
Lärche 106
Lauch 228
Lavendel 93, 184, 310
Lavendelheide 33
Lebensbaum 99, 112
Leberbalsam 273
Leberblümchen 178
Lein 186
Leinkraut 186
Lerchensporn 162, 232
Levkoje 292
Lichtnelke 188
Liguster 43, 72, 93
Lilie 243
Lilie, Afrikanische 227
Lilienschweif 235
Limette 304
Linde 20, 32, 99
Lobelie 262, 290
Löffelblatt 256
Lorbeer, Echter 309
Lorbeerrose 43
Lotos 311
Löwenmaul 275
Lungenkraut 199
Lupine 187, 291
Mädchenauge 162
Mädesüß 171, 259
Magnolie 16, 27, 73
Mahonie 44, 94
Maiblumenstrauch 38
Maiglöckchen 161
Mais 300
Malve 189
Mammutbaum 111
Mammutblatt 175
Mannsschild 148
Mannstreu 170
Marbel 220
Margerite 160, 200
Märzenbecher 243
Maßliebchen 276
Mauerpfeffer 204
Maulbeerbaum 16, 28
Meerkohl 163
Meerlavendel 290
Meerzwiebel 251
Mehlbeere 20, 32
Milchstern 246
Milzfarn 216
Milzkraut 256
Miniaturrosen 122
Mispel 28
Mistel 52
Mittagsblume 284
Mittelmeerschneeball 316
Mohn 193, 294
Molchschwanz 269
Montbretie 232
Moosglöckchen 187
Moosrosen 123
Moskitogras 215
Mummel 265
Münzkraut 188
Muschelpflanze 267
Muskusrosen 123
Myrte 311

Nabelwurz 192
Nachtkerze 192
Nachtschatten, Kletternder 142
Nachtviole 288
Narzisse 244
Natterkopf 284
Nelke 164, 283
Nelkenwurz 174
Neuseeländischer „Tea-Tree“ 310
Neuseeländischer Flachs 313
Nieswurz 178

Ochsenauge 156
Ochsenzunge 147
Ölbaum 312
Oleander 311
Olivenbaum 312
Ölweide 38, 65, 90
Orange 304
Palmlilie 212
Pampasgras 217
Pantoffelblume 277
Papierknöpfchen 275
Pappel 17, 95
Parkrosen 123
Passionsblume 312
Patiorosen 124
Pelargonie 294
Perlfarn 222
Perlgras 221
Perückenstrauch 62
Pestwurz 194
Petticoat-Palme 316
Petunie 294
Pfaffenhütchen 65, 135
Pfeifenbambus 225
Pfeifengras 221, 264
Pfeifenstrauch 76
Pfeifenwinde 132
Pfeilkraut 268
Pfennigkraut 188, 263
Pfingstrose 193
Pfirsichbaum 140
Pflaume 29
Pimpernuß 83
Platane 17
Polyantharosen 120, 125
Pomeranze 304
Porst 43
Portlandrosen 125
Portulak 296
Prachtkerze 173
Prachtscharte 243
Prachtspiere 153
Präriemalve 205
Primel 199
Prunkwinde 289
Purpurglöckchen 179

Quitte 24

Ramblerrosen 126
Rebe 142
Redwood 111
Reiherschnabel 170
Reseda 296
Rhododendron 47, 48, 49, 50, 79, 96
Ringelblume 278
Rippenfarn 214
Rittersporn 164, 283
Robinie 19, 30
Rohrkolben 272
Rose 50, 97, 314
Rosen, Bodenbedeckende 116, 123
Rosen, Botanische 117, 118
Rosen, Stachellose 129
Rosmarin 315
Rugosahybriden 127
Rugosarosen 127
Rüster 20, 32
Rutenhirse 222

Säckelblume 37
Salbei 202, 297, 315
Salomonssiegel 197
Sanddorn 69
Sandimmortelle 275
Sandrohr 215
Sauerdorn 55
Sauerklee 247
Schachbrettblume 237
Schachtelhalm 258
Schattenblume 189, 206
Schattenmorelle 140
Schaumblüte 208
Scheide 256
Scheinakazie 30, 80
Scheinbeere 41
Scheineller 59
Scheinerdbeere 168
Scheinhasel 61
Scheinkalla 262
Scheinmohn 189
Scheinquitte 58
Scheinrebe 302
Scheinzypresse 89, 103
Schiefblatt 230
Schildblatt 163
Schildblume 159
Schildfarn 224
Schilf 267
Schirmtanne 110
Schlafmützchen 284
Schlangenkopf 159
Schlangenwurz 255
Schlehe 96
Schleierkraut 176, 286
Schleifenblume 181
Schlingknöterich 132, 140
Schlüsselblume 199
Schmetterlingsstrauch 56
Schmiele 217
Schmuck-Tanne 102
Schmucklilie 227
Schneeball 52, 86
Schneebeere 84, 98
Schneeflockenstrauch 59
Schneeglanz 231
Schneeglöckchen 238
Schneeglöckchenbaum 67
Schneerose 178
Schneeruhm 231
Schnurbaum 20, 32
Schönhäutchen 241
Schopflilie 236
Schwaden 219, 260
Schwanenblume 254
Schwarzäugige Susanne 299
Schwarznessel 294
Schwertlilie 181, 261
Schwimmfarn 269
Schwingel 218
Seekanne 266
Seerose 265
Segge 216, 255
Seidelbast 38, 63
Seidenpflanze 151
Seifenkraut 203
Serbische Fichte 95
Siegwurz 239
Silberimmortelle 147
Silberkerze 161
Silberling 291
Skabiose 204
Sommeraster 278
Sommerazalee 285
Sommerhyazinthe 238
Sommermargerite 276
Sommerzypresse 289
Sonnenauge 177
Sonnenblume 177, 286
Sonnenbraut 176
Sonnenhut 201
Sonnenröschen 176
Spierstaude 259
Spierstrauch 82, 98
Spindelstrauch 41, 65
Spinnenpflanze 280
Spornblume 159
Stachelnüßchen 143
Stamm-Trauerrosen 128
Stammrosen 128
Staudenbleiwurz 159
Staudenwicke 183
Stechapfel 306
Stechginster 85
Stechpalme 42, 70, 92
Steinbrech 204
Steinkraut 146
Steppenkerze 170, 235
Sterndolde 154
Sterngladiole 227
Sternmoos 202
Stiefmütterchen 300
Stockrose 274
Stohblume 286
Storchschnabel 174
Strahlengriffel 131
Strandflieder 290
Strandhafer 220
Strauchpfingstrose 75
Strauchrosen 119
Straußfarn 220
Streifenfarn 214
Studentenblume 298
Südbuche 28
Sumpfblume 290
Sumpf-Blutauge 268
Sumpfblutauge 256
Sumpfdotterblume 255
Sumpffarn 226, 271
Sumpfkreuzkraut 270
Sumpfsimse 258
Sumpfsitter 258
Sumpf-Vergißmeinnicht 264
Sumpfwolfsmilch 258
Sumpfziest 271
Sumpfzypresse 111

Tabak 293
Taglilie 178
Tamariske 85
Tanne 101
Tannenwedel 260
Taubenbaum 24
Taubnessel 183
Tausendblatt 264
Teehybriden 130
Teerosen 129
Telekie 207
Thymian 208
Tränendes Herz 165
Traubenhyazinthe 244
Traubenspiere 74
Trollblume 210
Trompetenbaum 13
Trompetenblume 132
Trompetenzunge 297
Tulpe 249
Tulpenbaum 16
Tüpfelfarn 224

Ulme 20, 32
Urweltmammutbaum 106
Veilchen 212
Verbene 211, 300
Vergißmeinnicht 292
Vogelmilch 246

Wacholder 105
Wachsglocke 182
Waldrebe 133, 161
Walnußbaum 15
Wasserähre 253
Wasserampfer 268
Wasserdost 171
Wasserfeder 260
Wasserfenchel 266
Wasserhahnenfuß 268
Wasserhyazinthe 307
Wasserlinse 262
Wasserminze 263
Wassernabel 261
Wassernuß 272
Wasserpest 257, 258
Wassersalat 267
Wasserschierling 256
Wegerich 196
Weide 19, 30, 81, 97
Weidenröschen 258
Weigelie 86
Weinraute 202
Weißdorn 24, 62, 90
Weißklee 210
Widerstoß 186
Wiesenhafer 219
Wiesenknopf 203
Wiesenraute 208
Wiesenschaumkraut 158
Windröschen 228
Winterjasmin 137, 309
Winterling 235
Wohlriechende Edelwicke 289
Wolfsmilch 171
Wolfsschwertel 240
Wollgras 258
Wucherblume 160, 279
Wunderbaum 297
Wunderblume 292
Wurmfarn 218

Zaubernuß 68
Zeder 103
Zickzackstrauch 305
Zierapfel 27, 74
Zierbrombeeren 81
Zierkirsche 29
Zierkohl 277
Zierkürbis 281
Zierquitte 58
Zierrhabarber 200
Ziest 207
Zigarettenblümchen 282
Zimbelkraut 163
Zimmerlinde 315
Zimterle 59
Zinnie 300
Zittergras 215
Zwergbambus 225
Zwergholunder 203
Zwergmispel 37, 62
Zwergpalme 304
Zwergrhododendron 49
Zwergrosen 122
Zwergtomate 292
Zwetschge 29
Zypergras 257
Zypresse 105, 306

Register – lateinisch

Abies 101
Acaena 143
Acanthopanax 53
Acanthus 143
Acer 10, 22, 53, 87
Achillea 144
Acidanthera (syn. Gladiolus) 227
Aconitum 145
Acorus 253
Actinidia 131
Adiantum 213
Adonis 145, 273
Aesculus 11, 22, 54
Agapanthus 227, 301
Agave 301
Ageratum 273
Agrostemma 274
Ailanthus 11
Ajuga 145
Akebia 131
Alcea 274
Alchemilla 146
Alisma 253
Allium 228
Alnus 11, 22, 88
Alonsoa 274
Alopecurus 213
Alstroemeria 146
Althaea 147, 275
Alyssum 146, 275
Amaranthus 275
Amelanchier 23, 54
Ammobium 275
Ampelopsis 132, 302
Anaphalis 147
Anchusa 147
Andromeda 33
Androsace 148
Anemone 148, 228
Anethum 148
Antennaria 149
Anthemis 149
Antirrhinum 275
Aponogeton 253
Aquilegia 149
Arabis 150
Aralia 55
Araucaria 102
Arbutus 302
Arctostaphylos 33
Arctotis 276
Argyranthemum 276, 302
Arisarum 229
Aristolochia 132
Armeria 150
Aronia 55
Arrhenaterum 214
Artemisia 150
Arum 229
Aruncus 151
Arundinaria 214
Asarum 151
Asclepias 151
Asphodeline 152
Asplenium 214
Aster 152
Astilbe 153
Astilboides 153
Astrantia 154
Athyrium 214
Aubrieta 154
Aucuba 33
Aurimia 155
Avena 214
Azalea 34
Azolla 254
Azorella 155

Baldellia 254
Balsamina 276
Begonia 230, 276
Bellis 276
Berberis 34, 55, 88
Bergenia 155
Betula 12, 23
Bilderdykia 132
Blechnum 214
Bletilla 156
Borago 156, 277
Bouteloua 215
Brassica 277
Briza 215
Brodiaea 230
Browallia 277
Brugmansia 303
Brunnera 156
Buddleja 56
Buphtalmum 156
Butomus 254
Buxus 35, 88

Calamagrostis 215
Calceolaria 277
Calendula 278
Calla 255
Callicarpa 57
Callistephus 278
Calluna 35
Calocedrus 102
Caltha 157, 255
Calycanthus 57
Camassia 231
Camellia 36, 303
Campanula 157, 278
Campsis 132
Canna 303
Caragana 57
Cardamine 158
Carex 216, 255
Carpinus 12, 89, 133
Caryopteris 58
Castanea 12
Catalpa 13
Ceanothus 37
Cedrus 103
Celastrus 133
Celosia 279
Centaurea 158, 279
Centranthus 159
Cephalotaxus 103
Cerastium 159
Cerathophyllum 255
Ceratostigma 159
Cercidiphyllum 23
Cercis 13
Ceterach 216
Chaenomelis 58
Chamaecyparis 89, 103
Chamaerops 304
Chasmantium 216
Cheiranthus 279
Chelone 159
Chiastophyllum 160
Chimonanthus 59
Chionanthus 59
Chionodoxa 231
Choisia 304
Chrysanthemum 160, 279, 304
Chrysoplenium 256
Cicuta 256
Cimicifuga 161
Cineraria 280
Citrus 304
Cladium 256
Clarckia 280
Clematis 133, 161
Cleome 280
Clerodendrum 59
Clethra 59
Clivia 305
Cobaea 280
Cochleria 256
Codonopsis 161
Colchicum 231
Coleus 280
Colocasia 256
Colutea 60
Comarum 256
Convallaria 161
Convolvulus 281
Cordiline 305
Coreopsis 162
Cornus 24, 60, 89, 162
Corokia 305
Cortaderia 217
Corydalis 162, 232
Corylopsis 61
Corylus 13, 24, 61
Cosmos 281
Cotinus 62
Cotoneaster 37, 62, 135
Cotula 163, 256
Crambe 163
Crataegus 24, 62, 90
Crinum 232, 306
Crocosmia 232
Crocus 233
Cryptomeria 104
Cucurbita 281
Cuphaea 282
Cupressus 105, 306
x Cupressocyparis 105
Cycas 306
Cyclamen 233
Cydonia 24, 63
Cymbalaria 163
Cynoglossum 282
Cyperus 217, 257
Cyrtomium 217
Cytisus 63

Daboecia 37
Dactylis 217
Dactylorhiza 257
Dahlia 234, 282
Daphne 38, 63
Darmera 163
Datura 306
Davidia 24
Decaisnea 64
Delphinium 164, 283
Deschampsia 217
Deutzia 38, 64
Dianthus 164, 283
Dicentra 165
Dicksonia 306
Dictamnus 166
Diervilla 64
Digitalis 166, 283
Dipsacus 283
Dodecation 166
Doronicum 167
Dorotheanthus 284
Draba 167
Dracunculus 235
Dryas 167
Dryopteris 218
Duchesna 168

Eccremocarpus 284
Echinacea 168
Echinodorus 254, 257
Echinops 168
Echium 284
Egeria 257
Eichhornia 258, 307
Eleagnus 38, 65, 90
Eleocharis 258
Elodia 258
Elymus 218
Empetrum 39

Endymion 235
Enkianthus 65
Epilobium 258
Epimedium 168
Epipactus 258
Equisetum 258
Eranthis 235
Eremurus 170, 235
Erica 39
Erigeron 170
Eriophorum 258
Erodium 170
Eryngium 170
Erythronium 236
Escallonia 41, 90
Eschscholzia 284
Eucalyptus 307
Eucharis 236
Eucomis 236, 307
Euonymus 41, 65, 135
Eupatorium 171
Euphorbia 171, 259
Exochorda 65

Fagus 13, 25, 91
Fallopia 135
Fargesia 218
Fatsia 307
Felicia 285
Festuca 218
Ficus 66
Filipendula 171, 259
Foeniculum 172
Forsythia 66, 135
Fothergilla 66
Fraxinus 14, 25
Freesia 236
Fritillaria 237, 259
Fuchsia 66, 91, 172, 307

Gagea 237
Gaillardia 172
Galanthus 238
Galium 173
Galtonia 238, 308
x Gaulnettya 41
Gaultheria 41
Gaura 173
Gazania 285
Genista 67
Gentiana 173
Geranium 174, 238
Geum 174
Ginkgo 14, 25
x Gladanthera 238
Gladiolus 239
Glaucium 175
Glechoma 175
Gleditsia 15, 26
Gloriosa 239
Glyceria 219, 260
Godetia 285
Grevillea 308
Griselinia 308
Groenlandia 260
Gunnera 175
Gymnocladus 15
Gypsophila 176, 286

Halesia 67
Hamamelis 68
Hebe 41, 308
Hedera 41, 92, 135
Helenium 176
Helianthemum 176
Helianthus 177, 286
Helichrysum 286
Helictotrichon 219
Heliopsis 177
Heliotropium 286, 309
Helipterum 287
Helleborus 178
Hemerocallus 178
Hepatica 178
Heracleum 179, 287
Hermodactylus 240
Hesperis 179, 288
Heuchera 179
Hibanobambusa 219
Hibiscus 68
Hippophae 69
Hippurus 260
Holcus 219
Hosta 179
Hottonia 260
Houttuynia 180, 260
Humulus 136, 288
Hyacinthoides 240
Hyacinthus 240
Hydrangea 69, 92, 137
Hydrocharis 260
Hydrocotyle 261
Hymenocallis 241
Hypericum 42, 70, 92, 180

Iberis 181
Ilex 42, 70, 92
Impatiens 288
Incarvillea 181, 241
Indigofera 70
Indocalamus 219
Inula 181, 261
Ipheion 241
Ipomoea 289
Iris 181, 242, 261
Ismene 242
Ixia 242
Ixiolirion 242

Jasminum 137, 309
Juglans 15
Juncus 219, 261
Juniperus 105
Jussiaea 261

Kadsura 137
Kalmia 43
Kentranthus 182
Kerria 71
Kirengeshoma 182
Kniphofia 183
Kochia 289
Koeleria 220
Koelreuteria 26
Kolkwitzia 71

Laburnum 26, 71
Lagurus 289
Lamiastrum 183
Lamium 183
Lantana 309
Larix 106
Lathyrus 137, 183, 289
Laurus 309
Lavandula 93, 184, 310
Lavatera 184, 290
Ledum 43
Lemna 262
Leontopodium 184
Leptospermum 310
Lespedeza 72
Leucanthemella 185
Leucojum 243
Leucothoe 43
Lewisia 185
Leycesteria 72
Leymus 220
Liatris 185, 243
Libocedrus 106
Ligularia 185
Ligustrum 43, 72, 93
Lilium 243
Limnanthes 290
Limonium 186, 290
Linaria 186
Linnaea 186
Linum 186
Liquidambar 15
Liriodendron 16
Liriope 186, 310
Lobelia 187, 262, 290
Lobularia 291
Lonicera 44, 73, 93, 137
Lotus 262
Ludwigia 262
Lunaria 291
Lupinus 187, 291
Luronium 262
Luzula 220
Lychnis 188
Lycopersicon 292
Lysichiton 262
Lysimachia 188, 263
Lythrum 188, 263

Maclaya 189
Magnolia 16, 27, 73, 138
Magnolia grandiflora 310
x Mahoberberis 44
Mahonia 44, 94
Maianthemum 189
Malus 27, 74, 94
Malva 189
Malvaviscus 311
Matteucia 220
Matthiola 292
Meconopsis 189
Melica 221
Mentha 263
Menyanthus 263
Mertensia 190
Mesembryanthemum 292
Mespilis 28
Metasequoia 16, 106
Microbiotica 107
Mimulus 191, 263
Mirabilis 292
Miscanthus 221
Molinia 221, 264
Monarda 190
Montbretia 191
Morus 16, 28, 138
Muscari 244
Myosotis 264, 292
Myrica 74
Myriophyllum 264
Myrtus 311

Narcissus 244
Nasturtium 264
Nectarascordum 245
Neillia 74
Nelumbo 311
Nemesia 293
Nepeta 94, 191
Nerine 246
Nerium 311
Nicandra 293
Nicotiana 293
Nigella 293
Nothofagus 28
Nuphar 265
Nymphea 265
Nymphoides 266

Oenanthe 266
Oenothera 192
Olea 312
Olearia 312
Omphalodes 192
Onoclea 222
Ornithogalum 246
Orontium 266
Osmanthus 45
Osmunda 222
Ostrya 16
Oxalis 247
Oxycoccus 45

Pachysandra 192
Paeonia 75, 193
Panicum 222
Papaver 193, 294
Parrotia 28, 75
Parthenocissus 139
Passiflora 139, 312
Paulownia 16

Pelargonium 294
Pennisetum 222
Penstemon 193
Perilla 294
Pernettya 45
Perovskia 75
Persicaria 267
Petasites 194, 267
Petunia 294
Phacaelia 295
Phalaris 223, 295
Philadelphus 76
Phoenix 312
Phormium 313
Photinia 45
Phellodendron 17, 29
Phlomis 194
Phlox 194, 295
Photinia 29, 95
Phragmitis 267
Phyllitis 223
Phyllostachys 223
Physalis 195
Physocarpus 76
Physostegia 195
Phytolacca 196
Picea 95, 107
Pieris 46
Pinus 108
Pistia 267
Pittosporum 313
Plantago 196
Platanus 17
Platycodon 196
Pleiobastus 224
Plumbago 313
Podocarpus 109
Polemonium 196
Polygonatum 197
Polygonum 140, 197, 267, 296
Polypodium 224
Polystichum 224
Poncirus 76
Pontederia 267
Populus 17, 95
Portulaca 296
Potamogeton 268
Potentilla 46, 76, 95, 198, 268
Primula 199
Prunella 199
Prunus 18, 29, 46, 77, 96, 140
Pseudofumaria 199
Pseudolarix 109
Pseudosasa 225
Pseudotsuga 110
Pteridium 225
Pterocarya 18
Pulmonaria 199
Pulsatilla 200
Punica 314
Pushkinia 247
Pyracantha 47, 141
Pyrethrum 200
Pyrus 30, 96

Quercus 18

Ranunculus 200, 247, 268
Reseda 296
Reynoutria 200
Rhamnus 77
Rheum 200
Rhodochyton 314
Rhododendron 47, 49, 50, 79, 96
Rhus 79
Ribes 47, 79, 80, 97
Ricinus 297
Robinia 19, 30, 80
Rodgersia 201
Rosa 50, 97, 314
Rosmarinus 315
Rubus 50, 81, 141
Rudbeckia 201
Rumex 268
Ruscus 51
Ruta 202

Sagina 202
Sagittaria 268
Salix 19, 30, 81, 97
Salpiglossis 297
Salvia 202, 297, 315
Salvinia 269
Sambucus 82, 98, 203
Sanguisorba 203
Santolina 203
Sanvitalia 298
Saponaria 203
Sarcococca 51
Sasa 225
Sasaella 225
Saururus 269
Saxifraga 204
Scabiosa 204
Scilla 248
Scirpus 269
Scutellaria 270
Scyadopitys 110
Sedum 204
Sempervivum 205
Senecio 270, 298
Sequoia 111
Sequoiadendron 111
Sesleria 226
Sidalcea 205
Sinarundinaria 226
Skimmia 51
Smilacina 206
Solanum 142, 270, 315
Solidago 206
Solidaster 206
Sophora 20, 32
Sorbaria 82
Sorbus 20, 32
Sparganium 270
Sparmannia 315
Spartina 226
Spartium 82
Spiraea 82, 98
Stachys 207, 271
Staphylea 83
Statice 298
Stephanandra 83
Sternbergia 248
Stipa 226
Stranvaesia 51
Stratiotes 271
Symphoricarpos 84, 98
Symphitum 207, 271
Syringa 84

Tagetes 298
Tamarix 85
Taxodium 20, 111
Taxus 99, 111
Telekia 207
Tellima 207
Thalicthrum 208
Thelipteris 226, 271
Thuja 99, 112
Thujopsis 113
Thunbergia 299
Thymus 208
Tiarella 208
Tibouchina 315
Tilia 20, 32, 99
Tolmiea 209
Torreya 113
Tradescantia 209
Trapa 272
Tricirtus 209
Trifolium 210
Trillium 248
Triteleia 248
Tritonia 249
Trollius 210
Tropaeolum 299
Tsuga 113
Tulipa 249
Typha 272

Ulex 85
Ulmus 21, 32, 100
Urginea 251

Vaccinium 52
Valeriana 272
Vallota 251
Veratrum 210
Verbascum 211, 299
Verbena 211, 300
Veronica 211, 272
Viburnum 52, 86, 316
Vinca 211
Viola 212, 300
Viscum 52
Vitis 142
Waldsteinia 212
Washingtonia 316
Weigela 86
Wisteria 142
Woodsia 226

Yucca 212

Zea 300
Zelkova 21
Zephyranthes 251
Zinnia 300

Dank

Herausgeber und Autor danken den folgenden Personen, Firmen und Organisationen, ohne deren wertvolle Mitarbeit dieses Buch nicht hätte zustande kommen können.

Stauden
Rob de Boer, Frederiksoord
Decker Jacobs GmbH, Heythuysen
Ploeger, De Bilt
J. de Jong en Zonen, Aalsmeer
Gebr. Koetsier, Boskoop
„De Kleine Plantage", Eenrum
Afien Torringa

Baumschule
„De Bonte Hoek", Glimmen
Zwiebel- und Knollengewächse
Gärnerei P. C. Nijssen, Heemstede
Blumenzwiebel- und Saatguthandel Van Tubergen, Heemstede

Kübelpflanzen
De Egelantier, Paterswolde

Rosenzüchter
Van Wanroy-Rosen, Haps
Gartenzentrum Vroom Dorkwerd, Groningen

Saatgut
Cruydt-Hoeck, Groningen
Hamer Blumensaatgut, Hendrik-Ido-Ambacht
Van Hemert & Co, Waddinxveen

Bambuspflanzen
Oosterwijck, Gilze
Jos van der Palen, „Groei en Bloei"

Bildnachweis

G. Bierma, Voorst: 114 bis 130

Internationaal Bloembollundcundtrum, Hillegom: 227, 228, 229 links oben und unten, 230 links oben und unten, 231 bis 237, 238 rechts und unten, 239, 240 unten, 241 bis 245, 246 rechts oben und unten, 247, 248 mitte und unten, 249 oben und rechts unten, 250, 251

Fleurmerc, Wormerveer: 35, 36 links, 39 oben, 40 oben und links unten, 43 rechts, 56 oben, 58 links unten, 136 rechts, 143 bis 160, 161 links und rechts mitte, 162 links und rechts, 163 bis 174, 175 links und rechts, 176 bis 185, 186 unten, 187 bis 197, 198 unten, 199 bis 201, 202 links oben, links unten und mitte, 203 bis 205, 206 rechts oben und unten, 207 bis 209, 210 links oben und unten, 211, 212, 213 oben, 214, 215, 216 links oben und unten, 217 unten, 218 bis 224, 225 links oben, 226, 229 rechts, 230 rechts unten, 238 links oben, 240 oben, 246 links oben, 248 oben, 249 links unten, 252 bis 258, 259 links oben und rechts oben, 260 bis 272, 274 rechts unten, 277 rechts oben, 279 rechts oben, 280 links unten, 281 links oben, 282 rechts, 284 links oben und rechts, 285 links oben, 286 links unten, 287 rechts oben, 288 rechts unten, 290 rechts unten, 292 rechts unten, 294 oben, 295 links und rechts oben, 296 rechts oben, 298 rechts unten, 299 links und rechts oben, 300 rechts oben, 302 links, 304 links und rechts unten, 305 rechts, 306, 308 rechts oben, 309 links, 310 links unten, 311 links oben, 314 rechts unten, 315 links, 316 links und rechts unten

A.H. Hekkelman, Bundnekom: Umschlag Mitte unten, Mitte oben, links oben.

R. Houtman, Boskoop: 17 links oben, 26 links oben, 28 rechts oben, 30 mitte, 33, 39 unten, 52 unten, 57 oben, 60 oben, 72 unten, 74 links unten, 82 rechts, 102 rechts, 103 rechts, 105 rechts, 106 oben, 107 oben, 108 oben, 132 links und unten, 137 oben, 142 links oben, 175 unten, 186 oben, 198 oben, 202 rechts unten, 206 links, 210 rechts unten, 259 links unten, 278 links unten, 313 links

F. Meijer, Landgraaf: Umschlag mitte links und rechts, links- und rechts unten, hinten links oben und rechts oben, 3

J. Mol, Rijswijk: 10 bis 16, 17 rechts oben und unten, 18 bis 25, 26 rechts oben und unten, 27, 28 links oben und unten, 29, 30 oben und unten, 31, 32, 34, 36 rechts, 37, 38, 40 rechts unten, 41, 42, 43 links und unten, 44, 45 bis 51, 52 links und oben, 53 bis 55, 56 unten, 57 unten, 58 oben und rechts unten, 59, 60 unten, 61 bis 71, 72 oben, 73, 74 oben, 74 rechts unten, 75 bis 81, 82 links, 83 bis 101, 102 links, 103 links und unten, 104, 105 links, 106 unten, 107 unten, 108 unten, 109 bis 113, 131, 132 rechts, 133 bis 135, 136 links, 137 mitte und unten, 138 bis 141, 142 mitte und unten, 161 unten, 162 unten, 213 unten, 216 rechts oben, 217 links und oben, 225 rechts oben und unten, 274 links und rechts oben, 275, 276, 277 links oben und rechts unten, 279 links und rechts unten, 280 links oben und rechts, 281 links unten und rechts, 282 links oben und unten, 283, 284 links unten, 285 links unten und rechts, 286 links oben und rechts, 287 links und rechts unten, 288 links und rechts oben, 289, 290 links und rechts oben, 291, 292 links und rechts oben, 293, 294 unten, 295 links unten und rechts unten, 296 links und rechts unten, 297, 298 links und rechts oben, 299 rechts unten, 300 links und rechts unten, 301, 302 rechts oben, 303, 304 rechts oben, 305 links, 307, 308 links oben und rechts unten, 309 rechts, 310 rechts, 311 rechts unten, 312 links und rechts oben, 313 rechts, 314 links und rechts oben, 315 rechts, 316 links oben und rechts oben

G.M. Otter, IJsselstein: 302 rechts unten, 308 links unten, 310 links oben, 311 links unten und rechts oben, 312 rechts unten

S.W.T. Tolboom, Didam: Umschlag rechts oben, Umschlag hinten mitte oben, 1